Jürgen Villers (Hrsg.)

—

Antike und Gegenwart

Antike und Gegenwart

Festschrift für Matthias Gatzemeier

herausgegeben von
Jürgen Villers

Königshausen & Neumann

Bibliografische Information Der Deutschen Bibliothek

Die Deutsche Bibliothek verzeichnet diese Publikation in der Deutschen Nationalbibliografie; detaillierte bibliografische Daten sind im Internet über <http://dnb.ddb.de> abrufbar.

Gedruckt auf säurefreiem, alterungsbeständigem Papier
Umschlag: Hummel / Lang, Würzburg
Bindung: RIB GmbH, 97297 Waldbüttelbrunn

Printed in Germany
ISBN 3-8260-2406-0
www.koenigshausen-neumann.de
www.buchhandel.de

Inhalt

Einleitung

Antike

Gegenwart

Nachweis der Zeichnungen:

S. 24: *Stirnhöhle* (2001) von Raphael Danke,

S. 108: *Die Höhle findet im Kopf statt* (2001) von Raphael Danke,

beide: Kapinos – Gallerie für zeitgenössische Kunst, Berlin
(Der Herausgeber dankt dem Künstler für die freundliche Genehmigung zum Abdruck seiner Werke.)

Vorwort des Herausgebers

Wer Matthias Gatzemeier persönlich kennt, den wird es nicht wundern, dass es seinen Freunden, Schülern und Kollegen ein Herzensanliegen war, ihm aus Anlass seines 65. Geburtstags eine Festschrift zu widmen, die wir ihm hiermit und mit den besten Glückwünschen überreichen.

Als Herausgeber möchte ich den Aufsätzen ein paar Worte zu seinem biographischen und wissenschaftlichen Werdegang voranschicken, da dieser nicht allen bekannt sein dürfte: Matthias Gatzemeier wurde am 10. Februar 1937 als Sohn eines Volksschullehrers im niedersächsischen Haselünne (Kreis Meppen) geboren, wo er auch bis zum Progymnasium zur Schule ging. Mit siebzehn Jahren verschlug es ihn aus dem hohen Norden nach Bayern auf das Altsprachliche Gymnasium der Maristen in Fürstenzell bei Passau, wo er 1957 sein Abitur ablegte.

Nach der Reifeprüfung studierte er ebenda, diesmal an der privaten Hochschule der Maristen, Theologie (sic!) und Philosophie, entschied sich aber schon 1958 nach Münster an die Westfälische Wilhelms-Universität zu gehen, wo er zunächst Klassische Philologie, Alte Geschichte und Pädagogik mit dem Berufsziel „Lehramt an Höheren Schulen" studierte (und 1961 die Vorprüfung ablegte), sich dann aber – seit 1961 – endgültig auf die Philosophie konzentrierte. 1967 promovierte er schließlich in Münster (natürlich mit „summa cum laude") über die Naturphilosophie des Straton von Lampsakos (des Nachfolgers des Theophrast in der Leitung des Peripatos) bei dem Kantforscher Friedrich Kaulbach und dem Platonismus-Forscher Heinrich Dörrie.

Im selben Jahr bekam er eine Stelle als Wissenschaftlicher Assistent bei Friedrich Kambartel in Konstanz, wo er sich 1973 mit der Schrift *Theologie als Wissenschaft?* habilitierte. Nach der Vertretung einer H-2-Professur für Wissenschaftstheorie und Logik im Philosophischen Institut der Universität Hamburg und der Wahrnehmung eines Lehrauftrags „Technikphilosophie" im Fachbereich Physik der Universität Marburg (1974), wurde er schon 1975 zum Wissenschaftlichen Rat und Professor für das Lehrgebiet „Praktische Philosophie" am Philosophischen Institut der Rheinisch-Westfälischen Technischen Hochschule Aachen ernannt, wo er heute noch lehrt.

Die universitären Aufgaben, die er seit seiner Assistentenzeit in Konstanz in der akademischen Selbstverwaltung, in Kommissionen und Ausschüssen der Fakultät, des Senats und des Rektorats, zusätzlich zu seinen Lehrpflichten, übernommen hat, sind kaum noch zu zählen; es soll hier nur erwähnt sein, dass er von 1989 bis 1991 der Philosophischen Fakultät der RWTH Aachen als Dekan vorstand.

Aber sein Wirkungskreis hat sich nie auf die Universität alleine beschränkt, gerade weil er Wissenschaft stets als eine hochstilisierte Alltagspraxis verstanden hat, die selbst der Rechtfertigung ihres Tun bedarf, aber eben auch mit ihrem Wissen bei gesellschaftlich-politischen Problemen zur Hilfestellung aufgefordert ist. Nur so sind seine vielfältigen partei-politischen Wirkungsversuche zu verstehen, seine zahlreichen Vorträge[1], gerade auch vor der außer-universitären, aber nicht weniger interessierten Öffentlichkeit und nicht zuletzt Tätigkeiten, wie z. B der Aufbau des Dokumentationszentrums „Ethik der Wissenschaften/Technikphilosophie", seine Mitgliedschaft in Tierschutzethikkommissionen des Landes und des Bundes sowie im renommierten Aachener Friedenspreis e. V. oder seine Gutachtertätigkeit für die Rosa Luxemburg-Stiftung.

Insbesondere seine (oft interdisziplinär angelegten) Lehrveranstaltungen, die von ihm immer mit philosophischem Eros betrieben werden, haben über die Jahre auf einen großen Kreis von Schülern einen nachhaltigen Einfluss ausgeübt. Dabei muss als besonders positiv angemerkt werden, dass es ihm nie darum gegangen ist, einen möglichst großen Schwarm von „Jüngern" um sich zu versammeln, die kritiklos die Thesen des „Meisters" nachbeten, sondern er es immer verstanden hat, Philosophie zu lehren und vorzuleben als eine Anleitung zum methodischen Selberdenken.

Der Titel dieser Schrift, „Antike und Gegenwart", der sich dem programmatisch-einleitenden Beitrag von M. Nühlen verdankt, umreißt die beiden, aufeinander angewiesenen Schwerpunkte von Matthias Gatzemeiers philosophischer Lehr- und Forschungstätigkeit: Denn eine Beschäftigung mit der antiken Philosophie als Selbstzweck würde zu einem reinen ‚Glasperlenspiel' herabsinken; umgekehrt setzt sich aber jede Beschäftigung mit aktuellen Problemen der Gegenwart, die das Erbe der Alten nicht zur Kenntnis nehmen will, der Gefahr aus, wie Gatzemeier immer sagt, ‚das Rad neu erfinden zu wollen'.

Diese Angewiesenheit von historischer *und* systematischer Argumentation sowie die Fruchtbarkeit ihrer Verknüpfung zeigen nicht zuletzt seine zahlreichen Aufsätze, die in einer nach systematischen Gesichtspunkten geordneten und neu überarbeiteten Form in allernächster Zeit der breiteren Öffentlichkeit in Buchform zugänglich sein werden.[2]

Aachen, im Februar 2002 *Jürgen Villers*

---

[1] Ein Verzeichnis der Vorträge Gatzemeiers findet sich am Ende dieses Bandes.

[2] Der erste Band wird Anfang des nächsten Jahres erscheinen: Matthias Gatzemeier, *Philosophie als Theorie der Rationalität. Analysen und Rekonstruktionen*, hrsg. v. Jürgen Villers, 1. Bd., Teil I: *Zur Philosophie der wissenschaftlichen Welt*, Königshausen & Neumann: Würzburg 2003.

Einleitung

Maria Nühlen
Antike und Gegenwart

In der Geschichte finden wir uns –
in der Gegenwart erkennen wir uns.

Die Philosophie hat es schwer, die für sie heute relevanten Themen und den für sie heute adäquaten Zeitkontext auszumachen und zu bestimmen. Ist es die Exegese philosophischer Texte der Vergangenheit unter gegenwärtigem Kenntnisstand? Ist es die Ethikdiskussion um die neue Technik-Medien-Welt? Ist es die Aufrechterhaltung der Tradition von universitärer Philosophie im Elfenbeinturm oder ist es die „Lebens-Philosophie" im Gespräch interessierter Laien in den Philosophischen Cafés, die der Philosophie heute Sinn und Daseinsberechtigung geben? Soll sie den Anspruch des Universellen, Kategorischen, letztendlich Gültigen in ihrer Arbeit aufrechterhalten oder den Menschen in eine kontextuelle Betrachtung der Gegenwart setzen? Allzu viele verlieren sich auch heute noch (nur) in den Texten der Vergangenheit, betrachten Buchstaben für Buchstaben die Fragmente der Vorsokratiker – betrachten auch die fehlenden Buchstaben – erkennen Neues und Altbekanntes, interpretieren hinein und deuten die Weisheiten der vor uns lebenden Menschen heraus.

Die Beschäftigungen mit den Schriften vergangener Philosophen verstehen sich nicht als historische Arbeiten, sondern als zum Selbstverständnis und zum Gegenstandbereich der Philosophie gehörend. Aus der unendlichen Vielzahl von Schriften – nur drei Worte umfassend oder tausend Seiten – das Allgemeingültige erkennen, das für uns Menschen gilt, das unsere Natur und Wesenheit treffend beschreibt – oder vielleicht doch nur festlegt und bestimmt – ist die Arbeit des Philosophen. „Erkenne dich selbst", in Stein gemeißelter Aufruf im Heiligtum von Delphi, Phemonoe, der delphischen Priesterin in den Mund gelegt, lässt uns heute lebenden Menschen immer noch staunen und nachdenken. Jeder Mensch ist mit diesem Ausspruch gemeint!

Plutarch schreibt: „Auf der Inschrift in Delphi, von der man dachte, sie sei die sinnstiftendste, war ‚*Erkenne dich selbst*'; es war das, was Aristoteles in seinen platonischen Werken sagte, was Sokrates als Methode der Ungewissheit und des Fragens einführte."[1]

Clemens Alexandrinus vermerkt: „Den Spruch: ‚*Erkenne dich selbst*' sehen manche als von Chilon stammend an, Chamaileon aber in der Schrift *Über die Götter* als von Thales, Aristoteles als von der Pythia."[2] Wie Clemens Alexandrinus berichtet, ordnet Aristoteles den Spruch *der* Pythia zu, womit in römischer Zeit Phemonoe gemeint war.

---

[1] Plutarch, *Moralia* 1118c.

[2] Clemens Alexandrinus, *Stromata* I.14.60.

Die Spruchweisheit *„Erkenne dich selbst"* (ΓΝΩΘΙ ΣΕΑΥΤΟΝ) kann verstanden werden als „Erkenne, dass du nur ein Mensch bist"[3] und damit als Mahnung an den Menschen, nicht überheblich zu werden.

Sie kann aber auch als erster Ansatz einer Aufklärungsphilosophie interpretiert werden. Nicht der Kosmos, die materiellen Gegenständlichkeiten der Welt oder Naturphänomene sollen erkannt und erklärt werden, sondern der Mensch soll sich selbst erkennen. Der Spruch enthält die Aufforderung zur Selbstreflexion, zur Sich-selbst-Betrachtung, und impliziert damit die Annahme, dass ein Mensch sich selbst erkennen kann. Der Weisheitsspruch geht noch nicht so weit, nach den Bedingungen der Möglichkeit der Erkenntnis bzw. Selbsterkenntnis zu fragen, lediglich die Möglichkeit von (Selbst-)Erkenntnis wird als Prämisse gesetzt. „Erkenne dich selbst" bedeutet, von einer Transzendenzfähigkeit des Menschen auszugehen.

Der Mensch kann sich betrachten und erkennen

- als Teil der Natur und des Kosmos
- als getrennt von Natur und Kosmos
- in Unterscheidung zu den Göttern
- in Unterscheidung zu anderen Lebewesen wie Tieren und Pflanzen
- in seiner Wesenheit und Natur als Mensch
- in Unterscheidung zur Gesellschaft, zu den Mitmenschen, zum Anderen
- in seiner Individualität
- in seiner Sozialität
- als Subjekt
- als Objekt
- .....

Gerade in dem Spruch „Erkenne dich selbst" wird in der Antike die Trennung des Menschen vom Kosmos, von der Natur und von den Göttern gedanklich vollzogen. Damit ist der Weg zum philosophischen Denken beschritten. Der Mensch kann nun seine eigene Natur mit seinen Gesetzmäßigkeiten erkennen oder bestimmen und ist nicht mehr blind den Schicksalsmächten der Götter unterworfen.

Indem der Mensch sich als getrennt von den Göttern begreifen soll – dies impliziert einen moralischen Impuls des Spruches – wird er auf seine Verantwortlichkeit für sich und die Welt gestoßen. Der Mensch übernimmt die Verantwortung für sich! Er ist nicht mehr Spielball der Götter, sondern er wird als ein zur Selbstbestimmung und Selbstverantwortung fähiges Wesen definiert.

---

[3] C. J. Classen, Stichwort ‚Delphi', in: *Lexikon der Alten Welt*, Bd. I, Zürich/München 1990, Sp. 706.

Der moralische Sinngehalt des Spruches lässt sich vom Ort der Dokumentation herleiten, vom Apollon-Heiligtum in Delphi.[4] Phemonoe verkündet als delphische Priesterin dem Menschen den Willen der Götter, sich selbst zu erkennen. Damit wird der Bund zwischen Göttern und Menschen unwiderruflich zerrissen, die Menschen werden in die Freiheit entlassen, sie sind mündig geworden. Phemonoe bleibt in ihrer Funktion als Priesterin Verbindungsglied zwischen Himmel und Erde, Götter und Menschen.

Die Aufforderung der Pythia zu eigenständigem und unabhängigem Denken ist erstaunlich, denn sie untergräbt damit die politische und gesellschaftliche Macht, die durch Priester und Religion ausgeübt werden konnte.

Wenn Phemomoe den ratsuchenden Menschen im Apollon-Heiligtum zu Delphi verkündet, er solle über sich selbst nachdenken, er solle Autonomie erstreben, so leitet sie ihn zum philosophischen Denken an. Wer bin ich? ist eine der grundlegendsten erkenntnisleitenden philosophischen Fragen.

Naive Religiösität wird abgelöst durch Aufklärung! Gilt diese Zweckbestimmung der Philosophie auch heute noch? Wie ein roter Faden zieht sich der Aufruf zur Aufklärung des Menschen über sich selbst durch die Geschichte der Philosophie. Im 20. Jahrhundert war es u. a. Hans Jonas, der sehr eindringlich vor der Gefahr einer naiven Technikgläubigkeit warnte. Könnte es nicht Aufgabe gegenwärtiger Philosophie sein dazu aufzurufen, eine naive Mediengläubigkeit durch Aufklärung abzulösen?

Als Schülerin von Matthias Gatzemeier habe ich von ihm sowohl seine Liebe zur Antike und zum Historischen überhaupt als auch den Gegenwartsbezug von Philosophie mit dem Anspruch der Aufklärung schätzen gelernt.

Gatzemeiers Vorlesungen zur griechischen Antike zogen sich über mehrere Semester hin, begannen mit den ältesten überlieferten Fragmenten der Vorsokratiker, behandelten die älteren Naturphilosophen der milesischen Schule, die frühen, mittleren und späten Pythagoreischen Schriften, umfassten den Eleatismus und Atomismus, die Sophistik und Sokratik, die Kyrenaiker, Kyniker, Epikureer. Er drang bis zu Platon vor, aber in der Fülle des Aristotelischen Korpus resignierte er irgendwann. Am Ende eines jeden Semesters stellten sowohl er als auch seine Schüler fest, dass er sich in seiner Gründlichkeit in allzu viele Details verloren und das vorher deklarierte Ziel nicht erreicht hatte. Aber es gab ja ein nächstes Semester – Fortsetzung folgt!

---

[4] „Durch seine oft über den Einzelfall hinausweisenden Mahnungen und Lehren erhebt Delphi im Gegensatz zu anderen Orakeln Anspruch auf Allgemeingültigkeit seiner Sprüche und vermag im religiösen, moralischen und politischen Bereich Einfluss auszuüben." Ebda., Sp. 705.

Jetzt war es aber nicht so, dass er zu spekulativ die Philosophiegeschichte referierte und deswegen kein Ende fand. Nein, sein Anspruch war es, die philosophischen Überlieferungen in den realhistorischen Kontext zu setzen und die Aussagen sowohl historisch als auch philosophisch-allgemeingültig zu sehen. Zudem ging er immer systematisierend und kategorisierend vor. Strukturen, Ordnungen, Abhängigkeiten, Beziehungen, Wege, Verbindungen und Linien wurden von ihm aufgezeigt. In der Vorlesung „Einführung zur Griechischen Philosophie I" im Sommersemester 1981 finden sich in meinen alten Mitschriften folgende Bemerkungen:

„Das Problem ist die Gliederung der Philosophie-Geschichte in:

- chronologische Aspekte
- geographische Aspekte
- inhaltliche Aspekte
- methodische Aspekte
- ideologische Aspekte."

Gatzemeiers zusätzliche Kriterieneinteilung lautet nun: Erfassung

- des Selbstverständnisses des Autors
- des institutionellen Schulkontextes
- des Lehrer-Schüler-Verhältnisses
- des Problemzusammenhangs
- der methodischen Einheit.

Hinzu kommt die philosophische Denkweise (mythisches, rationales, logisches Denken), die Einteilung der Philosophie in Physik, Ethik, Logik sowie das spezifische Argumentationsverfahren (Beweis-, Begründungs- Rechtfertigungsverfahren).

Eine Analyse einzelner Fragmente der Vorsokratiker – und eigentlich hätte Gatzemeier alle Fragmente behandeln wollen – nach all diesen Kriterien, scheint mir heute eine fast unlösbare Aufgabe. Damals, als Schülerin, faszinierten mich die unendlich vielen Varianten der Betrachtung. Jeder einzelne Aspekt bot neue Entdeckungen und andere Möglichkeiten des Verstehens. Das Feld der möglichen Bedeutungen schien unendlich, obwohl gerade die strenge Systematik und Kategorienbildung ein sehr überschaubares und begrenztes Feld vortäuschten.

In seiner Arbeitsweise ist Gatzemeier ganz Aristoteliker, der, nach der Sammlung des Vorhanden, analysiert und bewertet, um dann zum eigenen Entwurf, seinem System und seiner Konzeption zu gelangen.

Mehrere Anläufe, seine Vorlesungen zur Philosophiegeschichte und zur griechischen Antike in eine publikationsfähige Fassung zu bringen, scheiterten m. W. bis heute. Zu viele Details! Vielleicht findet er jetzt, nach seiner Emeritierung, die notwendige Ausdauer und Konzentration dazu. Ich wünschte es, denn es sollten viele an seinem Wissen teilhaben können.

Was den Punkt „Antike und unvollendete Werke“ anbelangt, bin ich wahrscheinlich allzu sehr seine Schülerin geworden. Schon vor elf Jahren begann ich, nach weisen Frauen und Philosophinnen der griechischen Antike zu graben. Im Laufe der nächsten Jahre „entdeckte“ ich 44 Namen von Frauen, die mehr oder minder intensiv philosophisch tätig waren.[5] Nachdem ich alle mir zugänglichen Quellen erschlossen hatte, das gesammelte Material zur Auswertung bereit lag und ich mit dem Schreiben hätte beginnen können, kam der „realhistorische Anspruch“! Selbstverständlich wollte ich die Personen und ihre Aussagen im kulturhistorischen Kontext der Realität von Frauenleben zur damaligen Zeit und am damaligen Ort der griechischen Antike setzen. Nachdem die ersten 70 Seiten zu Papier gebracht waren und jetzt, nachdem die Arbeit seit vier Jahren ruht, ahne ich, dass ein Ende nicht abzusehen ist. Die Gegenwart mit ihren Fragen, Problemen und Aufgaben holt mich mit der ihr eigenen Dringlichkeit ein, so dass die Geschichte warten muss.

Zur Aufgabe der Philosophie gehört nicht nur die Beschäftigung mit ihrer Geschichte und den ihr eigenen Themen wie etwa der Erkenntnis, der Sprache und des Wissens, zur Philosophie gehört ebenso das Aufgreifen von Fragen und Problemen, die in der gegenwärtigen Gesellschaft konkret formuliert werden. Philosophie versteht sich – auch das habe ich von Gatzemeier gelernt – als Wissenschaft mit aktuellen Bezug, die sich den Anforderungen der Gegenwart zu stellen hat, nach Antworten und Problemlösungen sucht, zumindest aber aktuelle Fragen thematisiert, problematisiert und diskutiert. Gatzemeier hat seinen Schülern und Schülerinnen gezeigt, dass er philosophisch tätig ist, in dem Sinne, dass er sich einmischt und sich mit neuen aktuellen gesellschaftlichen Themen auseinander setzte.

> „Es sind ... die allgemeinen Erfahrungen der letzten Jahrzehnte, die nach einer neuen Verantwortung der Philosophie verlangen. Sie hat wieder praktische Kompetenz gewonnen als Orientierungshilfe in der öffentli-

[5] Die Namen seien hier wenigstens genannt: Hippo, Phemonoe, Kleobuline, Aglaonike, Themistokleia, Theano I, Theano II, Arignote, Myia, Damo, Bitale, Timycha, Periktione I, Periktione II, Echekratia, Habroteleia, Ekkelo, Okkelo, Phintys, Aisara, Melissa, Ptolemais, Aspasia, Diotima, Arete, Lastheneia, Axiothea, Hipparchia, Argia, Nikarete, Leontion, Temista, Agallis, Phamphila, Arria die Ältere, Arria die Jüngere, Arria, Makrina, Sosipatra, Amphikleia, Hypatia, Eudokia, Asklepigeneia, Tochter des Olympiodoros. Lexikonartikel von mir zu 33 dieser Frauen sind erschienen in: *Philosophinnen-Lexikon,* hrsg. v. Ursula I. Meyer u. Heidemarie Bennent-Vahle, Leipzig, überarb. Auflage 1997 (1.Aufl. Aachen 1994).

> chen Diskussion, die zunehmend nach konsensfähigen Leitbildern sucht, nach dem, was als ‚vernünftig' Anerkennung finden kann."[6]

Mit den ihr eigenen Methoden geht die Philosophie den Fragen und Problemen nach, die in der Gesellschaft als diskussionswürdig hervortreten. Dabei versucht sie aus ihrer Geschichte schon beschriebene Phänomene und Problemlösungen zu finden und anzuwenden oder aber mit ganz neuen Überlegungen einen Beitrag zu leisten. Immer jedoch müssen es Betrachtungen mit dem Ziel sein, für uns heute lebende Menschen eine Bedeutung auszumachen und sich auf uns zu beziehen.

Ich erinnere mich an Seminare zum Thema „Alternative Lebensformen", zur Friedensproblematik, zum Frauenbild in der Philosophie[7]. Gatzemeier scheute es nicht, sich von der klassischen Philosophie zu entfernen und die Selbstverständlichkeit der Gegenwartsrelevanz von Philosophie für den Menschen heute zu proklamieren. Die praktische Philosophie mit ihrem politischen und gesellschaftlichen Bezug war ebenso sein Metier wie die klassische griechische Antike. Und praktische Philosophie verstand er u. a. auch als ein Tätig-werden. Die Teilnahme an den Friedens-Ostermärschen Anfang der 80-iger Jahren in Bonn war für ihn selbstauferlegte Pflicht. Wir Studenten wussten darum!

In der Methodik entwickelte Gatzemeier einen Kriterienkatalog zur rationalen Argumentation. „Zweck der rationalen Argumentation ist es, durch eine bestimmte Redepraxis für unser Handeln gesicherte Ergebnisse in Form von begründeten theoretischen oder praktischen Sätzen zu erarbeiten; ..."[8] Zu seinen „Argumentationspflichten" gehören u. a.:

- die Verständlichkeit von Worten
- die Begründung von Behauptungen
- die Vorab-Zulassung eines jeden Argumentes
- die Überprüfungs-Zulassung eines jeden Argumentes
- die Nicht-Sanktionierung eines Argumentes
- die Überprüfung von Vorverständnissen
- die Erreichung einer unbeschränkten Transsubjektivität

---

[6] Ulrich Boehm, in: Ders. (Hg.), *Philosophie heute,* Frankfurt/New York 1997, S. 8.

[7] 1982 erschien Gatzemeiers Aufsatz *Anthropologie der Frau – ein nicht nur genuines, sondern auch ein notwendiges Thema der Philosophie*, in: *Zeitschrift für Didaktik der Philosophie,* Heft 1/82, 4. Jg., Hannover 1982, S. 4-13.

[8] Matthias Gatzemeier, *Grundsätzliche Überlegungen zur rationalen Argumentation (mit Bezug auf den schulischen Unterricht)*, in: R. Künzli (Hrsg.), *Curriculumentwicklung – Begründung und Legitimation,* München 1975, S. 150.

- Sachkundigkeit und Gutwilligkeit der Teilnehmenden[9].

Als Lehrer der Philosophie hat Gatzemeier seinen Schülern immer gezeigt, dass er sich ebenfalls als Schüler versteht und willig und bereit ist, von seinen Schülern zu lernen. Er suchte den Dialog mit den Studierenden, verlor sich in Diskussionen, setzte seine Argumentationstheorie in die Praxis um, hielt sich an seine „Argumentationspflichten".

Er hat gezeigt, dass er philosophisch tätig ist, in dem Sinne, dass er sich neuen Themen stellte. Kein aktuelles gesellschaftliches Thema war es ihm nicht wert, erst einmal betrachtet zu werden.

So folgte er dem Satz des Sokrates im Platonischen Dialog des *Timaios*: „Schon immer habe ich das an mir, dass ich dem Satz folge, der sich mir bei der Untersuchung als der Beste zeigt." Hören und lesen, was andere zu sagen haben, reicht nicht aus. Grundlegend selbst nachdenken, an eigener Erfahrung überprüfen, mit eigenem Wissen abwägen, überdenken, werten und setzen, dies war der Anspruch, den er uns Schülern vermittelte. Wenn es sich dann in der Praxis bewährt, wenn es von Anderen verstanden wird, andere überzeugt, dann kann es (vorläufig) so gesetzt werden: „Philosophieren (begreift sich) als Antwort auf die geistige Situation unserer Zeit, philosophische Reflexion als Arbeit an Selbstbildern ... Denn Selbstbilder repräsentieren unser intellektuelles Selbstverständnis, das nicht unabhängig vom Stand der Wissenschaften gebildet werden kann."[10]

Wenn Fellmann das Selbstverständnis der Philosophie heute so formuliert, knüpft er an die Tradition des „Erkenne dich selbst" an. Gatzemeier reiht sich in diesen Anspruch der Gegenwartsphilosophen ein.

Überhaupt ist er kein Mann der Traditionen und Rituale; unkonventionell seinen Weg gehend, nicht spektakulär auffallend, eher von der großen Öffentlichkeit unbeachtet und still, ist seine Charakteristik.

Was ist nun aus seiner ehemaligen Schülerin geworden, die, wie ich in Selbstreflexion meine, doch stark von Gatzemeiers Philosophie-Charakteristik geprägt wurde. Ganz den Gegenwartsbezug sehend, habe ich mich nach der politischen Wende im Osten und der Vereinigung der beiden deutschen Staaten auf genau dieses Vereinigungsthema und diese Aufgabe eingelassen. „Das Trennende ist die gemeinsame Sprache" (Karl Kraus) war die erste Erfahrung als Professorin in Merseburg.[11] In der Wahrnehmung der Bedeutung von Sprache geschult, war die erste „Lehr- und Lernzeit" für mich vom Bemühen geprägt, den Anderen zu verstehen und mich verständlich zu machen. In der Ost- und Westkultur hatten

---

[9] Vgl. ebda., S. 150-152.

[10] F. Fellmann, *Nur Zyniker staunen noch. Die Philosophie ist kein Elfenbeinturm – eine Antwort auf Volker Gerhardt,* in: *Die Zeit* 52/1998, Philosophie, S. 49.

[11] Kraus meinte allerdings die österreichische und die deutsche Sprache.

sich deutlich zu unterscheidende Bedeutungen von Allgemeinbegriffen, Alltagssprache und einzelnen Worten entwickelt. Die Ost-West-Dialoge vor Ort bestanden aus wesentlich mehr Elementen des Missverstehens, als dies in der Benutzung einer gelernten Fremdsprache üblich ist. Der Weg zueinander war beschwerlich, aber gangbar, wenn die Gutwilligkeit der Teilnehmenden gegeben war. Beschreibungen und Beispiele halfen uns in der Verständigung. Jedoch ein mit den Begriffen verbundenes Grundverständnis des Allgemeinen und in diesem Zusammenhang des ethischen Grundverständnisses, blieb teils unvereinbar nebeneinander stehen. Besonders deutlich trat dieses Nebeneinander im Grundverständnis vom Menschen und von Gerechtigkeit auf.[12] Das Trennende war die gemeinsame deutsche Sprache in der je eigenen Bedeutung.[13]

In meiner Wahrnehmung von aktuellen Problemlagen und Fragen der Gesellschaft fiel mir das Bedürfnis der Menschen in den neuen Bundesländern nach Kultur auf, konkret nach Kulturveranstaltungen und kulturellem Tätigsein, wie es zu DDR-Zeiten selbstverständlich war. Nach der Wende war das Finanzierungssystem von kultureller Bildung und Kulturveranstaltungen, sei es im künstlerisch-gestaltenden Bereich, sei es in Literatur, Theater oder Musik, zusammengebrochen. Man improvisierte und half sich mit ABM-Stellen. Meine Antwort auf diese Bedürfnislage der Menschen hier war die Konzeption eines neuen Studienganges, der sich heute „Kultur- und Medienpädagogik“ nennt. Auch wenn das Schreiben der Prüfungs- und Studienordnung für mich mit erheblichem zusätzlichen Arbeits- und Zeitaufwand verbunden war, so sah ich darin einen (ganz unphilosophischen) Beitrag zum „Aufbau Ost“. Kultur als identitätsstiftende Erscheinung beschäftigte mich dann natürlich auch in der Philosophie. Kultur prägt unseren Lebens- und Handlungsraum, vermittelt uns Welt- und Selbstverständnis. Wir Menschen werden durch Kultur Mensch, wir sind kulturbedürftig und kulturfähig. Wir schaffen Kultur und bestimmen uns durch die von uns geschaffene Kultur. Sprachfähig lernen wir eine Sprache, benutzen sie, verändern sie, entwickeln sie, und verändern uns mit ihr und durch sie, die wir selbst geschaffen haben. Aber vielleicht verändern wir uns ja nicht durch sie und mit ihr, sondern verändern nur unser Selbstbild, unsere Antworten auf den Aufruf der Phemonoe „Erkenne dich selbst!“. Und nach dem Zusammenbruch des Wertsystems, des Kulturverständnisses, der politischen, wirtschaftlichen und gesellschaftlichen Ordnung in den

---

[12] In Seminaren bot ich den Studierenden zu dieser Zeit Themen zur Anthropologie und Gerechtigkeitstheorie an. „Der Mensch, der wir selber sind“ (Kamlah) war mein Ausgangspunkt.

[13] Eine ausführlichere Diskussion zu dieser Problematik findet sich in dem Aufsatz: Maria Nühlen, *Zur Einführung*, in: *Ein Deutschland – viele Kulturen. Alte und neue Bundesländer im multikulturellen Europa*, hrsg. v. Berg/Gloel/ Wörndl, Berlin 1996, S. 7-13.

neuen Bundesländern war die Aufforderung zur Aufklärung dringender denn je. Wer bin ich, wenn ich in meiner Kultur, mit der ich mich identifiziere, die ich mit geschaffen habe und die mich geprägt hat, nicht anerkannt werde? Wer bin ich, wenn meine Kultur als nichtig, als nicht frei und selbstbestimmt geschaffen verurteilt wird? Diese Fragen entsprachen der Bedürfnislage vieler Menschen hier. Den einfachen Transfer von Idealen, Modellen, Theorien und Praktiken aus dem Westen war mir zu billig. Aber der Weg zur Selbstaufklärung in eigener Bestimmung ist beschwerlich. Wir arbeiten daran, und ich lerne! Und so lese ich heute, neben der Sozialphilosophie/Ethik im Studiengang der Sozialen Arbeit, auch Kulturphilosophie für zukünftige Kultur- und Medienpädagogen. Wir thematisieren die Zeit in ihrer Bedeutung für uns heutige Menschen, wir sprechen über Vorstellungen von Wirklichkeit(en) und die Welt der Medien.

Abschließend sei noch eine Kostprobe von Gatzemeiers Humor gegeben: In einem von ihm verfassten Aufsatz zum Thema „Der Wirklichkeitsbegriff in der Philosophie" heißt es in einer Bemerkung im Anhang, die sich auf die Computertechnik bezieht, in der sich auch Philosophen heutzutage zurecht finden müssen:

> „P.S.: Nach Abschluss des Manuskriptes begegnen mir zwei weitere Varianten des Wirklichkeitsbegriffes.
> Die Datei dieses Textes trägt den Namen‚Wirklichkeit'; beim Kopieren auf die Diskette lese ich: ‚Wirklichkeit: Überschreiben?' – Ich habe die Wirklichkeit überschreiben lassen.
> Beim Löschen einer Vorgängerdatei mit gleichem Namen lese ich: ‚Wirklichkeit: Löschen: Wirklich?' – diese Wirklichkeit habe ich wirklich gelöscht.
> Preisfrage: Welches Sprachmodell und welcher Handlungskontext liegen jeweils vor?"[14]

Literaturverzeichnis

Boehm, Ulrich (Hg.): *Philosophie heute*, Frankfurt/New York 1997.

Clemens Alexandrinus (eigentl. Titus Flavius Clemens): *Stromata (Teppiche)* I-VI, hrsg. v. O. Stählin, o. J.

Fellmann, F.: *Nur Zyniker staunen noch. Die Philosophie ist kein Elfenbeinturm – eine Antwort auf Volker Gerhardt*, in: *Die Zeit* 52/1998, Philosophie.

Gatzemeier, Matthias: *Der Wirklichkeitsbegriff in der Philosophie*, Aachen, Manuskriptfassung ohne Datum.

---

[14] Matthias Gatzemeier, *Der Wirklichkeitsbegriff in der Philosophie*, Aachen, Manuskriptfassung ohne Datum. [Unter dem Titel *Die Philosophie und die Wirklichkeit* erschienen in: *Wechselwirkung* 58, Dezember 1992, S. 37-40; Anm. d. Hrsg.]

– : *Anthropologie der Frau – ein nicht nur genuines, sondern auch ein notwendiges Thema der Philosophie,* in: *Zeitschrift für Didaktik der Philosophie,* Heft 1/82, 4. Jg., Hannover 1982, S. 4-13.

– : *Grundsätzliche Überlegungen zur rationalen Argumentation (mit Bezug auf den schulischen Unterricht),* in: R. Künzli (Hrsg.), *Curriculumentwicklung – Begründung und Legitimation,* München 1975, S. 41-56.

Kamlah, Wilhelm: *Philosophische Anthropologie. Sprachkritische Grundlegung und Ethik,* Mannheim u. a. 1973.

Lexikon der Alten Welt, Band I, München/Zürich 1990.

Nühlen, Maria: *Zur Einführung,* in: *Ein Deutschland – viele Kulturen. Alte und neue Bundesländer im multikulturellen Europa,* hrsg. von Berg/Gloel/Wörndl, Berlin 1996, S. 7-13.

– : *Viele Wege führen nach Rom, Mekka, Jerusalem ...* , in: *Ethik und Sozialwissenschaften,* EuS 8 (1997) Heft 4, Opladen, S. 446-448.

Plutarch: *Moralische Schriften,* Bd. 1-3, übers. mit Einleitungen und Anm. versehen von Otto Apelt, Leipzig 1926/27.

Antike

ASTRID MANIA

Die Rezeption des platonischen Höhlengleichnisses in der zeitgenössischen Kunst[1]

I

Das platonische Höhlengleichnis stellt sicherlich einen der am meisten rezipierten, diskutierten und interpretierten Texte der abendländischen Philosophie und Kunsttheorie überhaupt dar, und selbst für zeitgenössische Künstler bildet die platonische Metaphysik Thema und Ausgangspunkt komplexer und spannender Werke. So werden hier im Folgenden zwei Installationen diskutiert, die in sehr verschiedener Weise auf Platons Höhlengleichnis Bezug nehmen und damit auch sehr verschiedene Intentionen verfolgen: zum einen Skulpturen aus der Ausstellung *Die kubistische Höhle* von Tobias & Raphael Danke[2], zum anderen die Installation *Plato's Cave, Rothko's Chapel, Lincoln's Profile* des amerikanischen Künstlers Mike Kelley. Dem vorangestellt ist ein kurzer Abriss der platonischen „Kunsttheorie" sowie der Ideenlehre.

Die Rezeption der platonischen Kunsttheorie ist durch zwei grundlegende Probleme geprägt: Das eine besteht darin, dass es überhaupt keine wirkliche „Kunsttheorie" des Philosophen gibt, die sich mit der Kunst – verstanden im allgemeinen Sprachgebrauch als Malerei, Skulptur, Literatur, Musik, Theater – um ihrer selbst willen auseinandersetzt. Das andere beruht auf der Tatsache, dass der Blick auf Platons Aussagen zur Kunst getrübt ist durch das allgemeine Missverständnis der angeblichen „Kunstfeindlichkeit" Platons, eine Behauptung, die sich so keinesfalls aufrecht erhalten lässt.

Ursache für beide Probleme ist der Kontext, innerhalb dessen Platon seine Aussagen zur Kunst, und besonders die Dichterkritik, formuliert hat: Denn sowohl der Dialog *Sophistes* als besonders auch die *Politeia* haben nicht eine Diskussion über Kunst zum Thema, sondern die Kunst dient lediglich der Veranschaulichung, der Verbildlichung grundsätzlicher Erörterungen zu Fragen von Wahrheit und Tugend. In der *Politeia* findet die Erörterung der (Dicht-)Kunst in einem pädagogischen Zusammenhang statt, vor dem Hintergrund der Erziehung der Wächter des „Idealstaates". Da es Platon um die Implementierung von Tugend geht, räumt er der Erziehung in seinem Staatsgebilde besonderen Raum und besondere Bedeutung ein. In diesem Kontext stehen die berühmten Passagen der Dichterkritik, nicht um einer prinzipiellen Kritik der Künste willen, sondern in

---

[1] Der vorliegende Text wurde am 20. Juli 2001 auf Einladung des Lehrstuhls für Praktische Philosophie der RWTH Aachen als Vortrag gehalten und ist – von wenigen Änderungen abgesehen – in seiner Form weitgehend beibehalten worden.

[2] Tobias & Raphael Danke, *Die kubistische Höhle*, Ausstellung vom 10. Februar bis 24. März 2001, Galerie Kapinos, Berlin.

Hinblick auf die Rolle der Künste – vorrangig der Dichtkunst – bei der Erziehung der Jugend.[3]

Platons Wächter sollen tugendhafte und unerschrockene Männer werden, die zur Entwicklung dieser Charaktereigenschaften Vorbilder benötigen, die sie aus Dichtung und Mythos beziehen sollen. An diesem Punkt setzt Platons Dichterkritik sowohl in inhaltlicher als auch in formaler Hinsicht an, wobei im Folgenden nur kurz auf die inhaltliche Kritik eingegangen werden wird. Die Dichter, so postuliert Platon, verbreiten falsche Lehren und geben den Jugendlichen ein unmoralisches und somit pädagogisch nicht wertvolles Bild vor. Sie vermitteln insbesondere ein unwahres Bild von den Göttern, und die Schilderungen mancher Taten der großen Heroen eignen sich ebenfalls nicht uneingeschränkt als Modellfälle für eine Jugend, die zu furchtlosen und ehrenhaften Soldaten erzogen werden soll. So stören Platon insbesondere die Darstellung der Schrecken der Unterwelt, die Erweckung von Heiterkeit und Lachlust, die Schilderung von Untugenden (wie etwa Gier und Übermut) und Ruchlosigkeit der Göttersöhne und Heroen. Diese sind, da inhaltlich falsch, aus den Dichtungen zu verbannen.[4] Hervorzuheben sind Besonnenheit und Männlichkeit, das Gute, und dem ist die Vortragsweise der Dichtungen anzupassen.[5]

Neben der Dichterkritik aus pädagogischen Gründen heraus weist Platon die Kunst vor allem aber auch aus ontologischen bzw. erkenntnistheoretischen Beweggründen heraus ab, wobei diese einander bedingen: Mit der Ideenlehre und damit verbunden dem Konzept der Anamnesis setzt Platon ein Welterklärungsmodell, das ihm eine gesicherte Begründung für die Existenz des Guten, der Tugend, bietet, und somit die Forderung nach guter und tugendhafter Lebensweise begründet.[6] Die Idee des Guten ist Ursache alles Richtigen und Schönen[7], ist oberster Wert und unabänderliche Richtschnur. Alle empirischen Gegenstände sind lediglich Abbilder, „Schatten“ der Ideen. Diese Vorstellung findet ihre Verbildlichung im *Höhlengleichnis.*

Während nun die Dichterkritik in der *Politeia* zunächst praxisorientiert erscheint, ist die Diskussion der Künste im Kontext der Ideenlehre erkenntnistheoretischer Natur. Dabei kann man natürlich lange darüber streiten, ob der erkenntnistheoretische Gewinn von Kunstbetrachtung die richtige oder zumindest notwendige Herangehensweise an Kunst darstellen muss. Im Laufe ihrer Rezep-

---

[3] Dies, da im antiken Griechenland Dichtungen und Mythen gewissermaßen den „offiziellen Lehrstoff“ bildeten.

[4] Vgl. Platon, *Politeia* III386a ff.

[5] Vgl. ebd. 395b ff.

[6] Vgl. Platon, *Menon* 8c ff. und 85c ff. sowie Platon, *Phaidon* 72e.

[7] Vgl. Platon, *Politeia* VII517b-c.

tionsgeschichte aber wurde die Ideenlehre Kernstück oder Reibungsfläche, je nach philosophischem Standpunkt, fast jeder Diskussion über Kunst oder fast jeder „Ästhetik", und sie stellt bis heute zu ein bedenkenswertes und inspirierendes Konstrukt dar.[8]

Die Ideenlehre als das der platonischen Philosophie zugrunde liegende Welterklärungsmodell steckt demgemäß den Rahmen ab, innerhalb dessen Platon seine grundsätzliche Kritik an der Kunst ansetzt. In dem streng hierarchisch aufgebauten Weltbild nehmen die ewigen und unveränderlichen Ideen die oberste Stufe ein. Sie stellen den eigentlichen Bereich des Seienden dar, der jedoch nur der Seele in ihrem „vor-" oder auch „nachmenschlichen" Zustand zugänglich ist. Die Objekte der „Realität", die empirischen Gegenstände, stehen auf einer niedrigeren Stufe unterhalb der Ideen. Sie sind lediglich die Abbilder der Ideen. Auf einer dritten Stufe darunter befinden sich die von Menschenhand geschaffenen Dinge. Die künstlerischen Objekte schließlich stehen auf der niedrigsten Stufe, wobei Platon allerdings grundsätzlich zwischen zwei verschiedenen Arten von Kunst unterscheidet: der „ebenbildnerischen" und der „trugbildnerischen". Demnach bringt der Künstler entweder gewissenhafte Abbilder der empirischen Welt hervor[9], verdoppelt also auf nutzlose – d. h. erkenntnistheoretisch nutzlose – Weise die Gegenstände der sinnlich wahrnehmbaren Welt, oder aber der Künstler erzeugt unzuverlässige und trügerische Scheinbilder[10], d. h., er arbeitet mit dem Mittel der perspektivischen Verzerrung und erweckt so lediglich den Anschein der wahrhaftigen Wiedergabe. Hier wird also nicht mehr nur „nutzlos verdoppelt", sondern

---

[8] In diesem Zusammenhang sei auf Erwin Panofskys Abhandlung *Idea – Ein Beitrag zur Begriffsgeschichte der älteren Kunsttheorie* verwiesen, in der Panofsky die Entwicklungsgeschichte der Ideenlehre ebenso darlegt wie den Bedeutungswandel, den der Begriff ‚Idee' im Laufe der Geschichte erfahren hat. Panofsky rückt auch die Vorstellung von Platons „Kunstfeindlichkeit" zurecht. Auch wird hier ausführlich diskutiert, dass spätere Kunsttheoretiker gerade Platons Ideenbegriff zu einer Verteidigung der Kunst herangezogen haben. Vgl. Erwin Panofsky, *Idea – Ein Beitrag zur Begriffsgeschichte der älteren Kunsttheorie*, Berlin 1989. Für die Zeit der Moderne spielt der Neuplatonismus besonders im Umfeld des russischen Konstruktivismus eine entscheidende Bedeutung. Vgl. hierzu Jean Clair, *Malévitch, Ouspensky et l'espace neo-platonicien*, in: Jean-Claude Marcadé (Hg.), *Malévitch – Actes du Colloque international tenu u Centre Pompidou*, Paris 1978, S. 15-30.

[9] „Die eine, welche ich in ihr sehe, ist die ebenbildnerische Kunst der Ebenbilder. Diese besteht eigentlich darin, wenn jemand nach des Urbildes Verhältnissen in Länge, Breite und Tiefe, und dann auch jeglichem seine angemessene Farbe gebend, die Entstehung einer Nachahmung bewirkt." Platon, *Sophistes* 235d-e (diese und folgende Übersetzungen nach Friedrich Schleiermacher).

[10] „Lassen also nicht die Künstler das Wahre gut sein und suchen nicht die als seiend bestehenden Verhältnisse, sondern die, welche als schön erscheinen werden, in ihren Nachbildern hervorzubringen?" Ebd. 236a.

hier wird durch die verzerrte Abbildung der empirischen Wirklichkeit Erkenntnis erschwert.

Auch in diesen Passagen dient die Kunst – hier die Malerei – der Veranschaulichung von Platons eigentlichem Diskussionsthema, der Kritik an den Sophisten: So wie der Maler oder Bildhauer perspektivisch verzerrte Bilder schafft, so entwirft der Sophist Trugbilder, die falsche Vorstellungen vermitteln[11] und die Verwirrung der Seele steigern. Der Wahrheitsgehalt dieser „Bilder" steht damit weit hinter dem der empirischen Welt zurück und somit ist ihr Erkenntnischarakter als äußerst gering zu erachten.[12]

Den Täuschungen durch die Kunst setzt Platon das „Rechnende, Messende, Wägende" entgegen[13], weil der Teil der Seele, des Verstandes, der sich mit Zahlen beschäftigt, Platon als „das Beste der Seele" gilt, wohingegen die Kunst mit ihren Täuschungen „mit dem von der Vernunft Fernen in uns ihren Verkehr hat und sich mit diesem zu nichts Gesundem und Wahrem befreundet".[14] „Belehrung" erfolgt also nach dem Prinzip Gleiches durch Gleiches: Nur wenn Gutes, Wertvolles gelehrt wird, kann sich das „belehrte Organ", „die Vernunft", auch entsprechend ausbilden.[15]

Außerordentlich bemerkenswert ist nun die Tatsache, dass die platonische Ideenlehre im *Höhlengleichnis* kulminiert, das in mancher Hinsicht doch selber recht dunkel und verwirrend ist.[16] Platon hat hier zudem den Weg des dialogischen Gesprächs verlassen und erzählt einen Mythos – was aber andererseits explizit die ihm oft unterstellte Kunstfeindlichkeit widerlegt und insofern konsequent ist, als Platon durchaus einer – mythischen – Dichtung positiv gegenübersteht, sofern diese nur die rechten Inhalte vermittelt.[17] Aber auch im *Höhlengleichnis* selbst scheitert der Dialog, denn der – zwanghaft – Entfesselte vermag nach seiner Rückkehr in die Höhle nicht, die dort Verbliebenen von seinen Erkenntnissen zu überzeugen: „Der Dialog mit seinem wichtigsten Mittel, den Partner in Wider-

---

[11] Vgl. ebd. 240c-241b.

[12] Erschwerend hinzu kommt neben der „messbar" falschen Darstellung auch der fehlende Sachverstand des Malers bzw. Dichters, die mangelnde Kompetenz. Sie – die Künstler und damit die Sophisten – besitzen aber weder „Einsicht" noch „richtige Vorstellung" (Vgl. Platon, *Politeia* X602a), behaupten diese aber für sich. Vgl. Platon, *Sophistes* 233a ff.

[13] Vgl. Platon, *Politeia* X602d.

[14] Vgl. ebd. 603a-b.

[15] Vgl. Hans Blumenberg, *Höhlenausgänge*, Frankfurt am Main 1989, S. 160 f.

[16] Vgl. ebd., Zweiter Teil.

[17] „Zuerst also, wie es scheint, müssen wir Aufsicht führen über die, welche Märchen und Sagen dichten, und welches Märchen sie gut gedichtet haben, einführen, welches aber nicht, das ausschließen. Platon, *Politeia* II377b-c. Vgl. auch ebd. 378c-d sowie ebd. III, 392b.

sprüche zu verwickeln und in Sackgassen zu treiben, bleibt angesichts der ästhetisch-belebenden Qualität der Schatten hilflos".[18]

An dieser Stelle soll ein kurzer Verweis auf die antike Legende von der Entstehung der Malerei erfolgen[19], wonach ein Hirtenmädchen den Schatten seines Geliebten auf einer Wand nachgezeichnet und so sein Portrait erhalten habe.[20] Dies offenbart, wie eng in der antiken Welt der Kontext zwischen Schatten und Abbild gesehen wurde. Die Ausnutzung des Schattenwurfes zur Herstellung von Ähnlichkeit darf wohl als gängige Praxis vermutet werden. Dieser Kontext sollte mitgedacht werden, wenn Platon die Analogie zwischen Kunst und Schattenbild setzt. Es ist naheliegend, dass Platon auf einen verbreiteten Topos in der Kunstdiskussion seiner Zeit zurückgegriffen hat und dass somit die Verwendung des Begriffs „Schatten" keinesfalls so abwertend zu sehen ist, wie es zunächst erscheinen mag. Da Platon Kunst allein hinsichtlich ihres pädagogischen und erkenntnistheoretischen Wertes diskutiert, d. h. unter dem Aspekt der größtmöglichen Übereinstimmung eines Gegenstandes mit den Ideen, und Kunst somit eine erkenntnistheoretische Aufgabe zu erfüllen hat, muss Platon die Kunst seiner Zeit ablehnen.

Die beiden nun im Folgenden vorgestellten Installationen verweisen, wenn auch auf sehr verschiedene Weise, auf die platonische Philosophie, namentlich auf das *Höhlengleichnis.* Tobias & Raphael Danke beziehen sich dabei sehr viel unmittelbarer und direkter auf Platon, indem sie die platonische Höhle mit einem Versuchsraum für soziale Strukturen gleichsetzen, innerhalb dessen sie ihre eigene „Ideenlehre" entwickeln und ein verändertes Nachdenken über Kunst bewirken möchten. Bei Mike Kelley repräsentiert Platon die Autorität der abendländischen Philosophie. Das *Höhlengleichnis* stellt eine Metapher bereit, die bei Kelley immer wieder in sehr komplexe philosophische, ästhetische und psychologische Fragestellungen eingebettet wird. Im ersten Fall wird sich die Diskussion auf die Werke der Ausstellung *Die Kubistische Höhle* beschränken, und hierbei wiederum auf zwei Skulpturen. Insgesamt vereinte die Ausstellung mehrere Skulpturen und eine Serie von Zeichnungen und Computerdrucken, die in einem vollständig schwarz gestrichenen Galerie-Raum präsentiert wurden.

---

[18] Blumenberg 1989, S. 88/89.

[19] Eine erste schriftliche Fassung gibt Plinius d. Ä. in der *Naturgeschichte,* Band IX. Es ist aber wohl davon auszugehen, dass es sich hier um eine wesentlich ältere, tradierte Legende handelt.

[20] Die Legende hat natürlich zahlreiche Maler inspiriert. Als ein Beispiel von vielen: Wright of Derby, *The Corinthian Maid,* 1782-85, Öl auf Leinwand, 106,3 x 130,8 cm, National Gallery of Art, Washington.

II

Die mehrteilige Skulptur *Nicht zu Wissen was eine Höhle ist*[21] – der Titel ist einem Kapitel aus Hans Blumenbergs Buch *Höhlenausgänge* entnommen – besteht aus einer gerüstartigen Konstruktion auf einem Sockel sowie aus jeweils seitlich davon einem Stapel grauer Steinplatten. Die Gerüstkonstruktion ist aus weißen Kunststoffelementen, die von Modellbausätzen stammen, gebildet. Sie zeigt im verkleinerten Maßstab das Modell eines Baugerüstes, einer vergitterten Fußgängerpassage vor einer Baustelle. Zwischen dem Vorbild, dem Baugerüst, und dem Abbild, der Skulptur, vermittelt eine von den Künstlern gemachte Fotografie. Das Gitter, sowohl der Baustelle wie der Skulptur, fungiert hierbei als Begrenzung; es steckt Raum ab, bildet eine Art Ur-Architektur, die eindeutig einen inneren Bereich von einem Umraum abtrennt.

Die Installation *Nicht zu Wissen was eine Höhle ist* vereint mehrere Realitäts- und Abstraktionsgrade: Zum einen kombiniert sie vorgefundene Objekte mit von den Künstlern angefertigten Objekten. Die Steinplatten, ursprünglich Gebrauchsgegenstände, erfahren als objets trouvés durch die Versetzung aus dem Baumarkt in die Galerie eine vollkommen andere Lesart. Zum anderen ist die Gitter-Skulptur ihrerseits ein in mehrerer Hinsicht abstrahiertes Gebilde. Sie ist der Nachbau eines realen Objektes, der sich auf eine Fotografie des eigentlichen Vorbildes stützt. Dieses wiederum, das Baugerüst, ist auch nur eine temporäre Konstruktion. Zudem haben sich die Künstler bei dessen Nachbildung nicht an die tatsächliche Erscheinung, an „Maß und Zahl“ gehalten, sondern sind der durch die Fotografie entstandenen perspektivischen Verzerrung gefolgt – sie sind also im platonischen Sinne „Trugbildner“.

Neben dieser komplexen Verschränkung verschiedener Abstraktionsebenen besitzt die Skulptur von Tobias & Raphael Danke eine Mehrdeutigkeit in praktischer und ästhetischer Hinsicht, geht über das reine Kunstwerk hinaus: Das Arrangement aus Podest und aufgestapelten Steinplatten erinnert an rudimentäre Möbelstücke, die Platten können als Sitzmöbel fungieren, die Skulptur auf dem Podest wird zum Tisch. Die Installation ist gleichermaßen Möbel, Modell, Skulptur; und die Abgrenzungen zwischen Kunststück und Gebrauchsstück verschwimmen, lösen sich auf.

---

[21] Tobias & Raphael Danke, *Nicht zu Wissen was eine Höhle ist,* 2001, Holz, Steinplatten, Kunststoff, versch. Materialien, ca. 136 x 200 x 240 cm.

Auf dem gleichen Prinzip beruht auch die zweite der beiden Skulpturen, *Die Kubistische Höhle*.[22] Sie besteht aus einem podestartigen Holzbau, an dessen Ende eine polymorphe, zeltdachartige Struktur gebaut ist. Dieser Teil der Skulptur ist mit schwarzer Teerpappe überzogen; sie ist zu einer Seite hin offen und in ihrem Innern mit silberner, reflektierender Farbe ausgemalt. Diese Skulptur kann nicht losgelöst von ihrem jeweiligen Ausstellungsraum betrachtet werden, der hier Teil der Installation wird: Der schwarze Wandanstrich, der notwendig zur gesamten Ausstellungskonzeption gehört, ist an der Wand hinter der Skulptur ihrem Umriss folgend ausgespart worden, so dass sie einen „weißen Schatten" auf die schwarze Wand wirft. Und wenn man will kann man die Skulptur auch als Abstellfläche nutzen, man kann auf ihr sitzen oder sogar herumlaufen.

Auch diese Skulptur bildet den Endpunkt einer Abfolge von Abstraktionsschritten: Vorbild hier ist eine große Außenskulptur vor dem New Yorker UNO-Gebäude, vor der, als die Künstler die Skulptur fotografierten, eine provisorische Bühne aufgebaut war. Die Fotografie als unmittelbare Vorlage für die Arbeit der beiden Künstler zeigt ausschnitthaft Teile von Bühne und New Yorker Skulptur, und diese Detailansicht der Fotografie wurde schließlich in *Die Kubistische Höhle* übertragen.

Wenn man nun augenzwinkernd mit Platon argumentieren möchte, wäre die Skulptur von Tobias & Raphael Danke in erkenntnistheoretischer Hinsicht nicht nur nutzlos, sondern geradezu schädlich, da die New Yorker Skulptur als Kunstwerk bereits das Abbild eines Abbildes darstellt. Wenn von diesem nun eine Fotografie gemacht wird, ist das Foto ein weiteres Abbild, das schließlich rückübertragen in Skulptur in noch ein weiteres Abbild mündet. Somit steht *Die Kubistische Höhle* am Ende einer Folge von Abbildern. Nur, dass das Vorbild für die New Yorker Skulptur mit einiger Sicherheit nicht der empirischen Welt, sondern eher der Imagination des Künstlers entstammt, so dass hier die Folge der Abbilder im streng platonischen Sinne nicht vollständig greift.[23]

Tobias & Raphael Danke allerdings kehren die platonische Hierarchie der Ideenlehre um: Wenn die Künstler von einem vorgefundenen Objekt ausgehend über die Fotografie zur Skulptur gelangen, so stellt dies nach platonischer Lehre einen Abstieg dar, ein immer weiteres Entfernen von der Idee. Im Verständnis der beiden Künstler jedoch erlaubt ihr Kunstwerk wieder ein „Aufsteigen", ein sich

---

[22] Tobias & Raphael Danke, *Die Kubistische Höhle*, 2001, Holz, Teerpappe, versch. Materialien, ca. 162 x 201 x 305 cm.

[23] Zur Begriffsverschiebung von der platonischen Idee zu einer „Idee" im Sinne eines künstlerischen Konzepts vgl. Panofsky 1989.

der Idee Nähern.[24] In dem theoretischen Modell von Tobias & Raphael Danke steht die „Idee" im Sinne einer gedanklichen Konzeption, einer allgemeingültigen Vorstellung an oberster Stufe. Das Objekt als Gebrauchsgegenstand befindet sich auf einer unteren Stufe, weil es durch seine Konkretheit und Nutzbarkeit von der reinen Konzeption entfremdet. Das abstrakte Kunstwerk steht an einer Stelle zwischen diesen beiden Bereichen, es ist näher an der Idee, weil es der Welt des praktisch Nutzbaren vollkommen entzogen ist. Die Arbeiten von Tobias & Raphael Danke nun befinden sich auf einer Zwischenstufe, die zwischen den Gebrauchsgegenständen und der Welt der abstrakten Kunstwerke vermittelt und an beidem Teil hat. Wenn das abstrakte Kunstwerk zwischen Idee und Objekt vermittelt, so vermitteln die Werke der Dankes durch die potenzielle Nutzbarkeit zwischen Objekt und Abstraktion. Es geht den Künstlern darum, dem Betrachter einen Einstieg zu ermöglichen, den Zugang zum Kunstwerk zu erleichtern, von dem aus man zu den Ideen „aufsteigen" kann.

Die Objekte und Installationen von Tobias & Raphael Danke bewegen sich also auf der Grenze zwischen Gebrauchsgegenstand und Kunstwerk, dabei häufig zwischen Möbel und Skulptur. Durch diese Zweideutigkeit eröffnet sich eine neue Möglichkeit für die Arbeiten: Sie sind Konstruktionen, die eine Funktion außerhalb der des reinen Kunstwerkes haben können. Dabei ist noch an keiner Stelle gesagt worden, was eigentlich genau Kunstgegenstände von Gebrauchsobjekten unterscheidet und was Kunst denn überhaupt definieren könnte, wenn man schon vom Überschreiten der Grenzen von Kunst und Kunstwerk spricht.

Es soll hier auch nicht der waghalsige Versuch einer Definition von Kunst vorgenommen werden, sondern es sollen zwei Ansätze kurz vorgestellt werden, die für das Verständnis des Werkes von Tobias & Raphael Danke hilfreich sind. Eine mögliche „Definition" von Kunst mag darin bestehen, dem Kunstwerk keinen – im landläufigen Sinne – praktischen Nutzen, keine praktische Funktion zuzuweisen, die etwa darin bestehen könnte, auf einer Skulptur zu sitzen, ein Gemälde als Tischplatte zu verwenden, oder was einem sonst in den Sinn kommen könnte.

Ein weiterer Ansatz, „Kunst" und „Nicht-Kunst" zu differenzieren, ist der kontextuelle: Die Umgebung ist bestimmend. Dies bedeutet konkret, dass man es genau dann mit Kunst zu tun hat, wenn man sich in einem als „Kunstraum" ausgewiesenen Ort befindet, also im Museum oder in der Galerie. Der Kontext, in dem man einen bestimmten Gegenstand sieht und erfährt, bestimmt, wie man ihn

---

[24] Aus einem Gespräch mit Raphael Danke am 28. Mai 2001 in Berlin.

sieht und erfährt.[25] Wenn also der Raum, die Umgebung ein Objekt definieren kann, so handelt es sich dabei um einen sozialen Raum in dem Sinne, als er bestimmte Konventionen und Verhaltensmuster setzt. Beim Besuch im Museum oder in der Galerie sind bestimmte Gebote und Verbote zu beachten. Diese Konventionen folgen aus der Tatsache, dass der „Kunstraum" Denknormen vorgibt. Er bestimmt die Wahrnehmung, setzt die Parameter oder gibt – wenn man so will – den Startschuss für die Abduktionsleistung des Betrachters, in dem betrachteten Gegenstand ein Kunstwerk zu sehen.

Diese Verhaltensnormen und Denkstrukturen aufzubrechen, ist das Anliegen von Tobias & Raphael Danke. Sie geben ihren Kunstwerken eine praktische Funktion, die dem Betrachter dadurch ein Nachdenken über die Rolle oder Definition von Kunst nahe legt. Die mögliche Nutzung ihrer Kunstwerke erleichtert und erschwert den Zugang gleichermaßen. Der unbefangene Betrachter – etwa ein Kind, das noch nicht zu zahlreichen frühkindlichen Museumsveranstaltungen geschleppt wurde – würde sicher auf den Skulpturen herumklettern. Würde man es einem solchen Kind gleich tun, könnte man sich von dieser Seite her einen „Einstieg" in die Diskussion über Kunst erleichtern: Hat man erst einmal mit einem Bier auf einer Skulptur gesessen, so ist man doch im Regelfall weitaus aufgeschlossener. Für den „erfahrenen" und „kultivierten" Ausstellungsbesucher jedoch erfordert dies zunächst eine große Überwindung.

Daher verstehen Tobias & Raphael Danke denn auch den Ausstellungsraum als einen Versuchsraum, in dem neue Verhaltensmuster, neue Denkschemata erprobt werden können. Nicht nur in Anspielung auf das Platonische *Höhlengleichnis*, sondern auch um den Raum als Labor auszuweisen, ist er schwarz gestrichen. Die Umgebung wird zurückgenommen, der Raum wird abstrahiert. Bei Tobias & Raphael Danke wirken somit die Objekte auf den Raum zurück: Wenn man auf einer Skulptur sitzen kann, befindet man sich in einem anderen Raum, in einem anderen Kontext als dem der Galerie. Der Raum, den die Künstler bilden, wird zu einem sozialen Raum, zu einem Ort der Kommunikation, in dem ein Mehr an Erfahrung als die von Kunst alleine möglich ist.

Die platonische Höhle ist den Künstlern somit Gleichnis, Modell für Raum, der Wahrnehmungen und Erfahrungen erlaubt. Das Überschreiten der Höhlen-

---

[25] Dieser Ansatz an Kunst verdankt sich der Moderne, namentlich Marcel Duchamp, der mit seinen „ready-mades" die Autorität des Kunstraums ausnutzte und dabei ebenso bestätigte wie demontierte: Duchamp versetzte triviale Objekte wie einen Flaschentrockner, das berühmte Pissoir, das Rad eines Fahrrads in die Galerie, und erhob diese Gegenstände – zusätzlich versehen mit einer Signatur – in den Rang eines Kunstwerkes. Seither gehören Anekdoten wie die von dem Putzeimer im Museum, vor dem sich ein staunendes und verwirrtes Publikum fragt, ob dieser Eimer nun ein Meisterwerk sei oder schlicht das Überbleibsel vergesslicher Reinigungskräfte, zum Repertoire der Kunstgeschichte.

grenze ist möglich und führt zu einem Erkenntnisgewinn. So bieten auch die beiden Künstler dem Betrachter ihrer Installation an, einen sozialen Raum, der bestimmte Konventionen vorgibt, zu verlassen und andere Aspekte zu sehen: So wie die platonische Höhle Ort eines „Experimentes" ist und in ihrer Beschreibung an Versuchsaufbauten im Labor erinnert, so beziehen sich die Künstler in eben diesem Sinne auf die Platonische Höhle als Bild für einen „Versuchsraum". Der Gefesselte, der im Platonischen Gleichnis die Höhle verlässt, wird zum Gleichnis für den Betrachter, der seine vorgefassten oder anerzogenen Denkschemata verlässt und überschreitet. So erklärt sich denn auch der Titel der Ausstellung: *Die Kubistische Höhle*. Während im Kubismus das Motiv aus verschiedenen Perspektiven gleichzeitig gedacht und dargestellt wurde, die Zeitabfolge, die der Sehvorgang üblicherweise erfordert, komprimiert wurde, ist hier die Sicht auf verschiedene Perspektiven sinnbildlich gemeint.

III

Einen vollkommen anderen und nicht minder erkenntnisreichen Ansatz verfolgt der amerikanische Künstler Mike Kelley mit seiner Installation *Plato's Cave, Rothko's Chapel, Lincoln's Profile*.[26] Kelley arbeitet in den Bereichen Performance, Video, Rockmusik, mit Gemälden im klassischen Sinne, mit Skulptur, Zeichnung, Installation und häufig mit allen diesen Medien gleichzeitig. Bekannt geworden ist er durch seine Installationen aus Stofftieren und -puppen. Seine künstlerische Arbeit ist in hohem Maße persönlich, autobiographisch, und man kann sie wohl als eine Art von Autoexorzismus bezeichnen, bei dem sich Mike Kelley all jene Geister austreibt, die ihn seit seiner Kindheit und Jugend im Laufe seiner – katholischen – Erziehung verfolgt haben: Patriotismus, Familie, Sexualmoral, Religion, Geschichte, Kunst, Kunstgeschichte, Philosophie und soziale Normen.[27]

Vor diesem Hintergrund ist auch die Arbeit *Plato's Cave, Rothko's Chapel, Lincoln's Cave* zu sehen. Der Titel suggeriert durch die Verknüpfung der Namen Plato, Rothko und Lincoln die Komplexe Philosophie, Kunst und Geschichte.

---

[26] Mike Kelley, *Plato's Cave, Rothko's Chapel, Lincoln's Cave,* 1985-1996, versch. Materialien, etwa 320 x 1400 x 380 cm. Die Installation besteht heute in ihrer ursprünglichen Form nicht mehr, sondern ist in Einzelelemente aufgebrochen. Deren Verbleib in privaten wie öffentlichen Sammlungen zu klären war trotz mehrmaliger Korrespondenz mit der Galerie sowie dem Atelier Mike Kelleys nicht möglich.

[27] Zu Mike Kelley siehe u. a.: John C. Welchman, Isabelle Graw, Anthony Vidler, *Mike Kelley,* London 1999; sowie *Mike Kelley 1985-1996,* Katalog Museu d'Art Contemporani de Barcelona, Rooseum. Center for Contemporary Art, Malmö, Stedelijk Van Abbemuseum, Eindhoven, Barcelona 1997.

Kelley selbst begründet die Wahl der Begriffe und ihre Kombination in einem Interview damit, dass – im englischen Sprachgebrauch – jeder dieser Eigennamen mit einem Substantiv verknüpft zu einem neuen Eigennamen geworden ist.[28] Das ist natürlich richtig und gleichzeitig auch nicht – denn den Aussagen von Künstlern ist nicht unbedingt zu trauen. So zufällig wie von Kelley behauptet ist der Titel keinesfalls, er birgt im Gegenteil den Schlüssel für die Arbeit: Alle drei Begriffe beziehen sich auf berühmte höhlen- oder schreinartige, nahezu sakrale Orte. Der Bezug zu Platons *Höhlengleichnis* ist evident. „Rothko's Chapel" ist der Name einer nach dem Tod des Malers eröffneten Kapelle in Houston, Texas, die vierzehn der berühmten monochromen Gemälde Rothkos beherbergt und die ausdrücklich für diese spirituell aufgeladenen Werke gebaut wurde als ein öffentlicher Ort der Besinnung und Meditation.[29] „Lincoln's Profile" schließlich ist der Name einer Felsformation in einer Höhle im Longhorn Cavern State Park, Burnet, Texas.[30] Natürlich liegt die Assoziation zu dem berühmten, tempelartigen „Lincoln Memorial" in Washington oder auch zu dem ebenfalls als Gedenkstätte genutzten ehemaligen Wohnhaus Lincolns, dem „Lincoln Home", nahe.

Mike Kelleys Installation nun ist variabel, sie kann bei jeder Präsentation in gewissen Grenzen verändert aufgebaut werden.[31] Im Kern besteht sie aus einem rechteckigen Holzbau von etwa 14 Metern Länge und etwa 3,5 Metern in der Breite und Höhe, dessen Wände mit Ziegeltapete und Stoffbahnen überzogen sind. Vor den Querwänden hängen auf der einen Seite zwei weiß-rote Tücher, deren Form eine Vagina oder auch eine blutende Wunde suggeriert, vor der gegenüber liegenden hängen zwei weiße Tücher, auf denen schemenhaft ein menschlicher Körper sowie eine Figur erkennbar sind, die an die Tintenkleckse von Rorschachtests erinnern. Der Raum ist nach oben hin abgeschlossen und spärlich beleuchtet. In der Mitte der Konstruktion befindet sich ein künstliches Feuer, an der einen Stirnwand ein künstlicher Kamin auf etwa halber Wandhöhe, an der anderen eine elektrische Lampe: Das Feuer im Zentrum der Installation bezieht

---

[28] Vgl. *Interview – Isabelle Graw in conversation with Mike Kelley,* in: Welchman u. a., London 1999, S. 17.

[29] Mark Rothko (1903-1970) gilt als einer der bedeutendsten unter den amerikanischen abstrakten Malern. Er hat monochrome, ruhige und meditative Gemälde geschaffen, die häufig – da Rothko russischer Abstammung ist – mit der Spiritualität der Ikonenmalerei in Verbindung gesetzt wurden. Ein Jahr nach Rothkos Tod wurde 1971 die Rothko Chapel in Houston, Texas eröffnet.

[30] Im Internet zu finden unter:
www.enteract.com/~wbros/MNM/Ehixibits/Sfaces/labels/Longhorn.html

[31] Die hier besprochene Version ist im Ausstellungskatalog Barcelona 1997 abgebildet. Bei der Ausstellung des Werkes in Eindhoven entsprach der Aufbau im Wesentlichen den Reproduktionen im Katalog.

sich natürlich unmittelbar auf Platons *Höhlengleichnis,* während der Kamin, ebenso wie die künstlichen Ziegel, auf die Ära Lincolns verweist, die mit Strom betriebene Lampe auf das 20. Jahrhundert, die Moderne, und somit die Zeit Mark Rothkos. Die blau-violetten Malereien, die sich auf Tüchern vor den Längswänden der Holzkonstruktion entlang ziehen, spielen überdeutlich auf die monochromen Leinwände Rothkos an, zumal sie in ihrer Farbigkeit den Gemälden in „Rothko's Chapel" entsprechen.

In das Innere der Installation gelangt man nur durch einen einzigen Eingang, eine Öffnung in der Holzkonstruktion, die allerdings von außen fast vollständig durch ein Gemälde verhangen ist. So bleibt lediglich ein etwa 50 cm hoher Zugang, der den Betrachter zwingt, auf dem Bauch liegend in das Innere der Installation zu robben. Das Gemälde über dem „Eingang" zeigt das Innere einer Tropfsteinhöhle und verkündet: „When SPELUNKING sometimes you have to STOOP. Sometimes you have to go on ALL FOURS. Sometimes even CRAWL. CRAWL WORM!!"[32] Das Kriechen ist hier denn auch als Haltung im wahrsten Sinne des Wortes zu verstehen: Statt der hehren Philosophie, Geschichte und Kunst voller Achtung und Würde entgegenzutreten, rutscht man ihnen auf dem Boden liegend entgegen. Dies kann aber auch als vollständige „Erniedrigung" des Betrachters angesichts der autoritären Übermacht von Metaphysik, Patriotismus, Philosophie und Ästhetik verstanden werden, während gleichzeitig der Besucher der Installation zu der Einsicht gezwungen wird, dass er sich auch nicht zu schade ist, auf dem Bauch herumzurutschen, um nun seinerseits dem Werk Mike Kelleys zu huldigen.

In *Plato's Cave, Rothko's Chapel, Lincoln's Profile* bekämpft Kelley in einem bravourösen Rundumschlag einen ganzen Komplex von Autoritäten, Werten und Normen, die auf vielfältige Weise miteinander verwoben werden und die einander sogar bedingen: Rothko als Vertreter der amerikanischen Malerei repräsentiert die Autorität der vorherrschenden Kunstrichtung, die noch zu Studienzeiten Kelleys gelehrt wurde und somit maßgeblich war. Gleichzeitig symbolisiert Rothkos Malerei Spiritualität und Religiosität. – Sie ist aber auch Sinnbild des amerikanischen Patriotismus, da, besonders zu Zeiten des Kalten Krieges, die Amerikanische Malerei der Abstrakten durchaus im Sinne einer „Staatskunst" als Ausdruck demokratischer Freiheiten dem Sozialistischen Realismus der Sowjetunion gegenüber gestellt wurde. Lincoln als einer der bedeutendsten Präsidenten der USA, dessen Gedenkstätten und Monumente zu wahren Pilgerstätten geworden sind, vertritt bei Kelley staatstragende Autorität(en) und einen ins Religiöse übersteigenden Patriotismus. Platon schließlich steht für die Autorität der vorherr-

---

[32] Mike Kelley, *Exploring, 1985-1996,* Acryl auf Leinwand, 194 x 163 cm. Als kleine linguistische Randbemerkung: Im Englischen bezeichnet der Ausdruck „spelunker" einen Hobby-Höhlenforscher!

schenden abendländischen Philosophie, der Metaphysik und auch der Religion. Platon gilt Kelley aber vor allem als der „Erfinder" des Höhlengleichnisses. Die Höhle als psychologisch aufgeladenes Sinnbild und Metapher findet dabei häufig Verwendung im Werk des Künstlers: Sie ist nicht nur Ausgangspunkt für eine mögliche neue Erkenntnis, sondern auch der dunkle Ort des Unbewussten, des Verdrängten; sie ist Geburtshöhle, repräsentiert eine ursprüngliche Mystik und Spiritualität, ist Ort geheimer Kulte und Riten.

Die besprochene Installation ist wie viele der Werke Mike Kelleys stark persönlich. Auch dieses Werk setzt sich mit der ihn prägenden Kultur auseinander und dient in Eigentherapie – selbstverständlich mit Einladung zur Gruppentherapie – dazu, sich von der Dominanz durch Philosophie und Religion, abstrakter Kunst und Patriotismus zu befreien. Da deren Vertreter bei Kelley allesamt Männer sind, wird hier natürlich auch aufs Schönste der Vatermord zelebriert. Und die Befreiungsversuche Kelleys sind deshalb so nachvollziehbar, weil eben fast alle Bewohner der westlichen Welt in einem vergleichbaren – mehr oder weniger ausgeprägten – Wertesystem aufgewachsen sind.

Sowohl bei Tobias & Raphael Danke als auch bei Mike Kelley führt der Besuch der Höhle zu einem Erkenntnisgewinn Bei Ersteren kann dieser in einem veränderten Verhältnis zur Kunst liegen. Wenn man in Mike Kelleys Höhle kriecht, werden autoritäre Strukturen offenbar, die man – einmal durchschaut – in Frage stellen und bekämpfen kann. Anders als bei Platon jedoch ist hier in beiden Fällen die Höhle selbst der Ort der Horizonterweiterung. Das Bild hat sich vollkommen gewandelt: Die Höhle ist nicht mehr Ort der von Schattenbildern Getäuschten und in jeder Beziehung Gefesselten, die nicht fähig sind zur Aufnahme und Erkenntnis des Wahren, sondern die Höhle wird Bild für einen Ort, der Erkenntnis bieten kann. So ist es nicht der – im platonischen Gleichnis zwangsverordnete – Ausstieg aus der Höhle, der die Ideenschau ermöglicht, sondern der Einstieg in die Höhle, der eine neue Wahrnehmung ermöglicht – wobei es hier einem jeden frei steht, die Höhle nach Belieben zu betreten und auch wieder zu verlassen.

ULRIKE BARDT

Platons Konzeption von Lüge und Wahrheit

Die Frage nach Lüge und Wahrheit hat Platon von den Frühdialogen bis zu den späten Werken immer wieder beschäftigt, so vornehmlich im *Hippias Minor*, im *Kratylos*, der *Politeia*, – hier insbesondere im so genannten *Sonnengleichnis* – sowie im *Sophistes*. Die philosophischen Annäherungen der antiken Ethik an die Lüge können jedoch nur unter Berücksichtigung des philologischen Problems betrachtet werden, dass kein genuin sprachlicher Ausdruck für dieses Phänomen vorhanden war. Alle Übersetzer der Platonischen Dialoge ringen mit dem Problem, ‚ψεῦδος' mit Lüge gleichzusetzen, da der griechische Begriff sich nicht auf die Übersetzung mit ‚Lüge' begrenzen lässt, sondern auch ‚Falschheit', ‚Täuschung' und ‚Irrtum' beinhaltet.[1] Zudem weist Hose in seinem Beitrag *Fiktionalität und Lüge. Über einen Unterschied zwischen römischer und griechischer Terminologie* auf eine weitere Bedeutung von ‚ψεῦδος' hin: „Von Hesiod an ist der Begriff ψεῦδος – ψεύδεσθαι geradezu ein Schlüsselbegriff für das Geschäft des Dichters bzw. des Schriftstellers, der auf dem Prinzip der Fiktionalität basierende Literatur verfaßt."[2] Hesiod beispielsweise lässt die Helikonischen Musen singen: „ ... täuschend echte Lügen wissen wir viele zu sagen,/Wahres jedoch, wenn wir wollen, wissen wir gleichfalls zu künden."[3] Die Lüge war demzufolge auch vom Fiktionalen lexikalisch noch nicht unterschieden. Das griechische ‚ψεῦδος'[4] besaß noch nicht den exklusiven Sinn des *alterum fallere conatur*, also einen anderen zu täuschen, sondern umfasste ebenso den (unbewussten) Irrtum wie das Fiktionale, also die realitätsferne poetische Ausschmückung, „ohne daß dabei moralische Implikationen hinzutreten."[5] So formuliert Platon auch seine berühmte Dichterkritik in der *Politeia* (607b ff.), wobei er den Hauptunterschied zwischen Philosophie und Dichtung darin gesehen hat, dass die Dichtung nicht auf Wahrheit ausgerichtet ist, sondern auf bloße beliebige Erfindung.

Erst die Übersetzung ins Lateinische lässt aus ‚ψεῦδος' dann ‚mendacium' werden: „*Mendacium, mendax, mentiri* weisen jedoch ... kaum die Spannbreite des griechischen Begriffs auf. Vielmehr liegt dort unzweifelhaft Lügen im Sinne von *berechnet die Unwahrheit sagen* bzw. *Hintergedanken haben* vor", das heißt, „die Täuschungsabsicht ist – im Gegensatz zu ‚ψεῦδος' – mit *mendacium* untrennbar

---

[1] Vgl. dazu auch Arno Baruzzi, *Philosophie der Lüge*, Darmstadt 1996, S. 151 ff.

[2] M. Hose, *Fiktionalität und Lüge. Über einen Unterschied zwischen römischer und griechischer Terminologie*, in: *Poetica* 28 (1996), H. 314, S. 265.

[3] Hesiod, *Theogonie. Werke und Tage*, griech. u. deutsch, hrsg. u. übers. v. Albert von Schirnding, München/Zürich 1991, *Theogonie*, 27 f.

[4] Vgl. dazu Henry George Liddell/Robert Scott, *Greek-English Lexicon*, Oxford 1996: ‚ψεῦδος', S. 2021.

[5] Hose, a. a. O., S. 268.

verbunden."[6] Dennoch thematisierte Platon das Problem des absichtlich Falschen, das jemand instrumentell handhaben kann, so wie es exemplarisch durch Homers Figur des Odysseus, des Listigen, Blendenden und Erfindungsreichen vorgeführt wird.

Die Apologie des Lügners
„Hippias Minor" oder ἢ περὶ του ψεύδους ἀνατρεπτικός

Platon diskutiert das Phänomen der Lüge zunächst in seinem Jugenddialog *Hippias Minor*, der den bezeichnenden Untertitel ἢ περὶ του ψεύδους ἀνατρεπτικός trägt und dem – trotz der Bezeugung von Platons Verfasserschaft durch Aristoteles' *Metaphysik* (5,1025a6) – von Schleiermacher und anderen die Authentizität abgesprochen wurde.[7] Hippias, der bereits aus dem *Protagoras* bekannte Gesprächspartner, hat soeben einen Vortrag über Homer gehalten und wird anschließend von Sokrates befragt. Sokrates habe schon früher gehört, dass die *Ilias* im Vergleich zur *Odyssee* das schönere Epos darstelle, und zwar um so viel schöner, wie Achill besser sei als Odysseus. Sokrates möchte nun Hippias' Meinung zu der Frage hören, welchen von beiden er denn für den Besseren halte. Hippias antwortet ihm darauf, Achill sei der Hervorragendste, Nestor der Weiseste, Odysseus der Wendigste. Dies erläutert Hippias ihm eingehender: Achill sei wahrhaft und gerade (ἀληθής, ἁπλοῦς), wohingegen Odysseus als wendig und trügerisch, also als fähig zu täuschen (ψευδής), auftrete. Sokrates fragt im Folgenden weiter, ob Hippias unter einem Falschen jemanden verstehe, der unfähig oder fähig ist etwas zu tun. Daraufhin definiert Hippias die Fähigkeit des Falschen als Fähigkeit, die Menschen zu täuschen. Die Wendigkeit des Odysseus beruht demnach nicht auf Uneinsichtigkeit (ἀφροσύνη), sondern auf Einsicht (φρόνησις). Der Lügner erscheint also nicht als der moralisch Unterlegene, sondern als der wissend Überlegene.[8]

Ähnlich wird auch Odysseus von dem Tragödiendichter Sophokles charakterisiert. Als Odysseus seinen Feind Philoktet aus der Verbannung für einen erneuten Kampf gegen Troja einspannen will, gelingt ihm das nur, indem er Achills Sohn Neoptolemos dazu motivieren kann, dem beleidigten Philoktet das allzu vorder-

---

[6] Ebd.

[7] Vgl. dazu Platon, *Werke in acht Bänden*, griech. u. deutsch, hrsg. von Gunther Eigler, Darmstadt [2]1990, Bd. 1, S. 43, Anm. 1. Von Taylor, Wilamowitz-Moellendorff und Martin wird dessen Echtheit nicht mehr angezweifelt; vgl. dazu Gottfried Martin, *Platon*, Reinbek b. Hamburg 1986, S. 137; A. E. Taylor, *Plato*, London [8]1955, S. XI; Ulrich von Wilamowitz-Moellendorff, *Platon*, 2 Bde., Berlin 1919, Bd. 2, S. 327 f.

[8] Vgl. dazu auch Steffen Dietzsch, *Kleine Kulturgeschichte der Lüge*, Leipzig 1998, S. 26.

gründige Angebot, den Griechen erneut beizustehen, zu unterbreiten. Philoktet hatte als Freund des Herakles dessen treffsichere Pfeile geerbt und wollte mit den Griechen in den Kampf vor Troja ziehen. Unterwegs, auf der Insel Chrysa, wurde er allerdings von einer Natter gebissen und zog sich dabei eine Wunde zu, die eiterte und entsetzlich stank. Weil Odysseus um die Moral der Truppe fürchtete, ließ er Philoktet auf der Insel Lemnos aussetzen. Als sich das Kriegsglück der Griechen aber wendete, erinnerte er sich der wirkmächtigen Pfeile des Philoktet, so dass er eine List ersann, um in deren Besitz zu gelangen. Er bewegte den redlichen Neoptolemos dazu, Philoktet auf das Schiff der Griechen zu locken. In Sophokles' Tragödie *Philoktet* antwortet Odysseus auf Neoptolemos' Frage, ob er das Lügen nicht für schändlich halte: „Nein, nur mit List kann man ihn fangen, wie gesagt. [...] Nein, wenn allein die Lüge (‚τὸ ψεῦδος') Rettung bringen kann."[9] Als Neoptolemos schon die Waffen Philoktets in Händen hielt, konnte er dem Verbannten den wahren Grund seiner Einschiffung nicht länger vorenthalten. Odysseus, der auf der Hut war, fesselte den Rückzuführenden schnell und führte seinen Auftrag aus, der auch zum Guten Philoktets war, welcher im Lager der Griechen von einem Freund von Philoktets Vater, dem Danaer Podalirius, geheilt wurde. Odysseus mag zwar gelogen haben, doch er scheint mehr zu sein als ein bloßer Lügner. So wird er auch in Sokrates' Unterredung mit Hippias als weise im Täuschen charakterisiert. Genauer bestimmt wird dies als Möglichkeit des Lügenkönnens:

> „*Sokrates*: Wenn du nun sagst, tüchtig und weise wären auch die Falschen eben darin: Meinst du, daß sie tüchtig sind zu lügen, wann sie wollen, darin, worin sie eben lügen, oder untüchtig? *Hippias*: Tüchtig, meine ich. *Sokrates*: Um es also kurz zusammenzufassen: Die Falschen sind weise und tüchtig zu lügen? <οἱ ψευδεῖς εἰσιν οἱ σοφοί τε καὶ δυνατοὶ ψεύδεσθαι, 366b6/7> *Hippias*: Ja." (366b1-8)

Zur Überprüfung der These wird eine Analogie zur Rechenkunst gebildet. Es zeigt sich, dass der gute Mathematiker sich bestens darauf versteht, bezüglich eines mathematischen Problems sowohl das Wahre als auch das Falsche zu sagen. Denn derjenige, der unbegabt im Rechnen ist, könnte aus Versehen das Richtige oder Falsche sagen, was dem Rechenkundigen nicht unterlaufen kann (367a). Da der Falsche vorher definiert worden war durch das Lügen-Können, folgt, dass der Wahre und Falsche derselbe sein muss: „Also derselbe ist der Tüchtigste, das Wahre und auch das Falsche zu sagen im Rechnen? ... Siehst du also, daß derselbe der Falsche ist und auch der Wahre hierin?" (367c4-5; 12-13)

---

[9] Sophokles, *Dramen*, griech. u. deutsch, hrsg. u. übers. von Wilhem Willige u. a., München/Zürich ²1985, *Philoktet*, 107-109.

Der sophistische Zug des sokratischen Arguments ist offensichtlich, denn die Differenz zwischen dem wahren und dem falschen Mann besteht nicht in ihren Fähigkeiten, ihrem Können, sondern ausschließlich in ihrem Wollen.[10] Hippias hat zu diesem Zeitpunkt des Gesprächs keine Einwände, beruft sich aber darauf, dass doch Homer den Odysseus als Lügner, den Achill aber als einen Mann ohne Fehl und Tadel dargestellt hat. Dagegen macht Sokrates seine Einwände geltend, die in der Feststellung gipfeln, dass auch Achill mehrfach die Unwahrheit gesagt habe. Dies bestreitet Hippias zwar nicht, allerdings weist er darauf hin, dass Achill unvorsätzlich (ἄκων) die Unwahrheit gesagt habe, was keine Lüge darstelle. Beide Gesprächspartner definieren die Lüge am Beispiel des Odysseus als eine sprachliche Handlung, vorsätzlich (ἑκών) und hinterlistig (ἐπιβουλῆς) die Unwahrheit zu sagen (370e).

Sokrates schließt hieraus, dass Odysseus besser sei als Achill (371e), weil vorher derjenige als der Bessere bestimmt worden war, der vorsätzlich lügt. Einzuwenden wäre, dass der vorsätzliche Lügner zwar ein größerer Könner ist als derjenige, der unvorsätzlich die Unwahrheit sagt, doch es müsste eigentlich der Wille einer Person ausschlaggebend sein, und den meint Homer, wenn er Achill als besser bezeichnet. Sokrates verweist in diesem Zusammenhang auf seine Untersuchungsmethode, die darin besteht, aus gewissen, einmal zugestandenen Prämissen – wie ein Logiker – folgerichtige Konsequenzen zu ziehen. Daraus ergibt sich, dass sich das Gesagte aus dem zuvor einmal Zugestandenen ableiten lässt, es folgt aber nicht daraus, dass daran absolute Wahrheitsansprüche geknüpft werden können. Aus der Tatsache, dass sich beide Dialogpartner auf eine Prämisse geeinigt haben, resultiert nicht, dass die Prämisse selbst wahr ist.

Die These, dass der vorsätzlich Falsche der größere Könner sei als der unvorsätzlich Falsche, wird durch weitere Beispiele begründet. Der vorsätzlich langsam Laufende erscheint als besserer Sportler gegenüber demjenigen, der langsam läuft, weil er gar nicht schneller laufen kann (372c ff.). Schließlich bildet Sokrates eine Analogie zwischen der Lüge und der Gerechtigkeit. Der Gute erweist sich dabei als der freiwillig Unrecht-Tuende, der Schlechte als derjenige, der unfreiwillig Unrecht tut. Der Schluss besäße allerdings insofern Gültigkeit, als man auch die Gerechtigkeit als ein Können definieren würde, ähnlich wie das Lügen-Können oder das Laufen-Können. Mit Zustimmung des Hippias führt Sokrates nun aus, die Gerechtigkeit stelle entweder ein Können (δύναμις) oder ein Wissen (ἐπιστήμη) oder beides dar. Auch hierbei liegt der Schluss in einer falschen Prämisse begründet. Da die Gerechtigkeit kein Können, sondern ein Wollen darstellt, ist bereits die Prämisse falsch. So versetzt das Ende des Dialogs auch Sokrates in anscheinende Unzufriedenheit: „Der also vorsätzlich fehlt und

---

[10] Vgl. dazu auch Walter Bröcker, *Platos Gespräche*, Frankfurt a. M. ^{2}1967, S. 54.

das Schlechte und Unrechte tut, o Hippias, wenn es einen solchen gibt, wäre kein anderer als der Gute.“ (376b7-9)

Die pädagogische Lüge

Eigentümlich erscheint die Position Platons zu Wahrheit und Lüge in der *Politeia*:

> „Du weißt nicht, sprach ich, daß die wahre Lüge <ἀληθῶς ψεῦδος>, wenn es möglich ist, so zu reden, alle Götter und Menschen hassen?
> Wie meinst du das? sagte er.
> So, sprach ich, daß das Vorzüglichste in sich selbst und über das Vorzüglichste niemand mit Willen täuschen will, sondern am allermeisten fürchtet, dort die Unwahrheit zu haben.
> Auch so, sprach er, verstehe ich es noch nicht.
> Du denkst eben, sagte ich, daß ich etwas sehr Hohes sage; ich meine aber nur, daß in der Seele über das, was ist, sich zu täuschen und getäuscht zu haben und töricht zu sein und dort die Unwahrheit zu haben und zu besitzen alle am wenigsten wünschen, sondern sie vielmehr dort vorzüglich hassen.
> Bei weitem, sagte er.
> Aber mit vollkommenem Recht kann man doch das eben Beschriebene die wahre Unwahrheit <ἀληθῶς ψεῦδος> nennen, ich meine die Unwissenheit in der Seele des Getäuschten. Denn die in den Reden ist nur eine Nachahmung jenes Ereignisses in der Seele und ein später entstandenes Abbild, nicht mehr die unvermischte Unwahrheit. Oder ist es nicht so?
> Freilich.
> Die eigentliche Unwahrheit wird also nicht nur von Göttern, sondern auch von Menschen gehaßt.
> Das dünkt mich.
> Wie nun aber die Unwahrheit in Reden, wann und wozu ist die doch nützlich, so daß sie den Haß nicht verdient? Nicht gegen die Feinde? Und auch der sogenannten Freunde wegen, wenn diese im Wahnsinn oder aus irgendeiner Unvernunft etwas Arges zu tun unternehmen, wird sie dann nicht als ein ableitendes Mittel nützlich?“ (382a2-c11)[11]

Bemerkenswert ist bei der Übersetzung, wie bereits Baruzzi bemerkt hat, dass ‚ἀληθῶς ψεῦδος‘ oben mit ‚wahre Lüge‘, dann wiederum mit ‚wahre Unwahrheit‘ übersetzt und schließlich von ‚wahrer Unwahrheit‘ gesprochen wird. Apelt über-

---

[11] Platon, *Werke in acht Bänden*, griech. u. deutsch, hrsg. von Gunther Eigler, Darmstadt ^{2}1990, Bd. IV: *Politeia*.

setzt diese Stelle mit ‚wahrer Lüge', Teuffel spricht von ‚wahrhafter Lüge'.[12] Alle Übersetzungen sind ein Beleg für das oben thematisierte philologische Problem, ‚ψεῦδος' mit Lüge gleichzusetzen, da auch Falschheit, Täuschung und Irrtum umfasst werden. Die ‚ἀληθῶς ψεῦδος' besteht im Bezug auf das Wesentlichste, d. h. die Ideen. Auch hier wird, wie im *Sonnengleichnis*, betont, dass die Lüge das Wesentlichste, das Wirkliche betrifft. Daher wird es auch als das Schlimmste empfunden, in Bezug zum Wirklichen zu lügen. Aus diesem Grund hassen die Menschen die Lüge. Es versteht sich daher auch, so wird mehrfach behauptet, dass die Götter niemals lügen, betrügen und täuschen (380d-383c). Ebenso wird sich ein tugendhafter Mensch jeder Lüge zu seinem eigenen Vorteil und zum Schaden eines Anderen enthalten.

Apelt kommentiert die These von der Unmöglichkeit der Lüge durch die Götter in einer Anmerkung folgendermaßen: „Nach Platon ist die Unwissenheit die eigentliche Lüge, die Gott, der nicht irren kann, fremd sein muß. Das Lügen in Worten dagegen ist bisweilen nützlich."[13] Eigentümlich ist dabei, dass die Lüge im Spannungsfeld zwischen dem zu Hassenden und dem Schätzbaren bzw. Nützlichen angesiedelt ist. Während die Götter vor der Lüge gefeit sind, bleibt der Mensch immer in Bezug zur Lüge.

Platon erwähnt an einer späteren Stelle der *Politeia* einen Sonderfall, der eine Art „pädagogische Lüge" legitimiert. Wenn es darum gehen soll, die Menschen zur Annahme eines Gesetzes oder einer Vorschrift zu bewegen, die sowohl für sie selber als auch für den Staat von Nutzen (χρήσιμον) ist, wobei nicht erwartet wird, dass die Menschen zur Einsicht in die Nützlichkeit derselben gelangen, dann ist der Staatsmann berechtigt, zu dem Mittel der Lüge zu greifen, um das, was den Menschen an Einsicht fehlt, durch die Autorität der Tradition und der Götter zu ersetzen. Verglichen wird die Lüge in diesem Zusammenhang mit einer Arznei, die der Arzt dem Kranken verabreicht:

> „Allein auch die Wahrheit müssen wir doch gar sehr hoch ansetzen. Denn wenn das nun eben Gesagte richtig und in Wahrheit den Göttern Täuschung unnütz, den Menschen aber heilsam <χρήσιμον> ist nach Art der Arznei, so ist doch offenbar, dass wir dergleichen den Ärzten überlassen müssen, andere Unkundige aber sich nicht damit befassen dürfen." (389b3-7)

---

[12] Platon, *Der Staat. Über das Gerechte*, übers. u. erläutert von Otto Apelt, durchgesehen von Karl Bormann, Hamburg 1961, S. 84; Platon, *Der Staat (Politeia)*, übers. von Wilhelm Teuffel (Buch I-V) u. Willhelm Wiegand (Buch VI-X), in: Platon, *Sämtliche Werke in drei Bänden*, hrsg. v. Erich Loewenthal, Heidelberg [8]1982, Bd. II, S. 79.

[13] Platon, *Der Staat*, a. a. O., S. 429, Anm. 33.

Als Beispiele werden der von Sokrates frei erfundene Mythos genannt, nach dem den Menschen bei ihrer Entstehung verschiedene Metalle zugefügt worden sein sollen (414b-c); diese Lüge dient dazu, die Manipulationen des Gesetzgebers bei den Eheschließungen zu verheimlichen (459 c-d). Ausdrücklich als legitim erachtet wird die Lüge auch in den *Nomoi* 663b-664b. Gigon vermutet in diesem Zusammenhang, dass Platon sogar seinen Hinweis in 624a-625b darauf, dass die Kreter ihre Gesetzgebung unter die Autorität des Zeus, die Spartaner die ihrige unter diejenige Apollons stellten, als eine Erfindung des Gesetzgebers begriffen wissen wollte, um den Gesetzen ein zusätzliches Gewicht zu verleihen.[14]

Das so genannte *Sonnengleichnis* der *Politeia* wird eingeleitet durch den Gedanken, dass es für die Herrscher in einem guten Staat unerlässlich sei, zu wissen, inwiefern das Gerechte gut ist (506a4-6). Dieses höchste Gute wird im Gleichnis als der ermöglichende Grund von Wahrheit und Erkennen bestimmt. Im *Sonnengleichnis* wird von der Voraussetzung ausgegangen, dass man zwei Seinsbereiche voneinander unterscheiden muss, den Bereich des Werdenden und Vergehenden einerseits, und den Bereich der unvergänglichen Ideen andererseits.

Betrachtet man das *Sonnengleichnis* nur unter dem Aspekt der Wahrheitsfrage, dann lässt sich festhalten, dass die Erkennbarkeit der Ideen für unsere Vernunft ihre Wahrheit ist (508e1-4): „Dieses also, was dem Erkennbaren Wahrheit mitteilt und dem Erkennenden das Vermögen hergibt, sage, sei die Idee des Guten ... ." (508e1-4). Wahrheit meint dabei Unverborgenheit. Ähnlich wie die Farben der wahrnehmbaren Dinge unserem Sehen verborgen bleiben, wenn kein Licht auf sie fällt, so bleiben auch die Ideen für unser Denken verborgen, wenn sie nicht von der Idee des Guten beschienen würden. Erst die Idee des Guten lässt die Ideen unverborgen, wahr und erkennbar erscheinen. Wahrheit wird demnach im *Sonnengleichnis* als etwas bestimmt, was den Ideen zukommt. Da sich alles übrige Seiende nur durch Teilhabe an den Ideen auszeichnet, kommt auch diesem eine Wahrheit zu, wenn auch eine abgestufte Form von Wahrheit. Die Ideen besitzen den höchsten Wahrheitsstatus; daher ist auch die auf sie gerichtete Erkenntnis die deutlichste. Im Hinblick auf den Wahrheitsgrad stehen die Gegenstände der Mathematik den Ideen am nächsten. Das *Sonnengleichnis* schreibt den Ideen Wahrheit zu und führt diese Wahrheit zurück auf einen Wahrheitsgrund. Dieser Wahrheitsgrund wird nicht in der menschlichen Vernunft gefunden, sondern in der Idee des Guten. Hierbei zeigt sich, dass Wahrheitsgrund und Seinsgrund eins sind. Um dieses Verhältnis von Ideen, Vernunft und Wahrheitsgrund zu verstehen, lässt Platon Sokrates in Gleichnissen sprechen. Platon bedient sich deshalb eines Gleichnisses, da das Verhältnis von den Ideen (Erkennbarem, Wahrem, wahrhaft

---

[14] Vgl. dazu auch Olof Gigon/Laila Zimmermann, *Platon. Lexikon der Namen und Begriffe*, Zürich/München 1975, S. 291.

Seiendem), der menschlichen Vernunft (Erkenntnis) und der Idee des Guten (Wahrheitsgrund, Seinsgrund, Erkenntnisgrund) sich nur einem auslegenden Verstehen offenbart und nicht von sich Rechenschaft gebendem Denken erfasst werden kann.

Korrespondenztheorie der Wahrheit – Platons „Kratylos"

In der Philosophiegeschichte wird Platon als Stammvater der Korrespondenztheorie der Wahrheit angeführt.[15] Pfeiffer ist der Auffassung, dass schon im *Kratylos*[16] eine Korrespondenztheorie der Wahrheit formuliert worden sei.[17] Als einschlägige Textstelle nennt er in diesem Zusammenhang 385b:

> „Sokrates: Und ist der Teil einer falschen Rede nicht falsch? Hermogenes: Das behaupte ich. Sokrates: Also kann man falsche Worte und wahre sagen, wenn auch solche Sätze und Reden. Hermogenes: Wie anders?"

Sokrates bestimmt hier im Gespräch mit Hermogenes die Rede als dasjenige, was wahr oder falsch sein kann. Diejenige Rede, welche die Dinge so sagt, wie sie sind, ist wahr, diejenige, die sie so sagt, wie sie nicht sind, ist falsch. Damit sind nach Pfeiffer schon alle maßgeblichen Aspekte einer Korrespondenztheorie gegeben. Auch die Bildmetapher, die in den Abbildtheorien auftaucht, findet sich hier: Wörter sollen wie Bilder ihre Gegenstände nachahmen. Wörter und Bilder können dabei jeweils ihre Gegenstände richtig oder nicht richtig nachahmen. Eine richtige Nachahmung würde bedeuten, dass die Wörter wahr sind und umgekehrt (430d). Platon erachtet bereits die Wörter als wahr bzw. falsch, weil das, was für die Rede gilt, auch für ihre kleinsten Bestandteile gelten müsse. Er schließt aus der Tatsache, dass es wahre und falsche Rede gibt, dass es auch wahre und falsche Redeteile geben muss, deren kleinste die Wörter darstellen (385c).

---

[15] Vgl. dazu Heinz-Dieter Heckmann, *Was ist Wahrheit? Eine systematisch-kritische Untersuchung philosophischer Wahrheitsmodelle*, Heidelberg 1981, S. 99 ff.

[16] Platon, *Werke in acht Bänden*, griech. u. deutsch, hrsg. von Gunther Eigler, Darmstadt ²1990, Bd. III: *Kratylos*.

[17] W. M. Pfeiffer, *True and false speech in Plato's Cratylus*, in: *Canadian Journal of Philosophy* (1972), S. 93 f.

Wahrheit und Falschheit von Rede

Erst im *Sophistes* löst sich Platon von der zu einem Fehlschluss vom Ganzen auf seine Teile führenden Vorstellung, Wörter bzw. Namen seien wahr oder falsch. Er thematisiert hier die Wahrheitsproblematik vor dem Hintergrund einer anderen Fragestellung und nimmt dabei weitere entscheidende Differenzierungen seiner Korrespondenztheorie der Wahrheit vor. Die Gesprächspartner des Dialogs wollen zunächst eine Bestimmung des Sophisten vornehmen. Dabei geht es auch um die Wahrheit von Rede (261c-264b) und um deren Falschheit. Die Dialogpartner erörtern zunächst, dass und in welchem Sinn Nicht-Seiendes ist. Dem Nicht-Sein wird in bewusstem Gegensatz zur Lehre des Parmenides der Sinn des Verschieden-Seins beigelegt. In diesem Zusammenhang kann man auch davon sprechen, dass das Falsche ist. Damit wird es möglich, über Wahrheit und Falschheit in der Rede zu sprechen.

Das Thema ist im Folgenden die Rede, der ‚λόγος'. Platon definiert sie als mündliche oder schriftliche Mitteilung gegenüber anderen, wobei der Aspekt der Schriftlichkeit in diesem Zusammenhang in den Hintergrund tritt. Dabei gilt das für die Rede Aufgezeigte auch für die Phänomene, die im Unterschied zur Rede kein Aussprechen bzw. keine Mitteilung einschließen, so z. B. die Gedanken. Platon meint in diesem Kontext das Gespräch, das die Seele mit sich selbst führt und zwar ohne weitere Verlautbarung (263e3 f.). Dadurch, dass das Resultat einer solchen Denkbewegung eine Bejahung oder auch eine Verneinung darstellen kann, gilt unter der bezeichneten Fragestellung nach Wahrheit und Falschheit für die Gedanken dasselbe wie für die Rede.

Die Untersuchung über die Rede setzt ein mit den Elementen der Rede, den Wörtern. Dabei taucht die Frage auf, ob alle Wörter sich miteinander zusammenfügen lassen oder gar keine, oder aber einige schon und andere wiederum nicht (261d5 f.) Zur Beantwortung dieser Frage wird die Unterscheidung eingeführt von Nennwort (ὄνομα, nomen) und Sagewort (ῥῆμα, verbum, 262a). Die Sagewörter bzw. Verben bezeichnen Handlungen, wobei die Nennwörter diejenigen benennen, die diese Handlungen verrichten. Der Gast macht darauf aufmerksam, dass aus der Aneinanderreihung bloßer Sagewörter wie „Löwe, Hirsch, Pferd" genau so wenig ein Satz entsteht wie aus der Verbindung von einer Reihe von Verben wie „geht, läuft, schläft". Dagegen macht eine Rede etwas kund, wenn mit einem Hauptwort, das den Handelnden nennt, ein Sagewort das eine Handlung kundtut, verbunden wird. Von einer sinnvollen Vereinigung von Wörtern kann nur dann gesprochen werden, wenn die Wörter, nacheinander ausgesprochen, etwas kundtun (δηλοῦν), das heißt, etwas zu verstehen geben (σημαίνειν). Die Verbindung nur eines Nennwortes und nur eines Sagewortes wird als die elementarste und kürzeste Rede bezeichnet.

Die Rede muss auch nicht zwangsläufig eine Handlung mitteilen, sie kann ebenso ein Nichthandeln ausdrücken. Das heißt, die Rede kann eine Bejahung (φάσις) oder eine Verneinung (ἀπόφασις) darstellen (263e12). Ebenso kann die Rede das Sein bzw. Wesen eines Seienden oder Nicht-Seienden bzw. Verschiedenen zu verstehen geben (262c3). Indem das Sagewort in verschiedenen Tempora und Formen verwendet wird, kann durch die Rede Seiendes, Werdendes, Gewesenes, Gewordenes sowie Zukünftiges bezeichnet werden. Die Erörterung über die Rede wird mit zwei grundlegenden Bestimmungen fortgeführt: Rede wird definiert als Rede von etwas (λόγος τινός). Andernfalls könnte sie ja nicht kundtun. Die weitere Bestimmung lautet, dass sich jede Rede durch eine gewisse Beschaffenheit auszeichnet, wobei die Beschaffenheit in ihrer Wahrheit oder Falschheit besteht. Im Folgenden sind Wahrheit und Falschheit der Rede Gegenstand der Untersuchung. Dazu wählt der Gast zwei Beispiele: Sowohl die Rede „Theaitetos sitzt“ (263a2) als auch die Rede „Theaitetos, mit dem ich jetzt rede, fliegt“ (263a8) sagt etwas über Theaitetos aus. Dennoch ist die erste Rede wahr und die zweite falsch. Die wahre Rede sagt das, was ist, wobei die falsche Rede das Nicht-Seiende als Seiendes ausgibt. Sie sagt ja nicht nichts, sondern tut auch Seiendes kund, aber ein anderes Seiendes als das des Theaiteos. Die Rede „Theaitetos, mit dem ich jetzt rede, fliegt“ wird als falsch bezeichnet, weil sie Nicht-Seiendes bzw. verschiedenes Seiendes von ihm sagt (ὅ ... ψευδὴς ἕτερα τῶν ὄντων, 263b7). Einen fliegenden Theaitetos konnte es zu Platons Zeit allenfalls im Traum oder als andersgeartete fiktive Vorstellung geben. Dass sich die Rede „Theaitetos fliegt“ auf eine Fiktion bezieht, ist dadurch ausgeschlossen, dass der Zusatz „mit dem ich jetzt rede“ beigefügt ist. Damit ist die Frage nach der Möglichkeit eines falschen Satzes beantwortet. Von diesem Punkt aus lässt sich begreifen, warum Denken, Urteile und Vorstellungen falsch sein können.

Platon definiert im *Sophistes* die Wahrheit demnach als eine Eigenschaft der Rede und des nicht-verlautbarten Denkens. Die Wahrheit hat Falschheit zum Gegensatz und die Bestimmung beider greift ineinander. Wahrheit bedeutet dabei Übereinstimmung der Rede bzw. des Denkens mit der Sache. Falschheit wird dementsprechend bezeichnet als Nichtübereinstimmung von Rede (Denken) und Sache.

Auf verschiedenen Wegen gelangt Platon zu ganz unterschiedlichen, doch einander ergänzenden Antworten auf die Frage nach der Lüge und der Wahrheit:

Bereits im *Hippias Minor* deutet Platon das Phänomen an, dass das bewusste Abweichen von der Wahrheit, das Lügen in Worten, zu bestimmten Zwecken nützlich sein kann. In diesem Frühdialog erscheint der Lügner nicht als der moralisch Unterlegene, sondern als der wissend Überlegene.

In der *Politeia* und in den *Nomoi* werden mehrfach Beispiele angeführt, welche die so genannte „pädagogische Lüge“ des Herrschers nicht nur als legitim, sondern in höchstem Maße als geboten erscheinen lassen, nämlich genau dann, wenn sie staatlichen Interessen dient. Das *Sonnengleichnis* lässt Wahrheit als die Unverborgenheit der Ideen erscheinen. Diese verdankt sich einem Wahrheitsgrund, der zugleich der menschlichen Vernunft Erkenntniskraft zu kommen lässt. Während der höchste Wahrheitsgrad den Ideen zukommt, verbürgt auch das übrige Seiende durch seine Teilhabe an den Ideen Wahrheitsanspruch.

Im *Kratylos* sowie im *Sophistes* schließlich wird Wahrheit als eine Eigenschaft der Rede bestimmt. Die verschiedenen Begriffsbestimmungen stehen jedoch nicht im Widerspruch zueinander, wie auch Fleischer ausführt:

> „Aufgrund ihrer Teilhabe an obersten Gattungen gehen die Ideen mit anderen Ideen mannigfache Verhältnisse der Gemeinschaft und Trennung ein, ohne dass ihre Beständigkeit und Selbigkeit wäre. In diesen Verhältnissen und durch diese Verhältnisse sind sie wahr, erkennbar, ermöglichen sie die Rede. Wahrheit, Unverborgenheit, Erkennbarkeit der Ideen (und des an ihnen teilhabenden Seiende) einerseits, Wahrheit der Rede andererseits gehören zusammen. Durch die Wahrheit des Seienden und ihren höchsten Grund ist Wahrheit der Rede möglich.“[18]

Sonnengleichnis und *Sophistes* zusammengenommen ergeben eine geschlossene Konzeption. Mit diesen Begriffsbestimmungen – Wahrheit als eine Eigenschaft der Rede bzw. des Denkens – Wahrheit mit dem Gegensatz der Falschheit – Wahrheit als Übereinstimmung bzw. Richtigkeit – hat Platon einen Wahrheitsbegriff geprägt, der bis zu Nietzsche Gültigkeit besaß.

---

[18] Margot Fleischer, *Wahrheit und Wahrheitsgrund. Zum Wahrheitsproblem und zu seiner Geschichte*, Berlin/New York 1984, S. 13.

Jürgen Villers

Philosophische Dichtung: Platon und Mimesis

„Um es euch nur zu sagen, denn ihr werdet mich doch nicht anzeigen bei den Tragödiendichtern und den übrigen Mimeten insgesamt, mir scheint dergleichen alles ein Verderb zu sein für die Seelen der Zuhörer, soweit sie nicht das Heilmittel besitzen, daß sie wissen, wie sich die Dinge in der Wirklichkeit verhalten."[1]

Die Relevanz des Mimesisbegriffs für die Platonische Philosophie ergibt sich zunächst schon aus dem Umstand, dass Platon, der ja durch Wort und Schrift lehren wollte, beide Phänomene ausdrücklich als Formen von μίμησις diskutiert: So wird im *Kratylos* untersucht, ob die sprachliche Bezeichnung eine stimmlich-lautliche Mimesis der οὐσία durch die das Wort konstituierenden Silben und Buchstaben leisten kann[2], in der *Politeia* der innerseelische Irrtum als das eigentlich Falsche, die „unvermischte Falschheit", eingestuft, während die Satzfalschheit (in den λόγοι) nur eine spätere Nachahmung (μίμημα), ausdrücklich: ein Abbild (εἴδωλον), des ursprünglichen innerseelischen Eindrucks darstellen soll[3]; und noch der *Theaitetos* diskutiert den λόγος explizit als Abbildung der wahren δόξα im Medium der lautlichen Artikulation.[4] Ebenso wird auch die Schrift – im *VII. Brief* – ausdrücklich als eine Form von Abbildung bezeichnet[5], weshalb im *Phaidros* die Schriftwerke mit den Nachahmungen der Maler verglichen werden können[6] und noch der *Politikos* die (schriftlich verfassten) Gesetzesvorschriften der Philosophen abschätzig als bloße „μιμήματα der Wahrheit" abwerten kann.[7] – Vor allem aber stellen die Schriften Platons selbst – schon aufgrund ihrer dialogischen Form – literarische Kunstwerke dar und bilden damit nach antikem Verständnis und, wie sich zeigen wird, auch nach seiner eigenen expliziten Einschätzung eine Form von Mimesis.

---

[1] *Politeia* X595a (die Übersetzung der Platon-Zitate stammt, falls nicht anders angegeben, von Friedrich Schleiermacher).

[2] Vgl. *Kratylos* 422e-423b und 430a-434b.

[3] Vgl. *Politeia* II382b/c.

[4] Vgl. *Theaitetos* 206d/e und 208c.

[5] Vgl. *VII. Brief* 342b.

[6] Vgl. *Phaidros* 275d.

[7] Vgl. *Politikos* 300c.

Was aber heißt μίμησις bei Platon? Spätestens seit der durch eine Replik G. Biens[8] auf einen Vortrag H. Blumenbergs hervorgerufenen Kontroverse[9] kann in der Literatur als gesichert gelten, dass sich bei ihm – insbesondere im Rahmen seiner Dichterkritik in der *Politeia* – ein zweifacher Mimesisbegriff findet[10]: Neben der ausführlich im X. Buch vorgestellten und im ganzen Werk Platons vorherrschenden Bedeutung von Mimesis im Sinne von *Nachahmung* (der φύσις) wird insbesondere im II. und III. Buch im Rahmen der Untersuchung der Form des dichterischen Vortrags μίμησις im Sinne einer *Darstellung* (von Handlungen und Lebensweisen) gebraucht.[11] Um also die Frage, was Platon genau unter einer Mimesis in Wort und Schrift versteht, beantworten zu können, müssen zunächst diese beiden Verwendungsweisen des Ausdrucks unterschieden werden.

Dazu ist es dringend geboten, von Anfang an den Kontext der Platonischen Auseinandersetzung mit Fragen der Ästhetik festzuhalten. Platons kunsttheoretische Überlegungen finden sich, wie gesagt, hauptsächlich in der *Politeia*, also im Rahmen seiner Konzeption der idealen Polisverfassung, eingebettet in das didaktische Problem der richtigen Erziehung der zukünftigen Wächter und Regenten, unter der leitenden Fragestellung, ob und, wenn ja, wie die ‚Musenkünste' in der Lage sein können, philosophisch relevantes Wissen zu vermitteln und zur Charakterbildung beizutragen.[12] In diesem Sinne präzisiert er noch in den *Nomoi* sein Verständnis von παιδεία – in Abgrenzung von banausischen Bildungsvorstellungen, die auf Gelderwerb, körperliche Fitness o. Ä. abzielen – als „eine Erziehung zur Tugend vom Knabenalter an, welche die Lust und Liebe erweckt, ein

---

[8] Vgl. Günther Bien, *Bemerkungen zu Genesis und ursprünglichen Funktion des Theorems von der Kunst als Nachahmung der Natur*, in: *Bogawus. Zeitschrift für Literatur, Kunst, Philosophie*, 2 (1964), S. 26-43.

[9] Vgl. Hans Blumenberg, *„Nachahmung der Natur". Zur Vorgeschichte der Idee des schöpferischen Menschen* [Vortrag 1956], in: Ders., *Wirklichkeiten in denen wir leben. Aufsätze und eine Rede*, Stuttgart 1993, S. 55-103; Ders., *Wirklichkeitsbegriff und Möglichkeit des Romans* [Vortrag 1963], in: Ders./C. Heselhaus/W. Iser/H. R. Jauss (Hg.), *Nachahmung und Illusion*, München 1964, S. 9-23.

[10] Vgl. Jens Timmermann, *Platon*, in: J. Nida-Rümelin/M. Betzler (Hg.), *Ästhetik und Kunstphilosophie. Von der Antike bis zur Gegenwart in Einzeldarstellungen*, Stuttgart 1998, S. 631-640.

[11] Vgl. Sylvia Knops, *Bestimmung und Ursprung literarisch-ästhetischer Erkenntnis im frühen und mittleren 18. Jahrhundert (Gottsched, Breitinger und Baumgarten)*, Aachen 1999, S. 62-64 und 76-91.

[12] Dieser Gedanke leitet schon die Kritik der musischen Künste (und der Rhetorik) im *Gorgias*, vgl. 501d-503d; ebenso *Menon* 99c.

vollkommener Staatsbürger zu werden, der es versteht, der Gerechtigkeit gemäß zu herrschen und sich beherrschen zu lassen."[13]

Folgerichtig sieht Platon die Aufgabe der Dichtung in der Erziehung: „in festlichen Gesängen und anderen Werken der Dichtkunst tausend Taten der Urväter ausschmückend *bildet sie die Nachkommen*."[14] Dabei entspricht der eingeforderte didaktische Anspruch durchaus dem damals herrschenden Selbstverständnis auch der Dichter selbst; so heißt es bei Aristophanes: „Doch Schändliches soll sorgfältig verhüllen der Dichter, nicht ans Tageslicht ziehn und öffentlich gar aufführen: denn was für die Knaben der Lehrer ist, der sie bildet und lenkt, das ist für Erwachs'ne der Dichter. Nur das Treffliche dürfen wir singen".[15] Sowohl in der Enthusiasmuslehre (etwa des *Ion*) als auch in der Mimesisdeutung vor allem des X. Buchs der *Politeia* wird der in der Antike allgemein vorausgesetzte pädagogische Wert der Kunst von Platon an dem philosophischen Anspruch gemessen, ob sie Wissen im philosophischen Sinne liefert. Diese Ansetzung eines heteronomen Kriteriums führt dann dazu, Kunst sowohl auf der Seite der Produktion als auch seitens der Rezeption letztlich als eine Form von „Nicht-Wissen" abzuqualifizieren. Nichts also, dass sei hier schon festgehalten, liegt Platon ferner als eine Anerkennung der Autonomie der Kunst: Alleiniges Kriterium ist und bleibt für ihn der erzieherische Nutzen.

> „Also, Glaukon, ... wenn du Leuten begegnest, die Homer rühmen und behaupten, dieser Dichter habe Griechenland erzogen und man müsse ihn bei der Errichtung und Pflege aller menschlichen Angelegenheiten heranziehen und von ihm lernen und müsse sein ganzes Leben nach diesem Dichter gestalten, dann sei freundlich und höflich zu ihnen, denn sie sind so gut, wie sie eben können. Und du mußt ihnen zugestehen, daß Homer der größte Dichter überhaupt und der erste unter den tragischen Dichtern ist. Doch sollst du wissen, dass wir von der Dichtung nur Götterhymnen und Loblieder auf die tüchtigen Männer in die Stadt aufnehmen dürfen."[16]

Dabei steht Platon mit seiner Dichterkritik in der Antike keineswegs alleine, sondern ganz im Gegenteil in der Tradition der vorsokratischen Philosophie, die sich ja in dezidierter Konkurrenz und Entgegensetzung zum vorangegangenen oralen Mythos verstand. Man denke hier nur an einschlägige Äußerungen etwa von Xenophanes [etwa 570-475]: „Alles haben Homer und Hesiod den Göttern

---

[13] *Nomoi* I643e.
[14] *Phaidros* 245a; Hervorh. v. mir, J.V.
[15] Aristophanes, *Die Frösche* 1050 ff., übers. v. L. Seeger, Zürich 1953.
[16] *Politeia* X606e-607a.

angedichtet, was nur immer bei den Menschen Schimpf und Schande ist: Stehlen, ehebrechen und sich gegenseitig betrügen"[17], oder an das Verdikt Heraklits [etwa 550-480]: „den Homer sollte man von den Wettkämpfen ausschließen und mit Ruten züchtigen, und den Archilochos ebenso!"[18]

Allerdings wird die Dichtkunst trotz seiner grundsätzlichen Kritik von Platon nicht gänzlich aus dem Idealstaat ausgeschlossen. Wie die folgende Interpretation von Platons Diskussion der Inhalte der Dichtkunst im II. und III. Buch der *Politeia* zeigen wird, wird sie hier trotz ihres festgestellten mimetischen Charakters nicht schlechthin abgelehnt. Zwar wird konstatiert, dass die bisherigen Werke der Dichter, wenn man sie an dem philosophischen Maßstab misst, ob sie die Belehrungsfunktion erfüllen, d. h., ob sie Zutreffendes über die ontologisch gefasste Wahrheit vermitteln, abzulehnen sind, weil sie falsche Aussagen treffen: Die Dichter lügen.[19] Keineswegs ist damit aber a priori die Möglichkeit einer alternativen Dichtkunst ausgeschlossen, die in der Lage wäre, philosophische Wahrheit zu vermitteln und so den von Platon eingeforderten pädagogischen Anspruch erfüllen könnte. – Interessanterweise wird aber auch der ontologische Mimesis-Begriff des X. Buchs Platon nicht zu einer totalen Abwertung ästhetischen Handelns führen.

1 Kritik darstellender Mimesis

Den Gegenstand der *Politeia* bildet der Versuch einer Bestimmung der Gerechtigkeit am Beispiel der idealen Polis. Der vorgeschaltete (wohl frühe) *Thrasymachos*-Dialog (das erste Buch des *Staates*) hatte ja die Frage der individuellen Gerechtigkeit offen gelassen. Um diese beantworten zu können, wird die Ähnlichkeit der individuellen mit der kollektiven Gerechtigkeit postuliert – unter Heranziehung des Buchstabenmodells:

> „Ich sagte also ..., daß die Untersuchung, die wir unternehmen, nichts Geringes sei, sondern ein sehr Scharfsichtiger dazu gehöre, wie mir scheint. Da wir nun dazu nicht tüchtig genug sind, dünkt es mich gut, sprach ich, die Untersuchung darüber so anzustellen, wie wenn uns jemand befohlen hätte, sehr kleine Buchstaben <γράμματα> von weitem zu lesen, da wir nicht eben sehr scharf sehen, und dann einer gewahr

---

[17] Xenophanes, *VS* Fragm. B11 (Diels-Kranz), übers. v. W. Capelle, Stuttgart 1968.

[18] Heraklit, *VS* Fragm. B42 (Diels-Kranz), übers. v. W. Capelle.

[19] Vgl. Solon, Frgm. 26 (Hiller). Hesiod lässt seine Musen ausdrücklich bekennen: „täuschend echte Lügen wissen wir viele zu sagen, Wahres jedoch, wenn wir wollen, wissen wir auch zu künden." (*Theogonie* 27 f., übers. v. A. von Schirnding, München-Zürich 1991.)

> würde, daß dieselben Buchstaben auch anderwärts größer und an Größerem zu schauen wären, es uns offenbar, denke ich, ein großer Fund sein würde, nachdem wir diese zuerst gelesen haben, dann erst die kleineren zu betrachten, ob sie wirklich dieselben sind."[20]

Die Unterscheidung zwischen den Kurz- und den Scharfsichtigen antizipiert bereits den Aufstiegsgedanken des *Höhlengleichnisses.* Die Alphabetschrift aber dient hier (und nicht nur hier) als Paradigma, als Grundmodell, für Platons Annahme von Ideen. Im *Politikos* wird das, was unter einem *paradeigma* zu verstehen sein soll, dann geradezu am Modell des Lesenlernens erläutert werden[21], eben weil die Alphabet-Schrift für Platon das heuristische Modell für wissenschaftliches Vorgehen überhaupt bildet. Denn so wie alle konkreten, geschriebenen Buchstaben, egal ob groß oder klein, nah oder fern, Realisationen desselben, jeweiligen Buchstabentypus seien, bestehe auch zwischen dem gerechten Menschen und einem gerechten Staat Strukturähnlichkeit, hätten sie doch beide Anteil an ein und derselben Gerechtigkeit, demselben εἶδος.[22]

Es soll also im Folgenden darum gehen, „in Gedanken eine Stadt von Anfang an zu gründen."[23] Die Ursache der Vergesellschaftung setzt Platon in die Bedürftigkeit des Menschen.[24] Direkt die folgende Unterscheidung zwischen der einfachen Polis, die der Befriedigung der elementaren, primären Bedürfnisse dient (wie Ernährung, Wohnung, Bekleidung etc.), und der üppigen, die neue, sekundäre Bedürfnisse erst schafft, führt zum Begriff der Mimesis. Denn zur Befriedigung dieser ‚falschen' Bedürfnisse bedarf man eines „Haufen<s> Volks, das nicht mehr des Notwendigen wegen in der Stadt ist", wie die „Jäger" (womit die Sophisten gemeint sind) und die „Mimeten", „viele, die es mit Gestalten und Farben zu tun haben, viele auch mit der Tonkunst <μουσική>, Dichter und deren Diener, Rhapsoden, Schauspieler, Tänzer ... ."[25]

Gemäß der Dreiteilung der Polisbewohner in i) die arbeitende Mehrheit (deren Erziehung überhaupt nicht thematisiert wird), ii) die den Stadtstaat nach außen und innen verteidigenden Wächter und iii) die sich aus den Wächtern rekrutierenden Herrschenden, die Philosophenkönige, wird dann ein zweigeteiltes Erziehungsprogramm für die künftigen Wächter entworfen.

Dabei besteht die eine Hälfte der Bildung (παιδεία) in der musischen Erziehung, die alle Bereiche der Ausbildung umfasst, die von den Musen gefördert

---

[20] *Politeia* II368c/d.
[21] Vgl. *Politikos* 277d-278e.
[22] *Politeia* IV434d unter ausdrücklichem Bezug auf die Buchstabenanalogie.
[23] Ebd. I369c.
[24] Vgl. ebd. II369c.
[25] Ebd. II373b.

werden, während der andere, hier zu vernachlässigende Teil des Erziehungsprogramms sich mit der Gymnastik beschäftigt, die körperliche Gesundheit bezweckt und Leibesübungen, Körperpflege und eine diätetische Lebensweise umfasst.[26]

Die „Musenkunst" dagegen zielt auf die Seelenbildung ab und soll dort Besonnenheit herstellen – und zwar hauptsächlich mittels dazu geeigneter λόγοι, also durch sprachliche Mittel. Da es nun aber wahre und falsche Reden gibt und den kleinen Kinder traditionellerweise Mythen erzählt werden, die gerade in einer Mischung wahrer und falscher *logoi* bestehen, muss der pädagogische Wert dieser Erzählungen, wie sie insbesondere von Homer und Hesiod[27] bekannt sind, diskutiert werden.

Zunächst geht es Platon hier um die Inhalte der dichterischen Darstellung, um die Frage, „was"[28] poetisch behandelt werden darf.[29] Oberste handlungsleitende Maxime ist hier: ‚Gott ist gut'; deshalb darf er nur als gut und einzig als Ursache von Gutem dargestellt werden.[30] Im Einzelnen führt das zu einer Zensur[31] in Bezug auf:
(1) Das Gottesbild: Gott muss, sich der Idee annähernd, als unwandelbar dargestellt werden, insbesondere lügt er nicht. Ausdrücklich wird festgehalten, dass der Gott in seiner ἰδέα bleibt und nur ein εἶδος hat.[32]

In dem sich hier anschließenden Exkurs über die Unwahrheit (*pseudos*) unterscheidet Platon zwei Arten der Unwahrheit bzw. Falschheit: Einmal den „eigentlichen Irrtum" und dann die „nützliche Lüge".[33] Bei der zweiten Art der Unwahrheit ist sich der Sprecher der Falschheit des Gesagten durchaus bewusst, benutzt die Äußerung aber instrumental als Lüge, um seinen Feinden zu schaden und/oder

---

[26] Vgl. ebd. III403c-412b.

[27] In den Dialogen sollen sich mehr als einhundert Zitate aus der *Ilias* und der *Odyssee* finden und etwa fünfundzwanzig aus *Werke und Tage* und der *Theogonie* (vgl. Gottfried Martin, *Sokrates*, Reinbek bei Hamburg 1967, S. 68 f., 71; Ders., *Platon,* Reinbek bei Hamburg 1969, S. 82-91).

[28] *Politeia* III392a, 398b.

[29] Zur Kritik der Dichter wegen der Darstellung unangemessener Inhalte vgl. ebd. II363e-366b, II377b-III398b, VIII568a-c; wegen ihres nur angemaßten Sachwissens: X598d-601b.

[30] Vgl. ebd. II379b, 380c; ebenso *Timaios* 29e.

[31] Es handelt sich eindeutig um Zensur: Die beanstandete Stellen sollen explizit (auf der Wachstafel bzw. dem Pergament) ‚ausgelöscht' bzw. ‚ausgestrichen' werden, vgl. *Politeia* III386c, 387b; ebenfalls VII540e/541a.

[32] Vgl. ebd. II380d/e.

[33] Vgl. ebd. II381b-383a.

seinen Freunden zu nutzen. Beispiele für solche, nur den Regierenden erlaubten[34] Täuschungen sind die Geschichte von Kadmos und der Aussaat der Drachenzähne, die der Legitimation der Dreiteilung der Gesellschaft dienen soll[35], sowie die eugenischen Manipulationen[36], die bei der nur scheinbaren Auslosung der zukünftigen Eltern erlaubt werden.

Beim eigentlichen Irrtum dagegen handelt es sich um die „Unwissenheit in der Seele des Getäuschten", während die Satzfalschheit, die Falschheit „in den Reden ... nur eine Nachahmung <μίμησις> jenes Ereignisses <πάθημα> in der Seele <ist> und ein später entstandenes Abbild <εἴδωλον>, nicht mehr die unvermischte Unwahrheit."[37] Während, nur so kann man diesen Gedankengang Platons deuten, die Unwahrheit in der Seele, immerhin qua Seelisches rein, d. h. nichtsinnlich ist, ist die nachträgliche Abbildung dieses Seelenzustands mittels sprachlicher Mittel qua Sprache immer schon ‚vermischt', d. h. mit Sinnlichkeit verbunden.[38] Sprache ist und bleibt für Platon nachträgliche Abbildung (und zumindest hier: eines sprachvorgängigen Denkens) in einem defizitären, nicht-seelischen Medium.

(2) Weiterhin gibt es eindeutige Vorschriften in Bezug auf die Todesdarstellungen (der Hades darf nicht als schrecklicher Ort gezeichnet werden, soll doch in den Wächtern keine Angst vor dem Tod erzeugt werden) und ebenso

(3) in Bezug die Seelenverfassung der Protagonisten der dichterischen Mythen (so sollen Götter und Heroen immer als seelisch ausgeglichen dargestellt werden, insbesondere dürfen sie weder jammern noch lachen).[39]

Im Rahmen seiner sich an die Kritik der Inhalte der musischen Erziehung anschließenden Erörterung der Vortragsform (λέξις) der Dichtung, der Frage also, „wie" der Stoff der Dichtung präsentiert werden soll, thematisiert Platon im III. Buch die *μίμησις* als einen Spezialfall der dichterischen Form.[40] Werden hier doch grundsätzlich drei dichterische Ausdrucksformen unterschieden: Erstens die einfache Erzählung (διήγησις), zweitens die *μίμησις* (die vor allem in der Tragö-

---

[34] Vgl. ebd. III389b-d.

[35] Vgl. ebd. III414b-415d; sie findet sich ebenso *Nomoi* II663e.

[36] Vgl. *Politeia* V459c-460a; *Timaios* 18d/e.

[37] *Politeia* II382b/c.

[38] Denn die wahre Natur der unsterblichen Seele zeigt sich erst nach dem Tode, nach der Auflösung ihrer Gemeinschaft mit dem Körper (vgl. ebd. X611b-612a); dann handelt es sich wieder um „reine Seelen" (ebd. X614d).

[39] Vgl. ebd. II377b-III392c.

[40] Vgl. ebd. III392c, 398b.

die und Komödie Anwendung finde[41]) und drittens eine Mischform aus einfacher διήγησις und *μίμησις*.[42]

Platon greift an dieser Stelle, dies wurde dank der Untersuchungen von H. Koller[43] und G. Bien deutlich, auf den antiken orchestrischen Mimesisbegriff im Sinne einer ‚Darstellung' zurück, und zwar verstanden als eine „rhythmische Darstellung mittels Wort und Gebärde im orchestrischen Tanze"[44], die sich herleitet aus dem „kultische<n> Tanzspiel, in dem Text, Gestus, Melodie und Rhythmus seelische Zustände und Vorgänge sinnlich wahrnehmbar zum Ausdruck bringen."[45] Denn während es sich bei der einfachen διήγησις[46] um die dichterische Erzählung der Handlungen Dritter in der Form eines Berichtes handelt, so dass schon durch die bloße Form eine gewisse Distanzierung von der Handlung gegeben ist, spricht bei der *μίμησις* der Dichter, indem er „selbst einen anderen darstellt in Stimme oder Köperhaltung"[47], aus der Perspektive der handelnden Personen, so als ob er sie selbst wäre. Der Hauptgesichtspunkt der Kritik Platons liegt hier in der in dieser dichterischen Form selbst angelegten Möglichkeit einer Identifikation sowohl des Kunstproduzenten, des darstellenden Künstlers[48], als auch des Rezipienten, des von der Darstellung ergriffenen Zuschauers und -hörers, mit dem Dargestelltem.[49] Gerade wegen der dadurch gegebenen Gefahr der Gewöhnung der Seele an moralisch Schlechtes[50] sollen im Idealstaat alle den zukünftigen Wächtern unangemessenen Handlungen und Haltungen von der dichterischen Bearbeitung und Darbietung kategorisch ausgeschlossen werden, insbesondere ist so den Wächtern verboten die Darstellung von bzw. die Identifikation mit als

---

[41] Vgl. ebd. III394c/d, 395a.

[42] Vgl. ebd. III392d.

[43] Vgl. Hermann Koller, *Die Mimesis in der Antike. Nachahmung, Darstellung, Ausdruck*, Bern 1954.

[44] Günther Bien, *Bemerkungen zur Genesis und ursprünglichen Funktion des Theorems von der Kunst als Nachahmung der Natur*, a. a. O., S. 37; schon in *Alkibiades I* wird die „Musenkunst" als Einheit von Kithara-Spielen, Singen und Tanzen bestimmt (vgl. 108a-d).

[45] Matthias Gatzemeier, *Mimesis*, in: *Enzyklopädie Philosophie und Wissenschaftheorie 2*, hrsg. v. J. Mittelstraß, Mannheim-Wien-Zürich 1984, S. 896 f., hier: S. 896; vgl. Hermann Koller, *Mimesis*, in: *Historisches Wörterbuch der Philosophie*, Bd. 5, hrsg. v. J. Ritter u. K. Gründer, Basel-Stuttgart 1980, Sp. 1396 ff. und Ders., *Musik und Dichtung im alten Griechenland*, a. a. O., S. 150-164.

[46] Der Begriff kann auch als Oberbegriff für Dihegesis und Mimesis dienen, vgl. *Politeia* III392d, 393b.

[47] *Politeia* III393c (eigene Übers.); vgl. *Nomoi* II655d-656b.

[48] Ein Sachverhalt, den Horaz später auf die Formel „si vis me flere, dolendum est" gebracht hat (*Ars poetica* 102).

[49] Vgl. *Politeia* III395a-396a.

[50] Vgl. ebd. III395c/d.

inferior eingeschätzten Menschen, wie z. B. mit Frauen, Sklaven, minderwertigen Männern, Wahnsinnigen und Handwerkern oder gar die bloße Reproduktion von Nichtmenschlichem, wie z. B. von Tieren oder Naturvorgängen.[51]

Ein wesentlicher Teil der Dichterkritik Platons in der *Politeia* beruht also, so viel müsste deutlich geworden sein, auf der emotional-affektiven, auf den irrationalen Seelenteil gerichteten Wirkung kunstvoller Rezitation und Präsentation von Dichtung auf das Publikum, wie es für eine orale Kultur ja den Regelfall darstellte.[52]

Es ist das Verdienst E. A. Havelocks, den weiteren Kontext der Platonischen Dichterkritik herausgearbeitet zu haben. Denn Platon muss sich hier ja deshalb mit der Ästhetik auseinander setzen, weil die Inhalte der Dichtung, insbesondere die von Homer und Hesiod, die Grundlage des griechischen Erziehungswesens bildeten:

> „Die Lehrer also haben hierauf <auf die Einübung in das, was in der Polis als sittlich geboten gilt> acht, und auch wenn die Kinder schon Schreiben und Lesen gelernt haben und auch das Geschriebene schon verstehen wie vorher nur den Ton, so geben sie ihnen auf den Bänkchen die Gedichte der trefflichsten Dichter zu lesen und lassen sie sie auswendig lernen, in denen viele Zurechtweisungen enthalten sind und Erläuterungen, auch Lob und Verherrlichung alter trefflicher Männer, damit der Knabe sie *bewundernd nachahme* und sich bestrebe, auch ein solcher zu werden."[53]

Die spezifische Form dieser Dichtkunst war also bedingt durch die orale Vermittlung der Bildungsinhalte: Die Werke der Dichter wurden von Rhapsoden und Schauspielern auswendig gelernt und dann dem Publikum eben nicht vorgelesen, sondern auf eine solche Weise dramatisch präsentiert, dass es zu einer Identifikation der Hörer mit den dargestellten Inhalten kam, wodurch diese – und das war ja die angestrebte Wirkung – völlig unbewusst verinnerlicht wurden.[54] So ist es auch zu verstehen, dass Sokrates den Alkibiades daran erinnert, dieser habe Homers *Odyssee* und *Ilias* doch „gehört"[55] – und nicht etwa gelesen.[56]

Diese Wirkung nun, das hebt Platon des Öfteren hervor, beruht in erster Linie nicht auf den Inhalten, sondern auf der Form des Vortrags und dessen

---

[51] Vgl. ebd. III395d-396b; da Menschen Naturvorgänge nicht darstellen können, nähert sich der Mimesisbegriff hier wieder der Nachahmung an, vgl. III397a.

[52] Vgl. ebd. X605c/d: „... wir geben uns hin und folgen mitempfindend ...".

[53] *Protagoras* 325e/326a; Hervorh. v. mir, J.V.

[54] Vgl. Eric A. Havelock, *Preface to Plato* [[1]1963], Cambridge-London [7]1994.

[55] *Alkibiades* I 112b.

[56] Vgl. *Ion* 530c.

rhythmisch-klanglicher Einkleidung. Deshalb wird im Anschluss an die *logoi* auch der Gesang (μέλος) diskutiert, der in der angemessenen Abstimmung von Gesangsweise (ἁρμονία) und Takt (ῥυθμός) auf den jeweiligen Logos besteht.[57]

Schon der Protagonist des sehr frühen *Ion,* „der seine Homerdarbietung zu einer schauspielerischen *performance* gestaltet, bei der Auge und Ohr gleichermaßen gefesselt werden“[58], sieht das beabsichtigte Ziel seiner Rhapsodenkunst in einer bestimmten perlokutionären Wirkung. Er will nämlich in einer Personalunion von Redner und Schauspieler[59] eine große Publikumsmasse – der *Ion* spricht von 20 000 Menschen[60] – in einen kollektiven Rausch[61] versetzen, bei der die Individualität des einzelnen Zuhörers und -schauers ausgelöscht wird, indem der Rezipient, der als passives Objekt der Bearbeitung durch den Rhapsoden verstanden wird[62], im affektiven Miterleben des durch den Vortrag des Rhapsoden aktualisierten Dichtertextes jegliche kritische Distanz zwischen sich und dem Text verliert[63], ja sich völlig mit diesem und d. h. mit seinen Inhalten identifiziert.[64]

In diesem Sinne verspottet im *Menexenos* Sokrates die antike Praxis des scheinbar spontanen Vortrags von Epitaphen, die aber in Wirklichkeit vorher sorgfältig schriftlich vorbereitet wurden. Solche Lobreden auf die im Krieg Gefallenen, die sich natürlich in erster Linie an die Überlebenden richteten, führten nur dazu, dass der Zuhörer „ganz versunken im Zuhören und bezaubert“[65] werde. Insbesondere wird ironisch der Verlust jeglichen kritischen Selbst- und Realitätsbewusstseins konstatiert:

> „Und dieses Selbstgefühl bleibt mir wohl länger als drei Tage; so einsiedeln kann sich die Rede und der Ton des Redners in den Ohren, daß ich mich kaum am vierten oder fünften Tage wieder besinne und merke,

---

[57] Vgl. *Politeia* III398c/d.

[58] Sylvia Usener, *Isokrates, Platon und ihr Publikum. Hörer und Leser von Literatur im 4. Jahrhundert v. Chr.* (= *ScriptOralia 63*), Tübingen 1994, S. 168.

[59] Vgl. *Ion* 532d.

[60] Vgl. ebd. 535d; so bot z. B. das Dionysostheater am Hang der Akropolis Athens ca. 17 000 Zuschauern Platz.

[61] Vgl. zur Vernunft- und Bewusstlosigkeit der Dichter die Ringparabel und deren Auslegung *(Ion* 533d-534e); dies trifft auch auf die Rhapsoden zu (534b/c).

[62] Vgl. *Ion* 535d.

[63] Vgl. *Politeia* X605d.

[64] Vgl. Sylvia Usener, *Isokrates, Platon und ihr Publikum,* a. a. O., S. 145, 168 f.

[65] *Menexenos* 235b; ebenso *Apologie* 17a.

> wo in der Welt ich bin, so lange aber glaubte, fast auf der Seligen Inseln zu wohnen, so geschickt sind unsere Redner."[66]

Dass auch die rhetorisch aufbereiteten Reden der Sophisten solche berauschenden Wirkungen hervorrufen konnten, wird exemplarisch an der Vortragskunst des Protagoras gezeigt, die im gleichnamigen Dialog bei Sokrates ebenfalls eine langanhaltende Bezauberung zu hinterlassen scheint.[67]

Keineswegs aber führt diese Kritik der darstellenden Mimesis nun zum völligen Ausschluss der Tragödie und Komödie aus dem Idealstaat.[68] Platon legt nur Wert darauf, dass diese Vortragsformen philosophisch gesehen richtig angewendet werden müssen: Die Handlungen guter Menschen dürfen und sollen sogar mimetisch dargestellt werden, damit die miterlebenden Darsteller und Zuhörer charakterlich verbessert werden; die Handlungen schlechter Menschen dagegen dürfen – wenn überhaupt – nur in der Distanz wahrenden Form des erzählenden Berichts vorgetragen werden, um jegliche Identifikation im Ansatz zu unterbinden.[69]

Nur demjenigen Dichter, der versucht alle Inhalte, gerade auch die didaktisch bedenklichen, mimetisch darzustellen, diesem

> „Mann also ... , der sich künstlicherweise vielgestaltig zeigen kann und alle Dinge nachahmen, wenn uns der selbst in die Stadt käme und auch seine Dichtungen uns darstellen wollte, würden wir Verehrung bezeigen als einem heiligen und wunderbaren und anmutigen Mann, würden ihm aber sagen, dass ein solcher bei uns in der Stadt nicht sei und auch nicht hineinkommen dürfe, und würden ihn, das Haupt mit vieler Salbe begossen und mit Wolle bekränzt, in eine andere Stadt geleiten, selbst uns aber mit dem strengeren und minder anmutigen Dichter und Fabellehrer der Nützlichkeit wegen begnügen, der uns des würdigen Mannes Vortrag *nachahmend darstellt* <!> und, was er sagt, nach jenen Vorschriften redet, die wir schon anfänglich gesetzlich gemacht haben, als wir daran gingen, die Krieger zu erziehen."[70]

2 Kritik nachahmender Mimesis

Am Ende seiner Kritik der darstellenden Mimesis rekapituliert Platon noch einmal die Wichtigkeit der musischen Erziehung auch für die Philosophie, eben weil

---

[66] *Menexenos* 235b/c.
[67] Vgl. *Protagoras* 328d.
[68] So auch in den *Nomoi* VII817a-e.
[69] Vgl. *Politeia* III396b-e.
[70] Ebd. III398a/b; Hervorh. v. mir, J.V.

Inhalt und Form des Vortrags, unterstützt durch Harmonie und Rhythmus, den seelischen Habitus des Rezipienten formen. Eine gute Gesinnung – angemessen dargestellt und dabei adäquat harmonisch und rhythmisch unterstützt – wird gute Gesinnungen hervorbringen; und umgekehrt eine *μίμησις* schlechter Gesinnung schlechte Gesinnungen.

Deshalb müssen nicht nur neben der Dichtkunst auch die Malerei, sondern sämtliche herstellenden Künste „unter Aufsicht stehen und abgehalten werden, dies Bösartige und Unbändige und Unedle und Unanständige weder in Abbildungen des Lebenden noch in Gebäuden noch in irgendeinem anderen Werk anzubringen ... “[71], damit die Seelen der Wächter nicht verbildet werden. Beruht doch

> „das Wichtigste in der Erziehung auf der Musik <der Musenkunst>, weil Zeitmaß und Wohlklang vorzüglich in das Innere der Seele eindringen und sich ihr auf das kräftigste einprägen, indem sie Wohlanständigkeit mit sich führen und also auch wohlanständig machen, wenn einer richtig erzogen wird, wenn aber nicht, dann das Gegenteil?“[72]

Platon konstatiert folgerichtig, dass jegliche Erziehung auf der musischen Bildung beruht, und zieht zur Erläuterung das Modell des Leseunterrichts des Alphabets heran, wobei er explizit Bezug nimmt auf die Unterscheidung zwischen den kleinen und den großen Buchstaben, mit der er ja die ganze Untersuchung der Gerechtigkeit in der idealen Polis überhaupt erst eingeleitet hatte:

> „Wie es ja auch ... , was das Lesen <die γράμματα> betrifft, erst dann gut um uns stand, als von den Buchstaben <hier: στοιχεῖα> uns nicht mehr entging, daß ihrer nur wenige sind, sie aber in allem immer wieder vorkommen, und wir sie *weder in Kleinem noch in Großem* geringachten wollten, als dürfe man nicht auf sie merken, sondern überall so bestrebt waren, sie zu erkennen, als könnten wir nicht eher Sprachkundige <γραμματικοί> werden, bis es so mit uns stehe ... . Und gewiß auch die Bilder der Buchstaben <εἰκόνας γραμμάτων>, wenn sie uns irgend im Wasser oder in Spiegeln erschienen, würden wir nicht eher erkennen, bis wir jene selbst kennen, sondern beides gehört zur derselben Kunst und Geschicklichkeit?“[73]

Für das Verständnis dieser Passage ist es unabdingbar, sich deutlich zu machen, dass Platon hier einen systematischen Unterschied zwischen στοιχεῖα und γράμματα macht (die ansonsten im Griechischen beide dieselbe Bedeutung,

---

[71] Ebd. III401b.

[72] Ebd.

[73] Ebd. III402a/b; Hervorh. v. mir, J.V.

nämlich ‚Buchstaben' bzw. ‚Laute', haben). Nur so gelangt er nämlich zu einer Dreistufung des Bereich der Schrift, die er dann analog auf die Ontologie überträgt:

1.) Die *stoicheia*, die ‚wenige sind und in allem immer wieder vorkommen': Die finite Anzahl der abstrakten Buchstaben- bzw. Laut*typen* des Alphabets, im Griechischen repräsentiert durch die vierundzwanzig Buchstaben von A bis Ω.

2.) Bei den *grammata* handelt es sich dann um die (prinzipiell unendlich) vielen, konkreten, geschriebenen oder gemeißelten Realisierungen dieser abstrakten Buchstabentypen. Sie kann man lesen (und hören), d. h. – im Gegensatz zu den abstrakten Typen – sinnlich wahrnehmen. Verstehen kann man sie, die geschriebenen Buchstaben, allerdings nur durch Rekurs auf die abstrakten Buchstabentypen: Man muss z. B. das spezielle geschriebene Zeichen, das man größer oder kleiner schreiben kann, als Realisation des jeweiligen allgemeinen Typus erkennen.

3.) Zusätzlich aber führt Platon noch eine verwirrende, dritte Stufe ein: Natürliche *Abbilder der grammata* (also der 2. Stufe), wie z. B. Abspiegelungen im Wasser oder Spiegelbilder. Auch diese sollen les-, d. h. verstehbar erst durch Rekurs auf die 1. Stufe werden: durch die abstrakten Schrifttypen.

Wenn man also erst dann als des Lesens und Schreibens kompetent gilt (als ein γραμματικός), wenn man erkannt hat, dass sich alles materiell Geschriebene (und selbstverständlich auch alles Gesprochene) letztlich auf dieselben vierundzwanzig abstrakten Buchstabentypen des Griechischen und deren Verbindungen zurückführen lässt, stellt sich die Frage für Platon, indem er an dieser Stelle das Paradigma des Alphabets auf seine Ideenhypothese anwendet, folgendermaßen:

> „Werden wir nun nicht ... auch nicht eher Musiker <μουσικοὶ: Gebildete> sein, weder wir selbst noch Wächter, die von uns erzogen werden sollen, als wir die Gestalten <εἴδη: die Ideen> der Besonnenheit und der Tapferkeit und des Edelsinns und der Großmut und was dem verschwistert ist, sowie auch wiederum die des Gegenteils, wie sie überall vorkommen, erkennen und merken, daß sie da sind, wo sie sind, sie selbst und ihre Bilder <εἰκόνες>, und sie in Kleinem so wenig wie in Großem geringachten, sondern denken, daß dies alles derselben Kunst und Geschicklichkeit angehöre?“[74]

Deutlicher wird Platon an dieser Stelle nicht. Übertragt man allerdings die Dreistufung des Alphabetmodells auf die Ontologie, ergibt sich Folgendes: Zunächst

[74] Ebd. III402b/c.

die εἴδη, die Formen und Begriffe (die 1. Stufe), welche die vielen konkreten Gegenständen (die 2. Stufe) bedingen sollen und dann noch Abbildungen (εἰκόνες) dieser Gegenstände (die 3. Stufe), wobei man – und hier zieht Platon für seine Ideenlehre Schlussfolgerungen aus seiner Funktionsbestimmung der Alphabetschrift – die letzten beiden Stufen nur verstehen könne, wenn man die genaue Anzahl der Ideen und deren Verbindungsmöglichkeiten erkannt hat.

Diese Interpretation wird weiterhin durch das spätere *Liniengleichnis* gestützt, in dem Platon dann nämlich auf zwei Arten von Abbildern zu sprechen kommt. Unterteilt er dort doch den ontologisch sekundären Bereich des Sichtbaren einerseits in die Welt der natürlichen und künstlichen Gegenstände (die Naturgegenstände und Artefakte) sowie in deren Abbilder, die εἰκόνες, wie z. B. Schattenbilder, Wasserreflexionen oder andere Abspiegelungen.[75] Damit ergäbe sich dann – parallel konzipiert zum Paradigma des Alphabets – folgende Stufung der Ideenontologie:

1.) Den abstrakten Buchstabentypen des Alphabets entsprechen die Ideen, als finite Anzahl von Vor- und Urbildern aller Arten von Ab- und Nachbildern.

2.) Letztere bilden als Realisationen der Ideen die konkreten Gegenstände der phänomenalen Welt (so wie es prinzipiell unendlich viele Realisationsmöglichkeiten jedes Buchstabentypus gibt): Dinge, Lebewesen, Pflanzen und Artefakte als ontologisch defiziente Ab- und Nachbilder.[76] Weiterhin unterteilt Platon

3.) die sekundären Abspiegelungen und Nachahmungen dieser Abbilder wiederum einerseits in a) (natürliche) Schatten- und Spiegelbilder und andererseits in b) künstliche Nachahmungen, wie insbesondere sprachliche und schriftliche Abbildungen (εἰκόνες) des Seelischen im Logos.[77] (Ist doch die nachahmend-mimetische Kunst für Platon die kunstreichste Art von „Spielerei" (παιδιά), insbesondere die sophistische, welcher der Vorwurf gemacht wird, nur homonyme, gesprochene Nachbildungen, nicht aber die Sache selbst darzubieten.[78])

Im *Sophistes* werden dann diese artifiziellen Nachahmungen der dritten Stufe noch einmal unterteilt in zwei Arten der Abbilder hervorbringenden Kunst (εἰδωλοποιικὴ τέχνη[79]): Einerseits in die positiv bewertete „ebenbildnerische

---

[75] Vgl. ebd. VI509d-510a.

[76] Vgl. ebd. VII532b/c.

[77] Vgl. ebd. IX588b.

[78] Vgl. *Sophistes* 234a/b.

[79] Vgl. ebd. 236c.

Kunst“ (τέχνη εἰκαστική)[80], die die Maße des Vorbilds (παράδειγμα) in „Länge, Breite und Tiefe“[81] und durch Auftragen der angemessenen Farbe möglichst ikonisch abzubilden sucht (deshalb nennt Platon die Produkte dieser Nachahmung auch εἰκόνες).[82] In diesen Kontext gehört auch die Betonung von „Messen, Zählen und Wägen“ in *Politeia* X602d als Hilfsmittel gegen alle Täuschungen, die durch nachahmende Mimesis entstehen können. – Demgegenüber handelt es sich bei der im eigentlichen Sinne mimetischen Kunst größtenteils um die Illusionskunst (τέχνη φανταστική)[83], von der als Beispiel ausdrücklich die Malerei genannt wird und zu der natürlich auch die Sophistik gezählt wird. Solche ‚Künste‘ kümmern sich nicht um die tatsächlichen Proportionen des nachzuahmenden Vorbilds, sondern wollen diesem nur gleichen, also nur ein „Trugbild“ (φάντασμα) hervorbringen.[84] Diese Illusionskunst wird dann in der Folge noch einmal weiter aufgeteilt a) in eine, die mit Hilfe von Werkzeugen nachahmt (z. B. die Malerei), und b) in eine andere, die mit dem Körper (also z. B. auch mit der Stimme) arbeitet.[85] So dient im *Höhlengleichnis* die Sprache nur zur Bezeichnung der Schattenbilder, die die gefangenen Höhleninsassen irrtümlicherweise für das wahre Sein halten.[86]

Im noch späteren *Politikos* werden dann ausdrücklich alle Techniken, die, wie z. B. die Malerei (γραφική) und die musischen ‚Künste‘, bloße Nachahmungen (μιμήματα) herstellen und nur auf die Lust (ἡδονή) abzielen, als bloßes Ornament bezeichnet, die bloß inferiores „Spielwerk“ (παίγνιον) darstellen, welches einzig der „Spielerei“ (παιδιά) wegen betrieben werden kann, niemals aber aus (philosophischem) „Ernst“ (σπουδή) – denn dieser richtet sich ja immer auf die Erkenntnis der jeder Nachahmung vorgängigen Urbilder.[87] Wir sehen also hier wieder, wie Platon, wenn auch nur andeutend, Sprache (und erst recht die diese repräsentierende Schrift) als Arten von Nachahmung fasst.

Allerdings wird auch diese Form von Mimesis nicht restlos abgewertet, spricht doch der späte *Sophistes* von einer „auf Wissen beruhende<n> μίμησις“, die in „Handlungen und Reden“ die „Gestalt der Gerechtigkeit und der gesamten Tu-

[80] Ebd. 235d.

[81] Ebd.

[82] Z. B. die Vorstellungen in der menschlichen Seele, vgl. *Philebos* 39 b/c; *Timaios* 26c.

[83] *Sophistes* 236c.

[84] Vgl. *Sophistes* 236b/c, 265a.

[85] Vgl. ebd. 267a/b.

[86] Vgl. *Politeia* VII515b.

[87] Vgl. *Politikos* 288c; ebenso *Epinomis* 975d.

gend überhaupt“[88] nachbildet. Wer also im Besitz des philosophischen Wissens ist, darf durchaus auf die Nachahmungsmöglichkeiten der Schrift und der Sprache zurückgreifen, um philosophisch zu lehren.

Jetzt kann man auch auf den eingangs erwähnten Hauptkritikpunkt G. Biens eingehen, dass H. Blumenberg ausschließlich die Verwendung von Mimesis im X. Buch des *Staates* berücksichtigt hat. Tatsächlich expliziert Platon in diesem Buch ja einen von der Darstellungsfunktion verschiedenen Mimesis-Begriff, der diese als rein nachträgliche Nachahmung bzw. -bildung (einer vorgegebenen φύσις) bestimmt[89]; vorbereitet aber wird dieser Nachahmungs- und Abbildungscharakter der Mimesis schon, wie sich gezeigt hat, ab dem III. Buch, und man kann durchaus sagen, dass er den (auch über den *Staat* hinaus) im gesamten Werk Platons vorherrschenden Gebrauch von μίμησις bildet.

Dabei ist es allerdings auch wieder wichtig zu berücksichtigen, dass sich das X. Buch nicht mit den ‚Künsten‘ schlechthin beschäftigt, sondern mit den schon in den vorigen Büchern gekennzeichneten Formen misslungener Kunstausübung, die für die Jugenderziehung als gefährlich einzustufen sind, weil sie in bloßer auf Unkenntnis beruhender „Nachbildnerei“[90] bestehen, insbesondere weil sie kein dialektisches Wissen von den Prinzipien des Schönen besitzen.

Das Paradebeispiel für die nach- und abbildende Mimesis bildet für Platon im *Staat,* aber nicht nur dort, die Malerei (γραφική). Hier im X. Buch wird der Maler (ζωγράφος), der Abbildungen herstellt, als der in der ontologischen Stufenfolge am tiefsten Stehende abgewertet, wodurch sich im Einzelnen folgende Ordnung der Hersteller ergibt:
An oberster Stelle steht der „Wesensbildner“ (φυτουργός) bzw. „der Gott“[91], der die „Ideen“ erschafft, und zwar für jede Art von Dingen genau eine Idee[92]. Ihm folgt dann der Werkbildner (δημιουργός), der – wie der Handwerker des *Kratylos* – auf die vorgegebene Idee schauend, bestimmte konkrete, der Idee entsprechende Artefakte herstellt. Nur an letzter Stelle der Hersteller aber steht der Mimet als bloßer „Handwerker“[93] (χειροτέχνης), der diese sinnlich erfahrbaren Erscheinungen noch einmal abbildet, nachbildet bzw. abspiegelt[94] und so nicht-seiende, nur

---

[88] Vgl. *Sophistes* 267c-e.

[89] Vgl. Hermann Koller, *Die Mimesis in der Antike,* a. a. O., S. 63–68.

[90] *Politeia* X607b.

[91] Ebd. X597c.

[92] Weil es ansonsten wieder eine Metaidee geben müsste und damit ein infiniter Regress drohen würde (vgl. ebd. X597c und *Parmenides* 131c-133b).

[93] *Politeia* X596c.

[94] Vgl. ebd. X596d.

scheinbare Gegenstände schafft, bloßes „Schattenbild“[95] eben, ohne jede Kenntnis der ersten Stufe. H. Blumenberg hat den prekären Status jeder Nachbildung so zusammengefasst: „Nachahmung heißt eben: das Nachgeahmte selbst *nicht* zu sein.“[96]

Aber speziell dem Maler wird zusätzlich zu dem Vorwurf, dass er sich beim Abbilden bloß an der zweiten Stufe orientiert, noch der weitere gemacht, dass er nicht einmal diese konkreten Gegenstände so nachahmt, wie sie tatsächlich sind, sondern nur so, wie sie erscheinen. Platon führt als Beispiel das perspektivische Zeichnen an[97] und die Maltechnik der Schattierkunst (σκιαγραφία), die durch Darstellung von Licht und Schatten Dreidimensionalität zu fingieren sucht.[98] (Im *Kratylos* wird ja gemäß diesem Modell die letztlich verneinte Frage gestellt, ob die Buchstaben, Silben und Wörter als μιμήματα überhaupt in der Lage seien, das Wesen (οὐσία) bzw. den Begriff (εἶδος) ihres Gegenstandes so nachahmen, wie ein Maler durch Mischung von Farben eine naturalistisch-realistische Abbildung hervorbringen kann.)

Als weitere Beispiele für nachahmende Mimeten werden im X. Buch der *Politeia* die Sophisten (weil sie vorgeben, über jeden Gegenstand reden zu können)[99] sowie die Tragödiendichter und Epiker, insbesondere Homer, genannt, die, insofern ihre Mimesis auf Unkenntnis der ersten Stufe beruht, nur als „Nachbildner von Schattenbildern“[100] bezeichnet werden können. Denn so, wie die Maler mittels Farben und äußerlicher Gestalten letztlich nur Schattenbilder produzieren, „wollen wir auch von dem Dichter sagen, daß er Farben gleichsam von jeglicher Kunst in Wörtern <ὀνόμασι καὶ ῥήμασιν> auftrage, ohne daß er etwas verstände als eben nachzubilden ... .“[101]

Allgemein werden sämtliche ‚Künste‘ dann noch in anwendende, herstellende und nachahmende unterschieden. Da, so die Prämisse, jedes Ding und jede Handlung einem Zweck dient[102], steht an oberster Stelle der Anwender, der die Funktionalität der von ihm gebrauchten Sache kompetent beurteilen und deshalb – aufgrund seiner Erfahrung in Bezug auf die betreffende Sache – Wissen beanspru-

---

[95] Ebd. X598b.

[96] Hans Blumenberg, *„Nachahmung der Natur“*, a. a. O., S. 65.

[97] Vgl. *Politeia* X598a/b.

[98] Vgl. ebd. VII523b, X602c/d; *Phaidon* 69b; *Kritias* 107d.

[99] Vgl. *Politeia* X596d, 598c/d; ein Vorgriff auf den *Sophistes* (vgl. 233a-235a), dort wird der Sophist im Vergleich mit einem Maler ausdrücklich als ein Mimet bestimmt, der durch „gesprochene Schattenbilder“, die bloße „Spielerei“ darstellen, täuscht.

[100] *Politeia* X600e.

[101] Ebd. X601a.

[102] Vgl. ebd. I352d-353b: Jede Sache dient zu einem bestimmten Geschäft (ἔργον), in dessen bestmöglicher Realisation die Tugend (ἀρετή) der jeweiligen Sache besteht.

chen kann. Der Hersteller der Sache dagegen besitzt, auch wenn er sich vom Anwender beraten lässt, höchstens richtige Meinung; ein Nachahmer dagegen, der die nachgeahmte Sache selbst nicht benutzt und sich nicht von den Anwendern beraten lässt, hat dementsprechend weder Wissen noch richtige Meinung: „Dieses also ... ist uns ziemlich klar geworden, dass der Nachbildner nichts der Rede Wertes versteht von dem, was er nachbildet, sondern die Nachbildung eben nur ein Spiel <παιδιά> ist und kein Ernst <σπουδή>... .“[103]

3 Philosophische Mimesis

So lassen sich abschließend als Hauptvorwürfe Platons gegen die zeitgenössischen Dichter die folgenden festhalten:

1.) Von der Sache selbst, mit der sie sich *mimetisch-nachahmend* beschäftigen, verstehen sie gar nichts (weshalb es sich bei der Nachbildung, wie z. B. bei der tragischen Dichtung in Jamben und Hexametern, auch um eine bloße „Spielerei“ und nicht um „Ernst“ handelt[104]), ja – schlimmer noch – sie bleiben

2.) sogar absichtlich beim Äußeren der Sache stehen (der δόξα) und interessieren sich gar nicht für ihr Wesen (und damit für deren ἐπιστήμη).

3.) Darüber hinaus intendieren die *mimetisch-darstellenden* Dichter als Wirkung in Bezug auf den Zuhörer nicht die Bildung der für diesen und die ganze Polis besten, u. d. h. für Platon immer: harmonischsten Gemütsverfassung, sondern sie schauen nur auf den drastischsten Effekt.[105] Kurz gesagt: Sie verderben den Rezipienten.

Deshalb müssen die so gearteten Dichter (allerdings auch nur diese) aus der idealen Polis ausgeschlossen werden.[106] So heißt es explizit, dass nur „die der Lust

[103] Ebd. X602b; vgl. III396d/e: Aus „Ernst“ bildet man sich nicht Schlechteren nach, höchstens als „Spielerei“.

[104] Vgl. ebd. X602b; *Politikos* 288c: die μιμήματα der Malerei und der musischen Kunst dienen nur unserer Lust (ἡδονὴ) und fallen deshalb, weil sie nicht des „Ernstes“ wegen, sondern ausschließlich der „Spielerei“ wegen betrieben werden unter den Oberbegriff παίγνιον („Spielzeug“).

[105] Schon im *Gorgias* werden die Musenkünste, sofern sie nur dem Hedonismus dienen, als eine Form von „Schmeichelei“ disqualifiziert (vgl. 501d-502c).

[106] Vgl. *Politeia* X595a, 607a/b.

dienende Dichtung und Nachbilderei«[107] verboten wird.[108] Dies bedeutet dann zwar faktisch, dass die gesamte bisherige Dichtkunst (einschließlich Homer und Hesiod sowie sämtlicher Tragiker und Komödiendichtern) aus dem Idealstaat ausgeschlossen wird, nicht aber, dass eine Dichtkunst, die den philosophischen Kriterien genügen könnte, von Platon für prinzipiell unrealisierbar gehalten wird. Denn interessanterweise ist z. B. der Dialog *Theaitetos* von Platon ausdrücklich konzipiert als eine Schrift des Eukleides, die von diesem solchermaßen abgefasst sei,

> „nicht daß Sokrates es mir erzählt hat, wie er es mir doch erzählt hat, sondern so, daß er wirklich mit denen redet, welche er als Unterredner nannte ... Damit nämlich in dem geschriebenen Aufsatz die Nachweisungen zwischen dem Gespräch nicht beschwerlich fielen, wie wenn Sokrates über sich selbst berichtet ‚Da sprach ich' oder ‚Darauf sagte ich', und von dem Antwortenden ‚Das gab er zu', und ‚Darin wollte er nicht beistimmen', deshalb habe ich geschrieben, als ob er unmittelbar mit jenen redete mit Hinweglassung aller dieser Dinge."[109]

Auch bei Platons Dialogen soll es sich damit also seiner eigenen Einschätzung nach eindeutig um eine darstellende *μίμησις* handeln und nicht um eine bloß berichtende διήγησις, weshalb ja schon Aristoteles die Dialoge seines Lehrers ausdrücklich aufgrund ihres mimetischen Charakters mit Dichtung verglichen hat.[110] Im Übrigen hat Platon ja die von ihm gewählte Dialogform auch keineswegs erfunden, sondern er schließt sich mit seinen Dialogen der bereits etablierten literarischen Gattung der (uns allerdings nur fragmentarisch überlieferten) „Sokratischen Reden"[111] von Sokratikern wie Antisthenes, Eukleides oder Aristippos an. Schon diesen ging es nicht um biographische Berichte über den historischen Sokrates, sondern um die Darstellung eigener philosophischer Lehren in der Figur ihres Lehres. Ein Verfahren, das den Zeitgenossen wohlbekannt war – nämlich aus der Tragödie: „Wie im sokratischen Dialog die Gestalten eines Alkibiades, Kriton, Kritoboulos, Menexenos u. a. immer wieder neu geformt werden, so bringt die

---

[107] Ebd. X607c.

[108] Vgl. *Politeia* III397d.

[109] *Theaitetos* 143b/c; so ist auch *Politeia* III394b/c zu verstehen: Um eine Tragödie oder Komödie handelt es sich dann, wenn der Dichter nur die Wechselreden der Protagonisten darstellt.

[110] Vgl. Aristoteles, *Poetik* 1, 1447b11.

[111] Die *Sokratikoi logoi* (vgl. ebd.).

Tragödie immer wieder Agamemnon und Orestes, Oidipus und Philoktetes neu auf die Bühne.«[112]

Denn die antike Praxis der Rezeption von Schriftwerken unterschied sich erheblich von der heute üblichen. Texte wurden nicht in erster Linie geschrieben, um privat gelesen zu werden, sondern um vor einem mehr oder weniger großen Kreis von Zuhörern vorgetragen zu werden. G. Ryle hat deswegen sogar die These vertreten, auch die Platonischen Dialoge (oder zumindest zahlreiche von ihnen) seien von Platon zunächst intendiert gewesen für eine öffentliche Aufführung im Rahmen von intellektuellen Wettkämpfen, die vor einem gebildeten Publikum abgehalten wurden, und erst im Nachhinein für die Publikation überarbeitet worden.[113]

Tatsächlich wurden die Platonischen Dialoge in der Antike auch als Literatur, wenn auch selbstverständlich als philosophische Literatur verstanden: So berichtet z. B. Plutarch in seinen *Quaestiones convivalium* bei seiner Untersuchung der Frage, welche Art von Literatur zum Vortrag bei Symposien am besten geeignet sei, dass es in Rom seit kurzem Brauch geworden sei, Dialoge Platons mit verteilten Rollen von Schauspielersklaven, welche die Texte auswendig gelernt hatten, dramatisch aufführen zu lassen.[114]

Auch Platon versteht sich also – wie schon die angeführte *Theaitetos*-Stelle zeigt – als Mimet – nur mit dem gewichtigen Unterschied, dass a) der Verfasser der Dialoge die richtigen Inhalte in der adäquaten Form darzustellen weiß (1. Mimesis-Begriff) und b) er um die prinzipielle Unzulänglichkeit von Sprache und Schrift zur Nachahmung des Wesens der Dinge weiß, weshalb er die didaktische Relevanz seines Werks auch auf bloße „Spielerei" herunterstuft (2. Mimesis-Begriff) und der gesamten ‚Musenkunst' „faktisch im Staat eine nur auf ihre erzieherische Funktion im Jugendalter beschränkte und im Hinblick auf das philosophische Bildungsziel propädeutische Bedeutung"[115] einräumt.

Explizit werden deshalb im *Staat* solche „Mythenerzählungen", die den poetischen Vorschriften genügen, als nützliche Lügen eingestuft, die, obwohl sie Fal-

---

[112] Olof Gigon, *Die Gestalt des Sokrates als Problem* [1947], in: A. Patzer (Hg.), *Der historische Sokrates* (= *Wege der Forschung,* Bd. 585), Darmstadt 1987, S. 270-322, hier: S. 317.

[113] Vgl. Gilbert Ryle, *Plato's Progress,* Cambridge 1966. Dazu muss man allerdings kritisch anmerken, dass er keinerlei historische Belege für solche Praktiken anführen kann.

[114] Vgl. Plutarch, *Quaestiones convivalium* VII711b.

[115] Ernst Koller, *Muße und musische Paideia. Über die Musikaporetik in der aristotelischen Politik,* in: *Museum Helveticum* Vol. 13, 1956, S. 1-37 u. 94-124, hier: S. 7.

sches beinhalten, weil sie nützen, erlaubt sind.[116] Insbesondere sollen so geartete Erzählungen zur Erziehung der Jugend und zur Disziplinierung der Masse dienen.[117] Ein Hinweis, den man natürlich wieder auf dem Hintergrund der zahlreichen Mythen sehen muss, die sich im gesamten Werk Platons finden.[118]

Im *Phaidros* wird dann die ganze *Politeia* als ein solches Mythologem über die Gerechtigkeit charakterisiert[119], aber schon in der Staatsschrift selbst werden Teile von ihr als ein „Schauspiel" (δρᾶμα)[120] bezeichnet, das im Verlauf der Schrift „aufgeführt" wird: Denn es handelt sich ja nicht um die wirkliche Errichtung eines Staatswesens, sondern nur um die „Verfassung <πολιτεία!>, die wir in unserer Rede nur dichten <μυθολογοῦμεν λόγῳ>".[121] Weiterhin denke man daran, dass der literarisch fingierte Bericht des *Symposions* mit der Schilderung endet, wie im Morgengrauen ein unermüdlich diskutierender Sokrates (der ja bekanntlich nie berauscht gesehen wurde[122]) die These vertritt, der vollkommene Tragödiendichter müsse auch das Dichten von Komödien beherrschen[123], während seine Gesprächspartner, die ihm wegen ihrer Trunkenheit nicht mehr folgen können, einer nach dem anderen einschlafen, und zwar zuerst der Komödiendichter Aristophanes und dann der Tragiker Agathon.[124] Und noch in Platons unvollendetem Alterswerk, den *Nomoi*, heißt es explizit:

> „wir sind selber Dichter einer Tragödie, die, soweit wir dazu fähig sind, die denkbar schönste und zugleich beste ist. Jedenfalls ist unsere gesamte Staatsverfassung <πολιτεία> eine Darstellung <μίμησις> des schönsten und besten Lebens, und gerade das, behaupten wir, ist in der Tat die einzig wahre Tragödie."[125]

---

[116] Vgl. *Politeia* II382c/d.

[117] Vgl. *Nomoi* II663d-664a, 685a; *Politikos* 304c/d.

[118] Vgl. *Politikos* 268d/e.

[119] Vgl. *Phaidros* 276e.

[120] *Politeia* V451c; ebenso *Theaiteos* 150a: Das δρᾶμα des Sokrates besteht darin, die philosophisch Begabten von den Unbegabten zu scheiden. Das ist natürlich doppeldeutig: Ist hier das „Geschäft" des Sokrates gemeint (so übersetzt Schleiermacher) oder das „Schauspiel" Platons, also dessen Dialoge?

[121] *Politeia* VII501e.

[122] Vgl. *Symposion* 220a.

[123] Zur Interpretation vgl. *Nomoi* VII816d/e.

[124] Vgl. *Symposion* 223b-d: Platons Meisterschaft auch in der Komödie zeigen ja die berühmte Eros-Rede des Aristophanes und der burleske Auftritt des Alkibiades am Ende dieses Dialogs.

[125] *Nomoi* VII817b.

Überzeugend hat H. Koller die Herkunft des antiken Mimesis-Begriffs aus dem archaischen Kulttanz erklären können, der als Einheit von Wort, Musik und Bewegung eine mythische Handlung zum Ausdruck brachte und so nicht nur durch die Inhalte, sondern auch und vor allem durch die rhythmische Form auf die Aufführenden wie auf die Teilnehmenden im Sinne einer orgiastischen Identifikation mit dem Dargestellten wirkte.[126] Dabei scheinen schon im 5. Jahrhundert pythagoreische Kreise eine Klassifikation und Reglementierung der tänzerischen und musikalischen Ausdrucksformen in Hinsicht auf ihre psychosomatischen Auswirkungen, insbesondere auf die Charakterbildung (die Psychagogie), durchgeführt zu haben. Koller führt Jamblich an, der berichtet, dass die musikalische Therapie den gesamten Tagesablauf der Pythagoreer begleitete:

> „Am Abend reinigten ... sie ihr Inneres von den Wirren und dem Lärm des Tages mit beruhigenden Melodien, am Morgen aber befreiten sie sich von der Schwere und Dumpfheit des Schlafes durch lebhafte Musik, ja sie heilten auch gelegentlich körperliche Krankheiten ... . Die Verwandtschaft mit den magischen Gebräuchen zeigt sich auch an der Verwendung des Wortes ‚besingen', ἐπᾴδειν (Jamblich: ‚Wahrscheinlich ist von daher die Bezeichnung ἐπῳδή gekommen, Zauberspruch')."[127]

Dies bildet die aus archaischen Riten stammende, ursprüngliche Bedeutung der μουσική, der Musenkunst, als Einheit von Rhythmus, Harmonie und Logos, aus der sich erst später die Praxis und Theorie der klassischen antiken Komödie und Tragödie im Sinne literarischer Gattungen herausentwickelt hat. Durch seine Umdeutung des Mimesisbegriffs entkleidet Platon die „Musenkunst" dann zwar weitgehend aller nichtsprachlichen Komponenten, an den perlokutionären Wirkungen schriftlich-sprachlichen Handelns hält er allerdings weiter fest. Auch sein Sokrates ist ein sich ironisch verstellender „Zauberer", der durch seine dialogischen „Zaubergesänge" die Seelen seiner Zuhörer im Sinne einer ψυχαγωγία therapeutisch „bespricht" und „verzaubert".[128]

---

[126] Vgl. ebd. II654a/b: „So dürfte also wohl der schön Erzogene imstande sein, schön zu singen und zu tanzen."

[127] Vgl. Hermann Koller, *Die Mimesis in der Antike,* a. a. O., S. 132.

[128] Hierzu gehört ein ganzer Kreis von aus den Dialogen wohlbekannten Motiven, die Sokrates als „Zauberer" vorstellen, als Verfertiger von „Besprechungen" bzw. „Zaubersprüchen", die therapeutisch – im Sinne einer „Droge" (φάρμακον) – auf die Seele des Besprochenen einwirken, und zwar Psychagogie. (Vgl. z. B. *Charmides* 155e-158c, 175e-176d; *Menon* 79e-80d; *Symposion* 194a, 203d, 215d-216e; *Theaitetos* 149c/d; *Phaidros* passim; *Kriton* 106b).

Letztlich ist damit für Platon, dem „Homer of philosophy"[129], der ja nach Auskunft von Diogenes Laërtios schon in seiner Jugend davon geträumt haben soll, Dichter zu werden[130], die Philosophie zur neuen und „größten Musenkunst"[131] geworden, zur gelungenen Synthese von die Affekte mäßigender Form und belehrendem Inhalt: Die schriftlichen philosophischen Dialoge Platons stellen somit μιμήματα dar, welche die tradierten Erziehungsstoffe ersetzen können, ja sie überbieten, weil sie – nach Meinung ihres Autors – wissen, i) wie und ii) was man angemessen darstellen darf, ohne dass Platon iii) auf den Fehler verfallen würde, Inhalte nachahmen zu wollen, die sich – nach seiner Überzeugung – in sprachlicher und schriftlicher Form prinzipiell nicht abbilden lassen.

Was für Schlüsse lassen sich nun aus dem herausgearbeiteten, doppelten Mimesisverständnis Platons für die Problematik philosophischer Lehre ziehen? Wie eingangs herausgestellt, werden beide Bildungsmedien, Schrift wie Sprache, von Platon als mimetische Phänomene diskutiert. Dabei lässt sich festhalten, dass das erste Mimesisverständnis für Platon ‚bloß' ein Darstellungsproblem beinhaltet: Nur bestimmte, philosophisch als wertvoll eingestufte Inhalte dürfen in Dichtung, Rhetorik, aber auch in der Philosophie (man denke hier nur an die zahlreichen Platonischen Mythen in den Dialoge) in der sich an die Affekte wendenden, darstellenden Form präsentiert werden, und zwar mündlich wie schriftlich. Deshalb durchzieht noch die postumen *Nomoi*, die ausdrücklich als Muster einer adäquaten Schullektüre vorgeschlagen werden[132], das Leitmotiv, dass gute Dichter ernste Dinge spielerisch darstellen können.[133]

Philosophisch schwerwiegendere Konsequenzen aber impliziert das zweite Mimesisverständnis: Abbildung verfehlt qua Abbildung stets das Abzubildende:

> „Dieses also ... ist uns ziemlich klar geworden, daß der Nachbildner <μιμητικός> nichts der Rede Wertes versteht von dem, was er nachbildet, sondern die Nachbildung <μίμησις> eben nur ein Spiel ist und kein Ernst und daß, die sich mit der tragischen Dichtung beschäftigen in

---

[129] Harold Tarrant, *Plato's First Interpreters*, Ithaka, New York 2000, S. 1.

[130] Vgl. *Leben und Meinungen berühmter Philosophen* III5 und die schon in der Antike berichtete Anekdote, Platon solle auf dem Totenbett die Mimen des Sophron unter seinem Kopf gehabt haben (vgl. ebd. III18 und Quintilian, *Institutio oratoria* I10, 17).

[131] Vgl. *Phaidon* 61a.

[132] Vgl. *Nomoi* VII811c-e.

[133] Vgl. ebd. II659e: Zaubergesänge für die Seelen der jungen Menschen, die den Ernst noch nicht ertragen können; ferner II664b-d, 670e/671a; VI773d; VIII837e; X887d.

Jamben sowie in Hexametern, insgesamt Nachbildner sind so gut wie irgendeiner."[134]

So werden auch die Spätschriften *Timaios* und *Kritias* ausdrücklich als bloße Mimesis (im Verständnis von unzureichender Imitation) eingestuft: „Nachahmung <μίμησις> und Nachbildung muss nämlich notwendig das sein, was ein jeder von uns sagt."[135] Und dieses Argument bereitet die Sprach- und Schriftkritik des *Phaidros* und des *VII. Briefs* vor (deshalb auch dort immer wieder die Aufnahme der Unterscheidung zwischen „Ernst" und „Spielerei"): „Die Nachahmekunst <μιμητική> ist also von der Wahrheit weit entfernt. Und wenn sie alles mögliche zustande bringt, so offenbar deshalb, weil sie nur ein wenig von jeglichem erfaßt, nämlich sein (äußeres) Bild <εἴδωλον>."[136]

Sinnliche Medien können sich dem als nicht-sinnlich gesetzten „Wesen" nur anzunähern suchen, es aber nie erreichen. Dies gilt auch für die Mündlichkeit (die sich im fortgesetzen Lehrgespräch der Idee allerdings zumindest asymptotisch annähern kann), erst recht aber für die Schriftlichkeit, der als fertiger Text der Vorwurf der ‚Unbeweglichkeit' gemacht wird, weil jeder Text einen einmal erreichten Annäherungspunkt verfestigt und sich somit der Möglichkeit weiterer Annäherung begibt.

Als Spiegelfolie seiner eigenen Bemühungen diskutiert Platon im *Sophistes*[137] die – philosophisch gesehen – negative Anwendung, die von den Sophisten, die hier ausdrücklich „Zauberer"[138] genannt werden, in ihrer Rhetorik von der mündlich-schriftlichen Mimesis gemacht wird. Denn wie die γραφικὴ τέχνη (die Malerei) nicht die Dinge selbst präsentiert, sondern nur „homonyme Nachbilder", „Gemaltes" (τὰ γεγραμμένα) eben, das nur von Knaben mit der Wirklichkeit selbst verwechselt wird, so täuschen auch die Sophisten durch ihre „gesprochenen Nachbildern", die nur zum „Spiel" taugen, die unerfahrenen jungen Männern.

Gerade dieser Umstand, dass Platon der Meinung ist, auch die Sprache sei prinzipiell nicht in der Lage, eine Einsicht in die von ihm postulierten, hypothetisch angenommenen Grundformen zu gewährleisten (im *Phaidros* wird ja konstatiert, dass kein Dichter jemals in der Lage sein werde, den „überhimmlischen Ort" der Ideen „würdig", d. h. angemessen, darzustellen[139]), erklärt seine oft beklagte Ungenauigkeit in der Terminologie. In diesem Sinne kommt es auch Platon letztlich, d. h., immer wenn es um die Erkenntnis der „wertvolleren Dinge"

---

[134] *Politeia* X602b.
[135] *Kritias* 107b.
[136] *Politeia* X598b; übers. v. R. Rufener; vgl. *Nomoi* II667b-669b.
[137] Vgl. *Sophistes* 233d-235a.
[138] Ebd. 235a.
[139] Vgl. *Phaidros* 247c.

geht, nicht auf die sprachlichen Bezeichnungen an.[140] Nicht nur deshalb, weil jede Bezeichnung aufgrund ihres Zeichencharakters das Bezeichnete notwendigerweise verfehlen muss, sondern auch, weil jede sprachliche und schriftliche Explikation schon rein formal auf die lineare, sukzessive Darstellungsart angewiesen bleibt, eine Prädikation nach der anderen vollziehen muss, und damit im Gegensatz zu der für Platons Philosophie paradigmatischen Vorstellung einer Ideenschau steht, die sich angemessener im Sinne eines schlagartigen Aspektwechsels rekonstruieren lässt.[141]

---

[140] Vgl. zum Schwanken Platons in seiner Einschätzung terminologischer Genauigkeit *Theaitetos* 184c: Peinlichkeit im Gebrauch der Onomata und Rhemata ist Zeichen einer unfreien Gesinnung (also eines freien Mannes nicht würdig), „nur ist es manchmal doch notwendig."

[141] Eine solche Interpretation der Platonischen Rede vom „Sehen" der Ideen habe ich in meiner Studie *Das Paradigma des Alphabets. Platon und die Grundlagen abendländischer Rationalität* durchgeführt (in Vorbereitung).

Sylvia Knops

Aristoteles' Thesen zur Dichtkunst und zur bildenden Kunst

Als Folie, vor der Aristoteles' (384-322 v. Chr.) Thesen zur Dichtkunst und zur bildenden Kunst im folgenden dargestellt werden, kann die Frage dienen, ob Aristoteles eine spezifisch „literarische“ bzw. allgemein auf Kunst bezogene Erkenntnisform annimmt und diese von anderen Erkenntnisformen unterscheidet.[1]

Einteilung der Philosophie: „Kunst“ als Teil der Philosophie

Definierte Platon „Philosophie“ als begründendes, theoretisches Verhalten, dessen Orientierungspunkte hinsichtlich der Erkenntnis des „Schönen, Wahren und Gerechten“ unveränderliche Wesenheiten (die Ideen) bilden, denen es sich anzunähern gilt, so nimmt Aristoteles in der *Nikomachischen Ethik* drei Bereiche des Wissens an, denen auch jeweils unterschiedlich fundierte Orientierungspunkte zukommen.[2]

Die Bereiche des Wissens werden im Rahmen der allgemeinen Seelenlehre erläutert. Die Seele besteht aus einem „vernunftbegabten“ und einem „vernunftlosen“ Teil: Ersterer gliedert sich je nach zu betrachtenden Gegenstandsbereichen in den (theoretischen) „forschenden“ – wie auch bei Platon auf feststehende Wesenheiten gerichteten – und den „planenden“ – auf Veränderliches gerichteten – Teil, wobei der „planende“ Teil sowohl „hervorbringende“ als auch „praktische“ Denkhandlungen umfaßt.[3]

Zunächst zur „Theorie“: „Theoretisches“ Wissen (episteme) wird in der *Nikomachischen Ethik* als der Teil der Vernunft bestimmt, mit dem wir „jene Wesen betrachten, deren Ursprünge nicht so oder anders sein könnten“ (VI2, 1139a).[4] Ihre Gegenstände sind „ewig“, „unerstanden“ und „unvergänglich“ (VI3, 1139 b). „Wissenschaft“ ist ein beweisendes Verhalten (VI3, 1139 b). Mit Hinweis auf die *Analytiken* stellt Aristoteles dort wissenschaftliche Betätigung fest, „wo nämlich eine

---

[1] Dieser Aufsatz basiert auf einem nur geringfügig überarbeiteten Kapitel meiner Dissertationsschrift *Bestimmung und Ursprung literarisch-ästhetischer Erkenntnis im frühen und mittleren 18. Jahrhundert (Gottsched, Breitinger und Baumgarten)*, Aachen 1999.

[2] Zur Klassifikation der Wissenschaften bei Aristoteles vgl. Matthias Gatzemeier, *Die Wissenschaftskonzeption des Aristoteles und die Entstehung der Einzelwissenschaften*, in: Karl-Siegbert Rehberg/Frank-Rutger Hausmann (Hrsg.), *Klassiker der Wissenschaften*, Aachen 1995, S. 63-78; hier S. 76.

[3] Vgl. hierzu Aristoteles, *Nikomachische Ethik*, übers. u. komm. v. Franz Dirlmeier, Darmstadt [5]1969 ([1]1957 Frankfurt/Main); hier VI2, 1139a -VI4, 1140a.

[4] Die folgenden Quellenangaben im Text beziehen sich auf Aristoteles: *Nikomachische Ethik*.

bestimmte Überzeugung vorliegt und man die Prinzipien kennt" (VI3, 1139b). Sie dient damit dem rein theoretischen Erfassen eines unveränderlich Seienden[5], dem es sich mittels Begriff, Begründung und Beweis anzunähern gilt. Als Urteilskriterien des theoretischen Wissens nimmt Aristoteles „wahr" und „falsch" an.

In der *Metaphysik*[6] erweist sich das theoretische Wissen als höchste Form der geistigen Betätigung, bildet es doch einerseits den Abschluß geistiger Menschheitsentwicklung und andererseits – wie in der *Nikomachischen Ethik* geschildert wird – eine Annäherung an die „göttliche Glückseligkeit" (X7, 1178a): Vor dem Hintergrund des Entelechiegedankens (X7, 1178b), nach dem jedes Lebewesen seine eigene Art der Glückseligkeit mittels der Entfaltung der ihm innewohnenden Potenz zu erreichen vermag, verschafft jede selbstzweckliche Tätigkeit „Glückseligkeit" (X7, 1178b). Die theoretische Betätigung führt als genuin menschliche Fähigkeit zur höchsten Form der „Glückseligkeit" (X7, 1178a).

Das praktische Wissen (praxis) nimmt innerhalb der Hierarchie die zweite Stufe ein. Anders als das theoretische Wissen ist diese Form des Denkens auf den kontingenten Bereich gerichtet, denn „niemand überlegt sich Dinge, die sich unmöglich anders verhalten können" (VI5, 1140a). Urteilskriterien des praktischen Wissens sind „gut"/„schlecht". Vorausgesetzt wird hierbei, daß der Mensch in eine kulturelle Entwicklung eingebunden ist, die er handelnd und kommunizierend zu gestalten vermag. Das an die menschliche Handlungspraxis gebundene Wissen dient nicht der „göttlichen", sondern der „menschlichen Glückseligkeit"; es ermöglicht dem Menschen, „als Mensch unter Menschen zu leben" (X1178b).

Auf der dritten Stufe der Rangfolge befindet sich das „hervorbringende" Verhalten/Denken (poiesis). Eine spezielle Ausformung des Hervorbringens ist hierbei die „Kunst" (techne). Eine Einschränkung auf die „mimetischen Künste", wie sie in der *Poetik* und in der *Metaphysik* erörtert werden, findet sich hier nicht; „Kunst" umfaßt auch „Schiffsbaukunst", „Architektur" und „Arzneikunst" (I1, 981a-b). „Kunst" entsteht laut Aristoteles dann, „wenn sich aus vielen durch die Erfahrung gegebenen Gedanken eine allgemeine Annahme über das Ähnliche bildet." (I 1, 981a-b) Beim Wissen der Kunst handelt es sich (im Gegensatz zur konkreten Erfahrung) immer um ein *allgemeines* Wissen.

Das Wissen der „Kunst" zeigt Affinitäten zum praktischen Denken[7], da es ebenfalls die Daten aus der Erfahrung – dem kontingenten Bereich – bezieht und sie auf diese

---

[5] Vgl. hierzu Anton Antweiler, *Der Begriff der Wissenschaft bei Aristoteles*, in: *Grenzfragen zwischen Theologie und Philosophie*, Bd.1, hrsg. v. Arnold Rademacher und Gottlieb Söhningen, Bonn 1936, S. 25-119; hier S. 28.

[6] Aristoteles, *Metaphysik* I1, 980b-981a.

[7] Vgl. hierzu Anton Antweiler, *Der Begriff der Wissenschaft* ..., a. a. O., S. 28; vgl. hierzu Basileios A. Kyros, *Die Dichtung als Wissensproblem bei Aristoteles*, Athen 1972, S. 27.

anwendet. Ausgehend von den Erkenntnisstufen: Sinneswahrnehmung, Vorstellung, Erinnerung, Erfahrung bildet sich „Kunst" als allgemeines Wissen über die derzeitige Lebenswelt (I1).[8] Sie vollzieht sich mittels der Artikulation des – allgemeines Wissen fassenden – „Artbegriffs" (I1, 1980b) und wird mittels der folgenden Handlung – der „Werktätigkeit" – an die konkrete Lebenswelt rückgekoppelt. Wie die praktische Handlung, so betrifft auch das „Hervorbringen" ein letztes Konkretes. Anders als das praktische Wissen ist das „Hervorbringen" nicht auf das Handeln bezogen, sondern zielt auf das „Werk", das wiederum für einen anderen Zweck nutzbar zu machen ist (I1, 1139b 4).

Aristoteles unterscheidet weiterhin das „Werden" der Naturdinge und der Kunstdinge: Im siebten Buch der *Metaphysik* werden drei Arten des „Entstehens" unterschieden: a) von Natur, b) durch Kunst, c) spontanes Werden. Im Unterschied zu den Naturdingen, die ihre Bewegungsursache in sich selbst tragen, besitzen Kunstdinge eine „äußere" Ursache; Ursache der Entstehung der Kunstdinge (Formursache) ist das Erkenntnisvermögen des Künstlers, heißt es doch an einer Stelle:

> „Das Werdende (gignomenon) wird teils durch Natur (physis), teils durch Kunst (techne), teils von ungefähr [...]. Das natürliche Werden ist nun dasjenige, welches aus der Natur hervorgeht; dasjenige, woraus etwas wird, ist ... der Stoff, das, wodurch es wird, ist etwas ... was wir ... als Wesen bezeichnen. ... Durch Kunst aber entsteht dasjenige, dessen Form (eidos) in der Seele <des Hervorbringenden> vorhanden ist" (VII 7, 1032a 12-1032b 7).

Das der Techne/Poiesis zugrunde liegende Wissen resultiert somit nicht aus der Erkenntnis Platonischer Ideen, sondern stellt eine schöpferische Eigenleistung des Herzustellenden dar.

In Bezug auf die Bestimmung der „Kunst" (techne) bleibt festzuhalten, daß 1) „Kunst" alle Herstellungshandlungen – also auch handwerkliche Herstellungshandlungen – umfaßt, 2) das Wissen der „Kunst" einen Anspruch auf Allgemeingültigkeit zu stellen vermag, 3) das Wissen der „Kunst" von dem der theoretischen Philosophie und dem der praktischen Philosophie zu unterscheiden ist, die Herstellungshandlung auch nicht ein Wissen um die Kriterien dieser anderen Bereiche („wahr"/„falsch" oder „gut"/„schlecht") umfaßt, 4) das Ziel der „Kunst" demgemäß die Herstellung eines gelungenen Werkes ist (nicht das Aufstellen oder die „Mitteilung" theoretischer oder praktischer Behauptungen).

---

[8] Die folgenden Quellenangaben im Text beziehen sich auf Aristoteles, *Metaphysik*.

Die „mimetischen Künste“ in der „Poetik“

In der *Nikomachischen Ethik* stand die „Kunst“ als Fall der „Poiesis“ (als technisches, hervorbringendes Verhalten) im Vordergrund. In der *Poetik* bezieht sich Aristoteles nun speziell auf die „mimetischen Künste“[9], zu denen im wesentlichen Epos, Tragödie, Dithyrambendichtung, Flötenkunst und Kitharakunst gehören.[10]

Wie bei Platon, so zeigt sich auch hier, daß spätere Deutungen der Aristotelischen *Poetik* und auch die auf Aristoteles rekurrierenden Poetiken späteren Datums abhängig von der Auslegung des Begriffes „Mimesis“ unterschiedliche Grundkriterien und Funktionen der mimetischen Künste herausarbeiten. Die Deutung des Begriffes „Mimesis“ im Sinne einer „Nachahmung der Natur“ zeigt sich hierbei in den verschiedensten Ausformungen: Wurde unter „Natur“ die sichtbare Realität verstanden, so avancierte „Mimesis“ zum Grundprinzip illusionistischer – abbildender – Kunst, als deren Funktion das durch den Vergleich von Vorbild und Abbild erzeugte „Erfreuen“ der Rezipienten galt. Im 18. Jahrhundert hingegen verstand man – auf der Basis der Wolffschen Metaphysik – „Natur“ als Beziehung logisch-ontologischer Grundprinzipien des „Schönen, Wahren und Guten“ und nahm daher – unter Berufung auf Aristo-

[9] In der *Nikomachischen Ethik* wird „Kunst“ allgemein als eine – hervorbringendes Verhalten umfassende – mimetische und handwerkliche „Kunst“ verstanden. Im achten Buch der *Politik* spricht Aristoteles hingegen von der „mousike“ und im ersten Buch der *Metaphysik* von den „angenehmen“ Künsten. Im ersten Buch der *Metaphysik* wird „Kunst“ – wie die Techne in der *Nikomachischen* Ethik – allgemein als das Wissen um die allgemeinen Prinzipien des Hervorbringens bestimmt und von der Erfahrung insofern abgegrenzt, als diese nur ein Wissen um das „Daß“ – und nicht um das „Warum“ – ist. Innerhalb der Stufen der Erkenntnis (Sinneswahrnehmung, Erinnerung, Vorstellung, Erfahrung) bildet die „Kunst“ als *allgemeines* Wissen neben der Wissenschaft die höchste Stufe. (Arist., *Met.* I1, 981a) Weiterhin lassen sich die „Künste“ in „nützliche“ – den notwendigen Bedürfnissen dienenden – und „angenehme“ – der „angenehmeren Lebensführung“ zuträglichen – unterscheiden. (Arist., *Met.* I1, 981b18-20) Da Aristoteles die Erkenntnisstufen – angefangen von der Erfahrung über die Kunst zu den Wissenschaften – an die historische Entwicklung der Menschheit (den Fortschrittsgedanken) koppelt, bilden „angenehme Künste“ und „Wissenschaften“ zugleich den kulturellen Höhepunkt der Menschheitsentwicklung. Die Entfaltung des Vermögens des zweckfreien theoretischen Denkens und der Künste wird erst möglich, wenn die Grundexistenz der Menschen, zu deren Erhaltung es in erster Linie des zweckgebundenen Verhaltens bedarf, gesichert ist, also in der Zeit der „Muße“ (Arist., *Met.* I1, 981a20-30). Ob Aristoteles mit den „angenehmen“ Künsten die Künste meint, die später als die „schönen Künste“ bezeichnet werden, geht aus der *Metaphysik* nicht klar hervor. In Verbindung mit einigen Textstellen der *Politik* bleibt dies jedoch zu vermuten, sieht Aristoteles es doch als ein Ziel der Ausübung der „mousike“ an, in „edler Weise Muße üben zu können“ (Arist., *Pol.* VIII, 1337b25-32).

[10] Aristoteles, *Vom Himmel. Von der Seele. Von der Dichtkunst*, übers., hrsg. u. mit einer Vorbemerkung versehen v. Olof Gigon, München 1987 ([1]1983); hier: 1477a2.

teles – an, Kunst komme in erster Linie die Funktion der Mitteilung von „Wahrheit", des „Belehrens" zu.

Auch in heutiger Zeit erweist sich diese Kontroverse im Rahmen der Ästhetikdiskussion als relevant, wie eine Auseinandersetzung zwischen Blumenberg und Bien zeigt. Hier geht es um die These, Aristoteles habe mit seinem Konzept der „Mimesis" den – vermeintlich Platonischen – Topos „Nachahmung der Natur" positiv umgedeutet und damit in der ästhetischen Traditionsgeschichte verankert.[11] Auch in der weiteren Sekundärliteratur sind durchgängig unterschiedliche Auslegungen des Begriffes „Mimesis" aufzufinden: So halten z. B. Pochat und Groothoff, Fuhrmann und Wiegmann an der Deutung der „Mimesis" im Sinne der „Naturnachahmung" fest[12], während Schlaffer[13], Hafner[14] – unter Berufung auf Koller – und Gatzemeier – unter Berufung auf Koller und Bien[15] – der von Koller und Bien vertretenen Deutung der „Mimesis" folgen. Sie legen dar, daß der Begriff der „Mimesis" schon bei Platon in zweifacher Weise verwendet wird. Im zehnten Buch des *Staates* wird der Begriff im Sinne einer „Nachahmung" der sinnlich erscheinenden Natur (oder wahrnehmbarer menschlicher Handlungen) verwendet, im zweiten und dritten Buch des *Staates* bezeichnet „Mimesis" jedoch eine spezielle Darstellungsform.[16] Auch innerhalb der gängigen Aristoteles-

---

[11] Vgl. Hans Blumenberg, *Wirklichkeit und Möglichkeit des Romans*, in: Hans Blumenberg, Clemens Heselhaus, Wolfgang Iser, Hans Robert Jauss (Hrsg.), *Nachahmung und Illusion*, München 1964; hier S. 17.

[12] Vgl. hierzu Götz Pochat, *Geschichte der Ästhetik und Kunsttheorie von der Antike bis zum 19. Jahrhundert,* Köln 1986; hier S. 31; dort heißt es, die Dichtkunst sei eine „mimetike techne", sie produziere „nicht Sachen im eigentlichen Sinn", sondern „Ähnlichkeiten mit der Natur"; vgl. hierzu auch Hans-Hermann Groothoff, *Untersuchungen über die philosophische Wesensbestimmung der Kunst bei Plato und Aristoteles und ihre Bedeutung für die neuzeitliche Poetik und Philosophie der Kunst*, Dissertation Kiel 1951, S. 218; Groothoff betont, es gehe um die „Nachahmung des Ideals", nicht der „Wirklichkeit", Manfred Fuhrmann, *Einführung in die antike Dichtungstheorie*, a. a. O., S. 71, sowie Herrmann Wiegmann, *Geschichte der Poetik. Ein Abriß*, Stuttgart 1977; hier S. 5.

[13] Vgl. hierzu Heinz Schlaffer, *Poesie und Wissen. Die Entstehung des ästhetischen Bewußtseins und der philosophischen Erkenntnis,* Frankfurt/Main 1990; hier S. 81.

[14] Vgl. hierzu Bernhard Jonas Hafner, *Darstellung. Die Entwicklung des Darstellungsbegriffs von Leibniz bis Kant und sein Anfang in der antiken Mimesis und der mittelalterlichen Repraesentatio,* Dissertation Düsseldorf 1974; hier S. 40.

[15] Vgl. hierzu Matthias Gatzemeier, *Mimesis,* in: Jürgen Mittelstraß (Hrsg.), *Enzyklopädie Philosophie und Wissenschaftstheorie,* Bd. 2, Mannheim/Wien/Zürich 1984, S. 896-897.

[16] Vgl. hierzu Sylvia Knops, *Bestimmung und Ursprung literarisch-ästhetischer Erkenntnis im frühen und mittleren 18. Jahrhundert*, a. a. O., S. 81-91.

Übersetzungen wird „Mimesis“ häufig als „Nachahmung“[17] wiedergegeben, während die englische Übersetzung von Fyfe und Roberts den Terminus „representation“ („Darstellung“) verwendet.[18]

Innerhalb der Rezeptionsströmung, die Aristoteles' Mimesis-Begriff im Sinne von „Nachahmung der Natur“ deutet, versteht Blumenberg – wie auch Wiegmann und Fuhrmann[19] – den Aristotelischen „Mimesis“-Begriff als Nachfolgekonzeption der im zehnten Buch des *Staates* aufzufindenden Platonischen Thesen zur Kunst. „Kunst“ werde bei Aristoteles positiv aufwertet, da sie als „Nachahmung der Natur“ aufgrund eines veränderten Naturbegriffes nun eine positive Deutung erfahre.[20] Den Aristotelischen Naturbegriff entnimmt Blumenberg dabei einigen Stellen der *Physik*, die das „Naturwerden“ als Ineinandergehen von „Stoff“ (Materie) und „Form“ (Eidos) beschreiben.[21]

Die Begründung eines mit dem Begriff „Kunst“ (techne) zusammenhängenden Topos „Nachahmung der Natur“ fundiert Blumenberg mittels einer Stelle aus der *Physik*, die schon zuvor in der Traditionsgeschichte der Ästhetik zu diesem Zwecke herangezogen wurde: „Allgemein gesprochen, die Kunstfertigkeit (techne) bringt teils zur Vollendung, was die Natur nicht zu Ende bringen kann, teils eifert sie ihr <der Natur> nach ... .“[22]

Da die – sinnlich erfaßbare – Natur schon als Verbindung von „Stoff“ und „Form“ („Form“ der Platonischen Idee entsprechend) gedacht wird, gerate „Kunst“ nicht mehr in die Kluft, die bei Platon das Verhältnis zwischen „Idee“ und „sinnlicher Erscheinung“ bestimmte: Der Künstler erweise sich nunmehr nicht als „Nachahmer“ der sinnlich erscheinenden Natur (die der „Idee“ fernsteht), sondern vielmehr, da er

---

[17] Vgl. hierzu die Poetik-Übersetzungen von Olof Gigon und Manfred Fuhrmann; Aristoteles, *Vom Himmel. Von der Seele. Von der Dichtkunst,* übers, hrsg. u. m. Vorbem. vers. von Olof Gigon, München 1987; Aristoteles, *Die Poetik,* eingel. übers. u. erl. v. Manfred Fuhrmann, München 1976.

[18] Vgl. hierzu Aristotle, *The Poetics*, Longinus, *On the Sublime*, Demetrius, *On Style*, translated by W. Hamilton Fyfe and W. Rhys Roberts, Cambridge/London 1991 (=^{1}1927).

[19] Vgl. hierzu Manfred Fuhrmann, *Einführung in die antike Dichtungstheorie*, a. a. O., S. 86, sowie Herrmann Wiegmann, *Geschichte der Poetik* ... , a. a. O., S. 5.

[20] Vgl. hierzu Hans Blumenberg, *Wirklichkeit und Möglichkeit des Romans*, a. a. O., S. 17.

[21] Vgl. hierzu Aristoteles, *Physik. Vorlesung über die Natur*, Zweiter Halbband, übers., m. e. Einl. u. m. Anm. hrsg v. Hans Günther Zekl, Hamburg 1988; hier VII, 7 1032a-b insgesamt; vgl. hierzu Hans Blumenberg, *Wirklichkeit und Möglichkeit des Romans*, ebd.

[22] Aristoteles, *Physik* II, 8 199 a 15-17; vgl. hierzu Hans Blumenberg, *Wirklichkeit und Möglichkeit des Romans*, ebd.

„Stoff" und „Form" der Natur nachahmend zugleich erfasse, als „Nachahmer" von „Stoff" und „Form".[23]

Anders als bei Platon (im zehnten Buch des *Staates*) stelle das Kunstwerk nun nicht mehr ein „Abbild" des „Abbildes" der Idee dar, sondern fungiere als erstes Abbild der „Idee". Laut Blumenberg sei es diese „Verringerung der Bezugsebenen" zwischen „Idee" und Kunstwerk, die eine positive Bewertung der Kunst zur Folge gehabt habe und damit dem Topos von der Kunst als „Nachahmung der Natur" die Aufnahme in die weitere Tradition der Ästhetik und Kunsttheorie gewährt habe.[24]

Auch die Argumente Gigons, Pochats und Groothoffs zielen auf diese Verquickung des Begriffes „Mimesis" mit dem der „Techne", spricht doch Pochat explizit von der Dichtkunst als einer „mimetike techne", die „Ähnlichkeiten mit der Natur" produziere.[25] Auch Gigon und Groothoff berufen sich auf die „Techne", wenn sie feststellen, Aristoteles gehe es in der *Poetik* um die „Nachahmung" des „Eidos", des „Bildes in der Seele des Künstlers"[26], die „Nachahmung des Ideals"[27], nicht um die „Nachahmung" der „Wirklichkeit".

Neben der Deutung des Mimesis-Begriffs mittels des Techne-Begriffs ist – obwohl sich die oben genannten Autoren explizit auf den Techne-Begriff der *Physik* berufen – schon eine durch die poetische und ästhetische Tradition vorgebildete Umdeutung des Mimesis-Begriffs zu bemerken:

Bien merkt an, daß „Mimesis" im Sinne von „Nachahmung der Natur" zwar innerhalb der traditionellen Ästhetik- und Kunsttheorie auf Aristoteles zurückgeführt worden sei, Aristoteles selber habe jedoch diese Bestimmung der „Mimesis" nicht getroffen. Die oben genannte Textstelle aus der *Physik*, in der „Kunst" und „Naturnachahmung" in Verbindung gebracht werden, bezöge sich ausschließlich auf die „Kunst" im Sinne von „Techne"/„Poiesis".

Bien belegt anhand diverser Textstellen aus der *Poetik*, daß Aristoteles seine Thesen bezüglich der „Mimesis" zwar an Platons Thesen anlehnt, jedoch nicht auf den Mimesisbegriff des zehnten Buchs des *Staates*, sondern auf den des zweiten und dritten Buchs zurückgreift. Im dritten Buch des *Staates* wird nicht der Mimesisbegriff des zehnten Buches relevant, sondern – wie Koller zurecht betont – die „Mimesis" als „Spezialfall der dichterischen Form".[28] Diesen formalen Aspekt hebt auch Bien explizit

---

[23] Vgl. hierzu Hans Blumenberg, ebd.

[24] Vgl. hierzu Hans Blumenberg, ebd.

[25] Götz Pochat, *Geschichte der Ästhetik ...* , a. a. O., S. 31.

[26] Olof Gigon, *Einleitung* zu: Aristoteles, *Über die Dichtkunst*, a. a. O., S. 361-362.

[27] Hans Hermann Groothoff, *Untersuchungen über die philosophische Wesensbestimmung ...* , a. a. O., S. 218.

[28] Vgl. hierzu Hermann Koller, *Die Mimesis in der Antike. Nachahmung, Darstellung, Ausdruck*, Bern 1954, S. 15.

hervor[29]: Der Bestimmung der Kunst als „Nachahmung" im zehnten Buch des *Staates* stellen sie die Auffassung der „Mimesis" als „Darstellung" im zweiten und dritten Buch des *Staates* entgegen und verweisen in diesem Zusammenhang auf den Gebrauch des Begriffes „Mimesis" in den *Nomoi*: In den *Nomoi* greife Platon auf den antiken „orchestrischen" Mimesisbegriff zurück[30], dessen ursprünglicher Sinn die „rhythmische Darstellung mittels Wort und Gebärde im orchestrischen Tanze" gewesen sei.[31] Übertragen auf die Dichtung/das Schauspiel kann in diesem Sinne auch von einer „Darstellung des Gesprochenen mittels der Körperbewegung", der Darstellung von Erzähltem und dem Ausdruck „seelischer Ergriffenheit" gesprochen werden.[32]

Bien beruft sich hierbei ebenfalls auf den oben zitierten Passus.[33] Bien und Koller betonen demnach den formalen Aspekt der „Mimesis" und beziehen diesen im Zusammenhang mit der Interpretation der *Nomoi* auf das „Orchestrische" und die „Körperbewegung". Im dritten Buch des *Staates* bezieht sich „Mimesis" auf die *sprachliche* Darstellungsform: Die „Mimesis" wird neben der „einfachen Dihegesis" und der Mischung aus Mimesis und Dihegesis explizit nach der Erörterung der Inhalte als Darstellungsform vorgestellt. „Einfache Dihegesis" bezeichnet hierbei die auktoriale Erzählhaltung, „Mimesis" bezeichnet eine Erzählhaltung, in der der Dichter „sich selbst einem anderen nachbilde<t> in Stimme und Gebärde" (393c).

Weiterhin heißt es: „Erzählung (dihegesis) ist doch beides, wenn er Reden vorträgt und das zwischen den Reden." (393c). Hier wird demnach auch der Oberbegriff der Darstellungsformen allgemein „Dihegesis" genannt. Die Erzählmodi (dihegesis) spalten sich demnach auf in 1) „einfache Dihegesis" (Bericht), 2) „Mimesis" (Erzählhaltung aus der Perspektive der geschilderten Personen), 3) einer Mischform aus 1) und 2).

Bei Aristoteles heißt es bezüglich der „Mimesis" im Hinblick auf die Tragödie zunächst, die Tragödie sei die „Mimesis" „einer „edlen und abgeschlossenen Handlung".[34] Weiterhin heißt es bei Aristoteles: „Mimesis" „ ... von Handlungen ist nun der Mythos: Ich verstehe hier unter Mythos die Zusammensetzung der Handlungen."[35] Der Begriff „Mythos" ist in diesem Zusammenhang weniger an die Umschreibung schicksalshafter Lebensläufe gebunden, sondern ist eher – wie Schlaffer vorschlägt – in

---

[29] Vgl. hierzu Günther Bien, *Bemerkungen zur Genesis* ... , a. a. O., S. 28-29.
[30] Vgl. hierzu Günther Bien, ebd., S. 34.
[31] Günther Bien, ebd., S. 37.
[32] Günther Bien, ebd.
[33] Günter Bien, ebd., S. 36.
[34] Aristoteles, *Poetik* VI, 1449b2.
[35] Aristoteles, ebd. VI, 1450a8.

einer säkularisierten Form als „Plot" einer Handlung aufzufassen.[36] Dieser „Plot" stellt das „Typische" menschlicher Handlungen dar: „Die Tragödie ist nicht die Nachahmung <Darstellung> von Menschen, sondern von Handlungen und Lebensweisen <bioi>, von Glück und Unglück."[37]

Demnach ist es weder Aufgabe des Dichters, sinnlich erscheinende „Naturdinge" zu kopieren, noch kommt ihm zu, historische Gegebenheiten – also faktische Einzelheiten tatsächlich ausgeführter Handlungen – zu beschreiben oder „nachzuahmen". Diese Aufgabe weist Aristoteles explizit dem „Geschichtsschreiber" zu.[38]

„Mimesis" kann demnach in der *Poetik* weder als „Naturnachahmung", noch als „Nachahmung" von Handlungen begriffen werden, vielmehr liegt nahe, daß Aristoteles – wie auch Platon – hier den Begriff „Mimesis" im Sinne von „Darstellungsform" verwendet, als formales Kriterium betrachtet.

Wie oben erwähnt, werden mittels der „Mimesis" Handlungen dargestellt. Die Inhalte dieser Handlungen unterliegen bestimmten Kriterien; dargestellt werden keine faktischen Handlungen, das was „ist", sondern das, was „geschehen könnte", was „möglich wäre".[39] In der *Poetik* wird deutlich, daß Aristoteles den Möglichkeitsbegriff der darstellenden Künste nicht ontologisch fundiert: „Möglichkeit" basiert laut Aristoteles auf der „inneren Notwendigkeit" der Dinge, dem inneren, Verständlichkeit und Nachvollziehbarkeit schaffenden Zusammenhang des Dargestellten.[40]

Deutlich wird dies in der Poetik insbesondere an der Stelle, an der Aristoteles von den „Fehlern" <hamartia> der „Kunst" spricht: den „wesentlichen" und den „akzidentiellen" Fehlern, wobei erstere die Darstellung im Ganzen, zweitere die Einzelheiten der konkreten Ausführung in Bezug auf die Wirklichkeit betreffen (XXV, 1460b6):[41]

> „Wenn er <der Dichter> sich aber etwas nicht recht vorgestellt hat, so daß etwa ein Pferd gleichzeitig seine beiden rechten Beine nach vorn wirft, oder wenn er sich in bezug auf eine bestimmte Kunst verfehlt, wie etwa die Medizin oder irgend etwas anderes, oder wenn er irgend etwas Unmögliches erdichtet, so liegt das nicht an der poetischen Kunst als solcher." (XXV, 1460b6)

„Fehler" der letzteren Art werden durchaus zugelassen, da sie – unabhängig davon, ob sie ein literarisches Werk ein Faktum naturgetreu wiedergibt oder nicht – die Nachvoll-

[36] Heinz Schlaffer, *Poesie und Wissen* ... , a. a. O., S. 80.

[37] Aristoteles, *Poetik,* V, 1449b5.

[38] Vgl. hierzu Aristoteles, ebd., IX, 1451a1 f.

[39] Vgl. hierzu Aristoteles, ebd., IX, 1450b2; vgl. hierzu auch Günther Bien, *Bemerkungen zur Genesis* ... , a. a. O., S. 34.

[40] Vgl. hierzu Basileios A. Kyros, *Die Dichtung als Wissensproblem* ... , a. a. O., S. 69.

[41] Die folgenden Quellenangaben beziehen sich auf Aristoteles, *Poetik*.

ziehbarkeit im Ganzen nicht beeinträchtigen. „Fehler" der ersteren Art werden abgelehnt, da sie das Verständnis der Rezipienten stark beeinträchtigen können. An anderer Stelle spricht Aristoteles nicht naturgetreuen Gemälden sogar einen besonderen Status zu, wenn sie lebensweltliche Zusammenhänge exemplarisch darstellen: „Und es mag wohl unmöglich sein, daß es solche Menschen gibt wie sie Zeuxis gemalt hat, aber sie sind so besser; denn das Vorbildliche <Beispielhafte> muß überlegen sein <die Wirklichkeit übertreffen>."(XXV 1461b12-15)[42]

„Fehler" (oder Abweichungen) darf (oder: sollte) die Kunst nicht nur im Vergleich mit der sinnlich erscheinenden Natur oder konkreten historischen Handlungen aufweisen, sie steht auch zusätzlich dem Wahrheitsanspruch der theoretischen Philosophie fern: „Kunst" basiert weder auf „Naturnachahmung" (im Sinne von „Abbildung") noch erhebt sie den Anspruch, theoretische – dem Wahrheitsanspruch unterliegende – Aussagen zu vermitteln, wie folgender Passus aus der *Hermeneutik* zeigt:

> „Jedes Wortgefüge hat zwar eine Bedeutung ... gemäß einer Übereinkunft –, ein Behauptungssatz aber ist nicht jedes, sondern nur eines, dem es zukommt, wahr oder falsch zu sein. Nicht allen kommt dies zu. So ist z. B. eine Bitte zwar ein Wortgefüge, aber weder wahr noch falsch. Die anderen wollen wir beiseite lassen; denn sie zu untersuchen ist eher Sache der Rhetorik oder der Poetik."[43]

Der Gegenstandsbereich der *Poetik* – wie auch der *Rhetorik* – umfaßt – anders als die theoretische Philosophie – keine verifizierbaren oder falsifizierbaren Aussagen.

---

[42] Dieser Passus wird im Hellenismus sowohl mit dem Techne-Begriff als auch mit platonischen Thesen verquickt. Zu dieser Zeit gilt die „Naturnachahmung" als Grundprinzip der Kunst. Nachgeahmt werden soll nicht die wirkliche Natur, sondern die „verbesserte" Natur. Diese wird mittels einer – den Natur*prinzipien* entsprechenden – Neukombination der Wirklichkeit gewonnen. Aristoteles nimmt hingegen „Naturnachahmung" nicht als Grundprinzip der Kunst an und plädiert an dieser Stelle auch nicht für eine spezielle Art der „Naturnachahmung" (der „verbesserten" Natur) als Prinzip der Kunst, sondern betonte lediglich, daß die Gegenstände der Kunst nicht der Wirklichkeit entsprechen müssen, solange sie einen exemplarischen Charakter besitzen. Nach der Zeit des Hellenismus ist dieser Passus auch bei (Pseudo-)Longinus zu finden. Hier heißt es (in der Übersetzung von W. Hamilton Fyfe und W. Rhys Roberts): „For art is only perfect when it looks like nature and nature succeeds only by concealing art about her person". (Vgl. hierzu Longinus, *On the Sublime, in: Aristotle, The Poetics, Longinus, On the Sublime, Demetrius, On Style*, a. a. O., 22(1).) Im 18. Jahrhundert greift Immanuel Kant diese Stelle auf: „Die Natur war schön, wenn sie zugleich als Kunst aussah; und die Kunst kann nur schön genannt werden, wenn wir uns bewußt sind, sie sei Kunst, und sie uns doch als Natur aussieht". (Immanuel Kant, *Kritik der Urteilskraft*, Akademie-Ausgabe, Bd. V, S. 179).

[43] Aristoteles, *Peri Hermeneias*, hrsg. v. H. Flashar, übers. v. H. Weidemann, Darmstadt 1995; hier 17a.

Ein inhaltlicher Wahrheitsanspruch, wie dieser im Hinblick auf die theoretische oder die praktische Philosophie erhoben wird, ist mit der künstlerischen Darstellung nicht verbunden. Auch glaubwürdige „Täuschungen"[44] liegen im Bereich des in der Dichtung „Möglichen", genauso wie das „Erstaunliche"[45], soweit es nachvollziehbar und auf die menschliche Lebenswelt übertragbar ist. Aristoteles scheint sogar das „Erstaunliche" dem Alltäglichen vorzuziehen.

Anders als die theoretische Philosophie bezieht die „Kunst" – und hier speziell die mimetische Kunst – ihr allgemeines Wissen nicht aus der Betrachtung der „Wesenheiten", sondern – wie schon erwähnt – aus der Beobachtung der sich verändernden Lebenswelt, aus der sie das Typische – Allgemeine – herauskristallisiert. Die „Kunst" steht damit zwar der theoretischen Philosophie näher als der Geschichtsschreibung, theoretisches Wissen und „Kunst" besitzen jedoch unterschiedliche Orientierungspunkte.[46]

Dies bedeutet jedoch nicht, daß Aristoteles der Dichtkunst unterstellt, bei den Rezipienten keine Erkenntnis hervorzubringen. Vielmehr geht er davon aus, daß die Rezipienten bei der Lektüre von Literatur oder dem Anblick eines Gemäldes auf eine spezielle Art und Weise „lernen":

> „Ursache ist eben dies, daß das Lernen nicht nur für die Philosophen das erfreulichste ist, sondern ebenso auch für die anderen Menschen; doch kommen sie nur wenig dazu. Darum haben sie Freude am Anblick von Bildern, weil sie beim Anschauen etwas lernen und herausfinden <syllogitzesthai>, was ein jedes sei, etwa daß dies jenen Bekannten darstellt."[47]

Der Passus „herausfinden, was jenes sei" impliziert nicht, daß bei den Rezipienten eine Erkenntnis im Sinne einer theoretischen „Belehrung" bewirkt werden soll. „Herausfinden, was jenes sei" verweist eher darauf, daß Aristoteles Kunstrezeption als eine spezielle Form des Erkennens begreift, bei der die Konstituierung ästhetischer Gegenstände im Vordergrund steht. Als mittelbare Wirkung ergibt sich zusätzlich ein emotiver Effekt, die den Erkenntnisvorgang begleitende „Freude" (hedone).

Als weitere Wirkung der Dichtkunst wird in der Sekundärliteratur häufig die „Katharsis" aufgeführt. Eine eindeutige Bestimmung der „Katharsis" erweist sich jedoch bei der Betrachtung der Aristotelischen Werke als schwierig, da die der *Poetik* inhärenten Widersprüche verschiedene Deutungsmöglichkeiten zulassen. Auch im Zusammenhang mit der Aristotelischen *Politik* kann – ebenfalls aufgrund eklatanter

---

[44] Aristoteles, *Poetik* XXIV, 1459b18.
[45] Aristoteles, ebd.
[46] Aristoteles, ebd., IX, 1451a36-b11.
[47] Aristoteles, *Poetik* IV, 1448b12-14.

Widersprüche – nur der *Versuch* einer Deutung des Begriffs „Katharsis" unternommen werden.[48]

Die in der Sekundärliteratur häufig anzutreffende Annahme, Aristoteles bestimme die „Katharsis" als weitere – emotive – *Wirkung* der Dichtkunst, stützt sich in den meisten Fällen auf eine zusätzliche Interpretation des achten Buchs der *Politik*.[49]

Wie auch in Platons *Staat*, steht hier das in der Antike geläufige Modell der Jugenderziehung Damonscher Prägung im Vordergrund. Als mögliche Lehrgegenstände werden Grammatik, Turnen, Zeichnen und die „Mousike" („Musenkunst") angeführt.[50] Ihre Legitimation erhält die Mousike – wie auch bei Platon – durch den Erweis ihrer Nützlichkeit im Hinblick auf die Erziehung zur Tugend (1339a 20-25).[51] Aristoteles fragt: Dient die Mousike der „Erziehung", dem „Spiel" oder der „Lebensart" (1339b10-14)? Er beantwortet die Frage damit, daß die Mousike jedem der genannten Ziele gerecht werde (1339b14). Während Aristoteles die Mousike als „Spiel" mittels der Wirkungen des „bloßen Vergnügens" und der „Erholung" relativ eindeutig definiert (1339b30), so bleiben dennoch die Bestimmungen der Ziele „Erziehung" und „Förderung der Lebensart" – wie auch Gigon darstellt[52] – weitgehend unbestimmt. Es bleibt lediglich festzustellen, daß Aristoteles auf das Platonische Paideia-Modell zurückgreift, nach dem die Erziehung (im weiteren Sinne) in die Erziehung durch „Gewöhnung" und die Erziehung durch „Belehrung" eingeteilt wird (1338b49), wobei er weiterhin die eine als eher „körperliche", die andere als eher „intellektuelle" Erziehung begreift (1338b49). Da Aristoteles nicht intellektuelle Erziehung des weiteren mit der Affekterregung und -reinigung in Verbindung bringt, liegt nahe, daß er einer-

[48] Bei einer *gesonderten* Betrachtung der *Poetik* scheint es sogar fraglich zu sein, ob Aristoteles die „Katharsis" als *Wirkung* der Dichtkunst bestimmt, oder ob er den Begriff „Katharsis" nicht vielmehr in einem produktionsästhetischen Kontext verwendet, d. h. nicht eine Reinigung der Affekte der Rezipienten als *Wirkung* der Katharsis annimmt, sondern für eine Darstellung plädiert, die die Affekte – die im menschlichen Alltag in einer Mischform auftreten – in einer „gereinigten" Form vorführt. Vgl. hierzu Matthias Gatzemeier, Vorlesungs-Manuskript *Aristoteles*, RWTH Aachen, WS 96/97 [unveröffentl. Manuskript].

[49] Vgl. hierzu Manfred Fuhrmann, *Einleitung* zu: Aristoteles, *Poetik*, a. a. O., S. 9, sowie Hermann Wiegmann, *Einleitung* zu: *Die ästhetische Leidenschaft. Texte zur Affektenlehre im 17. und 18. Jahrhundert*, hrsg. v. Hermann Wiegmann, Hildesheim/Zürich/New York 1986, S. 3, sowie Hans Hermann Groothoff, *Untersuchungen über die philosophische Wesensbestimmung ...*, a. a. O., S. 183-186.

[50] Aristoteles, *Politik* VIII 1337 b 22-25. Gigon übersetzt den Begriff „mousike" durchgängig mit „Musik". Aus einigen Stellen geht jedoch hervor, daß Aristoteles hier offensichtlich den Begriff „mousike" im Sinne der Einheit von Gesang, Tanz und Musik verwendet.

[51] Die folgenden Quellenangaben im Text beziehen sich auf Aristoteles, *Politik*.

[52] Gigon stellt fest, die Unterscheidung sei unbestimmt formuliert, laufe aber auf den Gegensatz zwischen der Bildung des Charakters und der Bildung des Geistes hinaus. Vgl. hierzu Olof Gigon, *Einleitung ...*, a. a. O., S. 389.

seits die „Erziehung durch Gewöhnung" und die Charakterbildung (die Bildung des Ethos) und anderseits die intellektuelle Bildung und die „Förderung der Lebensart" koppelt, wie es schon bei Platon der Fall war.

Als interessant im Hinblick auf die Deutung der *Poetik* erweist sich hier insbesondere der erste Punkt, die „Erziehung durch Gewöhnung", da in diesem Rahmen die auch in der *Poetik* vieldiskutierte Katharsisdiskussion zum Tragen kommt.[53] Aristoteles stellt zunächst fest, daß die „Rhythmen" und „Töne" als „Mimesis" der Charaktere (ethos) gelten, da zwischen ihnen eine Affinität bestehe (1341b35-40).[54] Die Art und Weise der Wirkung der Rhythmen und Töne auf die Affekte bleibt hierbei unklar, spricht Aristoteles doch einerseits von „enthusiastischer" (1340a10-15), „orgiastischer" und „ethischer" Wirkung (1341a20-25), anderseits von „ethischen", „praktischen" und „enthusiastischen" Wirkungen (1341b34), ohne die Begriffe klar voneinander abzugrenzen. Festzustellen bleibt lediglich, daß Aristoteles die *kathartische Wirkung* der „orgiastischen" Flötenmusik (1341a20-25) und der „ethischen Musik" zuschreibt.

In Bezug auf letztere konstatiert Aristoteles, sie besitze eine kathartische Wirkung, insofern sie „Eleos" und „Phobos" errege (1342a5-15 und 1342a7). Mit Hinweis auf die Wirkung „heiliger Gesänge" des kultischen Rituales (1342a5-15) konstatiert Aristoteles, daß eine „Heilung" bzw. „Reinigung" (1342a5-15) bewirkt werde. Erzeugt werden soll das „harmonische Ethos", dessen Voraussetzung es ist, daß die Affekte in der „Mitte zwischen den Extremen" angesiedelt sind (1342a26ff).

Die Übersetzung der oben genannten Begriffe „Eleos" und „Phobos" und auch die Deutung der Katharsisfunktion erweisen sich hierbei in der Linie der Poetik-Interpretationen als problematisch. Wiegmann faßt die Problematik wie folgt zusammen:

> „Der Katharsisbegriff und die Deutung der Affekte éleos (Jammer/Rührung) und phóbos (Schrecken/Schauder) haben die Forschung ... zu immer wieder unterschiedlicher Exegese geführt. Handelt es sich bei „Katharsis dieser Affekte" grammatisch und sinngemäß um einen Genitivus subjectivus oder einen Genitivus Objectivus oder einen Seperativus? Anders ausgedrückt: Erfolgt die Katharsis durch die Affekte, so daß éleos und phóbos Reinigungsfunktion haben (Subjectivus)? Oder werden die Affekte gereinigt? (Objectivus)? Oder wird von diesen Affekten gereinigt (Seperativus)?"[55]

---

[53] Aristoteles verweist ausdrücklich in der *Politik* auf die Katharsiskonzeption der *Poetik*; vgl. hierzu Aristoteles, *Politik* 1341b 35-40. Fuhrmann vermutet, daß allerdings große Teile der Katharsislehre der *Poetik* im zweiten – heute verschollenen – Buch der *Poetik* zu finden waren; vgl. hierzu Fuhrmann, *Einleitung* zu Aristoteles, *Poetik*, a. a. O., S. 9 und 15.

[54] Die folgenden Quellenangaben im Text beziehen sich auf Aristoteles, *Politik*.

[55] Hermann Wiegmann, *Die ästhetische Leidenschaft* ..., a. a. O., S. 2.

Wiegmann schließt sich – unter Berufung auf Schadewaldt und Fuhrmann – wie auch Groothoff unter explizitem Verweis auf das achte Buch der *Politeia* der Deutung der oben genannten grammatischen Konstruktion als „Genitivus objectivus" an. Wiegmann geht davon aus, daß die Affekte „Eleos" und „Phobos" erregt und gereinigt werden, wobei die „Reinigung" entweder im Sinne einer „Moderierung" oder einer „Beseitigung" dieser Affekte zu verstehen ist. Dabei kommt die antike Tradition der kultischen Katharsis zum Tragen:[56] „Im Kult war ursprünglich mit Katharsis Purifikation von einer Befleckung gemeint. Die hippokratischen Schriften gebrauchen das Wort für Purgierung (Ausscheidung schädlicher Substanzen)."[57]

Mit dieser Deutung der Katharsis hängt auch die Übersetzung der Begriffe „Eleos" und „Phobos" unmittelbar zusammen: Da im Rahmen des Kultes eine schlagartige Affektentladung gemeint sei, sei laut Wiegmann (auch hier unter Berufung auf Schadewald) und Fuhrmann die Übersetzung dieser Begriffe als „Furcht" und „Mitleid" nicht treffend; stattdessen ziehen sie die Übersetzung „Jammer" und „Schauder" – als Bezeichnung heftiger Elementaraffekte – vor.[58] Wiegmann und Fuhrmann sehen dieselbe Katharsiskonzeption auch in der Aristotelischen *Poetik* gegeben; Hafner, Schlaffer, Fuhrmann und Gigon schließen sich dem an.[59]

Für die in der *Poetik* aufgeführten Effekte der Dichtkunst hieße das, daß neben der kognitiven Wirkung – der „Erkenntnis" im Sinne der Konstituierung ästhetischer

---

[56] Vgl. hierzu Hermann Wiegmann, ebd., S. 3; Wiegmann beruft sich hierbei auf: Wolfgang Schadewald, *Furcht und Mitleid?*, in: *Hermes* LXXXIII, 1955, S.129-171 und Manfred Fuhrmann, *Antike Dichtungstheorie*, a. a. O., S. 90; vgl. hierzu auch Hans-Hermann Groothoff, *Untersuchungen über die philosophische Wesensbestimmung* ... , a. a. O., S. 204, sowie auch die Übersetzung von Manfred Fuhrmann, Aristoteles, *Poetik*, a. a. O., S. 22.

[57] Hermann Wiegmann, ebd., S. 3. Eine sehr genaue Erläuterung der antiken Katharsis findet sich des weiteren in der Poetik-Übersetzung von Franz Susemihl. ‚Katharsis' sei die Bezeichnung „[...] eines uralten priesterlichen Heilverfahrens, welches mit Leuten, die an eigenthümlichen ekstatischen Zuständen, nämlich der von den Griechen Korybantentaumel ... oder ‚Bakschische Raserei' genannten Gemüthskrankheit litten, vorgenommen wurde, indem man ihnen gewisse bestimmte rein instrumentale Flötenmelodien vorspielte, als deren Urheber Olympos ... angesehen ward."; vgl. hierzu Franz Susemihl, *Einleitung* zu: Aristoteles, *Über die Dichtkunst*, Griechisch und Deutsch und mit sacherklärenden Anmerkungen hrsg. v. Franz Susemihl, Neudruck der 2. Auflage 1874, Aalen 1978 ([1]1865), S. 44.

[58] Vgl. hierzu Hermann Wiegmann, *Die ästhetische Leidenschaft* ... , a. a. O., S. 3; vgl. auch Manfred Fuhrmann, *Dichtungstheorie der Antike*, a. a. O., S. 90.

[59] Vgl. hierzu Bernhard Jonas Hafner, *Darstellung. Die Entwicklung des Darstellungsbegriffs*, a. a. O., S. 40; Heinz Schlaffer, *Poesie und Wissen* ... , a. a. O., S. 81; Manfred Fuhrmann, *Dichtungstheorie der Antike*, a. a. O., S. 90; Aristoteles, *Vom Himmel. Von der Seele. Von der Dichtkunst*, hrsg. v. Olof Gigon, a. a. O., S. 368-369. Gigon bleibt jedoch bei der traditionellen Übersetzung „Furcht" und „Mitleid"; vgl. hierzu auch W. Hamilton Fyfe, W. Rhys Roberts, *Einleitung* zu: Aristotle, *The Poetics*, a. a. O., S. XVII f.

Gegenstände – die Bildung des Ethos als emotive Wirkung angenommen werden kann. In der – schon genannten – Tragödiendefinition heißt es:

> „Die Tragödie ist die Nachahmung (mimesis) einer edlen und abgeschlossenen Handlung von einer bestimmten Größe in gewählter Rede derart, daß jede Form der Rede in gesonderten Teilen erscheint und daß gehandelt und nicht berichtete wird und daß mit Hilfe von Mitleid (eleos) und Furcht (phobos) eine Reinigung (katharsis) ... bewerkstelligt wird."[60]

Daß es sich hier um die oben genannte Deutung der „Katharsis" handelt, wird deutlich, wenn man betrachtet, auf welche Art und Weise die Affekte „Phobos" und „Eleos" erregt werden. Es ist hier zwar nicht die Theatermusik (Ton, Rhythmus und Harmonie), die die Affekte erzeugt, sondern es sind Elemente der dargestellten Handlung, die „Peripethie" (peripeteia) und die „Wiedererkennung" (anagnorisis), der „Umschlag vom „Glück ins Unglück" und die „Entdeckung" der tragischen Tat, die dies bewirken.[61] „Eleos" und „Phobos" werden auch hier schockartig erzeugt. Es ist daher zu vermuten, daß das in der *Politik* geschilderte Katharsismodell in der *Poetik* aufgegriffen wird.

Zusammenfassend läßt sich sagen: Aristoteles billigt der „Kunst" zwar einen Erkenntnisstatus zu, zielt jedoch nicht auf die Vermittlung von „Inhalten" mit verbrieftem Wahrheitsgehalt. Ein „Wissen" spricht Aristoteles der „Kunst" in zweifacher Weise zu: Zunächst bezieht sich „Wissen" auf das „Hervorbringen" (poiesis) mittels „Techne", die technische „Herstellung" handwerklicher und künstlerischer Werke. Dieses Wissen unterscheidet er sowohl von theoretischem als auch von praktischem Wissen, indem er für jeden der drei Bereiche eine eigenständige Erkenntnisorientierung annimmt: das „Wesen" der Dinge, die praktische Handlung und das „Werk".

Hinzu kommt, daß dieses handwerkliche „Wissen" von der „ästhetischen Erkenntnis" – wie sie in der Aristotelischen *Poetik* dargestellt wird – zu unterscheiden ist. In der *Poetik* rückt die „ästhetische Wahrnehmung" im engeren Sinne (als *Rezeption* künstlerischer Werke) ins Blickfeld, bestimmt doch die *Poetik* produktionsästhetische und werkästhetische Gesichtspunkte aus dem Blickwinkel der Wirkungen von „Kunst". Eine Wirkung ist eine „Erkenntnis", die als mentaler Akt nicht auf die Rekonstruktion mitgeteilter Aussagen mit Wahrheitsanspruch zielt und dementsprechend keine Verifikation von Aussagen (also eine Wirklichkeitsreferenzialität) annimmt, sondern eine „Erkenntnis", die sich eines fiktionalen Sprachgebrauches bewußt ist und dichterische Rede nicht so auffaßt, als stelle sie theoretische oder praktische Behauptungen oder Behauptungen über Fakten auf. Sie zielt allein auf die Konstituierung des ästhetischen Gegenstandes. Begleitet wird diese spezifische Form von einem emotiven

---

[60] Aristoteles, *Poetik* VI, 1149b1-4.

[61] Vgl. hierzu Aristoteles, ebd. XI, 1452a1-3; XI, 1452a4-7 und XI, 1452b7.

Moment, der „Freude" am Erkenntnisvorgang. Als weitere Wirkung wird in der Fachliteratur oft die Aktivierung und „Reinigung" (katharsis) bestimmter Affekte angenommen.

Die Maßgaben bezüglich der Inhalte der Dichtkunst werden von diesen Wirkungen her bestimmt. Aristoteles unterscheidet nicht nur das Wissen der techne/poiesis vom theoretischen und praktischen Wissen (und damit auch von den Kriterien „wahr"/„falsch" und „gut"/„schlecht"), sondern – wie aus der *Hermeneutik* und der *Poetik* hervorgeht – auch die Rezeption von Kunstwerken von den oben genannten Kriterien. Im Hinblick auf diese ist es entscheidend, ob ein Werk die geforderten Wirkungen – die Konstitutionsleistung der Rezipienten und die Affekterregung – auslöst. In diesem Fall kann von den Kriterien des „Gelingens" oder „Mißlingens" gesprochen werden. Ein Werk kann jedoch nur „Gelingen", die Konstitutionsleistung der Rezipienten anregen, wenn das Dargestellte sich als psychologisch nachvollziehbar erweist, d. h. als *kohärentes* konstituierbar ist. Der Texttyp „dichterische Rede" weist demnach – im Vergleich zur „behauptenden Rede" – spezifische Kriterien auf: Die dichterische Rede wird nicht an die Funktion der „Mitteilung" wahrheitsfähiger Aussagen gebunden.

In den traditionellen Produktionsästhetiken wurde die Bedingung kohärenter Konstituierbarkeit über die Begriffe der „Möglichkeit" und „Notwendigkeit" in Verbindung mit dem Prinzip der „Naturnachahmung" im Sinne einer „Naturnotwendigkeit" – bzw. ontologischen „Notwendigkeit" – weitgehend umgedeutet: „Möglichkeit" und „Notwendigkeit" wurden hierbei nicht an die Gesetzmäßigkeit psychologischer Vorgänge gebunden, sondern auf Naturprinzipien bezogen, deren „Nachahmung" die Erkenntnis und Mitteilung des ontologisch verbrieften „Schönen", „Wahren" und „Guten" sicherte.

Anders als Platon, der vor der Folie des Idealstaatsentwurfes und dem damit verbundenen pädagogischen Anspruch an Kunst nur solche Künste in seinem Staat zuläßt, die „wahre" und/oder „nützliche" Inhalte vermitteln, sieht Aristoteles die mit der Produktion und Rezeption verbundenen Erkenntnisweisen – neben den anderen Erkenntnisformen – als notwendige Voraussetzung zur Erreichung der menschlichen „Glückseligkeit" an. Er will die angenommenen Erkenntnisformen nicht als Alternativen, sondern als komplementär verstanden wissen: Gemäß dem Entelechiegedanken bedarf eine umfassende „Glückseligkeit" des Menschen der Ausbildung und Entfaltung sämtlicher Erkenntnisbereiche.[62]

Jedem der Erkenntnisbereiche ordnet Aristoteles nicht nur ihr spezielles Erkenntnisgebiet, sondern auch ihre eigene Lebenszeit zu. Neben der Zeit der Arbeit und der Freizeit (von der Arbeit) gilt es für den Menschen, die Zeit der „Muße" sinnvoll mit

---

[62] Vgl. hierzu Arist., *Met.* I1, 981b18-20; I1, 981a20-30 und *Pol.* VIII, 1337b25-32.

wissenschaftlichen und künstlerischen Beschäftigungen und der Rezeption von Kunst zu gestalten.

Innerhalb der Kulturgeschichte des Menschen gilt – wie aus der *Metaphysik* zu ersehen ist – die Beschäftigung mit den Künsten und Wissenschaften als Abschluß und Höhepunkt der Kulturentwicklung: Dienen das „praktische" Verhalten und die „nützlichen" Künste in der Frühzeit der Menschheit dem Überleben, so bilden selbstzweckliche Wissenschaften und Künste, die auf das „Angenehme" zielen – im Rahmen des Fortschrittgedankens –, eine genuin menschliche Kulturleistung, die aufgrund der oben beschriebenen systematischen Aufstellung der Erkenntnisbereiche im Hinblick auf die menschliche „Glückseligkeit" nicht wegzudenken ist.

Raban von Haehling

Mythos als Mittel der Legitimierung: Julian, Helios und der Auftrag zur Repaganisierung des römischen Reiches

Der antike Mythos, der Definition nach eine traditionelle Erzählung vom Ursprung des Kosmos, von der Entstehung der Götter und Heroen in enger Verbindung zum Ritual, ist ein allgemein gängiges Erzähl- und Kulturgut.[1] Bereits 1976 hat der Jubilar einen wichtigen Aspekt der Mythendefinition betont:[2] „Mythen sind ... reale Leitbilder, universelle handlungsleitende Orientierungen." Nach Matthias Gatzemeier ist für den Mythos der Realitätsbezug konstitutiv, denn er liefert eine Erklärung der wirklichen Welt und drückt eine bestimmte Sicht des Lebens aus. Damit hat der Mythos auch einen „normierenden Einfluß auf das Leben".[3] Eine solche Akzentuierung erfährt eine überzeugende Bestätigung durch Kaiser Julian[4], der dem Mythos in seinen philosophischen Schriften und Briefen durchaus einen bestimmenden Stellenwert einräumt. Wie bei seinem großen Vorbild Marc Aurel[5], dem Philosophen auf dem Kaiserthron, erschließen sich viele

[1] W. Burkert, *Mythos – Begriff, Struktur, Funktionen*, in: F. Graf (Hrsg.), *Mythos in mythenloser Gesellschaft. Das Paradigma Roms*, Stuttgart-Leipzig 1993, 9-24, bes. 16. Nach Burkert werden Mythen auch als „ ... sprachlich codierte, sprachlich übertragbare Programme" bezeichnet (16). Vgl. außerdem J. N. Bremmer, *Götter, Mythen und Heiligtümer im antiken Griechenland*, Darmstadt 1996; E. Rudolph (Hrsg.), *Mythos zwischen Philosophie und Theologie*, Darmstadt 1994; L. Brisson, *Einführung in die Philosophie des Mythos I*, Darmstadt 1996.

[2] M. Gatzemeier, *Deutung und Wertung des Mythos*, in: V. Ions, *Mythen der Welt*, Freiburg-Basel-Wien 1976, 6.

[3] Gatzemeier (wie Anm. 2) 6.

[4] Zu Person und Herrschaft Julians vgl. J. Bidez, *Julian der Abtrünnige*, München 1947²; G. W. Bowersock, *Julian the apostate*, Cambridge 1978; R. Klein (Hrsg.), *Julian Apostata*, Darmstadt 1978; ders., *Julian Apostata. Ein Lebensbild*: Gymnasium 93 (1986) 273-292; E. Pack, *Städte und Steuern in der Politik Julians. Untersuchungen zu den Quellen eines Kaiserbildes*, Brüssel 1986; J. Bouffartigue, *L'Empereur Julien et la culture de son temps*, Paris 1992; H.-U. Wiemer, *Iulian (361-363)*, in: M. Clauss (Hrsg.), *Die römischen Kaiser. 55 historische Portraits von Caesar bis Iustinian*. München 1997, 334-341; A. Lippold, RAC 19 (1999) 442-483 s. v. *Iulianus I*; P. Renucci, *Les idées politiques et le gouvernement de l'empereur Julien*, Brüssel 2000.

[5] Eutrop X 16,3: „M. Antonino non absimilis, quem etiam aemulari studebat"; zu dieser Selbststilisierung vgl. jetzt F. Wittchow, *Exemplarisches Erzählen bei Ammianus Marcellinus. Episode, Exemplum, Anekdote*, Leipzig 2001, 262-288; L. K. Rosen, *Kaiser Julian auf dem Weg vom Christentum zum Heidentum:* JbAC 40 (1997) 126-146; R. Sardiello, *Il Marco Aurelio di Giuliano imperatore*: Rudiae 9 (1997) 257-268; außerdem S. A. Stertz, *Marcus Aurelius as ideal emperor in late-antique greek thought*: CW 70 (1977) 433-439.

Motive und Ziele im politisch-religiösen[6] Handeln Julians, der bekanntlich das konstantinische Werk der Christianisierung des römischen Reiches rückgängig machen wollte, eindrucksvoll in mythischen Erzählungen.[7]

In seinem programmatischen Sendschreiben an den Oberpriester Theodoros muß Kaiser Julian konstatieren, daß die Götter unter dem Einfluß des überhandnehmenden Reichtums und Wohllebens vernachlässigt worden seien, daher müsse man sich nunmehr nachdrücklich um eine Neugestaltung der paganen Religionen bemühen.[8] Kaiser Julian geht es also nicht um eine bloße Wiederherstellung des status quo vor der sogenannten konstantinischen Wende, sondern um eine neue Ausrichtung, ja um die Vertiefung des Polytheismus. Aus der Sicht des Kaisers ist nicht allein der religionspolitische Kurs Kaiser Constantins mit der betonten Privilegierung der christlichen Kirche für den Niedergang der heidnischen Glaubensformen verantwortlich, sondern die zunehmende Veräußerlichung und Erstarrung in den einzelnen Kulten; so kommt es Julian vor allem auf die innere Gesinnung der Gläubigen zu den Gottheiten an. Angesichts dieser Perspektive ist nach dem Stellenwert des Mythos in der Theologie Julians zu fragen, denn gerade die von Julian gerügte moralische Zersetzung findet sich in den alten Göttergeschichten. Daher ist es nicht weiter verwunderlich, wenn er, obgleich selbst ein glühender Verehrer Homers, nicht auf diesen für seinen religiösen Neuansatz rekurriert. In einem persönlich gehaltenen Schreiben an einen Provinzstatthalter tadelt er dessen Züchtigung eines Priesters. Dieses Verhalten, das den Zorn der Götter herausfordere, wecke sogleich Reminiszenzen an das Auftreten Agamemnons, als sich dieser an Apollo verging, indem er die Bitte des Apollo-Priesters Chryses nicht erfüllte.[9] Julian spielt bewußt auf diesen Vorgang an, weil er weiß, daß diese Begebenheit für die Menschen seiner Zeit nur noch als eine Fabel gilt.[10] Für seine Argumentation beruft sich Julian somit nicht auf den homerischen

---

[6] Siehe J. Bregmann, *Elements of the emperor Julian's theology*, in: J. J. Cleary (Hrsg.), *Traditions of Platonism. Essays in honour of John Dillon*, Aldershot-Brookfield u. a. 1999, 337-350; B. Cabouret, *Julien et Delphes. La politique religieuse de l'empereur Julien et le ‚dernier oracle'*: REA 99 (1997) 141-158; R. Smith, *Julian's Gods. Religion and Philosophy in the Thought and Action of Julian the Apostate*, London-New York 1995; S. Bradbury, *Julian's pagan revival and the decline of blood sacrifice*: Phoenix 49 (1995) 331-356.

[7] S. Olszaniec, *Restitutor Romanae religionis. Kaiser Julian als Erneuerer der heidnischen Bräuche*: Eos 86 (1999) 17-107; zu den Veränderungen siehe auch K. Dietz, *Kaiser Julian in Phönizien*: Chiron 30 (2000) 807-855, bes. 812-830.

[8] Julian epist. 47 (120-124 Weis).

[9] Vgl. Homer Ilias 1,11-100.

[10] Julian epist. 44 (114 Weis): ᾽Αλλ᾽ ἐπειδή σοι πέφηνε μυθώδη τὰ παρ᾽ ῾Ομήρῳ, τῶν τοῦ Διδυμαίου δεσπότου χρησμῶν ἐπάκουσον.

Mythos, sondern statt dessen auf die Autorität der Orakelsprüche Apolls von Didyma.[11]

Wenn Julian überhaupt auf Mythen zurückgreift, dann nur auf solche, in denen die Götter und Heroen als Vorbilder figurieren. Erzählungen vom moralisch depraviertem Handeln der Gottheiten bedeuten für den Kaiser lügenhafte Erfindungen bösartiger Menschen. In den Briefen zu Lebzeiten von Constantius II.[12], als Julian noch Rücksicht auf seinen christlich bigotten Vetter[13] zu nehmen hatte, finden sich kaum Verweise auf die griechische Mythologie. Allein in den Episteln an seine engsten Freunde, die von seiner Konversion Kenntnis hatten, beruft er sich beiläufig auf einen Gott[14], aber nie in Verbindung mit dem Erzählen eines mythischen Phänomens.[15]

Vor allem in seinen Briefen an göttergläubige Personen dienen dem Verfasser Rückgriffe auf mythische Gestalten als herausragendes Sinnbild für gegenwärtige Zustände. In dem Schreiben an eine Priesterin namens Kallixeina[16] vergleicht er deren Treue zu den olympischen Göttern mit der Treue Penelopes[17] zu ihrem Gatten Odysseus; jedoch übertrifft Kallixeina ihr mythisches Vorbild, währte doch ihr Ausharren unter den christlichen Kaisern vierzig Jahre, während Penelope auf ihren Mann lediglich 20 Jahre warten mußte. In einem äußerst polemischen Schreiben des Kaisers an den Rhetor Neilos, der sich in anmaßender Weise dem Herrscher aufgedrängt hatte, vergleicht er dessen anbiederndes Verhalten mit dem des Tithonos, dem Sinnbild der Vergreisung.[18] Mythos als Allegorie ist demzufolge für Julian nicht nur eine rhetorische Verstärkung, sondern gerade die Verbindung von Mythos und Kult spielt für den Kaiser die entscheidende Rolle.

---

[11] Der Tempel von Didyma stellt eines der wichtigsten Orakel-Heiligtümer der griechisch-römischen Welt, das bedeutendste Kleinasiens dar. Es sind Orakelsprüche vor allem zu religiösen, aber auch politischen Fragen überliefert. Obwohl das Bauwerk des Tempels nie vollständig vollendet wurde, fand dennoch ein Kultbetrieb statt. Vgl. zum Heiligtum H. W. Parke, *The temple of Apollo at Didyma. The building and its function*: JHS 106 (1986) 121-131.

[12] Vgl. H. Leppin, *Constantius II. und das Heidentum*: Athenaeum 87 (1999) 457-480.

[13] Mit dem Verwandschaftsverhältnis beschäftigt sich R. C. Blockley, *Constantius Gallus and Julian as Caesars of Constantius II*: Latomus 31 (1972) 433-468.

[14] Vgl. etwa Julian epist. 1. 2. frg. 4 (6,8 f. 202 Weis).

[15] Vgl. z. B. Julian epist. 31 (92 Weis).

[16] Julian epist. 36 (100 f. Weis).

[17] Homer Odyssee 19, 123-163.

[18] Julian epist. 29 (80 Weis). Tithonos war nämlich der Gemahl der Morgenröte Eos, die für ihren Gatten die Unsterblichkeit erlangt hatte, dabei aber vergessen hatte, für diesen um die ewige Jugend zu bitten (eingehend dazu W. H. Roscher [Hrsg.], *Lexikon der griechischen und römischen Mythologie* V, Leipzig 1916-1924. ND Hildesheim-New York 1977, 1021-1029).

In seiner berühmten Rede gegen den Kyniker Heraklios, der sich erdreistet hatte, in dichterischer Anspielung Julian als Pan und sich selbst – auf gewiß nicht bescheidende Weise – als Zeus zu stilisieren, entwirft Julian als Reaktion darauf selbst einen Mustermythos.[19] Diese Erzählung handelt von seiner Erwählung durch die Götter Zeus, Helios und Athene und seiner Bestimmung, eine Ära der uneingeschränkten Verehrung der alten Götter wiedererstehen zu lassen.[20]

Der Mustermythos gliedert sich in zwei Teile: Die Exposition ähnelt in ihrer Struktur dem Epos; der erste Abschnitt der Exposition faßt Beobachtungen auf der Erde, die für unsere Thematik besonders aussagekräftig sind, zusammen, während der zweite Abschnitt im Himmel spielt und die Versammlung der olympischen Götter gemäß der Ilias zum Vorbild nimmt. Der zweite Teil, der wiederum in mehrere Abschnitte unterteilt ist, wird offenkundig dem Akt einer Mysterieninitation nachgestaltet.[21]

Julians Mustermythos setzt ein mit der anschaulichen Schilderung eines reichen Mannes, der über viele Herden von Pferden, Rindern, Schafen und Ziegen verfügt. Zum väterlichen Erbe hat er viele Besitztümer teils auf gerechte, teils auf ungerechte Weise dazuerworben, was der Erzähler auf die Vernachlässigung der Götter durch den reichen Mann zurückführt. Jedoch kümmert er sich nicht in gebotener Form um die ihm anvertrauten Pflichten. So sind die von ihm eingesetzten Hirten ihren Aufgaben nicht gewachsen, da sie die Herden zu egoistischen Zwecken ausbeuten. Gleichzeitig bereitet er seine aus zahlreichen Ehen stammenden Erben nur ungenügend auf die Nachfolge vor, weil er selbst ungebildet – ἀμαθής – ist. Folglich habe die unzureichende Erziehung aus den Söhnen keine guten Männer gemacht, da ihre Ungerechtigkeiten und Freveltaten in ihrem ausschließlichen Streben nach dem alleinigen Besitz begründet sind. Die vom Vater eingeleitete Vernachlässigung der alten Kulte setzen die Söhne dergestalt fort, daß sie die von den Vorfahren errichteten Heiligtümer zerstören und sich statt dessen der Renovierung verfallener Grabdenkmäler widmen (227 C – 228 C). Solch gesetzloses Treiben, das in der Entheiligung des Menschlichen und Gött-

---

[19] Dazu R. Guido, *Μύθους πλάττειν, un' eco platonica* in Jul. Or. 7?: Rudiae 3 (1990) 87-104.

[20] Julian or. 7, 227 C-234 C (112-119 Asmus). Der von Zeus im Mustermythos konzipierte Lebensplan ging für Julian während der Auseinandersetzungen mit Constantius II. in Naissus auf, als Boten ihm vom Tod des Kaisers (3. Nov. 361) und von seiner Bestellung zum Nachfolger berichteten (Amm. XXII 2,1). Später sollte Julian betonen, Constantius habe nicht erkannt, daß Zeus ihn für den Thron auserwählt habe (Misop. 354 a/b); vgl. Rosen (wie Anm. 4) 145.

[21] Hierzu eingehend R. Merkelbach, *Roman und Mysterium in der Antike*, München-Berlin 1962; G. Wojaczek, *Die Heliosweihe des Kaisers Julian. Ein initiatorischer Text des Neuplatonismus*: WJA 18 (1992) 207-236.

lichen gipfelt, erzwingt schließlich das Eingreifen des Göttervaters, wodurch sich ein Wechsel des Schauplatzes von der Erde zum Himmel ergibt. In einem Gespräch mit Helios und den Moiren entschließt sich Zeus zur Rettung des Menschengeschlechtes. Damit dem frevelhaften Treiben der Gottlosigkeit Einhalt geboten werde, erteilt Zeus dem Helios den Befehl, sich um das Knäblein, den Neffen des reichen Mannes und Vetter der Erben, der von diesen stets verachtet worden ist, zu kümmern. Dieses Kind nennt Zeus einen Sohn des Helios, der den Knaben von der Krankheit heilen soll, da das von Helios bei der Geburt eingepflanzte Feuer zu erlöschen drohe.[22] Gleichzeitig beauftragt Zeus die jungfräuliche Athene, sich zusammen mit Helios der Erziehung des Knaben anzunehmen (228 C – 229 D).

Der nun folgende zweite Teil berichtet von der Entwicklung des Knaben zum jungen Mann bis zum Zeitpunkt seiner ausführlich geschilderten Weihe: Als dieser unter der Erziehung des Helios zu einem jungen Mann heranwächst, will er sich selbst töten, da er das ganze Ausmaß des Unglücks, also der Kriegführung der Verwandten untereinander sowie deren Abkehr von den Göttern, erkannt hat. Von diesem Vorhaben bringt Helios seinen Schutzbefohlenen ab, indem er ihn in einen Tiefschlaf versetzt. Nachdem der Jüngling erwacht ist, zieht er in die Wüste, wo er einen Stein[23] findet und über Wege nachdenkt, wie er die schwierige Situation meistern könne (230 A – 230 B). Plötzlich erscheint ihm Hermes und bietet sich als Führer an. Nach der Wanderung über einen steilen Weg und durch fruchtbares Land erreichen die beiden einen hohen Berg, auf dessen Gipfel der Göttervater residiert. Hermes verläßt den Jungen mit dem Rat, bei Zeus nur das Beste für sich zu ersuchen (230 C – 231 A). Nachdem er Zeus um den rechten Weg zur Bergspitze bittet, erscheint ihm im Zustand der Ekstase Helios, den der junge Mann um Hilfe anfleht. Helios befiehlt ihm die Rückkehr zur Erde; dieser aber beschwört ihn, bleiben zu dürfen. Helios betont, daß der Jüngling erst noch eingeweiht werden müsse und fordert ihn daher auf, zur Erde zurückzukehren und die dortigen Mißstände zu beseitigen (231 A – 231 C). Nachdem der junge Mann darauf nur mit Schweigen reagiert, wird er von Helios auf eine Anhöhe geführt, von wo aus der letzte Sohn des reichen Mannes in seiner ganzen Depraviertheit zu sehen ist. Auf ausdrückliche Empfehlung Helios' muß der Junge das augenblickliche Treiben seines Vetters beobachten: Dieser verbringt den größten Teil des

---

[22] Julian or. VII 229 C (II 1,77 Bidez): τουτὶ τὸ παιδίον; ... σόν ἐστιν ἔκγονον. ὄμοσον οὖν τὸ ἐμόν τε καὶ σὸν σκῆπτρον, ἦ μὴν ἐπιμελήσεσθαι διαφερόντως αὐτοῦ καὶ ποιμανεῖν αὐτὸ καὶ θεραπεύσειν τῆς νόσου.

[23] Wojaczek (wie Anm. 21) 216 vermutet in diesem Stein einen Edelstein, der die Kraft eines Magneten habe. Denn nach Philostrat, Das Leben des Apollonios von Tyana III, 46 könnte es sich um den Stein des Pantarbes handeln, der feurig sei und Strahlen aussende. Das in ihm wohnende Licht sei ein Hauch von unsäglicher Kraft.

Tages im Schlaf oder frönt insgeheim der Wollust. Die Mehrzahl der von ihm eingesetzten Hirten sind verrucht, da sie sich auf unrechtmäßige Art bereichern und dadurch ihrem Herrn und den ihnen anvertrauten Herden irreparablen Schaden zufügen. Auf diese Zustandsbeschreibung hin setzen die drei Götter den jungen Mann anstelle seines Vetters zum Aufseher über alle Herden ein. Nach anfänglichem Widerstand beugt sich der Jüngling schließlich dem Willen der Götter. Nun erkennt der junge Mann den plötzlich erscheinenden Hermes als seinen Führer für den Rückweg zur Erde und für sein weiteres Leben an (231 C – 232 D).

Der Mustermythos endet schließlich mit einer dreifachen Paränese. Als erste belehrt Athene den Neueingeweihten, indem sie ihn an seine göttliche Abkunft von ihr selbst und von Helios mahnend erinnert. Das schlechte Verhalten des derzeitigen Erben bedingt die weiteren Aufforderungen; ist doch dieser von Schmeichlern und falschen Freunden umgeben, durch die er bösartig getäuscht wird. Ausgehend von diesem Zerrbild fordert Athene den jungen Mann zur Nüchternheit und Wachsamkeit auf.[24] Schließlich schärft sie ihm ein, immer den Göttern und den frommen Menschen mit Ehrfurcht zu begegnen. An diese letzte Weisung knüpft auch Helios seine Gebote: Er fordert den Jüngling auf, er solle seine Freunde als Gleichgestellte[25] und nicht als Diener oder Sklaven behandeln. Ferner soll er sich immer eines offenen Umganges bedienen und jegliche Verstellung meiden. Damit der junge Mann die ethisch anspruchsvolle Maxime in sein tägliches Handeln umsetzen kann, erhält er die dafür nötige Kraft von den Göttern, die sich ihm als Freunde, Wohltäter und Retter offenbaren. Als Bedingung für diese überirdische Unterstützung verpflichtet sich der Myste zur Frömmigkeit gegenüber den Göttern, zur Treue gegenüber den Freunden und zur Menschenfreundlichkeit gegenüber den Untertanen.[26] Nach diesen Ermahnungen erhält er zu seinen bereits vorhandenen Waffen von Helios die Fackel, von Athena das

---

[24] Zu Recht weist Wojaczek (wie Anm. 21) 223 auf diesbezügliche Übereinstimmungen im Neuen Testament hin, wenn es z. B. im ersten Petrusbrief 5,8 heißt: νήψατε, γρηγορήσατε.

[25] Bei dieser Aufforderung denkt man unwillkürlich an Kaiser Julians Verhalten, als ihm die Ankunft seines von ihm so verehrten Freundes, des Philosophen Maximus von Ephesos, gemeldet wurde; ohne Rücksicht auf die kaiserliche gravitas umarmte er seinen Freund; eine Handlungsweise, die Ammian XXII 7,3 in seinem Geschichtswerk kritisieren sollte. Bei den Feierlichkeiten anläßlich des Konsulatsantritts von Claudius Mamertinus und Nevitta am 1. Juni 363 in Konstantinopel war auch Julian zugegen: ohne den üblichen Pomp begleitete er die Standespersonen zu Fuß (vgl. Ammian XXII 7,1).

[26] Zum Postulat der Philanthropia vgl. J. Kabiersch, *Untersuchungen zum Begriff der Philanthropia bei dem Kaiser Julian*, Wiesbaden 1960.

Gorgoneion und den Helm und von Hermes schließlich den goldenen Stab (232 D – 234 C).

Der Schlußappell, wiederum von Helios vorgetragen, gipfelt in der Aufforderung, unerschütterlich an den göttlichen Weisungen festzuhalten. Dieses Gebot ist im platonischen Menschenbild begründet, wonach der Körper die Funktion habe, diese Vorschriften im Sinne der unsterblichen Seele durchzuführen. Allein diese stamme von den Göttern, und durch gerechtes Verhalten könne sich der Mensch zu den Göttern erheben.[27]

Die Anspielungen auf die eigene Biographie des Kaisers sind nicht zu übersehen: Der reiche Onkel, der sein Erbe durch z. T. ungerechtes Wirken beträchtlich vermehrt hat, ist niemand anderes als Julians Onkel Constantin. Diesem wird massiv zum Vorwurf gemacht, daß er Provinzen, also die großen Herden, Statthaltern, also Hirten, anvertraut habe, die nur zu ihrem eigenen Vorteil agieren. Das von den Christen bereits seit mehreren Generationen verwandte Bild vom guten Hirten sei demnach von den Beamten Constantins und damit auch von diesem selbst ins Gegenteil verkehrt worden. Als weiteres Defizit kritisiert Julian den Abfall Constantins und seiner Söhne von den herkömmlichen Göttern. In dieser bezüglich der Götterverehrung hoffnungslosen Situation verspricht sich Zeus, der Vater der Götter und Menschen, nur dadurch eine Besserung, wenn er sich selbst zusammen mit Helios des kleinen Knaben annimmt. Dieses noch unschuldige Kind erhält den Auftrag, den alten Göttern wieder Respekt und Verehrung zu verschaffen. Von diesem wird somit ein Bruch mit der staatlich sanktionierten Christus-Verehrung erwartet. In dieser Einschätzung konkurriert der Mustermythos mit Vergils berühmter vierten Ekloge[28]: Die bald zu erwartende Geburt eines Knaben erweckt Hoffnung auf eine neue, befriedete Zeit, ja auf ein goldenes Zeitalter.[29] Bekanntlich haben die Christen die Geburt des Kindes zunehmend als Prophezeiung eines heidnischen Dichters auf die Geburt Christi ausgelegt. Einen Höhepunkt stellt Kaiser Constantins Auslegung dar, wenn er expressis

---

[27] Siehe hierzu M. Alonso-Nuñez, *En torno al neoplatonismo del emperador Juliano*: HAnt 3 (1973) 149-185.

[28] Vgl. E. Norden, *Die Geburt des Kindes. Geschichte einer religiösen Idee*, Leipzig 1924. ND Darmstadt 1958; A. Uruschadse, *Vergils vierte Ekloge*: Klio 67 (1985) 205-209; W. Kraus, *Vergils vierte Ekloge. Ein kritisches Hypomnema*: ANRW II 1, Berlin-New York 1980, 604-645.

[29] Vergil Eclog. IV, 6-10:

iam redit et virgo, redeunt Saturnia regna,
iam nova progenies caelo demittitur alto.
tu modo nascenti puero, quo ferrea primum
desinet ac toto surget gens aurea mundo,
casta fave Lucina: tuus iam regnat Apollo.

verbis den Knaben der vierten Ekloge als Christus, den Sohn Gottes, deutet.[30] Eine solche Aneignung des Gedichtes durch die Christen beantwortet Kaiser Julian ganz gezielt durch den Mustermythos mit einem Gegenentwurf, der nichts anderes intendiert als das Sendungsbewußtsein und die Legitimierung des heidnischen Kaisers hervorzuheben. Aber im Unterschied zu Vergils Ekloge, die der nachfolgenden Generation ein Zeitalter materiellen Wohlstandes voraussagt[31], wird im Mustermythos Julians den Menschen die rechte Götterverehrung versprochen. Hierbei handelt es sich um ein ausgesprochen verinnerlichtes Götterbild, das sich von den Prophezeiungen eines Vergil auf ein besseres Diesseits absetzt. Mit dieser Interpretation, die auf einer bewußten Konfrontation Julians mit Constantin basiert, läßt sich durchaus die Annahme verbinden, wonach der Mythos die tatsächliche Einweihung in die Mysterien von Eleusis[32] widerspiegelt.[33]

Auffällig ist auch die häufige Verwendung des Bildes vom Weg.[34] Dies ist gewiß keine genuin christliche Metapher, aber gerade in den Gleichnissen Jesu im Johannes-Evangelium 14, 3 „ich bin der Weg, die Wahrheit und das Leben" wurde das Bild vom rechten Weg immer stärker von den Christen adaptiert. In seiner Konzeption nimmt Julian bewußt diese Metapher für sich und sein Programm zur Erneuerung des Heidentums in Anspruch. In einer religiös so aufgeheizten Periode sind derartige Bilder nur unter der Perspektive der heidnisch-christlichen Auseinandersetzung zu deuten.

Unsere Auslegung will also den von Julian umgedichteten Mythos nicht ausschließlich als Schilderung eines Initiationsritus in die Mysterien begreifen, sondern es muß sehr viel stärker als bisher in der Forschung geschehen der historische Kontext berücksichtigt werden. Die radikale Abkehr des Kaisers von der Religionspolitik seiner Vorgänger wird mit dem Sendungsauftrag der Götter Zeus,

---

[30] Euseb Vita Constantini XIX; vgl. dazu G. Radke, *Die Deutung der 4. Ekloge Vergils durch Kaiser Konstantin*, in: R. Chevallier (Hrsg.), *Présence de Virgile*. Actes du Colloque des 9, 11 et 12 Décembre 1976, Paris 1978, 147-159, bes. 150-151. Nach Radke sind Zeit und Ort der Auslegung unbekannt. Es lassen sich weder Bezüge zum Konzil von Nikäa herstellen, noch eine zeitliche Fixierung auf Karfreitag vornehmen (148).

[31] Vergil Eclog. IV, 39-40 zeichnet das Bild eines utopischen Zustandes, wonach die Äcker und die Weinberge nicht mehr der mühsamen Pflege des Bauern bedürfen. Sie bringen alles von selbst zur Reife: ... omnis feret omnia tellus. non rastros patietur humus, non vinea falcem; ... .

[32] Vgl. L. J. Alderink, *The Eleusinian Mysteries in Roman Imperial Times*: ANRW II 2, Berlin–New York 1989, 1457-1498.

[33] Merkelbach (wie Anm. 21) 324; vgl. N. Gauthier, *Les initiations mystérieuses de l'empereur Julien*, in: M.-M. Mactoux/E. Geny (Hrsg.), *Mélanges Pierre Lévêque. 6. Religion*, Paris 1992, 89-104.

[34] Vgl. hierzu A. Demandt, *Metaphern für Geschichte. Sprachbilder und Gleichnisse im historisch-politischen Denken*, München 1978, 199-204.

Helios und Athena begründet und gerechtfertigt. Ein derartiger Versuch einer Legitimierung liegt auch im Bericht des heidnischen Geschichtsschreibers Ammianus Marcellinus vor, der den Vorgang der Usurpation[35] Julians vom Februar 360 in Paris mit der eindrucksvollen Schilderung von der Erscheinung des Genius publicus abschließt. Ammians überaus detaillierte Darstellung läßt keine Zweifel daran aufkommen[36], daß dieser Vorgang unter staatsrechtlichem Gesichtspunkt als Usurpation des Caesars Julian gegen den Augustus Constantius II. zu gelten hat. Das Handeln seines von ihm so sehr verehrten Helden rechtfertigt der Geschichtsschreiber mit der Erscheinung, die Julian seiner nächsten Umgebung selbst mitgeteilt habe.[37] In der Nacht vor der Erhebung hatte Julian einen Traum, in welchem der Genius in geradezu tadelnder Weise darauf drängt, die Erweiterung seiner Machtstellung nicht länger zurückzuweisen. Schon lange habe der Genius im Vorraum heimlich gewartet, jetzt sei der Zeitpunkt da, endlich die Erhöhung zu realisieren. In diesem Vorgang erscheint Julian eher passiv, ja diese Passivität wird durch seine mehrfache refutatio noch gesteigert.[38] Mittels einer solchen Akzentuierung gelingt es dem Geschichtsschreiber, den Ablauf unter sakralrechtlicher Perspektive als göttergewollt und damit letztendlich als rechtmäßig zu bewerten.[39] Indem er seinen Bericht mit dieser Erscheinung abschließt, versucht Ammian, dem Leser die sakrale Rechtfertigung für das Vorgehen Julians zu suggerieren.

Dieser Bericht, den der Autor der engsten Umgebung des Kaisers verdankt, verfolgt somit das gleiche Ziel wie der Mustermythos.[40] Im Gegensatz zu Ammian betont Julian in seinem Mythos sehr viel stärker den Auftrag einer Restituierung der altbewährten Götterkulte. Wichtig erscheint mir ferner, daß hier neben dem religionspolitischen Programm ein weiteres Ziel julianischer Regierungspolitik

---

[35] D. F. Buck, *Eunapius on Julian's acclamation as Augustus*: AHB 7 (1993) 73-80.

[36] Ammian XX 4-5.

[37] Ammian XX 5,10: Nocte tamen, quae declarationis Augustae praecesserat diem, iunctioribus proximis rettulerat imperator per quietem aliquem visum, ut formari Genius publicus solet, haec obiurgando dixisse: „olim, Iuliane, vestibulum aedium tuarum observo latenter augere tuam gestiens dignitatem et aliquotiens tamquam repudiatus abscessi; si ne nunc quidem recipior sententia concordante multorum, ibo demissus et maestus. id tamen retineto imo corde, quod tecum non diutius habitabo."

[38] Der Schutzgeist ist nunmehr die treibende Kraft. Darüber hinaus entspricht die Weigerung, das Herrscheramt anzutreten, dem Bild des idealen Kaisers, der durch diese recusatio insbesondere seine modestas zum Ausdruck bringt.

[39] I. Müller-Seidel, *Die Usurpation Julians des Abtrünnigen im Lichte seiner Germanienpolitik*: HZ 180 (1955) 225-244; K. Rosen, *Beobachtungen zur Erhebung Julians 360-361 n. Chr.*: AClass 12 (1969) 121-149; J. Szidat, *Die Usurpation Julians. Ein Sonderfall?*, in: F. Paschoud/J. Szidat (Hrsg.), *Usurpationen in der Spätantike*, Stuttgart 1997, 63-70.

[40] Wojaczek (wie Anm. 21) 209.

formuliert wird: Im Gegensatz zu den Beamten Constantins und dessen Söhnen, die ihr Amt und ihren Auftrag, wahre Hirten für die ihnen anvertrauten Menschen zu sein, auf schändlichste Weise mißbraucht haben, will Julian nur verantwortungsbewußte, dem Gemeinwohl verpflichtete Amtsträger berufen. Sein Verantwortungsbewußtsein hinsichtlich der Personalpolitik schlägt sich dann auch tatsächlich in der Durchführung des Gerichtes von Chalcedon nieder, als über die ärgsten Kreaturen seines Vorgängers Constantius II. gerichtet wird.[41]

Mit einer solch dezidierten Auslegung des Mustermythos sowie der Erscheinung des Genius Publicus gelingt es, einen wirkungsvollen Kontrast zu der von Lactanz und Euseb berichteten Vision Constantins am Vorabend der Schlacht an der Milvischen Brücke im Oktober 312 herzustellen.[42] Auf die genuin christliche Ausdeutung des im Traum erteilten Auftrages, unter dem Zeichen des Christusmonogramms die Auseinandersetzung mit Maxentius zu beginnen, antwortet etwa vierzig Jahre später Julian, indem er sein religionspolitisches Handeln mit seinem exponierten Auftrag von Zeus und Helios begründet.[43]

Der von mir hergestellte Zusammenhang des von Julian entworfenen Mustermythos mit der vierten Ekloge Vergils und der von Constantin propagierten Kreuzesvision ermöglicht es Julian, seine Erhebung gegen seinen Vetter Constantius II. nachträglich zu legitimieren. Diese Rechtfertigung stützt sich nicht auf staatsrechtliche Erwägungen, sondern beruht auf dem unmittelbaren Sendungsauftrag durch die Götter. Mit dieser sakralen Erhöhung seiner Person verbindet Julian wirkungsvoll sein Regierungsprogramm, das sich von dem seiner Vorgänger durch zwei wesentliche Punkte abhebt: Die Restauration der vernachlässigten und verkümmerten Götterkulte sowie eine gerechtere Verwaltung des Reiches wird angestrebt. Beide Schwerpunkte des Regierungsprogrammes sind dadurch miteinander verbunden, daß Kaiser Julian den heidnischen Götterglauben als maßgebli-

---

[41] Ammian XXII 3.

[42] Hierzu J. Szidat, *Konstantin 312 n. Chr. Eine Wende in seiner religiösen Überzeugung oder die Möglichkeit, diese öffentlich erkennen zu lassen und aus ihr heraus Politik zu machen?*: Gymnasium 92 (1985) 514-525; H. R. Seeliger, *Die Verwendung des Christogramms durch Konstantin im Jahre 312*: ZKG 100 (1989) 149-168; P. Weiss, *Die Vision Constantins*, in: J. Bleicken (Hrsg.), *Colloqium aus Anlaß des 80. Geburtstages von Alfred Heuß*, Kallmünz/Opf. 1993, 143-169; W. Kuhoff, *Ein Mythos in der römischen Geschichte: Der Sieg Konstantins des Großen über Maxentius vor den Toren Roms am 28. Oktober 312 n. Chr.*: Chiron 21 (1991) 127-174.

[43] In seinen Schriften polemisiert Julian immer wieder gegen Christus. Im Misopogon, einer Satire auf sich selbst, wirft er den Christen vor, daß sie Christus so sehr liebten, daß sie ihn zum Stadtpatron erkoren hätten anstelle von Zeus und Apollon Daphnios oder Kalliope (357 C). Weitere Stellen finden sich in der Übersicht von G. Loesche, *Haben die späteren neuplatonischen Polemiker gegen das Christentum das Werk des Celsus benutzt?*: ZWTh 2 (1883) 290-293.

ches Kriterium bei der Auswahl seiner Hof- und Zivilbeamten zugrunde legen will.[44]

Im Selbstverständnis sowie in den Zielsetzungen kommt also dem religionspolitischen Kurswechsel unbestritten der Primat zu. Obschon Julian seine Regierungsübernahme ausschließlich seiner Zugehörigkeit zur konstantinischen Dynastie verdankt, scheut er vor einer überaus gehässigen Polemik gegenüber seinen christlichen Vorgängern und Verwandten nicht zurück. So kommt Julians Abrechnung mit Constantin noch unverblümter und deutlicher in der Satire „Caesares" oder „das Symposion" zum Ausdruck.[45] Wird im Mustermythos immer wieder die Verwandtschaft Julians mit Constantin als Onkel und mit Constantius als Vetter betont, um dadurch Julians Erbansprüche hervorzuheben, fehlt ein derartiger Legitimierungsversuch in den „Caesares". Beim Einzug der einzelnen Augusti und Caesares wird Constantius Chlorus in einem Atemzug mit den Tetrarchen genannt, wobei der Erzähler, also Julian selbst, im Blick auf Constantius Chlorus von „meinem Großvater" spricht (315 A). Das Auftreten Constantins und seiner namentlich nicht genannten Söhne wird lediglich konstatiert, ohne den Grad des Verwandtschaftsverhältnisses zu notieren (315 D). Daß Constantin überhaupt in die engere Auswahl der fähigsten Herrscher gelangt, verdankt er allein der sarkastischen Intervention des Dionysos, der verlangt, bei der Präsentation auch einen Vertreter des Genusses und der Lust vorgeführt zu bekommen und daher Constantin vorschlägt (318 A). In Julians ebenso geschickter wie tendenziöser Schilderung muß Constantin erkennen, daß seine Taten einem Vergleich mit denjenigen eines Alexander, Caesar, Augustus, Trajan oder Marc Aurel nicht standhalten. Constantin kann nur die Beseitigung zweier Usurpatoren vorweisen,

---

[44] Anläßlich seiner Erhebung zum Augustus in Paris hat Julian den Soldaten zugesichert, die Auswahl seiner engsten Umgebung nur nach dem Leistungsprinzip vorzunehmen (Ammian XX 5,7). Doch nach dem Tode des Constantius bekennt er sich in einem Schreiben an Atarbius zum Grundsatz der Bevorzugung der Heiden in den öffentlichen Ämtern (Julian epist. 49, [157 f. Weis]): „Es ist, bei den Göttern, mein Wille, daß die Galiläer weder getötet noch zu Unrecht geschlagen werden noch sonst eine Unbill erleiden; jedoch erkläre ich, daß die Verehrer der Götter durchaus den Vorrang vor ihnen haben müssen. Denn wegen der Torheit der Galiläer wäre um ein Haar alles umgestürzt worden, durch die Huld der Götter aber sind wir alle gerettet. Daher soll man den Göttern und den sie verehrenden Menschen und Gemeinden Ehre erweisen." Dazu R. von Haehling, *Die Religionszugehörigkeit der hohen Amtsträger des Römischen Reiches seit Constantins I. Alleinherrschaft bis zum Ende der Theodosianischen Dynastie (324-450 bzw. 455 n. Chr.)*, Bonn 1978, 537-547.

[45] Julian or. X 306 A - 336 C (76-121 Müller); vgl. zum Werk B. Baldwin, *The Caesares of Julian*: Klio 60 (1978) 449-466; J. M. Alonso-Nuñez, *Politica y filosofia en los Cesares de Juliano*: HAnt 4 (1974) 315-320; Chr. Lacombrade, *Notes sur les Césars de l' empereur Julien*: Pallas 11 (1962) 47-67; R. Pack, *Notes on the Caesars of Julian*: TPhS 77 (1946) 151-157; G. W. Bowersock, *The emperor Julian on his predecessors*: YCIS 27 (1982) 159-172.

von denen der Erzähler abwertend zu berichten weiß, beide seien bei Göttern und Menschen gleichermaßen verhaßt gewesen. Seine Siege über die Barbaren wirken gegenüber den Kriegserfolgen eines Trajan nur noch lächerlich (329 A-C) und Silenus, einer der schiedsrichtenden Götter, vergleicht ihn deswegen mit einer Adonis-Pflanze, einer schnell erblühenden und ebenso schnell wieder verdorrenden Blume (329 D).[46] Der Wettkampf endet mit der versöhnlich gemeinten Aufforderung, jeder der konkurrierenden Kaiser möge sich unter den versammelten Göttern einen vorbildlichen Schutzpatron auswählen. Als Höhepunkt der Satire demaskiert sich Constantin mit seiner Entscheidung selbst: Er findet keinen Gott, lediglich bei Τρυφή, der Personifikation des Überflusses, findet er Aufnahme; diese umarmt ihn lüstern, stattet ihn mit weibischen Gewändern aus und geleitet ihn schließlich zur Ἀσωτία, der Verschwendung. In dieser anrüchigen Gesellschaft trifft Constantin dann auf Jesus, dessen Gefolge sich aus Sittenverderbern und Meuchelmördern zusammensetzt. Mit dieser Wahl hat sich Constantin endgültig von den alten Göttern losgesagt und sich den Dämonen sowie Jesus angeschlossen, dessen ethische Forderungen so der Lächerlichkeit preisgegeben werden (336 A-C).

Beruht die sogenannte konstantinische Wende ganz wesentlich auf dem Erlebnis der Kreuzesvision, mit der Constantin seine Christenpolitik einleitete, so begründet sich die Repaganisierung Julians auf den Sendungsauftrag des Gottes Helios, wie ihn der Apostat in seinem Mustermythos ausdeutet. Julian weist sich damit die Aufgabe zu, die folgenschweren Wirkungen einer seit 312 einsetzenden Christianisierung des römischen Reiches rückgängig zu machen. Mit dieser Ausrichtung verbindet Julian eine bislang in der römischen Kaisergeschichte einzigartige Form polemischer Abrechnung mit seinen Vorgängern.[47] Als sichtbares Zeichen der religiösen Neuorientierung dienen Inschriften, in denen sich der Apostat als restaurator templorum feiern läßt.[48]

---

[46] Vgl. hierzu R. Sardiello, *I ‚giardini di Adone' di Costantino: Iul. Caes. 329C-D*: Rudiae 9 (1997) 243-268.

[47] Vgl. J. Vogt, *Kaiser Julian über seinen Oheim Constantin den Großen*, in: Klein (wie Anm. 4) 222-240, bes. 234-235; L. J. Straub, *Die Himmelfahrt des Iulianus Apostata:* Gymnasium 69 (1962) 310-326.

[48] Siehe mit Belegen Dietz (wie Anm. 7) 815-819.

GEGENWART

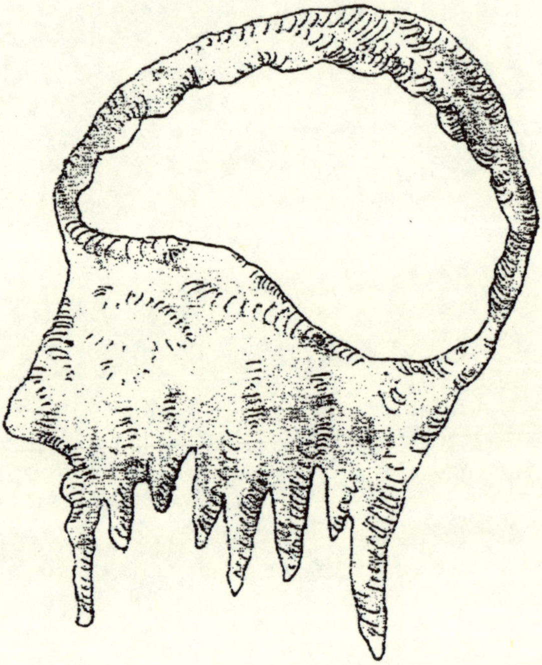

DIE HÖHLE FINDET IM KOPF STATT@HOTMAIL.COM

Jan Georg Schneider

„Sagen" und „Zeigen"
Eine Brücke von Wittgenstein zu Platon

Wittgenstein und Platon werden in der Regel als Gegenpole philosophischen Denkens aufgefaßt. Dies ist auch alles andere als verwunderlich, denn Wittgenstein hat gerade die platonische Philosophie wiederholt zum Angriffspunkt seiner sprachkritischen Überlegungen gemacht. – Vor allem in der sokratisch-platonischen „Was-ist-Frage", der Frage nach der *ousía*, sieht Wittgenstein offenbar eine der Hauptquellen „philosophischer Verwirrung":

> „Die Fragen ‚Was ist Länge?', ‚Was ist Bedeutung?', ‚Was ist die Zahl Eins?' etc. verursachen uns einen geistigen Krampf. [...] (Wir haben es hier mit einer der großen Quellen philosophischer Verwirrung zu tun: ein Substantiv läßt uns nach einem Ding suchen, das ihm entspricht.)"[1]

Deutlicher als in dieser Polemik könnte die Anspielung auf den beharrlich fragenden Sokrates, der im platonischen Frühdialog *Menon* gar mit einem verwirrenden Zitterrochen verglichen wird[2], kaum sein. Die „Was-ist-Frage" führt Wittgensteins Darstellung zufolge fast zwangsläufig zu einer Verdinglichung von Wortbedeutungen („ein Substantiv läßt uns nach einem Ding suchen, das ihm entspricht") und erzeugt in ihrem „Streben nach Allgemeinheit"[3] bzw. ihrer „verächtlichen Haltung gegenüber dem Einzelfall"[4] philosophische Scheinprobleme, die wir nicht lösen können, sondern *von* denen wir uns lösen sollten.

Obwohl diese Überlegungen Wittgensteins sich offenkundig gegen Platon richten, muß man sich in diesem Zusammenhang vor Augen führen, daß Wittgenstein einen sehr „freien" Umgang mit der „Tradition" pflegte. Seine mal explizite, mal unterschwellige Platon-Kritik will bestimmte Tendenzen der abendländischen Geistesgeschichte *idealtypisch* herausarbeiten. So legitim und erhellend Wittgensteins Polemik gegen die platonische Philosophie in ihrer tradierten Form auch ist – historisch betrachtet hat sie dazu beigetragen, daß die Gemeinsamkeiten der beiden Philosophen häufig übersehen wurden.

Sicherlich wäre es übertrieben, wollte man in Platon einen Vordenker der modernen Sprachphilosophie sehen; nichtsdestotrotz weisen die platonischen Dialoge – wie in jüngerer Zeit von verschiedenen Autoren überzeugend dargelegt

---

[1] *BlB*, S. 15 (ein Verzeichnis der verwendeten Abkürzungen findet sich am Ende des Aufsatzes).

[2] Vgl. *Men.* 79e-80b.

[3] Vgl. *BlB*, S. 37.

[4] Vgl. *BlB*, S. 39.

wurde[5] – klare sprachpragmatische bzw. sprachanalytische Ansätze auf. Ähnlich wie Wittgenstein und Austin begreift Platons Sokrates Sprechen grundsätzlich als ein *Handeln*, das bestimmten Gelingensbedingungen unterliegt.[6] Auch das Philosophieren selbst wird sowohl von Sokrates als auch von Wittgenstein nicht so sehr als eine Lehre, sondern vielmehr als ein *dialogisches Gespräch*, als eine Tätigkeit zur Klärung von Gedanken (durch Klärung des Sprachgebrauchs) aufgefaßt. In diesem Sinne ergeben sich von vornherein gewisse methodische Ähnlichkeiten.

An diese Überlegungen anknüpfend, soll im folgenden auf der Grundlage des wittgensteinschen Begriffspaars „Sagen“/„Zeigen“ ein weiterer „Brückenschlag“ von Wittgenstein zu Platon erprobt werden.[7]

1 „Sagen“ und „Zeigen“ im „Tractatus“

Die begriffliche Unterscheidung zwischen „Sagen“ und „Zeigen“ ist für Wittgensteins gesamte Philosophieauffassung von zentraler Bedeutung. Im Rahmen der Abbildtheorie des *Tractatus* entwickelt, weist sie über diesen hinaus und ist auch für die Spätphilosophie einschlägig. – Bereits der junge Wittgenstein war sich der Tragfähigkeit dieser Unterscheidung anscheinend bewußt; in einem 1919 verfaßten Brief an seinen Lehrer Russell schreibt er nicht ohne ein gewisses Pathos: „Die Hauptsache ist die Theorie über das, was durch Sätze – d. h. durch Sprache – gesagt (und, was auf dasselbe hinausläuft, *gedacht*) und was nicht durch Sätze ausgedrückt, sondern nur gezeigt werden kann. Dies ist, glaube ich, das Hauptproblem der Philosophie.“[8]

Die Grundidee der Abbildtheorie war es ja, eine Idealsprache – genauer gesagt: eine Ideal*schrift*[9] – zu entwickeln, deren Sätze die gleiche *logische Form* wie die Tatsachen der „Welt“ aufweisen sollten. Diese idealsprachliche Konzeption, von E. Stenius nicht zu Unrecht mit dem Kunstwort „Transzendentaler Lingualismus“

---

[5] Vgl. insbesondere Ch. Stetter, *Schrift und Sprache*, Ffm. 1997, Kap. 8 und 11; W. Wieland, *Platon und die Formen des Wissens*, 2. durchgesehene und um einen Anhang und ein Nachwort erweiterte Auflage, Göttingen 1999.

[6] Vgl. insbesondere *Krat.* 385b-391a.

[7] Vgl. hierzu auch das Kapitel *Sagen und Zeigen* meiner Studie *Wittgenstein und Platon. Sokratisch-platonische Dialektik im Lichte der wittgensteinschen Sprachspielkonzeption*, die in kürze publiziert wird.

[8] L. Wittgenstein, *Briefe. Briefwechsel mit B. Russell, G. E. Moore, J. M. Keynes, F. P. Ramsey, W. Eccles, P. Engelmann und L. von Ficker*, hg. von B. F. McGuiness und G. H. von Wright, übers. v. J. Schulte, Ffm. 1980, S. 88.

[9] Vgl. hierzu Ch. Stetter, *Schrift und Sprache*, a. a. O., S. 525 ff.

gekennzeichnet[10], basiert auf der Vorstellung einer strukturellen Isomorphie von Sprache und „Welt", von Satz und abgebildetem Sachverhalt. Transzendentalphilosophisch gesprochen: Die logische Strukturiertheit der Sprache ist die Bedingung der Möglichkeit von „Welterkenntnis".

Hierbei handelt es sich insofern um eine Gegenstandstheorie par excellence, als der „Name" den jeweiligen „Gegenstand" – ganz im fregeschen Sinne – „bedeutet".[11] Isoliert betrachtet hat der Name allerdings überhaupt keine Bedeutung, sondern nur im Zusammenhang des Satzes, dessen Bestandteil er ist.[12] Namen kommen nur in Sätzen, Gegenstände nur in Sachverhalten vor. So wie sich die Namen im Satz zueinander verhalten, so verhalten sich die Gegenstände im Sachverhalt zueinander.

Auf diese Theorie kam der junge Wittgenstein offenbar durch einen Zeitungsartikel, in dem beschrieben wurde, wie in einem Pariser Gerichtssaal ein Autounfall mit Figuren nachgestellt worden war: An der Konstellation der Figuren „zeigte sich" die Konstellation der beteiligten Fahrzeuge.[13] In Analogie hierzu sollten die Sätze der Idealsprache die Wirklichkeit buchstäblich widerspiegeln, also im wörtlichen Sinne „zeigen".[14] Jeder dieser Sätze „sagt" insofern etwas, als er ein (zutreffendes oder unzutreffendes) „Bild der Wirklichkeit"[15] ist, als ihm die illokutionäre Rolle einer Behauptung zukommt. *Was* der Satz aber behauptet, das „sagt" er laut Wittgenstein gerade nicht, sondern es „zeigt sich" in seiner logischen Form:

> „Der Satz *zeigt* seinen Sinn.
> Der Satz *zeigt*, wie es sich verhält, *wenn* er wahr ist.
> Und er *sagt*, *daß* es sich so verhält."[16]

---

[10] Vgl. E. Stenius, *Wittgensteins Traktat. Eine kritische Darlegung seiner Hauptgedanken* (= Theorie 2, hg. von H. Blumenberg, J. Habermas, D. Henrich und J. Taubes), übers. von W. Bader, Ffm. 1969, Kap. XI.

[11] Vgl. *Tlp* 3.203; vgl. auch G. Frege, *Über Sinn und Bedeutung*, in: ders., *Funktion, Begriff, Bedeutung. Fünf logische Studien*, 7. Aufl., Göttingen 1994, S. 40-66.

[12] Vgl. *Tlp* 3.3.

[13] Vgl. *TB*, S. 95. – Vgl. hierzu auch R. Monk, *Wittgenstein. Das Handwerk des Genies*, Stuttgart 1994, S. 136.

[14] Man kann sich diesen Gedanken näherungsweise anhand moderner Syntaxtheorien klarmachen. Das Verb „schicken" z. B. ist dreiwertig, es „verlangt" im Normalfall drei Ergänzungen: „Wittgenstein (1) schickt seinem Lehrer Russell (2) einen Brief (3)." – An der syntaktischen Struktur dieses Satzes „zeigt sich" die Struktur des abgebildeten Sachverhalts.

[15] Vgl. *Tlp* 4.01.

[16] *Tlp* 4.022.

Diese Formulierungen bringen den Grundgedanken der Abbildtheorie klar zum Ausdruck. Hier werden zwei kategorial verschiedene Funktionen von Sprache freigelegt, deren intrinsischen Zusammenhang D. Mersch in einem kürzlich erschienenen Aufsatz treffend als „Duplizität im Symbolischen" charakterisiert.[17] Jeder Satz sagt *und* zeigt etwas, wobei diese beiden Funktionen irreduzibel sind: keine von beiden kann auf die jeweils andere zurückgeführt werden. *Was* der Satz zeigt – seine logische Form – kann er nicht „mitsagen":

> „Der Satz kann die gesamte Wirklichkeit darstellen, aber er kann nicht das darstellen, was er mit der Wirklichkeit gemein haben muß, um sie darstellen zu können – die logische Form. Um die logische Form darstellen zu können, müßten wir uns außerhalb der Logik aufstellen können, das heißt außerhalb der Welt. [...] Was *sich* in der Sprache ausdrückt, können *wir* nicht durch sie ausdrücken. Der Satz *zeigt* die logische Form der Wirklichkeit. Er weist sie auf."[18]

Natürlich bedeutet dies nicht, daß das Zeigen nicht thematisiert, nicht *über* es reflektiert werden könnte. Allerdings könnte dies nur durch Formulierung weiterer Sätze geschehen, die wiederum jene Duplizität, jene „unendliche Spaltung" aufweisen würden. Der Versuch, das Zeigen durch das Sagen „einzuholen", führt somit – wie Mersch zu Recht feststellt – in einen infiniten Regreß, „der enthüllt, daß das Zeigen im Sagen chronisch unbestimmt bleibt, weil beide niemals zur Deckung gebracht werden können".[19]

Wenngleich Wittgenstein das Begriffspaar „Sagen"/„Zeigen" im, vordergründig betrachtet, engen Rahmen der Logikkonzeption des *Tractatus* einführt, deutet sich hier bereits das Programm der Spätphilosophie an: Die Wiederentdeckung und „Rehabilitierung" des *Performativen*. – Was sich im Vollzug der Sprache *zeigt*, kann letztlich nicht durch ein propositionales Wissen, ein Knowing-that eingeholt bzw. auf ein solches reduziert werden. Dieser Gedanke war beim Verfasser des *Tractatus* zwar noch nicht gereift. In der Feststellung, daß sich die logische Form nicht „sagen" lasse, da dies einen außerlogischen Standpunkt implizieren würde, den wir schlechterdings nicht einnehmen können, schimmert aber schon die Überzeugung des späten Wittgenstein durch, daß die Grammatik der „normalen Sprache" zur unhintergehbaren Basis des Philosophierens erklärt werden müsse. – „Die Logik muß für sich selbst sorgen" schreibt Wittgenstein im *Tractatus*; eine analoge Formulierung findet sich in der *Philosophischen Grammatik*, wobei er den Aus-

---

[17] Vgl. D. Mersch, *Das Sagbare und das Zeigbare. Wittgensteins frühe Theorie einer Duplizität im Symbolischen*, in: *prima philosophia* 12 / Heft 4 (1999), S. 85-94.

[18] *Tlp* 4.12 f.

[19] Vgl. D. Mersch, *Das Sagbare und das Zeigbare ...*, a. a. O., S. 89.

druck „Logik" nun durch „Sprache" ersetzt: „Die Sprache muß für sich selbst sprechen."[20]

Aber bereits im *Tractatus* überschreitet Wittgenstein den engen Rahmen einer reinen Logikabhandlung. Durchaus im Anschluß an Kants Bestrebungen, die Grenzen möglichen Wissens kritisch auszuloten[21], versucht der junge Wittgenstein das „Unsagbare" durch klare Darstellung des „Sagbaren" *anzudeuten*: „*Die Grenzen meiner Sprache* bedeuten die Grenzen meiner Welt."[22] – Das Undenkbare soll „von innen" durch das Denkbare, d. h. das sinnvoll Sagbare, begrenzt werden.[23] Hierzu ist es laut Wittgenstein nötig, „sinnlose" von „sinnvollen Sätzen" zu unterscheiden, wobei diese Ausdrücke – wie die meisten des *Tractatus* – nicht in einem alltagssprachlichen Sinne gemeint sind: Unter „sinnlosen Sätzen" versteht Wittgenstein Tautologien und Kontradiktionen, denn diese sind keine „Bilder von Tatsachen" und „sagen" daher nichts.[24] Als „sinnvolle Sätze" will er nur Sätze der Naturwissenschaften zulassen.[25]

Diese Sätze, die die Wirklichkeit „auf ja oder nein fixier<en>"[26], sind aber – daran läßt der junge Wittgenstein am Ende seiner Abhandlung keinerlei Zweifel – nicht im geringsten dazu geeignet, „unsere Lebensprobleme" zu lösen; sie berühren diese noch nicht einmal.[27] *Ethik* und *Ästhetik* liegen jenseits der Grenzen des wissenschaftlichen Sprachspiels, das im *Tractatus* reflektiert wird.[28] Das rein logisch-wissenschaftliche Denken wird, durchaus im sokratischen Sinne, in eine Aporie geführt.

Indem Wittgenstein die Grenzen des „sinnvoll Sagbaren" derart einengt, gibt er seinem Frühwerk eine ironische Wendung und verweist auf den viel wichtigeren Bereich des „Unsagbaren", des nicht in Propositionen Ausdrückbaren, das sich – nun in einem viel weiteren Sinne – nur *zeigen* kann. Diese „ungeschriebene Lehre" deutet Wittgenstein in einem Brief an L. von Ficker an:

> „ [...] der Sinn des Buches ist ein Ethischer. Ich wollte einmal in das Vorwort einen Satz geben, der nun tatsächlich nicht darin steht, den ich Ihnen aber jetzt schreibe, weil er Ihnen vielleicht ein Schlüssel sein wird: Ich wollte nämlich schreiben, mein Werk bestehe aus zwei Teilen: aus

---

[20] *Tlp* 5.473 und *PG*, S. 40.
[21] Vgl. hierzu auch J. Schulte, *Wittgenstein. Eine Einführung*, Stuttgart 1989. S. 64.
[22] *Tlp* 5.6.
[23] Vgl. *Tlp* 4.114 f.
[24] Vgl. *Tlp* 4.461 ff.
[25] Vgl. *Tlp* 6.53.
[26] Vgl. *Tlp* 4.023.
[27] Vgl. *Tlp* 6.52.
[28] Vgl. *Tlp* 6.42 f.

> dem, der hier vorliegt, und aus alledem, was ich *nicht* geschrieben habe. Und gerade dieser zweite Teil ist der Wichtige. Es wird nämlich das Ethische durch mein Buch gleichsam von Innen her begrenzt; und ich bin überzeugt, daß es, *streng*, NUR so zu begrenzen ist."[29]

In diesen Ausführungen eine Parallele zu Platons *Siebtem Brief* zu sehen, ist wohl nicht allzu weit hergeholt. „Das Bedeutendste" – hatte Platon dort geschrieben – läßt sich nicht in Lehrsätzen aufschreiben, es läßt sich überhaupt nicht in Worte fassen, sondern bedarf der häufigen gemeinsamen Bemühung und sogar eines gemeinsamen Lebens der Philosophierenden[30]:

> „Es gibt ja auch von mir darüber keine Schrift und kann auch niemals eine geben; denn es läßt sich keineswegs in Worte fassen wie andere Lerngegenstände, sondern aus häufiger gemeinsamer Bemühung um die Sache selbst und aus dem gemeinsamen Leben entsteht es plötzlich – wie ein Feuer, das von einem übergesprungenen Funken entfacht wurde – in der Seele und nährt sich dann schon aus sich heraus weiter."[31]

Eine ganz ähnliche Einstellung hatte sich der Verfasser des *Tractatus* zu eigen gemacht. Den „wichtigen Teil" seiner Lehre konnte er – aus ganz prinzipiellen Gründen – nicht aufschreiben. In einem bestimmten, in der Tat sehr „strengen" Sinne glaubte er daher, „die <philosophischen> Probleme im Wesentlichen endgültig gelöst zu haben." Den Wert seiner Arbeit sah er darin, „daß sie zeigt, wie wenig damit getan ist, daß diese Probleme gelöst sind".[32]

Er hatte seinen Lesern die Beschränktheit einer rein logisch-wissenschaftlichen Betrachtung der Welt, einer Fixierung auf die deskriptive Funktion von Sprache, die für unsere Geistesgeschichte so typisch ist, in aller Klarheit vor Augen geführt. Die Leiter, die er hinaufgestiegen war, konnte er nun wegwerfen und sich der Lebenspraxis bzw. der Alltagssprache zuwenden[33]; denn: „Wovon man nicht sprechen kann, darüber muß man schweigen"[34] – was einem propositionalen Wissen nicht zugänglich ist, das läßt sich bestenfalls „zeigen", in seinem Gebrauch vorführen.

---

[29] L. Wittgenstein, *Briefe ...*, a. a. O., S. 96.

[30] Vgl. hierzu auch E. Martens, *Die Sache des Sokrates*, Stuttgart 1992, Kap. 3.

[31] *Ep.* VII 341c f.

[32] Vgl. *Tlp*, Vorwort, S. 10.

[33] Vgl. *Tlp* 6.54.

[34] *Tlp* 7.

2 „Sagen" und „Zeigen" bei Wittgenstein und Platon

Der Sprachgestus der *Philosophischen Untersuchungen* ist somit konsequenterweise der des „Zeigens", was mit der *dialogischen Form* der Darstellung korrespondiert. Der späte Wittgenstein hat den Versuch, seine Überlegungen in ein mehr oder weniger geschlossenes System zu bringen, seine „Ergebnisse zu einem solchen Ganzen zusammenzuschweißen", endgültig aufgegeben[35]; stattdessen betont er den Übungscharakter seines Philosophierens.[36] Dennoch deutet auch die Spätphilosophie immer wieder auf jene „Grenze", die im *Tractatus* entgegen dem eigenen Sinnlosigkeitsverdikt thematisiert worden war. Das Begriffspaar „Sagen"/„Zeigen" wird nun im Rahmen der „Grammatik"[37] untersucht.

Die Grammatik der Alltagssprache nimmt beim späten Wittgenstein in gewisser Hinsicht die Rolle ein, die der Logik im *Tractatus* zukam.[38] Die logische Universalsprache weicht einer grammatischen Betrachtung verschiedenster Sprachspiele, deren Grundlagen Wittgenstein immer wieder reflektiert und „zeigend" aufdeckt, ohne sie in einem „metaphysischen" Sinne *erklären* zu wollen.[39] Hierbei tritt die Unterscheidung zwischen „empirischen" und „grammatischen" Sätzen[40] an die Stelle derjenigen von „sinnvollen" und „sinnlosen" Sätzen.

Empirische Sätze sind „Bilder von Tatsachen": Sie beschreiben empirische Sachverhalte und können daher wahr oder falsch sein. Man kann sich ihr *Gegenteil* vorstellen; man kann – wie Wittgenstein es ausdrückt – verstehen, „was es heißt, sich ein Bild vom Gegenteil zu machen".[41] Bei grammatischen bzw. logischen Sätzen wie „Jeder Stab hat eine Länge", „Empfindungen sind privat" usw. verhält es sich dagegen vollkommen anders. Solche Sätze beschreiben keine Sachverhalte; sie „sagen" nichts, sondern in ihnen *zeigen* sich die historisch geronnenen Regeln unseres Sprachgebrauchs.

Gerade mit der Kategorie des grammatischen Satzes deutet auch der späte Wittgenstein auf die Grenzen des Denkbaren, des sinnvoll Sagbaren. Indem er den Begriff des „Weltbilds" einführt, kommt nun allerdings ein gänzlich neuer Aspekt,

---

[35] Vgl. *PU*, S. 231 (Vorwort).

[36] Vgl. *PU*, S. 231-233 (Vorwort); vgl. hierzu auch F. Kambartel, *Wittgensteins späte Philosophie. Zur Vollendung von Kants Kritik der wissenschaftlichen Aufklärung*, in: ders., *Philosophie der humanen Welt*, Ffm. 1989, S. 146-159.

[37] Wittgenstein legt einen sehr weitgefaßten Grammatikbegriff zugrunde: Syntax, Semantik und Pragmatik werden nicht isoliert betrachtet, sondern gehören untrennbar zusammen.

[38] Vgl. hierzu auch J. Schulte, *Wittgenstein. Eine Einführung*, a. a. O., S. 112 ff.

[39] Vgl. *PU* 109.

[40] Vgl. u. a. *PU* 248 und 251 f.

[41] Vgl. *PU* 251.

nämlich das Problem kultur- bzw. sprachspezifischer Grenzen ins Spiel – ein in der Tat relevanter Unterschied zur Frühphilosophie, auf den insbesondere „relativistische" Wittgenstein-Deutungen sich zu stützen pflegen.[42]

Durch die Thematisierung grammatischer Sätze, die in unseren alltäglichen Sprachspielen normalerweise nicht formuliert, sondern implizit vorausgesetzt werden, verweist Wittgenstein auf die Grundlagen unseres Weltbilds, auf jenen „überkommene<n> Hintergrund, auf welchem ich zwischen wahr und falsch unterscheide".[43] Unser Weltbild zeigt sich gerade in solchen Überzeugungen, die zur Disposition zu stellen wir weder willens noch fähig sind. Nicht die theoretische Erkenntnis „metaphysischer Wahrheit", sondern eine in der Regel unbewußt vorausgesetzte „Übereinstimmung in den Urteilen" verschafft uns jenes „blinde Vertrauen"[44], das wir benötigen, um uns im praktischen Leben orientieren zu können:

> „‚So sagst du also, daß die Übereinstimmung der Menschen entscheide, was richtig und was falsch ist?' – Richtig und falsch ist, was Menschen *sagen*; und in der *Sprache* stimmen die Menschen überein. Dies ist keine Übereinstimmung der Meinungen, sondern der Lebensform.
> Zur Verständigung durch die Sprache gehört nicht nur eine Übereinstimmung in den Definitionen, sondern (so seltsam dies klingen mag) eine Übereinstimmung in den Urteilen."[45]

Diese „Urteile", in denen wir übereinstimmen, lassen sich insofern mit den „grammatischen Sätzen" in Verbindung bringen, als wir sie – im Gegensatz zu individuellen Meinungen – normalerweise nicht in Frage stellen. Sie bilden gewissermaßen die „Grundmauer" unserer Überzeugungen, von der man „beinahe sagen <könnte>, sie werde vom ganzen Haus getragen".[46] Wie diese Metapher verdeutlicht, sind die Urteile nicht als Prämissen eines axiomatischen Systems zu verstehen, sondern in ihnen *zeigt* sich unser Weltbild.

Damit wird keineswegs *behauptet*, daß sich „unsere" Urteile grundlegend von denen anderer Weltbilder unterscheiden. Es wird lediglich eine gewisse Vorsicht angemahnt, wenn wir versuchen, unsere unhinterfragten (Vor-)Urteile generell

---

[42] Dies gilt insbesondere für die neueren Arbeiten von Richard Rorty; vgl. u. a. R. Rorty, *Kontingenz, Ironie und Solidarität*, übers. von Ch. Krüger, 5. Aufl., Ffm. 1999.

[43] Vgl. *ÜG* 94, S. 139.

[44] Vgl. *PU* 219.

[45] Vgl. *PU* 241 f.

[46] Vgl. *ÜG* 248, S. 169. – Zu Wittgensteins Unterscheidung zwischen „Urteil" und „Meinung" vgl. Ch. Stetter, *Sprachkritik und Transformationsgrammatik. Zur Bedeutung der Philosophie Wittgensteins für die sprachwissenschaftliche Theoriebildung*, Düsseldorf 1974, S. 84.

auf andere Weltbilder zu übertragen bzw. in solche zu übersetzen. Vor allem aber wird mit Nachdruck darauf hingewiesen, *daß* wir solche Urteile implizit voraussetzen, daß wir, so möchte ich hinzufügen, solche Urteile sogar voraussetzen *müssen*, damit unser Weltbild funktionieren kann. Wir können nicht alles ständig in Frage stellen, wenn – um mit Platon zu sprechen – „einer von uns auch nur jedesmal den Weg nach Hause finden will".[47]

Allerdings handelt es sich bei einem „Weltbild" laut Wittgenstein nicht um ein geschlossenes, unveränderliches System: Die Möglichkeit, daß empirische zu grammatischen Sätzen werden und umgekehrt, läßt er offenkundig zu. Dies belegen folgende, innerhalb der Sekundärliteratur äußerst kontrovers diskutierte[48] Abschnitte aus *Über Gewißheit*, in denen Wittgenstein seine berühmte Flußbettmetapher entfaltet:

> „Man könnte sich vorstellen, daß gewisse Sätze von der Form der Erfahrungssätze erstarrt wären und als Leitung für die nicht erstarrten flüssigen Erfahrungssätze funktionierten; und daß sich dies Verhältnis mit der Zeit änderte, indem flüssige Sätze erstarrten und feste flüssig würden.
> Die Mythologie kann wieder in Fluß geraten, das Flußbett der Gedanken sich verschieben. Aber ich unterscheide zwischen der Bewegung des Wassers im Flußbett und der Verschiebung dieses; obwohl es eine scharfe Trennung der beiden nicht gibt.
> Wenn aber Einer sagte ‚Also ist auch die Logik eine Erfahrungswissenschaft', so hätte er Unrecht. Aber dies ist richtig, daß der gleiche Satz einmal als von der Erfahrung zu prüfen, einmal als Regel der Prüfung behandelt werden kann.
> Ja, das Ufer jenes Flusses besteht zum Teil aus hartem Gestein, das keiner oder einer unmerkbaren Änderung unterliegt, und teils aus Sand, der bald hier und bald dort weg- und angeschwemmt wird."[49]

In diesen literarisch, fast poetisch anmutenden Formulierungen unterscheidet Wittgenstein zunächst zwischen „flüssigen" (empirischen) Sätzen und „erstarrten" (grammatischen) Sätzen, die den „flüssigen" als Leitung dienen sollen. Die empirischen Sätze können nur deshalb an der Erfahrung geprüft werden, weil uns die grammatischen als *Regeln der Prüfung* zur Verfügung stehen. Umgekehrt können die grammatischen Sätze *als* Regeln niemals an der Erfahrung geprüft werden, da sie solches Prüfen allererst ermöglichen, ihm *logisch* vorausgehen.

---

[47] Vgl. *Phil.* 62b.

[48] Vgl. hierzu W. Kellerwessel, *Zum Begriff der Gewißheit in Wittgensteins „Über Gewißheit" und seinen Implikationen. Ein Kommentar*, in: ders./Th. Peuker (Hg.), *Wittgensteins Spätphilosophie. Analysen und Probleme*, Würzburg 1998, S. 227-255.

[49] ÜG 96-99, S. 140.

Einen ähnlichen Zusammenhang hatte Wittgenstein bereits in den *Philosophischen Untersuchungen* im Blick, als er schrieb, von *einem* Ding könne man weder sagen, „es sei 1 m lang, noch, es sei nicht 1 m lang" – nämlich vom *Urmeter* in Paris.[50] Das Urmeter kann nicht gemessen werden, sondern wird beim Sprachspiel des Messens als *Maßstab* vorausgesetzt; es fungiert hier als *Paradigma*, als „etwas, womit verglichen wird": dies ist „seine eigenartige Rolle im Spiel des Messens mit dem Metermaß".[51]

Mit seiner Konzeption des grammatischen Satzes und der Metapher vom Urmeter als Paradigma rekurriert Wittgenstein auf die Bedingungen der Möglichkeit unserer Sprachspiele und berührt damit einen ähnlichen Punkt wie Kant mit seinen *analytischen und synthetischen Urteilen a priori*.[52] Während Kants Überlegungen allerdings auf ein universales, kultur- bzw. weltbildunabhängiges Apriori abzielen, macht Wittgenstein mit seiner Flußbettmetapher anschaulich, daß sich das Verhältnis von empirischen und grammatischen Sätzen, von Gemessenem und Maßstab, mit der Zeit verschieben kann, „indem flüssige Sätze erstarrten und feste flüssig würden."[53] Das Apriori verliert somit seinen apodiktischen Charakter; man könnte in diesem Sinne von einem „*historischen* Apriori der Sprachspiele" sprechen.[54] – Um in der Metapher des Urmeters zu bleiben: In einem anderen Sprachspiel könnte das Urmeter durchaus gemessen werden, aber dann fungierte es eben nicht mehr *als* Urmeter, sondern hätte eine andere Rolle.

Obwohl ein und derselbe Satz also mal „als von der Erfahrung zu prüfen", mal „als Regel der Prüfung behandelt werden kann"[55], machen oben zitierte Abschnitte aus *Über Gewißheit* deutlich, daß auch für Wittgenstein nicht „alles im Fluß ist"; Heraklits berühmtes Diktum hat er sich keineswegs zu eigen gemacht. Eine scharfe Trennung „zwischen der Bewegung des Wassers im Flußbett und der Verschiebung dieses" gibt es zwar nicht; darüber hinaus spricht Wittgenstein aber auch vom „Ufer jenes Flusses", das „zum Teil aus hartem Gestein" besteht und

---

[50] Vgl. *PU* 50. – Vgl. hierzu R.-P. Hägler, *Platons ‚Parmenides' – Probleme der Interpretation*, Berlin/New York 1983, S. 26-31 und A. Graeser, *Platons Ideenlehre*, Bern/Stuttgart 1975, S. 38 (Fußnote 19).

[51] Vgl. *PU* 50.

[52] Vgl. hierzu auch M. Gatzemeier, *Das zweifache Apriori in den analytischen und synthetischen Urteilen Kants*, in: Ch. Demmerling/G. Gabriel/T. Rentsch (Hg.), *Vernunft und Lebenspraxis*, Ffm. 1995, S. 79-102

[53] Vgl. *ÜG* 96, S. 140.

[54] Vgl. hierzu Ch. Stetter, *Sprachkritik und Transformationsgrammatik* ..., a. a. O., S. 89 ff.

[55] Vgl. *ÜG* 98, S. 140.

„keiner oder einer unmerkbaren Änderung unterliegt".[56] – Die Möglichkeit mehr oder weniger fester Grundlagen von Weltbildern wird somit offenbar in Betracht gezogen.[57]

Will man sich Klarheit über das „harte Gestein" *unseres* abendländischen, wissenschaftlichen Weltbilds verschaffen, so ist es fast unabdinglich, zweieinhalbtausend Jahre in unserer Geistesgeschichte zurückzugehen und sich mit Texten von Platon und Aristoteles zu beschäftigen, denn hier wurden zweifelsohne die Grundsteine gelegt. Gerade in Platons „Ideen"hypothese[58], die vor allem im *Parmenides* eingehend diskutiert wird, zeigt sich *die* Leitidee formaler Wissenschaft, die ihrerseits untrennbar mit der Entwicklung der Alphabetschrift verbunden ist: das Prinzip der *Identität.*[59]

Dieses Prinzip liegt bereits der methodischen Unterscheidung von Referenz und Prädikation zugrunde. Jedes logische Subjekt ist immer schon in bestimmter Hinsicht als *etwas*, als etwas Identifizierbares, gefaßt, da das mit dem Nominator gekennzeichnete Referenzobjekt von allen anderen Referenzobjekten unterschieden wird. Das dabei vorausgesetzte „Sein" des Redegegenstands bedeutet etwas anderes als seine (kontingente) Existenz: Der epistemische Charakter des Wissens ist „nicht an das Kriterium der Faktizität eines Gegebenen gebunden", sondern an die *Logik*: an die Art und Weise des *Darüber-redens.*[60] Im Akt der Prädikation zeigt sich, daß ich den Redegegenstand als gegeben voraussetze. – Hieraus erklärt sich übrigens auch, warum Wittgenstein den Satz „Es gibt Gegenstände" im *Tractatus* als „unsinnigen Scheinsatz" verbannen will[61], denn das Gegebensein des logischen Gegenstands wird bei allem Urteilen bereits vorausgesetzt und kann daher nicht „gesagt" werden.

Genau in diese Richtung zielt auch die eleatische Argumentation im ersten Teil des *Parmenides*: Die *Methexis* ist nichts, was im Sinne eines propositionalen Wissens „gesagt" bzw. bewiesen werden könnte; alle Versuche, eine entsprechende *Theorie* zu formulieren sind von vornherein zum Scheitern verurteilt. Dennoch ist Parmenides bis zum Schluß nicht bereit, auf die „Ideen"hypothese zu verzichten,

---

[56] Vgl. *ÜG* 99, S. 140.

[57] Vgl. hierzu W. Kellerwessel, *Zum Begriff der Gewißheit* ..., a. a. O., S. 246 ff.

[58] Der geläufige Terminus „Ideen*lehre*" ist im Grunde genommen irreführend, da Platon eine systematische *Lehre* im Sinne eines mehr oder weniger geschlossenen Systems von Lehrsätzen keineswegs – zumindest nicht in schriftlich fixierter Form – hinterlassen hat. Es bietet sich daher an, stattdessen von einer „Ideenhypothese" oder „-annahme" zu sprechen. Vgl. hierzu W. Wieland, *Platon und die Formen des Wissens*, a. a. O., S. 95 f.

[59] Vgl. hierzu Ch. Stetter, *Schrift und Sprache*, a. a. O., S. 337 und 356.

[60] Vgl. ebd., S. 348.

[61] Vgl. *Tlp* 4.1272.

denn dies würde wahrheitsorientiertes Reden gänzlich unmöglich machen, „die Möglichkeit des Gesprächs völlig vernichten."[62]

An dieser zentralen Textstelle wird die – wenn man so will – „metaphysische" Voraussetzung formaler Wissenschaft offengelegt, die aufs engste mit der illokutionären Funktion des Behauptens verbunden ist und erst durch die *Schriftlichkeit* des Verfahrens ermöglicht wurde: Das Prinzip der Identität ist das „harte Gestein" des wissenschaftlichen Sprachspiels, seine „stillschweigende Voraussetzung".[63] Es ist daher gewiß kein Zufall, daß Wittgenstein im Zusammenhang seiner Flußbettmetapher ausgerechnet auf die Logik zu sprechen kommt.[64]

Ebensowenig, wie man vom Urmeter sinnvollerweise sagen kann, es sei einen Meter lang, lassen sich die „platonischen Ideen" inhaltlich bestimmen; vielmehr fungieren sie als implizite Bezugspunkte sinnvoller Rede schlechthin. Die Platon häufig unterstellte „Selbstprädikationsannahme"[65], wonach beispielsweise die „Idee des Großen" selbst „groß" zu nennen wäre, beruht dagegen auf einer naiven Verdinglichung, die zwangsläufig zu logischen Widersprüchen und Iterationsproblemen führt – dies ist eine der Lektionen, die der junge Sokrates im *Parmenides* zu lernen hat.

Sicherlich sollte man die „Ähnlichkeiten" zwischen Platon und Wittgenstein nicht überstrapazieren. – Platon war ein „Universalist" par excellence, er zielte auf „objektive Wahrheit" ab; die Relativität der Sprachspiele hatte er selbstverständlich noch nicht im Blick. Möglicherweise hat er sogar an die „Existenz" der „Ideen" *geglaubt*. Der entscheidende Punkt ist aber folgender: Platon war sich darüber im klaren, daß ein propositionales Wissen *über* die „Ideen" aus prinzipiellen Gründen nicht erreichbar ist. Die Aporien einer verdinglichenden Metaphysik hat er in aller Deutlichkeit gesehen. Wittgensteins Metaphysikkritik, die m. E. in erster Linie Verdinglichungskritik ist, trifft ihn daher nur partiell, wenngleich Wittgenstein gerade ihn immer wieder zum Angriffspunkt seiner sprachkritischen Überlegungen gemacht hat.[66]

Wie Wittgenstein vor allem in den *Philosophischen Untersuchungen* zeigen will, führt jeder Versuch, über das „Unsagbare" zu reden, zu „metaphysischem Un-

---

[62] *Parm.* 135b f. – Vgl. hierzu E. Martens, *Nachwort* zu: Platon: *Parmenides*. Griechisch und Deutsch, übers. und hg. von Ekkehard Martens, Stuttgart 1987, S. 177-206.

[63] Vgl. *PU* II, S. 498.

[64] Vgl. *ÜG* 98, S. 140; vgl. hierzu auch *ÜG* 401, wo Wittgenstein schreibt, die „Sätze der Logik" gehörten zum „Fundament alles Operierens mit Gedanken".

[65] Vgl. hierzu G. Vlastos, *The Third Man Argument in the ‚Parmenides'*, in: G. E. Allen (Hg.), *Studies in Platos Metaphysics*, London 1965, S. 231-263; R.-P. Hägler, *Platons ‚Parmenides'* ..., a. a. O., S. 9-12.

[66] Vgl. u. a. *Ms* 302.14; *BlB*, S. 40 f.; *PG*, S. 56; *PU* 46-50.

sinn". Die Ergebnisse solcher Versuche entlarvt er als „Beulen, die sich der Verstand beim Anrennen an die Grenze der Sprache geholt hat".[67] Die Existenz der „Ideen" wird dabei allerdings von Wittgenstein weder bestritten noch behauptet; damit würde er sich auch eine viel zu große Beweislast aufhalsen. Stattdessen empfiehlt er einen grundlegenden Perspektivenwechsel: „Die Betrachtung muß gedreht werden, aber um unser eigentliches Bedürfnis als Angelpunkt."[68]

An solchen von Wittgenstein aufgestöberten „Beulen" hat es in unserer Geistesgeschichte in der Tat nicht gemangelt; die platonistische Tradition ist bis heute durch Bemühungen gekennzeichnet, eine dogmatische „Ideenlehre" Platons zu rekonstruieren.[69] Obwohl Platon mit einigen mißverstandenen und wohl zum Teil auch mißverständlichen Äußerungen sicherlich die Weichen für diese Entwicklung mit gestellt hat[70], gilt es, klar zwischen ihm und den unzähligen Schulen, die sich auf ihn berufen, zu unterscheiden. Daß gerade seine Philosophie häufig als Paradebeispiel einer verdinglichenden Metaphysik angeführt wird, entbehrt nicht einer gewissen Ironie und geht m. E. vor allem auf verhärtete Lehrmeinungen innerhalb der Rezeptionsgeschichte zurück. Um es pointierter zu formulieren: Die sogenannte „platonische Ideenlehre" ist nicht zuletzt eine Erfindung der platonistischen und auch der *anti*-platonistischen Tradition, die bereits mit Aristoteles' Platon-Kritik ihren Anfang nahm.

Liest man Platons Texte genauer und beachtet dabei insbesondere die Dialogregie, so zeigt sich sein starkes Gespür für die Grenzen des „Sagbaren", das in dieser Ausprägung sonst wohl nur bei Wittgenstein, ansatzweise noch bei Kant zu finden ist. Neben dem Wenigen, was in den platonischen Dialogen über die „Ideen" gesagt wird, gilt es auch immer, sein Augenmerk auf das zu richten, was *nicht* gesagt wird, was – wittgensteinisch ausgedrückt – gar nicht „gesagt", sondern nur „gezeigt" werden kann.

Gerade dadurch, daß Platon seine Texte in Dialogform verfaßt, verschafft er sich die Möglichkeit, verschiedene Formen des Wissens in ihrer *Funktion* vorzuführen. Das *propositionale* Wissen („Satzwissen") manifestiert sich in dem, *was* in den Dialogen jeweils gesagt bzw. behauptet wird und kann auf seinen „propositionalen Gehalt" hin überprüft werden. Daneben repräsentieren Sokrates und seine Gesprächspartner aber auch Formen eines *nichtpropositionalen* Wissens, eines

---

[67] Vgl. *PU* 119.

[68] *PU* 108.

[69] Vgl. vor allem K. Gaiser, *Platons ungeschriebene Lehre. Studien zur systematischen und geschichtlichen Begründung der Wissenschaften in der Platonischen Schule*, Stuttgart 1963; vgl. auch H. Dörrie, *Von Platon zum Platonismus. Ein Bruch in der Überlieferung und seine Überwindung*, Opladen 1976.

[70] Vgl. hierzu M. Kraus, *Platon*, in: T. Borsche (Hg.), *Klassiker der Sprachphilosophie*, München 1996, S. 15-32; hier: S. 20.

„Gebrauchswissens" bzw. „Knowing-how", welches von Platon mittels der Dialogregie vorgeführt, in der Regel aber nicht thematisiert oder analysiert wird. Anders ausgedrückt: Außer dem, was in den Dialogen gesagt wird, richtet Platon das Interesse des Lesers immer auch auf die Dialog*handlung*, auf das, was in den Dialogen passiert, insbesondere auf das, was passiert, *indem* etwas gesagt wird.[71]

Hieran allein erkennt man schon die spezifischen Möglichkeiten der dialogischen Form, denn das nichtpropositionale Wissen, das sich in den platonischen Texten *zeigt*, kann zwar zum Gegenstand eines propositionalen Wissens gemacht, nicht aber auf ein solches zurückgeführt bzw. reduziert werden: es hat kategoriale Eigenständigkeit.[72] – Diesen fundamentalen Sachverhalt macht sich Platon auch im Rahmen seiner „Ideen"hypothese zunutze: Um einer Verdinglichung der „Ideen" zu entgehen, vermeidet er es, sie direkt zu thematisieren; stattdessen werden die verschiedenen Funktionen der „Ideen" in den Dialogen vorgeführt bzw. „gezeigt". Wenn überhaupt einmal der Versuch unternommen wird, in apophantischer Rede über sie zu sprechen, so geschieht dies – wie im *Sophistes* und im *Parmenides* – in eindeutig kritischer Absicht, nämlich mit dem Ziel, solche Aussagen ad absurdum zu führen.

3 Platon – ein „Sprachskeptiker"?

Sicherlich war Platons Verhältnis zur Sprache ambivalent. Er war der festen Überzeugung, daß sich wirkliches philosophisches Wissen nicht in Form von Lehrsätzen formulieren, geschweige denn aufschreiben läßt – die zitierte Passage aus dem *Siebten Brief* und auch die Schriftkritik im *Phaidros* dokumentieren diese Haltung in eindeutiger Weise. Hieraus jedoch eine prinzipielle Sprachskepsis bei Platon herleiten zu wollen, halte ich für verfehlt. Vielmehr läßt sich seine Sprachauffassung im Lichte der wittgensteinschen Unterscheidung von „Sagen" und „Zeigen" verständlich machen; meine These lautet dementsprechend: Platons Skepsis gegenüber der erkenntniskonstitutiven Funktion von Sprache bezieht sich hauptsächlich auf das, was im Sinne eines propositionalen Wissens „gesagt" werden kann, nicht auf das, was sich im Dialog „zeigt". Nach „häufiger, gemeinsamer Bemühung um die Sache selbst" zeigen sich die „Ideen" plötzlich.[73] Die Kenntnis einer wie auch immer gearteten „ungeschriebenen Lehre" kann diesen mühevollen

---

[71] Vgl. W. Wieland, *Platon und die Formen des Wissens*, a. a. O., S. 101.

[72] Vgl. hierzu auch *PU* 78, wo Wittgenstein Beispiele für kategorial verschiedene Formen des Wissens anführt: „wissen, wie viele m hoch der Mont Blanc ist"; „wissen, wie das Wort ‚Spiel' gebraucht wird"; „wissen, wie eine Klarinette klingt".

[73] Vgl. *Ep.* VII 341c f.

Weg nicht ersetzen. Die Erfahrungen, die der Philosophierende auf diesem Weg zu machen hat, lassen sich in keinem Fall durch die Rekonstruktion seines *Ziels* ersetzen. Hinter der ungeschriebenen (und auch der geschriebenen) Lehre Platons steht – wie W. Wieland es pointiert formuliert – „ein nichtpropositionales Wissen, das praktiziert und vielleicht aufgezeigt, aber eben nicht in Gestalt von Sätzen mitgeteilt werden kann."[74]

Das sokratisch-platonische Postulat, das „Denken in Gang zu halten", auch wenn eine endgültige Lösung nicht in Sicht ist, korrespondiert mit der Dialogform, die uns die Mündlichkeit und die dazu passende Unabgeschlossenheit sokratischen Philosophierens „hautnah" miterleben läßt. Die Dialogform ermöglicht es, dem Philosophen Sokrates sozusagen „live" bei seiner Tätigkeit zuzusehen. Wie vor allem die Frühdialoge zeigen, ist sokratisch-platonische Dialektik – ganz ähnlich wie die Spätphilosophie Wittgensteins – wesentlich eine dialogisch organisierte *Praxis*.

Platons Texte gewinnen ihre bis heute fortdauernde Faszination m. E. unter anderem dadurch, daß sie in einer Epoche des Umbruchs von einer oralen in eine literale Kultur entstanden sind[75]: Einerseits legt Platon die logischen Grundlagen für die Herausbildung formaler Wissenschaft; andererseits hat sein Begriff von Dialektik noch starke Bezüge zur Mündlichkeit seines „Lehrers" Sokrates, der sein spezifisches Wissen nicht im herkömmlichen Sinne lehrt, sondern durch seine Persönlichkeit *verkörpert*. Die Logik hat sich hier noch nicht „verselbständigt", sie ist noch nicht zum Fetisch geworden, sondern ist eingebunden in die sokratische Argumentationspraxis. Hier geht es nicht um metaphysische Lehrgebäude, sondern – wie Parmenides es ausdrückt – um die *Möglichkeit des Gesprächs*.[76]

Verzeichnis der verwendeten Abkürzungen

BlB	Wittgenstein: *Das Blaue Buch*, in: L. Wittgenstein, *Werkausgabe in 8 Bänden*, Bd. 5, Ffm. 1984.
Ep. VII	Platon, *Siebter Brief* – Platons Werke werden, sofern nicht anders angegeben, nach der Werkausgabe der Wissenschaftlichen Buchgesellschaft (s. Bibliographie) unter Angabe der Stephanus-Numerierung zitiert.
Krat.	Platon, *Kratylos*

---

[74] Vgl. W. Wieland, *Platon und die Formen des Wissens*, a. a. O., S. 329.

[75] Vgl. Ch. Stetter, *Schrift und Sprache*, a. a. O., Kap.8.

[76] Vgl. hierzu auch J. Mittelstraß, *Versuch über den sokratischen Dialog*, in: ders., *Wissenschaft als Lebensform*, Frankfurt 1982, S. 138-161.

Men.	Platon, *Menon*
Ms	Wittgenstein: unveröffentlichte Manuskripte, zitiert in: G. Hallet, *A Companion to Wittgensteins „Philosophical Investigations"*, Ithaca/London 1977.
Parm.	Platon, *Parmenides* – Im Gegensatz zu den anderen Dialogen wird der *Parmenides* nicht nach der schleiermacherschen Übersetzung, sondern nach der von E. Martens zitiert (Platon, *Parmenides*. Griechisch und Deutsch, übers. und hg. von Ekkehard Martens, Stuttgart 1987).
PG	Wittgenstein, *Philosophische Grammatik*, in: *Werkausgabe*, Bd. 4.
Phil.	Platon, *Philebos*
PU/PU II	Wittgenstein, *Philosophische Untersuchungen*, in: *Werkausgabe*, Bd. 1 – Der erste Teil wird als *PU* mit Angabe der Abschnittsnummer (ohne Seitenzahl), der zweite Teil als *PU II* mit Angabe der Seitenzahl zitiert.
TB	Wittgenstein, *Tagebücher 1914 - 1916*, in: *Werkausgabe*, Bd. 1.
Tlp	Wittgenstein, *Tractatus logico-philosophicus*, in: *Werkausgabe*, Bd. 1. – Der *Tractatus* wird, wie üblich, mit der Dezimalnumerierung zitiert.
ÜG	Wittgenstein: *Über Gewißheit*, in: *Werkausgabe*, Bd. 8. – *ÜG* wird mit Angabe der Abschnittsnummer und der Seitenzahl zitiert.

Literaturverzeichnis

Dörrie, H.: *Von Platon zum Platonismus. Ein Bruch in der Überlieferung und seine Überwindung*, Opladen 1976.

Frege, G.: *Über Sinn und Bedeutung*, in: ders.: *Funktion, Begriff, Bedeutung. Fünf logische Studien*, hg. von G. Patzig, 7. bibliographisch ergänzte Aufl., Göttingen 1994.

Gaiser, K.: *Platons ungeschriebene Lehre. Studien zur systematischen und geschichtlichen Begründung der Wissenschaften in der Platonischen Schule*, Stuttgart 1963.

Gatzemeier, M.: *Sprachphilosophische Anfänge*, in: M. Dascal/D. Gerhardus/K. Lorenz/G. Meggle (Hg.): *Sprachphilosophie. Ein internationales Handbuch zeitgenössischer Forschung*, Berlin/New York 1992, S. 1-17.

Gatzemeier, M.: *Das zweifache Apriori in den analytischen und synthetischen Urteilen Kants*, in: Ch. Demmerling/G. Gabriel/T. Rentsch (Hg.): *Vernunft und Lebenspraxis*, Ffm. 1995, S. 79-102.

Graeser, A.: *Platons Ideenlehre*, Bern/Stuttgart 1975.

Hägler, R.-P.: *Platons „Parmenides" – Probleme der Interpretation*, Berlin/New York 1983.

Hallet, G.: *A Companion to Wittgensteins „Philosophical Investigations"*, Ithaca/London 1977.

Kambartel, F.: *Wittgensteins späte Philosophie. Zur Vollendung von Kants Kritik der wissenschaftlichen Aufklärung*, in: ders., *Philosophie der humanen Welt*, Ffm. 1989, S. 146-159.

Kellerwessel, W.: *Zum Begriff der Gewißheit in Wittgensteins „Über Gewißheit" und seinen Implikationen. Ein Kommentar*, in: ders./Th. Peuker (Hg.), *Wittgensteins Spätphilosophie. Analysen und Probleme*, Würzburg 1998, S. 227-255.

Krämer, H. J.: *Arete bei Platon und Aristoteles – zum Wesen und zur Geschichte der platonischen Ontologie*, Heidelberg 1959.

Kraus, M.: *Platon*, in: T. Borsche (Hg.): *Klassiker der Sprachphilosophie*, München 1996, S. 15-32.

Martens, E.: *Die Sache des Sokrates*, Stuttgart 1992.

Martens, E.: *Nachwort* zu: Platon: *Parmenides*. Griechisch und Deutsch, übers. u. hg. von Ekkehard Martens, Stuttgart 1987, S. 177-206.

Mersch, D.: *Das Sagbare und das Zeigbare. Wittgensteins frühe Theorie einer Duplizität im Symbolischen*, in: *prima philosophia* 12 / Heft 4 (1999), S. 85-94.

Mittelstraß, J.: *Versuch über den sokratischen Dialog*, in: ders.: *Wissenschaft als Lebensform*, Ffm. 1982, S. 138-161.

Monk, R.: *Wittgenstein. Das Handwerk des Genies*, übers. von H. G. Holl und E. Rathgeb, Stuttgart 1994.

Platon: *Werke in acht Bänden*. Griechisch und Deutsch, übers. von Friedrich Schleiermacher, hg. von Gunther Eigler, Darmstadt 1990.

Platon: *Parmenides*. Griechisch und Deutsch, übers. und hg. von Ekkehard Martens, Stuttgart 1987.

Rorty, R.: *Kontingenz, Ironie und Solidarität*, übers. von Ch. Krüger, 5. Aufl., Ffm. 1999 [1. Aufl. 1992].

Schulte, J.: *Wittgenstein. Eine Einführung*, Stuttgart 1989.

Stenius, E.: *Wittgensteins Traktat. Eine kritische Darlegung seiner Hauptgedanken* (= Theorie 2, hg. von H. Blumenberg, J. Habermas, D. Henrich und J. Taubes), übers. von W. Bader, Ffm. 1969.

Stetter, Ch: *Sprachkritik und Transformationsgrammatik. Zur Bedeutung der Philosophie Wittgensteins für die sprachwissenschaftliche Theoriebildung*, Düsseldorf 1974.

Stetter, Ch.: *Platon – „Kratylos"*, in: H. Siepmann/F.-R. Hausmann (Hg.), *Vom „Rolandslied" zum „Namen der Rose"*. Meisterwerke der Weltliteratur

Bd. 1. Ringvorlesung der Philosophischen Fakultät der RWTH Aachen im WS 1986/87, Bonn 1987, S. 172-192.

Stetter, Ch: *Schrift und Sprache*, Ffm. 1997.

Vlastos, G.: *The Third Man Argument in the „Parmenides"*, in: G. E. Allen (Hg.), *Studies in Platos Metaphysics*, London 1965, S. 231-263.

Wieland, W.: *Platon und die Formen des Wissens*, 2. durchgesehene und um einen Anhang und ein Nachwort erweiterte Auflage, Göttingen 1999 [1. Aufl. 1982].

Wittgenstein, L.: *Werkausgabe in 8 Bänden*, Ffm. 1984.

Wittgenstein, L.: *Briefe. Briefwechsel mit B. Russell, G. E. Moore, J. M. Keynes, F. P. Ramsey, W. Eccles, P. Engelmann und L. von Ficker*, hg. von B. F. McGuiness und G. H. von Wright, übers. von J. Schulte, Ffm. 1980.

CHRISTIAN STETTER

Über die Schwierigkeiten, die Alphabetschrift zu erlernen

> „Unser Körper ist das einzige Ding in der Welt, das wir gewöhnlich nie als Gegenstand, sondern *als* die Welt erfahren, auf die wir von unserem Körper aus unsere Aufmerksamkeit richten.“[1]

0 Das Problem: ein neues Medium lernen

Unternimmt es ein im Alphabet literalisierter Europäer, Chinesisch oder Japanisch zu lernen, so sieht er sich in der Regel bald vor eine Schwierigkeit gestellt, die kaum bewältigbar scheint: Wie sollte es möglich sein, in absehbarer Zeit Tausende von Zeichen so zu erlernen, daß man nicht nur hie und da etwas entziffern, sondern sich in dieser Schrift ausdrücken kann. Wie leicht ist es demgegenüber, das Alphabet zu erlernen. Es besteht aus nicht einmal dreißig Zeichen, ist im Prinzip eine Lautschrift.[2] Hat man einmal begriffen, wie es funktioniert, kann man jedes Wort seiner Sprache schreiben. Der Schriftunterricht müßte also bei uns ein Kinderspiel sein, die Didaktik einfach. Erstaunlicherweise ist dies nicht der Fall. Viele Kinder haben große Schwierigkeiten, den Gebrauch des Alphabets, also lesen und vor allem schreiben zu lernen. Die Quote derjenigen, bei denen man eine Lese-Rechtschreibschwäche konstatiert, nimmt nicht ab, eher zu. Gerade erfahrene Lehrerinnen konstatieren relativ übereinstimmend systematische Probleme bei

---

[1] Polanyi 1985, S. 23.

[2] Repräsentativ für diese Auffassung noch Wachter 2001, S. 77: „ ... die Lautschrift, in der idealerweise jedem Laut (Phonem) ein eigenes Zeichen entspricht, ist mit großem Abstand am leichtesten zu lernen, zu schreiben und zu lesen, eine Schrift für jedermann sozusagen.“

der Einführung in den Gebrauch der Alphabetschrift, und die didaktische Literatur hat, so scheint es, Mühe, das Problem zu fassen, das so große Schwierigkeiten macht.[3]

Wenn in diesem Kontext Japaner berichten, sie wie ihre Kinder hätten das Erlernen der Romaji, der Alphabetschrift, als weitaus schwieriger empfunden als das der Kana[4] und auch der Kanji[5], so verdient dies mehr als nur anekdotisches Interesse. Zwei Befunde aus diesem Zusammenhang weisen darauf hin, daß es sich bei der Auffassung, die Alphabetschrift sei das leichter zu erlernende Repertoire, um eine Illusion handeln könnte: Erstens können die meisten japanischen Kinder schon bei Schulbeginn Kana und einige Kanji lesen – was durchaus nicht immer auf intensiven Vorschulunterricht zurückzuführen ist –, und zweitens ist in Japan das Phänomen der sogenannten Lese-Rechtschreib-Schwäche offenbar weniger verbreitet als im Bereich des Alphabets, auch wenn die ursprünglich von Makita vertretene Ansicht, dieses Phänomen komme in Japan nicht vor, sicher unzutreffend ist.[6]

Die „hiesige" Ansicht, die Alphabetschrift sei leichter zu erlernen als die chinesische oder japanische, ist zwar verständlich, weil sie die Perspektive dessen widerspiegelt, der die Tücken des Problems gemeistert hat. Wer im Alphabet literalisiert ist, dem muß aus dieser Lebenssituation heraus das Erlernen eines Schriftsystems, das einem gänzlich anderen Prinzip folgt, in der Tat als extreme Schwierigkeit erscheinen. Darüber hinaus ist diese Ansicht Tradition.[7] Sie ist aber – dies möchte ich im folgenden zeigen – nichtsdestoweniger eine Illusion. Der ist allerdings umso schwerer beizukommen, als für den, der etwas Schwieriges gelernt

---

[3] Diese Studie ist im Rahmen eines von der Fritz Thyssen Stiftung geförderten Forschungsprojekts „Vergleichende Untersuchungen zum Schrifterwerb im Deutschen und Japanischen" entstanden, das ich seit 1999 in Kooperation mit deutschen und japanischen Kollegen durchführe.

[4] Hiragana und Katakana, die beiden in ihrem Zeichenbestand gleichen Silbenschriftrepretoires des Japanischen, die verschieden genutzt werden.

[5] Kanji = Han ze, chinesische Zeichen. Ein Kanji bzw. Han ze ist entweder ein aus ‚Strichen' oder ‚Radikalen' gebildetes einfaches oder ein aus solchen einfachen Zeichen gebildetes komplexes Zeichen, dessen Bedeutung genau ein bestimmter semantischer Wert des betreffenden Schriftsystems ist. Ich beschränke mich im folgenden auf die Kanji, ohne die Differenzen in Zeichengestalt und Gebrauch, die es zwischen ihnen und den Han ze gibt, weiter zu thematisieren. In den hier diskutierten elementaren semiotischen Aspekten unterscheiden sich Kanji und Han ze nicht. Vgl. hierzu etwa die Einleitung in das New Japanese-English Character Dictionary (1990, S. 50a ff.).

[6] Vgl. hierzu Makita (1968).

[7] „Die Buchstabenschrift ist an und für sich die intelligentere" (Hegel, *Enzyklopädie*, § 459).

hat, dieses damit seine Schwierigkeiten verloren hat. Es scheint dann leicht, und für den, der es beherrscht, ist es das auch. Wer das Glück hatte, große Instrumentalisten wie Nathan Milstein oder Claudio Arrau im Konzert zu erleben, wird diesem „grammatischen Satz“[8] eigene Anschauung unterlegen können. Das Problem, um das es hier geht, besteht somit zum kleineren Teil in der Sache – darzulegen, warum die Alphabetschrift ein schwer zu erlernender Schrifttyp ist, schwerer als Kanji oder Kana –, zum größeren darin, diese Darlegung gegen die angesprochene Illusion überzeugend zu machen. Es handelt sich im Kern – wie so oft in diesem Problembereich – um ein philosophisches Problem. Nach Wittgenstein hat ein solches die Form: „Ich kenne mich nicht aus.“[9] Es fehlt die geeignete Orientierung. Eine erste könnte der Blick darauf vermitteln, daß die Begriffe Alphabet und Alphabetschrift offenbar nicht dasselbe besagen. Die Verwechslung beider Begriffe führt häufig zu einer Fehleinschätzung der Anforderungen, die das Erlernen der Alphabetschrift an die Lernenden stellt. Lernen müssen die Kinder zweifellos den Gebrauch der Alphabetschrift, nicht einfach das Alphabet. Das kann man in wenigen Tagen lernen. Und zweitens ist zu beachten, daß es darum geht, den Gebrauch der Alphabetschrift vom „Stande Null“ an zu lernen, nicht darum, in den Gebrauch der Schrift hineinzukommen, wenn der unendliche Schritt von null nach eins gemeistert ist.[10] Es ist also grundsätzlich zu klären, was da eigentlich gelernt werden muß. Der Perspektive zufolge, aus der diese Analyse unternommen wird, beginnen wir mit der Betrachtung eines Bildes der Sache, das – mehr oder weniger deutlich – bis heute Theorie wie Praxis der Einführung in die Alphabetschrift bestimmt.[11]

Was heißt es nun, eine Schrift zu lernen? Die Meinungen in dieser Frage gehen weit auseinander. Das hängt mit der anthropologischen Bedeutung und dem Ablauf von Literalisierungsprozessen – in denen unmündige Kinder entsprechend den Normen der jeweiligen literalen Kultur *abgerichtet* werden[12] – ebenso zusammen wie mit der Mächtigkeit von Traditionen, die allzu leicht den Blick auf das Phänomen verstellen.[13] Die im Bereich der Alphabetschrift traditionelle, bis heute zweifellos verbreitetste Meinung zu dieser Frage lautet, das Anfangsproblem beim

[8] Vgl. Wittgenstein, *Philosophische Untersuchungen* I, 243.

[9] Vgl. ebd. I, 123.

[10] Vgl. hierzu Heinisch und Heller 1983.

[11] Vgl. hierzu den Schreib- und Leselehrgang „Tobi Fibel“ (Berlin: Cornelsen), der geradezu paradigmatisch die traditionelle Sichtweise des Problems exemplifiziert.

[12] Insofern hat M. Dehn das Schreibenlernen zurecht als Enkulturation begriffen. Vgl. hierzu Dehn 1996. Freilich erfaßt diese Kategorisierung nicht das Schrift- bzw. Medienspezifische dieses Prozesses. Gerade aber *hier* liegt der Kern des Problems.

[13] Vgl. hierzu die verschiedenen Beiträge in dem 1995 von Jakob Ossner herausgegebenen Band „Schriftaneignung und Schreiben“.

Erlernen der Alphabetschrift bestehe darin, daß die Kinder lernen müßten, mit den Buchstaben die Laute der gesprochenen Sprache zu bezeichnen.[14] Dieser Vorstellung gemäß besteht Schreiben-lernen darin zu lernen, die Wörter, die man verwendet, um dies oder jenes zu *sagen*, durch Folgen graphischer Zeichen darzustellen, die Wort für Wort qua Lautfolge repräsentierten. Dieser Meinung gemäß soll man danach also – genauer betrachtet – lernen, das, was man eigentlich sagen *würde*, durch diese Zeichenfolgen darzustellen.[15] Und belegt nicht der Blick auch auf diesen Text, daß es sich so verhält? Das Problem, das die Kinder im Erstunterricht des Schreibens zu lösen hätten, bestünde somit darin, die Wörter, die sie benutzen, um etwa eine bildlich dargestellte Szene in mündlicher Rede zu beschreiben – /da ist Uli/[16] –, diese Wörter in Buchstabenfolgen darzustellen. Das bis heute in unserer Schriftdidaktik offenkundig vorherrschende Verständnis dieser Problemstellung lautet somit, daß das zentrale kognitive Problem darin bestehe, Buchstabenfolgen auf Lautfolgen abzubilden:[17]

<d> + <a> ⇒ /d/ + /a/

<i> + <s> + <t> ⇒ /i/ + /s/ + /t/

<u> + <l> + <i> ⇒ /u/ + /l/ + /i/

Schon die schematische Darstellung zeigt einige der Probleme dieses Bildes, das man sich vom Schreibenlernen macht: Vorausgesetzt ist im Bereich der oralen Sprache die Diskretheit von Wörtern und die submorphematischer Einheiten[18] ebenso wie die Eindeutigkeit und der logische Status der betreffenden Abbildungen[19].

---

[14] Vgl. hierzu die Übungen des Lehrgangs „Tobi Fibel" (s. Anm. 11).

[15] Diesen Gebrauch der Schrift habe ich den ‚mimetischen' Gebrauch genannt. Vgl. zu den mit dieser Konzeption verbundenen Problemen Stetter 2001a.

[16] Ich verwende Schrägstriche / ... / zur Darstellung von Einheiten bzw. Segmenten gesprochener Sprache, spitze Klammern < ... > zur Darstellung von solchen geschriebener Sprache.

[17] Diese extensionale Deutung des Verfahrens ergibt sich daraus, daß dem zugrunde liegenden Lernkonzept zufolge ja die lautlichen Tatsachen das sind, was den schriftlichen Figuren eine Bedeutung gibt und sie damit zu Zeichen macht. Begriffen hat ein Kind eine Figur genau dann, wenn es sie als Namen einem Laut zuordnen kann. Auf der Ebene der Orthographietheorie findet man diese Auffassung noch in Nerius u. a. 1987, S. 79; auf der Ebene der Schriftdidaktik etwa in Augst und Dehn 1998, S. 38 f und 94 ff. Die Autoren betonen zwar, die Rechtschreibung sei keine Lautschrift, legen aber ihrer Rechtschreibdidaktik die „Laut-Buchstaben-Zuordnung" als Hauptregel zugrunde.

[18] Vgl. hierzu Eisenberg 1998, Kap. 8.

[19] Dabei ist ja völlig ungeklärt, ob es sich hier um Zuordnungen auf rein sprachsystematischer Ebene handeln soll oder um Zuordnungen auf der Ebene eines psychologischen Kompetenz-Begriffs.

Die Debatte um die sogenannte phonologische Bewußtheit (phonological awareness)[20] und die spezifische Richtung, die diese Debatte im Kontext der Schriftdidaktik genommen hat, bestätigen ebenso wie die schulische Praxis die ungebrochene Wirkungsmächtigkeit dieses Bildes.[21] Ich nenne diese Vorstellung im folgenden abkürzend das *Mimesis-Bild*: Aufgabe der Schrift ist die Darstellung der Form der gesprochenen Sprache.[22] In diesem Bild der Schrift wird den Buchstaben oder analogen Figuren die Rolle zugedacht, Lautbestände der mündlichen Sprache zu bezeichnen. Die Buchstaben werden hier als Namen für Laute aufgefaßt:

< ... > ist der Name von / ... /, <a> ist der Name von /a/.

Gegen diese Position hat unter anderen H. Günther geltend gemacht, daß geschriebene und gesprochene Sprache phänomenal ungleichartig seien. Letztere werde im Unterschied zur geschriebenen Sprache als unsegmentiertes Kontinuum wahrgenommen. Die Vorstellung der Segmentierbarkeit der gesprochenen Sprache sei erst am Modell der geschriebenen entwickelt worden und müsse ontogenetisch

---

[20] Vgl. Abschnitt 1.0.

[21] In der psychologischen Diskussion des Phänomens der phonological awareness ist nicht abschließend geklärt, ob phonologische Bewußtheit als Bedingung oder Folge der Alphabetisierung zu gelten hat. In der didaktischen Rezeption des Begriffs wird die Fragestellung entweder im Rahmen der Stufenmodelle oder mit Bezug auf die Arbeit mit der Anlauttabelle betrachtet. Dabei wird dann oft genug phonologische Bewußtheit stillschweigend zur Voraussetzung von Alphabetisierung. Was die didaktisch Praxis betrifft, so betrachte man hierzu das Repertoire an methodischen Verfahren wie Anlauttabellen u. a., mit denen versucht wird, die Wahrnehmung der Kinder auf subsemantische, rein lautliche Tatbestände, also auf Fragmente des oralen signifiant zu richten, damit die als Namen genommenen Buchstaben eine Extension erhalten, auf die die Kinder sie beziehen können. Offen bleibt dabei durchgängig, was „Lautlichkeit" eigentlich heißt. Zu erinnern ist hier an den alten Lehrsatz der strukturalen Phonologie, daß ‚Sprachlaute' nichts sind, was man hört, sondern das, was man *zu hören glaubt*. – Im Rahmen des Projekts „Vergleichende Untersuchungen zum Schrifterwerb im Deutschen und Japanischen" (vgl. Anm. 3) sind Fragmente dieser Praxis in Unterrichtsbesuchen und begleitenden Interviews mit den betreffenden Lehrerinnen beschrieben worden. Auch wenn die Darstellung solcher Fragmente keinen Anspruch darauf erheben kann, die schulische Praxis auch nur näherungsweise repräsentativ darzustellen – sie zeigt, welche Anschauungen, Meinungen, Verfahrensweisen dort *vorhanden* sind und verfolgt werden, und aus der Übereinstimmung solcher „Momentaufnahmen" mit Richtlinien, curricularen Inhalten, mit der didaktischen Literatur wird man zumindest den Schluß ziehen können, daß man hier nicht ganz zufällige Dinge erhoben hat.

[22] Vgl. systematisch zu diesem Sprachgebrauch Stetter 2001a, wo ich der (primären) logischen Funktion der Alphabetschrift ihre (sekundäre) Funktion der mimetischen Darstellung der oralen Sprache gegenübergestellt habe.

je wieder an diesem Modell entwickelt werden.[23] Zwar ist diese Position unter Phonologen und Phonetikern bis heute umstritten[24], doch macht das Verfahren der phonetischen Analyse von Lautartikulationen in Sonagrammen deutlich, daß eine Segmentgrenze wie der Wechsel von Vokal zu folgendem Konsonant – die in der Darstellung oben durch die Zeichenfolge .../ + / ... angedeutet ist, nicht einfach dem Graphismus abgelesen werden kann. Sie ist „im allgemeinen an den Rändern von Schwärzungsmustern zu suchen“[25], und dies heißt, daß ein Wissen von ihr *vorausgesetzt* werden muß, um überhaupt suchen und zuordnen zu können. Es ist eine gedachte, keine hörbare Grenze. Entsprechend kontinuierlich verlaufen die Darstellungen der Bewegungen der Artikulationsorgane Lippen, Zunge, Velum, Glottis. Doch selbst wenn man die Abbildbarkeit von Buchstaben auf Lautsegmente zugesteht und das Problem der Orthographie ausklammert – die unstrittige Tatsache, daß keine Alphabetschrift phonetisch genaue Transkripte von Fragmenten gesprochener Sprache liefert[26] – selbst dann noch könnte man das Problem, um das es geht, in erster Näherung etwa folgendermaßen umschreiben:

> (I) Die Kinder müssen lernen, das, was sie sagen wollen, in einem neuen Medium auszudrücken.

Auch ein Anhänger des Mimesis-Bildes müßte dieser Formulierung des Problems zustimmen. Auf den ersten Blick trägt sie der kindlichen präliteralen Situation geradezu glänzend Rechnung. Die Oralität ist hier – noch – das einzig verfügbare Medium, das auszudrücken, was man meint. Es gilt, ein zweites Register zu erwerben. Das Problem wäre, so betrachtet, ein Übersetzungsproblem: übersetzen aus der mündlichen in die schriftliche Sprache, wobei wir hier das Glück haben, in derselben Sprache zu bleiben.

Aber das Kind, das da lernen soll zu schreiben, darf – dies ist der springende Punkt – nicht *sagen*, was es sagen will. Es ist eben die spezifische Lernsituation, die das verbietet. Das Kind soll nicht sprechen, sondern schreiben. Diesbezüglich wird ihm keine Wahl gelassen. Es muß, was immer es je „sagen wollte“, in einem Medium artikulieren, das es erst lernen soll – eine kognitive Anforderung, die extremer und paradoxer wohl nicht gedacht werden kann. Wenn überhaupt, ist diese Anforderung nur vergleichbar der, das, was man sagen will oder muß, in einer Sprache ausdrücken zu müssen, die man nicht beherrscht.[27] Dieses Problem des Medien

---

[23] Vgl. hierzu Günther 1995.

[24] Vgl. Eisenberg 1998, S. 72 f.

[25] Ebd. S. 72.

[26] Vgl. hierzu genauer Abschnitt 5.

[27] In Europa wird dem literalisierten Reisenden eine solche Situation nur selten begegnen. Man erlebt sie aber in China. Dort braucht man nur wenige Kilometer von der üblichen Touristen-Reiseroute abzuweichen, um sich von Menschen umgeben zu finden, die kein

wechsels, das die Grundschuldidaktik zu bewältigen hat, ist an Härte wohl mit keiner anderen didaktischen Anforderung zu vergleichen, auch nicht mit der Einführung ins schriftliche Rechnen.[28]

Das Grundproblem des Mimesis-Bildes liegt darin, daß es die Natur dieser kognitiven Anforderung verdeckt, weil es auf dem Modell einer Übersetzung aufbaut, die sich innerhalb einer schon bekannten Sprache vollzieht. Man wird also das Problem, das es zu verstehen gilt, etwa so reformulieren müssen:

> (II) Die Kinder müssen lernen, das, was sie *meinen*, in einem neuen Medium zu artikulieren.[29]

Deutlich wird die kategoriale Differenz zwischen dem Mimesis-Bild und in der Formulierung (II) angedeuteten Sicht des Problems – man könnte sie eine „wittgensteinsche" nennen[30] – wenn man den Unterschied der Begriffe Medium und

---

Wort Englisch, geschweige denn Französisch oder gar Deutsch sprechen, nur Chinesisch. Und dann nicht das Beijing-Chinesisch, das wir in einem Schnellkurs gelernt hatten, sondern einen „Dialekt" der davon so weit entfernt ist wie der Wiener vom Amsterdamer Alltagsdialekt. Dennoch kann es gelingen, sich notdürftig zu verständigen, mit Händen und Füßen – und mit einigen Zeichen, die man dem Deutsch-Chinesischen Taschenwörterbuch entnimmt. Nun subtrahiere man diese Zeichen und Hände und Füße, und man wird in etwa die kognitive Anforderung haben, die man *jedem* sechsjährigen Kind zumutet. Um literalisierten Erwachsenen diese Anforderung zu verdeutlichen, für die er ja als Literalisierter wahrnehmungsblind geworden ist, muß man ihm Aufgaben an Texten zu lösen geben, in denen die ihm vertrauten Buchstabenzeichen durch willkürlich gewählte „Kunstfiguren" ersetzt sind. Mit diesem Ansatz ist es A. Heinisch und D. Heller (1983) gelungen, das kognitive Problem faßbar zu machen.

[28] Eine naheliegende, in unserem Zusammenhang aufschlußreiche Analogie. Sie bestätigt nämlich – indirekt – die Hauptthese dieser Studie: Die Zahlzeichen „1", „2" usw. stellen nicht die Wörter „eins", „zwei" usw. dar. Sie werden ja im Englischen, Französischen, Spanischen usw. in gleicher Weise wie im Deutschen verwendet. Sie stellen also die entsprechenden Zahl*begriffe* dar, mithin logische Bedeutungen, sind in dieser Hinsicht also vergleichbar den Kanji. Die Zahlzeichen sind offenbar auch in unserem System ohne auffallende Schwierigkeiten zu erlernen.

[29] Die grundlegende Funktion des Meinens hat E. Tugendhat anhand des assertorischen Satzes im Zuge seiner Auseinandersetzung mit dem Intentionalismus Grices hervorgehoben (vgl. Tugendhat 1976, S. 228 ff.). Man kann seine Argumentation auf beliebige Sprechakte ausdehnen. Für unseren Zusammenhang ist Tugendhats Explikation des Begriffs des Meinens insofern von zentraler Bedeutung, als er, gegen Grice, dieses Meinen als eine Funktion begreift, die Semantik impliziert bzw. genauer gesagt *erzeugt*. Vgl. hierzu insbes. S. 232 ff.

[30] Vgl. Wittgenstein, *Philosophische Untersuchungen* I, 504: „Wenn man aber sagt. ‚Wie soll ich wissen, was er meint, ich sehe ja nur seine Zeichen', so sage ich: ‚Wie soll *er* wissen, was er meint, er hat ja auch nur seine Zeichen.'" Man könnte den in dieser Überlegung Wittgensteins angesprochenen Gedanken den Grundsatz einer medientheoretisch reflektierten Sprach- und Schrifttheorie nennen. Vgl. hierzu auch Krämer 1998 und Jäger 2000.

Mittel bedenkt. Das Medium wird oft mit dem Mittel zum Zweck verwechselt.[31] Dieses Mittel, zunächst, ist kein Ding, sondern eine Tätigkeit oder ein Verfahren, dessen man sich bedient, um etwas anderes zu erreichen. Man schlägt einen Nagel in die Wand, um ein Bild aufzuhängen, kocht, um zu essen.[32] Doch weder würden wir das Einen-Nagel-in-die-Wand-Schlagen als Medium des Ein-Bild-Aufhängens bezeichnen noch gar das Kochen als Medium des Essens. Denn der Zweck *wird* genau dann erreicht, wenn das Mittel zu seiner Realisierung nicht mehr erforderlich ist. Es ist dann vergangen. Man beginnt zu essen, wenn gekocht *ist*.[33] Das Medium aber koexistiert mit dem Mediatisierten, bildet mit diesem eine untrennbare zeitliche wie sachliche Einheit. Der Tanz ist Medium, sich auszudrücken, nur in der Performanz, die Stimme Medium des Sängers *genau dann, wenn* er singt. Bestellt er nach dem Konzert ein Bier, so ist dann seine Stimme Medium eines Sprechakts, nicht aber des Singens. Der Begriff des Mediums besagt also etwas kategorial Anderes als der des Mittels: Es ist dasjenige, was kraft seiner Beschaffenheit einem Vollzug, einer Tätigkeit, also einer Performanz die bestimmte *Form* gibt: das Wasser dem, was wir das „Schwimmen" eines Fischs oder eines Stücks Holz nennen, der PC mit den Funktionen seines Textverarbeitungsprogramms und seiner Hardware dem, was wir „schreiben" nennen usw. So ist auch eine jede Schrift ein Medium, dessen Beschaffenheit dem, was wir wem auch immer schriftlich kundtun wollen, seine bestimmte logische und ästhetische Form gibt. Eben war z. B. von einer Handlung „das Einen-Nagel-in-die-Wand-Schlagen" die Rede. Wenn wir diese in der Alphabetschrift bezeichnen wollen, zwingen uns die orthographischen Regeln (hier der deutschen Schriftsprache), durch den Gebrauch von Bindestrichen klarzumachen, daß wir hier die Wortfolge „einen + Nagel + ... + Schlagen" als Namen für ein bestimmtes Objekt verwenden, grammatisch also als Substantiv, und entsprechend ist dann in dieser sogenannten Durchkoppelung der erste Buchstabe großzuschreiben. Im Mündlichen können wir dasselbe nicht in gleicher Weise klarmachen, die Semantik wäre somit nicht *genau dieselbe*. Daher würden wir „dasselbe" im Mündlichen vermutlich ganz anders ausdrücken. Das

---

[31] Vermutlich halten auch diejenigen, die meinen, schreiben im Alphabet heiße, Laute durch Buchstaben zu bezeichnen, die Alphabetschrift lediglich für ein Mittel zum Zweck. Das kann aber im weiteren dahingestellt bleiben, da sich die Frage mit Klärung des Medien-Begriffs von selbst erledigt.

[32] Nur in einem einzigen Fall fallen Mittel und Zweck zusammen: Wenn man x tut, um x zu tun. Wenn man Auto fährt, um Auto zu fahren, spielt, um zu spielen usw. Hier ist dann aber – bei genauerer Betrachtung – weder der Begriff des Mittels angebracht noch der des Zwecks. Dieser mutiert zum Grund.

[33] Deswegen ist es wichtig, das Mittel als Tätigkeit oder Verfahren zu begreifen, d. h. als zeitlichen Prozeß, so wie das Erreichen ja auch ein zeitlicher Prozeß ist.

Medium ist also dem Mediatisierten gegenüber nicht neutral.[34] Es prägt es – das Wasser den Fisch, die Körperbewegung den Tanz, die Schrift Logik, Rhetorik und Ästhetik des Textes, all das mithin, was ihm seine jeweilige Form gibt, angefangen von der Orthographie bis hin zu seiner topischen Struktur.[35]

1 Das Problem der ‚phonologischen Bewußtheit'

Wir haben somit zu fragen, was es heißt zu lernen, etwas schriftlich zu meinen, und dies in der Alphabetschrift wie in der japanischen oder chinesischen Schrift. Der Vergleich soll zeigen, wo die spezifischen Schwierigkeiten liegen. Zunächst ist aber grundsätzlich zu fragen, was Schreiben-lernen denn ‚ist'. Als Ansatzpunkt bietet sich in unserem Zusammenhang das Konzept der phonologischen Bewußtheit an, weil es – zumindest in einigen Varianten – als die avancierteste Version des oben skizzierten Mimesis-Bildes verstanden werden kann. Wer diesem Konzept anhängt, kann in dem Wechsel von der Problemformulierung (I) zur Reformulierung (II) kein großes Problem sehen. Man wechselt ja nur den Anzug. Und da sich gemäß diesem Bild in der Alphabetschrift nicht nur mündliches und schriftliches Wort im Verhältnis 1:1 entsprechen, sondern diese Entsprechung bis auf die Ebene minimalster Artikulationseinheiten zu verfolgen ist, sollte es doch wohl möglich sein, ohne große Konfusion das eine gegen das andere auszutauschen, Jacke gegen Jacke, Hose gegen Hose, Laut gegen Buchstaben.

Schreiben-lernen hieße demgemäß, ‚einheitengenau' eine Abbildung der geschriebenen auf die orale Sprache vorzunehmen: Wort auf Wort, Morphem auf Morphem, und zwar genau ein geschriebenes Wort auf genau ein gesprochenes Wort usw.[36] Will man folglich verstehen, wo hier das Problem liegt, ja eines liegen *könnte*, so muß man den Blick auf das kategorial Ungleichartige in dieser Konstellation richten. Allzu verführerisch ist die Rede von „dem" gesprochenen und geschriebenen Deutsch. Alles geht da von gleich zu gleich. Aber man wechselt nicht einen Anzug gegen den anderen. Dem Kind, das da erstmals schreiben lernen

---

[34] Vgl. hierzu systematisch Krämer 1998.

[35] Daher muß man den Text als Performanzgebilde von der Textur unterscheiden, die ihm wie eine Partitur zugrunde liegt. Vgl. hierzu Stetter 1997, Kap. 7.

[36] Was dies heißt, begreift man erst richtig, wenn man eine Sprache wie das Chinesische oder Japanische lernt, wo man das Hilfssystem der Alphabet-Umschriften nach den Anfangslektionen verlassen muß und gleichzeitig die Han ze bzw. Kanji und Kana lernen muß, will man die betreffende Sprache lernen. Lernen wir dagegen Englisch, Spanisch oder auch Griechisch, so wenden wir hier unsere Kenntnisse des Gebrauchs der Alphabetschrift analog an.

soll, wird ein Wechsel zugemutet von der „natürlich" *erworbenen* oralen Sprache – die ebenso als unabtrennbarer Teil der eigenen körperlichen Performanz erlebt wird wie als Teil der Wahrnehmung anderer Personen, deren Sprachlichkeit dem Kind so ‚natürlich' erscheinen muß wie das Zwitschern der Vögel oder das Geräusch des laufenden Wasserhahns – hin zu einer nur künstlich, d. h. durch den Einsatz von Kulturtechniken zu *lernenden* schriftlichen Sprache[37] – zu einem besonderen Ding also, das zunächst unscheinbar als Teil der Wahrnehmung von anderen Dingen in sein Leben eintrat, um sich als eine Anforderung besonderer und unbekannter Art zu entpuppen. Diese Problematik überlagert und prägt alles, was den Kindern, die ihre erste Schrift lernen, als kognitive Leistung abverlangt wird: das was sie schreiben, auf Einheiten ihrer oralen Sprache abzubilden. Dazu müßten den Kindern diese oralen Einheiten ja auch als besondere ‚Dinge', als Einheiten gegenwärtig, mithin als Wissenselemente verfügbar sein.

Das Problem der sogenannten phonological awareness hat die psychologische Forschung seit den siebziger Jahren beschäftigt, ausgehend von der Untersuchung der Rolle Phonologie-induzierter Verarbeitungsprozesse beim Lesen.[38] Daß zumindest literalisierte Menschen, insbesondere im Alphabet literalisierte, im Laufe ihrer Biographie ein Wissen über die lautliche oder phonologische Artikulation[39] ihrer oralen Sprache erwerben, ist inzwischen unstrittig. Strittig ist, ob dieses Wissen im Verlauf des „natürlichen" Spracherwerbsprozesses oder ob es als Folge der Literalisierung erworben wird. In der psychologischen Forschung zu diesem Thema besteht zumindest weitgehend Einigkeit darüber, daß der Prozeß durch den Beginn der Literalisierung ausgelöst wird. In der didaktischen Rezeption dieser Forschung wird allerdings auch die Position vertreten, daß phonologische Bewußtheit eine Voraussetzung der Literalisierung sei, in diesem Fall der Alphabetisierung.

Begrifflich ist vieles unklar in dieser Debatte. Insofern ist kategoriale Klärung vonnöten. Wichtig sind hier vor allem zwei Punkte: Erstens muß es sich bei dem, was „phonological awareness" genannt wird, in der Tat um ein Wissen handeln, also im Sinne Ryles um Knowing that, nicht um Knowing how.[40] Denn phonologisches Können ist bei fünf- bis sechsjährigen Kindern schon weitestgehend erwor-

---

[37] Vgl. hierzu Stetter 1997, Kap. 2.

[38] Vgl. hierzu zusammenfassend den Beitrag von V. Mann in D. Sawyer und B. Fox 1991, S. 191–216.

[39] In der ausgedehnten Diskussion zu diesem Thema (vgl. hierzu z. B. Sawyer und Fox 1991) sind sowohl phonetische wie phonemische bzw. phonologische Phänomene behandelt worden. Der Begriff der phonological awareness ist diesbezüglich unscharf. Vgl. hierzu Blässer 1994 und Valtin 1998.

[40] Vgl. Ryle 1963, Kap. 2.

ben. Es muß somit um die Fähigkeit gehen, phonologische bzw. phonemische Sachverhalte identifizieren zu können. Dieses Kriterium scheidet alle Versuchsergebnisse aus, die phonologische Bewußtheit nur implizit nachweisen können. Zweitens muß es in der Tat um phonologische oder phonemische Bewußtheit gehen, nicht um phonetische. Letztere dürfte bei Kindern der genannten Altersstufe in der Tat zumindest fragmentarisch anzutreffen sein.[41]

Im neueren Linguistik-Diskurs hat man sich angewöhnt, Sprachkompetenz als sprachliches Wissen aufzufassen. Diese Auffassung hat viele problematische Züge. Vor allem verwischt sie den Unterschied von Knowing how und Knowing that.[42] Der natürlichen Sprachkompetenz fehlen alle Züge dessen, was man in engerem Sinn „Wissen" nennt:[43] Sie ist nicht bestreitbar, denn der ‚native speaker' ist als solcher ja gerade dadurch definiert, daß er weiß, wie man das im Deutschen oder Englischen usw. sagt, ohne im mindesten dafür einen Grund angeben zu können.[44] Vor allem aber ist dieses Wissen in keiner Weise *aussagbar*, es ist bestenfalls paradigmatisch demonstrierbar. Die „natürliche" Sprachkompetenz verfügt nicht über die metasprachlichen Kategorien, die dazu unabdingbar wären. Noch Platon und Aristoteles verfügen nicht über einen formalen Begriff des Wortes. Der wird erst später geprägt. Kein Kind von sechs Jahren verfügt qua native speaker über auch nur eine formale Kategorie, mittels derer es verschiedene Formen sprachlicher Äußerungen unterscheiden könnte. Was ein Buchstabe ist, wird ihm in einem speziellen Unterricht an Beispielen erläutert. Was aber ein Laut ist, hat es ganz anders gelernt: Der Hund, der Spielkamerad beim Versteckspiel hat einen Laut von sich gegeben, die Mutter dagegen hat gerufen oder geschimpft, doch ganz gewiß gibt sie nicht von früh bis spät Laute von sich. Das vermöchte wohl nur jemand so sehen, der eingefleischter Phonetiker ist.

Das Kind lebt naiv in der Sprache, die es zu erwerben im Begriff ist. Sie ist das Medium seines Denkens und Handelns. Und genau deswegen – weil sie ihm die Formen vorgibt, in denen es etwas meinen kann, und weil es sich in diesen Formen zu bewegen lernt, ohne daß dies ein Lernen wäre – *kann* das Kind von diesen Formen keinen Begriff haben, ebensowenig, wie es von der Form seines Kauens

---

[41] Wenn Kinder Reime oder ähnliche Anlaute von Wörtern erkennen oder die Silben eines Wortes klopfend skandieren können, so handelt es sich hierbei um phonetische Sachverhalte. Phonemische bzw. phonologische Sachverhalte betreffen die Funktion von Lauteinheiten bezüglich der Bedeutungsdifferenzierung. Eine Übersicht über häufig verwendete Tests gibt Blässer 1994.

[42] Vgl. hierzu Ryle 1963, Kap. 2.

[43] Vgl. hierzu i. e. Schneider 1992, S. 64 ff.

[44] Zu dem damit systematisch verbundenen Problem der intuitiven Sprecherurteile vgl. Stetter 1997, Kap. 5.

oder Gehens auch nur den geringsten Begriff hat.[45] Unsere Körpervollzüge haben, erkenntnistheoretisch betrachtet, die Funktion, uns Informationen über die Außenwelt zu vermitteln. Deshalb erscheinen sie uns gewöhnlich nicht – einem heranwachsenden Kind schon gar nicht – als spezifische Gegenstände.[46] Was eine sprachliche Form ‚ist', ist daher etwas, das man eigens lernen muß. In unserem Zusammenhang hat die Rede vom sprachlichen Wissen somit den unschätzbaren Vorteil, genau das tertium comparationis zur Verfügung zu stellen, das man braucht, um die Differenz zu erfassen, mit der das Problem zu erfassen ist, um das es hier geht. Es kann sich, sollte das Kind vor oder zu Beginn des Schrifterwerbs tatsächlich über so etwas wie phonologische Bewußtheit verfügen, nur um *implizites* Wissen handeln, um tacit knowledge. Und es ist die Frage, bei wieviel Alphabetisierten dieses implizite Wissen, das zweifellos irgendwann im Literalisierungsprozeß ausgebildet wird, überhaupt in explizites übergeht. Logopäden, Grundschullehrer und Orthographiespezialisten brauchen es, die meisten nicht professionell mit Sprache befaßten Menschen kommen in der Regel mit ihrem diesbezüglichen impliziten Wissen aus. Die normale Rückkopplung von geschriebener und gesprochener Sprache funktioniert auch so, ja sie kann, bei Lichte betrachtet, nur so „richtig" funktionieren: als Routine.

Implizites Wissen – dies hat Michael Polanyi in einer wegweisenden Untersuchung dargelegt[47] – kommt durch die Integration zweier Wissensbestände A und B zustande. Der funktionale Zusammenhang zwischen diesen beiden Termen charakterisiert genau das, was das Implizite dieses Wissens ausmacht. Es besteht darin, daß man den Term A der Relation nur insofern kennt bzw. von ihm weiß, als sein Gewahrwerden sich darin zeigt, daß man den Term B erwartet. Man sieht im Puzzle eines Fernsehquiz wenige Quadratausschnitte einer Physiognomie, die zu erraten ist. Mit jedem hinzutretenden Ausschnitt kommt einem das, was man sieht, bekannter vor, ohne daß man dies im geringsten zu beschreiben vermöchte. Es ist nichts als ein Gefühl. Bei einem weiteren Ausschnitt *ahnt* man plötzlich, schlagartig, daß es sich da um John F. Kennedy handelt, und ein, zwei Puzzlestücke weiter weiß man es, auch wenn das Bild noch nicht vollständig ist. Das Wahrnehmen der Bruchstücke baut, so könnte man Polanyis Beschreibung dieses Phänomens weiterführen, eine mehr oder weniger vage Hypothese über das Ganze

---

[45] Das Problem des phonological awareness ist also zunächst einmal nicht ein empirisches, sondern ein analytisches. In der generativen Linguistik wird – darauf wäre in diesem Zusammenhang zu verweisen – sprachliches Wissen stets als *tacit* knowledge charakterisiert. Es ist, das besagt dieser Ausdruck, für den Sprecher nicht als operationables Wissen verfügbar.

[46] Vgl. Polanyi 1985, S. 23.

[47] Vgl. Polanyi 1985.

auf, ohne daß dieser Prozeß der Kontrolle des Wahrnehmenden unterliegen würde.

Greifbar, erst recht verfügbar wird implizites Wissen also erst dadurch, daß die Fragmente des Wahrgenommenen sich von einem verstandenen Ganzen her als Teile eben dieses Ganzen erweisen. Dies ist der phänomenale Aspekt impliziten Wissens.[48] Er besagt, daß Term A nur insofern als implizites Wissen anzusprechen ist, als er von Term B her *als etwas*, als Teil eines Gesichts, als Moment einer bestimmten Klangfarbe, als Teil eines Wortes wahrgenommen wird.[49] Implizites Wissen ist per se durch diesen relationalen Zug gekennzeichnet. Umgekehrt betrachtet heißt dies, daß die Wahrnehmung von A als Hinweis auf ein B realisiert wird. B kann insofern als Bedeutung von A aufgefaßt werden: der semantische Aspekt impliziten Wissens.[50]

Schließlich gibt unser implizites Wissen, auf das wir hier mit dem Ausdruck „Term A" Bezug nehmen, Kenntnis von etwas ganz anderem: der leiblichen Organisation des Menschen, die das Zusammenspiel von fragmentarischem, in wörtlichem Sinn un- oder vorgewußtem[51] A und gewußtem B zuwege bringt. Dazu ist namentlich die neuronale Organisation des Menschen zu rechnen.[52]

Übersetzt man diese allgemeinen Klärungen des Begriffs des impliziten Wissens auf unsere Problemebene, so hat man nach den relationalen Strukturen zu fragen, die phonologische Bewußtheit – so sie denn vorhanden ist – qua implizites Wissen auszeichnen müssen. Die erste und wichtigste ergibt sich aus dem klassischen Begriff des Phonems als der kleinsten bedeutungsdifferenzierenden Einheit der Sprache. Ihr zufolge ist der Laut ja nicht das, was man hört, sondern das, was man zu hören glaubt. Dies wiederum ergibt sich aus dem, was man versteht. Sei Term A hier irgendein Gewahrwerden eines phonematischen Tatbestandes, so

---

[48] Vgl. ebd. S. 19 f.

[49] Es ist insofern nicht verwunderlich, wenn Kinder in einem ihnen vorgesprochenen Wort einen Laut identifizieren und ihn dennoch nicht diesem Wort zuordnen können. Sie haben dann das betreffende Lautfragment nicht als Teil des Wortes wahrgenommen, vielleicht nur auf die Aussprache, nicht auf den Sinn geachtet.

[50] Vgl. Polanyi 1985, S. 20 f. Den Term B muß man in diesem Zusammenhang als fregesche Bedeutung von A begreifen: das, worauf mittels der Fragmente A Bezug genommen wird, nach Frege der Gegenstand. Vgl. Frege, *Über Sinn und Bedeutung*, in: Frege 1969.

[51] Wenn hier von wissen die Rede ist, so muß daran erinnert werden, daß hier grundsätzlich alles im Spiel ist, das man als Wissen bzw. wissen ansprechen kann. Vgl. Wittgenstein, *Philosophische Untersuchungen* I, 78: „Vergleiche: *wissen* und *sagen*: wieviele m hoch der Mont Blanc ist – wie das Wort ‚Spiel' gebraucht wird – wie eine Klarinette klingt ...".

[52] Polanyi nennt dies den ontologischen Aspekt des impliziten Wissens (S. 22 ff.). Man könnte ihn auch als die erkenntnistheoretische oder anthropologische Dimension des Problems ansprechen.

kann dieser Definition gemäß Term B nur im Gewahrwerden eines Bedeutungsunterschiedes bestehen. Die Lehrerin hat nicht Uli aufgerufen, sondern Ulla. Wer das verstanden hat, denkt nicht an Lautunterschiede, sondern an zwei verschiedene Personen. Damit befinden wir uns erstens nicht mehr auf der Ebene der Phonologie, sondern auf der der Morphologie oder Syntax, und zweitens und vor allem nicht mehr auf der Ebene des signifiant, sprich der Form, sondern auf der des signe, d. h. der Bedeutung. So wie man nicht sehen kann, sondern weiß, daß dies das Gesicht John F. Kennedys ist, so kann man den Namen „Uli" nicht hören, man versteht ihn – oder auch nicht.[53] Vergleicht man nun verschiedene ähnlich klingende Namen, so wird es sicher möglich sein, Kinder darauf aufmerksam zu machen, daß sie sich in bestimmten Aspekten voneinander unterscheiden, doch die Annahme, daß die Kinder bei dieser Gelegenheit die kleinstmöglichen bedeutungsunterscheidenden *oralen* Differenzen entdecken würden, ist nicht nur kühn, sie ist durch nichts gedeckt. Phonologen wissen, wie schwierig es ist, den monophonematischen Status von /pf/ gegenüber etwa /st/ durch entsprechende Minimalpaare zu belegen. Dies erfordert sprachsystematische Betrachtungen, die ohne metasprachliches Wissen unmöglich wären.[54] Phänomenal betrachtet ist hingegen das *-rich* in *Ulrich* ebenso charakteristischer, bedeutungsdifferenzierender Teil des ganzen Namen wie das *-i* in *Uli*.

Entscheidend ist also der semantische Aspekt der Relation von A und B, deren Konstellation implizites Wissen ausmacht. Und hier besteht nun die Pointe der Struktur impliziten Wissens darin, daß die fregesche Bedeutung, die einer wie auch immer gearteten phonological awareness als ihr Korrelat zugeordnet werden muß, damit sie überhaupt den Status eines impliziten Wissens einnehmen kann, der *Sinn* des oralen Ausdrucks ist, auf den die Funktion der phonological awareness sozusagen „zugegriffen" hatte, nicht seine Lautgestalt.[55]

Wenn man also phonologische Bewußtheit als implizites Wissen begreift, so heißt dies nicht mehr und nicht weniger, als daß dieses ‚Wissen' als Funktion beim Verstehen des Sinns oder der (nichtfregeschen) Bedeutung des in Frage stehenden Ausdrucks begriffen wird. Damit aber kann ein solches implizites Wissen nicht als

---

[53] Man vergleiche die verschiedene Aussprache eines Namens, der aus zwei Vornamen besteht: Josef Mártin – Jósef, Mártin.

[54] Vgl. hierzu systematisch Eisenberg 1998, S. 70 ff.: Selbst in analytischen Hören geschulte Phonetiker sind offensichtlich ihrem „Wissen über die Sprachstruktur unterworfen" (ebd. S. 74).

[55] „Sinn" hier im umfassenden Sinn verwendet, nicht mit den logischen Einschränkungen, mit denen Frege den Begriff faßt. Es handelt sich auch nicht um den semantischen Wert des betreffenden Terms im System, sondern eben um den Sinn bzw. die Bedeutung, die ihm in dem jeweiligen konkreten Gebrauch gegeben wird, also seine syntaktische und semantische Verwendung.

Beleg dafür genommen werden, daß dem oben skizzierten Mimesis-Bild irgendeine psychische Realität entsprechen würde – im Gegenteil. Wenn dieses Wissen impliziter Natur ist – und daran kann wohl kein Zweifel bestehen –, so kann die Aufmerksamkeit der die Schrift lernenden Kinder in diesem Lernen schlechterdings nicht auf lautliche oder phonologische Phänomene gerichtet sein, sondern ganz auf Sinn und Bedeutung, auf die logischen, rhetorischen und expressiven Funktionen der Sprache. Es ist also auszuschließen, daß Kinder gemäß den Vorstellungen des Mimesis-Bildes schreiben lernen *können*.

2 Logische Grundlagen des Lesen- und Schreiben-Lernens

Wie aber vollzieht sich das Erlernen der Schrift dann? Das Erschließen von Unbekanntem vollzieht sich immer vom Bekannten her anhand von Analogien. Nach allen bisherigen Überlegungen können es nur Analogien sein, die an das implizite Sprach-Können der Kinder anschließen, welche den Gebrauch der Schrift erlernen sollen. Gelernt haben sie, das, was sie meinen, in ihrer oralen Sprache auszudrücken. Also wäre zu überlegen, wo es dazu in der Grundstruktur des Meinens-in-der-Schrift Anhaltspunkte gibt, Ähnlichkeiten, an die man anknüpfen kann.

Auch im Schriftlichen gibt es eine grundlegende dialogische Struktur. Jeder Text richtet sich an jemanden. Allerdings ist die Adressierung von abstrakterer Art als im Mündlichen. Der Adressat ist in der Regel nicht anwesend. Aber die Struktur der drei ‚Personen' spielt hier wie da eine Rolle. Wie im Mündlichen ist ferner Referentialisierung notwendig, um klarmachen zu können, worauf man sich in dem was man meint, bezieht. Also braucht man neben Personalpronomen Namen –

> Eigennamen, Ortsnamen, Verwandtschaftsbezeichnungen, ... –

und andere deiktische Ausdrücke –

> hier, dort, gestern, heute, ... –,

um zu verdeutlichen, wem man *worüber* schreibt. Schließlich sind auch auf der Seite des prädikativen Anteils des Meinens Spezifizierungen erforderlich –

> Verben, Adverbien, Adjektive, ... –,

damit der Adressat hinreichend genau versteht, *was* man ihm worüber mitteilen will usw.

Ansatzpunkt der Schriftdidaktik kann also nur der logische Gebrauch der Schrift sein, der unverzichtbare semantische Kern jedes darüber hinaus gehenden ästhetischen oder rhetorischen bzw. kommunikativen Gebrauchs.[56] Die kategoriale Differenz zum Erwerb der mündlichen Sprache läge dann in erster Instanz darin, daß dieser logische Gebrauch qua Lernen der Schrift bewußt gemacht wird. Man muß also entsprechende Begriffe einführen und den Kindern verständlich machen. Hier ließe sich in Anlehnung an die von Wittgenstein in den *Philosophischen Untersuchungen* I, 8 beschriebene ‚primitive Sprache' eine Art schriftlicher ‚Protosprache' denken, in der den die Schrift Lernenden[57] ein elementares Vokabular zur Verfügung gestellt würde, das sie für den Anfang nutzen könnten, um sich in schriftlichem Mitteilen zu üben: Namen, hinweisende Ausdrücke, elementare Prädikate usw., Dinge, die in jeder Anfängerfibel zur Verfügung gestellt werden, um doch sogleich intentione secunda genutzt zu werden, als Material dafür, die mimetische Funktion der Schrift zu erlernen.[58] Die didaktischen Konsequenzen dieses Kategorienfehlers können hier nicht weiter erörtert werden. Klar ist aus den Überlegungen zu dem, was der Begriff des impliziten Wissens besagt, daß die Schriftdidaktik beim Begriff des sprachlichen Zeichens ansetzen muß, denn das ist ja das Lernziel: der ‚sinnvolle' Gebrauch der Schrift.

Es wäre nicht einmal notwendig, daß die Zeichen der betreffenden ‚Protoschrift' schon alle in dem Schrifttyp geschrieben oder gebildet sind, in den eingeführt werden soll. Denn das primäre Lernziel bestünde ja darin, die Lernenden dahin zu bringen, in Analogie zu ihrem Können, in ihrer oralen Sprache Namen und andere Zeichen zu gebrauchen, nunmehr auch graphische Zeichen zu ähnlichen Zwecken zu verwenden. Diese könnten für den Anfang des schulischen Schreibunterrichts genauso gut Bilder oder sonstige Zeichen sein, die die Kinder malen können. Das Wesentliche ist, daß sie lernen, die von ihnen gebildeten graphischen Zeichen als Namen o. ä. zu verwenden, daß sie also ein Können im logischen Gebrauch des Graphismus entwickeln, an das der Unterricht anknüpfen kann, um auf dieser Grundlage die Technik zur Artikulation konventionalisierter Zeichenfiguren allmählich zu entfalten.[59]

---

[56] Der ‚logische' Gebrauch besteht also in den beiden Funktionen reference und sense, die nach Austin den Kern der Lokution ausmachen. Vgl. Austin 1975, Vorlesung VIII.

[57] Meist werden es ja Kinder sein, der Grundgedanke gilt aber auch für die Literalisierung Erwachsener.

[58] Vgl. den Schreib-Lese-Lehrgang „Tobi-Fibel" (s. Anm. 11), der mit Namen wie Leo und Ole beginnt, die in dieser Kombination natürlich von der vorgängigen Orientierung an der mimetischen Funktion eingeführt sind.

[59] Man wird hier in der Regel an schon rudimentär ausgebildetes graphisches Knowing how der Kinder anknüpfen können. Viele Kinder können zu Beginn der Schulzeit schon ihren Namen schreiben, meist in Druck- und Großbuchstaben, einfache Zahlzeichen und möglicherweise mehr. In jeder literalisierten Umgebung wird sich auch ohne expliziten Unterricht ein rudimentärer kindlicher „Primär-Graphismus" entwickeln. Dessen Profil

Diese Privilegierung des Logischen in der Konzeption des Lese- und Schreibunterrichts ist leicht Mißverständnissen ausgesetzt. Natürlich werden Kinder – gerade zu Beginn des Lernprozesses – ihre graphischen Produktionen selten oder vielleicht nie in erster Linie in rein logischen Funktionen vollziehen. Sie werden daran Vergnügen haben oder sich dabei ärgern, damit spielen oder was auch immer. Aber darum geht es nicht: Sie erlernen eine Schrift, und das heißt: ein Symbolsystem. Jedes Symbolsystem – dies der Grundgedanke der Symboltheorie N. Goodmans – beruht als solches auf der Bezugnahme auf etwas, die der Mensch in jeder symbolischen Performanz, beim Malen, Tanzen, Sprechen, Schreiben leistet, also auf Akten der Referenz. Und solche symbolische Bezugnahmen verlaufen in unterschiedlichen Richtungen: die Exemplifikation vom Individuellen zum Allgemeinen – das Teppichmuster stellt den Teppich in Farbe oder Beschaffenheit dar –, die Repräsentation vom Allgemeinen zum Individuellen – die Karikatur stellt Winston Churchill als Bulldogge dar.[60] In der Repräsentation fungiert das Symbol als eine Art „Etikett", logisch gesprochen also als Prädikat[61], in der Exemplifikation als Muster, mit dem auf eine Eigenschaft Bezug genommen wird, die ihrerseits gegenüber dem Muster als Etikett fungiert. Die Privilegierung des Logischen trägt somit in der Tatsache Rechnung, daß es beim Erlernen der Alphabetschrift wie jeder anderen Schrift immer darum geht, ein Symbolsystem zu erlernen, welches im Fall der Alphabetschrift – wie wir sehen werden – in bestimmten Aspekten geradezu den Charakter einer Partitur annehmen kann, also eines Notationssystems, welches aber auch als solches stets ein Symbolsystem bleibt. Es geht, auch im Alphabet, in erster Linie darum, den *semantischen Gebrauch* von Zeichen oder Symbolen zu erlernen. Diesen Gesichtspunkt werden wir unten noch systematisch weiterverfolgen.

Die Kinder würden so erstmals in expliziten Lernsituationen lernen können, was etwa ein Name ist und wie er geschrieben aussieht.[62] Beides ist etwas, das im primären Spracherwerb nicht im eigentlichen Sinn gelernt werden kann.[63] Was ein

---

muß zu Beginn des schulischen Unterrichts erhoben werden, denn er ist der Anknüpfungspunkt für jede Schriftdidaktik.

[60] Vgl. Goodman 1997, Kap. 1, 2, und 5.

[61] Vgl. ebd. S. 36 ff.

[62] Man könnte hier daran denken, zunächst bildliche Zeichen einzuführen, die Kinder z. B. bildliche Zeichen anderer Kinder malen zu lassen, um zunächst überhaupt den Begriff des Zeichens als Grundkategorie klarzumachen, unbelastet von der Sorge, wie denn so abstrakte Figurenkombinationen wie im Alphabet geschriebene Namen als Figuren realisiert werden sollen.

[63] Lernen im engeren Sinn ist dadurch charakterisiert, daß man dabei Fehler machen kann und muß. Das Können ist hier in der Regel mit dem Erwerb eines bestimmten Wissens verbunden.

Name ist, wird im mündlichen Sprachgebrauch als implizites Wissen erworben, sicher erst auf der Basis einer elementar entwickelten Morphologie und Syntax, dürfte also zu den komplexeren sprachlichen Erwerbungen zählen[64], und die Unterscheidung verschiedener Wortformen kann erst dort überhaupt als besondere Leistung, mithin als besonderer Bestand impliziten Wissens aufgebaut werden, wo das Kind lernt, Mißverständnisse durch genauere Artikulation abzubauen oder zu vermeiden.

Hier kommt die von Polanyi beschriebene phänomenale Struktur impliziten Wissens zum Tragen: Sie besteht wie gesagt darin, daß der Term A dieses Wissens erst im Licht des Terms B *als etwas* erscheint. So wie erst von der Realisierung des Gesamtbildes die in Bildausschnitten wiedergegebene Fragmente *als* Konstituenten dieses Bildes erscheinen, so können nun von dem schriftlichen Bild des Namens her Aspekte dieses Namens als etwas verdeutlicht werden. Unsere hiesigen Schriftdidaktiker werden an dieser Stelle ohne Zweifel versucht sein, an Aspekte der Gestalt des schriftlichen Namens zu denken, also an den signifiant, daß z. B. Anfang und Ende des Namens *ULI* verschieden aussehen.[65] Doch dabei wären wir schon wieder bei der mimetischen Funktion der Schrift. Ein Name ist, daran muß hier erinnert werden, keine Zeichengestalt, nichts, das man ‚an sich' sehen oder hören könnte wie einen beleuchteten Gegenstand oder ein Geräusch. Er ist vielmehr ein Paar, bestehend aus einer Zeichengestalt, z. B. *Uli*, und aus einer Menge syntaktischer und semantischer Verwendungsmöglichkeiten. Das, was man an der Gestalt wahrnehmen kann, reicht hin, um aus den Differenzen zu anderen Gestaltschemata das bestimmte Schema zu identifizieren.[66] Was man aber nicht wahrnehmen kann, ist das Knowing-how, in dem die eigentliche Sprachkompetenz liegt: wie man nämlich diese Zeichengestalt verwenden *würde*. Auch dieses Können gehört mit zu dem, was dem Wort „seine" Bedeutung gibt und es – in diesem Fall – zum Namen macht. Das implizite Wissen, das Kinder von Namen haben – ab einem bestimmten Alter verfügen sie zweifellos über solches Wissen – besteht

---

[64] Vgl. hierzu grundsätzlich Jakobson 1969, Kap. 2.

[65] Man denke hier an die sogenannten Anlauttabellen.

[66] Dies leistet ein interner kognitiver Prozeß. Er berechnet sozusagen aus den ihm gegebenen Wahrnehmungsdaten und aus den verfügbaren Gedächtnisdaten den ‚Wert' der wahrgenommenen Zeichengestalt. Jedem saussureschen valeur liegt ein derartiger psychischer Prozeß zugrunde. Im Gegensatz aber zu dem linguistischen Wert, den man versteht oder auch nicht, ist dieser Prozeß weder wahrnehmbar noch in irgendeiner Weise ‚willkürlich' kontrollierbar, während man ja durch den kontrollierten Vergleich verschiedener Wortgestalten durchaus den linguistischen Wert identifizieren kann. Hier liegt die Grenze zwischen dem linguistischen und dem psychologischen Gegenstand ‚Wort'. Zu den ‚mentalen' Voraussetzungen dessen, was wir in „Wort" zählen natürlich auch die neurologischen Grundlagen und Prozesse; vgl. hierzu Spitzer 1996, S. 229 ff.

immer und nur aus solchen Paaren. Aspekte des Namenbegriffs können sowohl den ersten wie den zweiten Teil eines solchen Paars betreffen. Da es sich bei diesem „Namenwissen" um implizites Wissen handelt, kann es den Betreffenden, hier also Kindern zu Beginn des Schrifterwerbs, nur fragmentarisch, d. h. qua Teil des Terms B, erscheinen, bewußt werden oder wie immer man diesen phänomenalen Teil des Problems bezeichnen will. Diese Fragmente sind die Ansatzpunkte des Lernprozesses.

Lernziel ist in pragmatischer Hinsicht stets Knowing-how: mit schriftlichen Zeichen umgehen, d. h. sie in kommunikativen oder kognitiven Handlungen sinnvoll verwenden zu können.[67] Dies impliziert nicht nur die Beherrschung der betreffenden Zeichen, sondern stets auch ein Wissen über die bedeutungsdifferenzierenden Verfahren des betreffenden Graphismus, im Fall der Han ze bzw. Kanji über die Striche und Radikale, im Fall der Alphabetschrift die Kenntnis der orthographischen Grundregeln. Wir kommen damit zum systematischen Teil des Problems.

3 Darstellungsweisen

3.1 Zeichen: Alphabet und Alphabetschrift

Der eingangs schon angesprochenen Auffassung von der Funktionsweise des Alphabets als einer Lautschrift zufolge handelt es sich bei diesem um ein Repertoire von ca. 30 Zeichen: Jeder Buchstabe ist der Name für ein korrespondierendes Element der oralen Sprache, einen Laut. Aber trifft diese Auffassung zu, so selbstverständlich sie zu sein scheint? Zweifellos kann man das Wort „Zeichen" im

[67] Dieses Lernziel ist vom ersten Unterrichtstag an gegeben. Sieht man sich jedoch Schreiblehrgänge, Fibeln usw. an, die im Anfangsunterricht benutzt werden, so kommt es dort bestenfalls am Rande vor. Die Fixierung auf die Phonematisierungsproblematik überlagert alles. Memorierschemata – einfache Zeichenreihen aus Bildern oder anderen Zeichen, die jedes Kind von sechs Jahren sicher erzeugen kann und die es als Anhaltspunkte nehmen kann, eine Geschichte, z. B. das, was es gestern erlebt hat, in einer bestimmten Reihenfolge zu erzählen – solche Schemata und ähnliche Verfahren könnten vom ersten Unterrichtstag an genutzt werden, um die Kinder in die produktiven Möglichkeiten des Graphismus einzuführen und ihnen so parallel zur Entwicklung der Technik, die man braucht, um konventionelle Schriftzeichen zu erzeugen, die nicht an die Orthographie gebundene, die rhetorische bzw. ästhetische Gestaltungsdimension des Graphismus zu erschließen. Mit sechs Jahren reichen Phantasie und Denkvermögen eines Kindes sicher schon weiter als drei Zeilen. Aber der Raum, der im neuen Medium ja reichlich vorhanden ist und sozusagen danach schreit, gefüllt zu werden, wird nicht genutzt.

Deutschen verwenden, um damit Figuren wie „a“, „b“, „c“ usw. zu bezeichnen. Die Frage ist indessen, in welchem Sinn hierbei von Zeichen die Rede ist.[68] Zeichen, das hat die Semiotik gelehrt, ist nicht gleich Zeichen.[69]

Beim Alphabet handelt es sich um ein Repertoire von im Deutschen „Buchstabe“, im Englischen „letter“ genannten graphischen Figuren mit drei Hauptvarianten – Lateinisch, Griechisch, Kyrillisch –, das je nach Sprache leicht variiert und durch eine Reihe von diakritischen Zeichen ergänzt wird. Spricht man vom Alphabet ohne weitere Attribute, so ist in der Regel das lateinische Alphabet gemeint. Die Menge der Buchstabenzeichen ist für jede Sprache einfach aufzählbar, der Grundbestand liegt bei etwa 25 bis 30 Zeichen.[70] Die technischen Details brauchen hier nicht weiter aufgeführt zu werden. Werden diese Buchstaben Zeichen genannt, so besagt das Wort „Zeichen“ hier in etwa soviel wie der Ausdruck „graphische Figur“. Wollen wir jedoch in einem Gespräch über graphische Figuren klarmachen, daß wir Buchstaben meinen, so sind wir in letzter Instanz wieder auf das Wort „Buchstabe“ verwiesen. Der Begriff des Buchstaben besagt über dessen übliche Verwendungsweise hinaus in keiner Weise, in welcher Hinsicht Buchstaben Zeichen wären. Dies hängt ganz von ihrem Gebrauch ab. Man kann Buchstaben ähnlich wie Ziffern verwenden, in Schreibweisen wie

a), *b)*, *c)* oder *A.*, *B.*, *C.* usw.,

etwa als Bezeichnungen für eine Reihenfolge von Unterpunkten. Man kann sie in einer Schreibweise wie */a/* als Namen für Phoneme verwenden oder eben – in ihrem „normalen Gebrauch – dazu, Wörter zu schreiben.[71] Literalisierung bedeutet, letztlich *alle* Gebrauchsweisen von Buchstaben zu erlernen, im Normalfall mindestens alle die, die einen Schreiber befähigen, allgemein lesbare Texte zu schreiben. Das Erlernen der Buchstabenfiguren ist dafür unabdingbar: notwendige, aber nicht hinreichende Bedingung.

Der Begriff der Alphabetschrift meint demgegenüber den Gebrauch der Buchstaben. Mit ihnen schreiben wir, und zwar die Wörter, Sätze und Texte unserer Sprache. Dieser Gebrauch impliziert – in jeder Alphabetschrift – die Beherrschung der jeweiligen Orthographie. Sie ist von Schriftsprache zu Schriftsprache verschieden geregelt. Manche Orthographien gelten als leicht, die des Spanischen zum Beispiel, manche als schwierig wie die des Englischen. Überall aber gibt es die vier Register der Buchstabenfolge, der Getrennt- und Zusammenschreibung, der Groß- und Kleinschreibung und der Zeichensetzung. Die Buchstabenfolge und die

---

[68] Man vergleiche zur Relevanz solcher Klärungen die verschiedenen Beiträge in Ossner 1995.

[69] Vgl. hierzu meine Diskussion der Peirceschen Semiotik in Stetter 1983.

[70] Die Differenz von Majuskel- und Minuskel-Register vernachlässige ich hier.

[71] Vgl. hierzu Stetter 1997, Kap. 1 und 7, und 2001a.

Getrennt- und Zusammenschreibung legen rekursiv fest, was im betreffenden Schriftgebrauch als ein Wort angesehen wird[72], die Großschreibung unter anderem, welche Ausdrücke in logischem Sinn als Namen, d. h. als referierende Ausdrücke verwendet werden.[73]

Erst mit der Orthographie kommt also der Sinn ins Spiel. Deswegen *können* Buchstaben keine Zeichen in linguistischem oder logischem Sinne sein.[74] Sie haben, als Elemente der Alphabetschrift betrachtet, des Mediums also, in dem man die Wörter der je betreffenden Schriftsprache artikuliert, ebensowenig eine Bedeutung wie Phoneme. Sie sind die kleinsten Artikulationseinheiten des schriftlichen Verfahrens. Doch ob ein *a* klein- oder großgeschrieben wird, ob vor oder nach ihm ein anderer Buchstabe folgt oder ein Spatium, hängt ab von Sinn dessen, was man schreiben, welche Zeichen man also bilden will, indem man Buchstaben gebraucht.

Bei der Frage der Schwierigkeit, diese oder jene Schrift zu erlernen, das Deutsche oder Chinesische oder Japanische, geht es also nicht um die Korrelation von circa dreißig zu einigen Tausend Zeichen. Es geht auch bei der Alphabetschrift um die Zeichen, die gemäß den Regeln der jeweiligen Orthographie durch die lineare Aneinanderreihung von Buchstaben gebildet werden: die geschriebenen Wörter. Diese entsprechen in etwa den Han ze bzw. Kanji, nicht die Buchstaben.

3.2 Analoge und divergente Darstellungsmodi

Um sich einen Eindruck davon zu verschaffen, wie weit der Weg von der Ebene des Namens oder anderer Zeichenkategorien bis hin zur Artikulationsebene der Buchstaben ist, wie groß also die Abstraktionsleistung ist, die die Lernenden von der Zeichenebene bis dahin zurückzulegen haben, mag ein Blick auf die Repräsentation des Begriffs Fisch im System der Kanji angebracht sein:
Das betreffende Zeichen 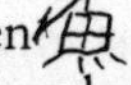 enthält drei Komponenten:

 (= einpacken, umhüllen)
 (= Reisfeld)
 (= Wasser).

---

[72] Vgl. hierzu systematisch Stetter 1997, Kap 1.

[73] Daher die systematische Kleinschreibung adverbial verwendeter Ausdrücke wie *im allgemeinen*, *im übrigen* usw. in der „alten" Orthographie des Deutschen. Sie werden nicht referentiell verwendet.

[74] Die Orthographie ist, um eine technische Metapher zu benutzen, das Betriebssystem des Alphabets. Erst beides zusammen ergibt das System der Alphabetschrift.

Der Begriff Fisch ist natürlich nicht die logische Multiplikation der drei Begriffe Umhüllen, Reisfeld und Wasser. Wem man aber erzählt, der es nicht aus eigener Anschauung kennt, daß bis heute in China Speisefische in Reisfeldern gezüchtet werden, der wird aus solcher Perspektive diese Begriffe als Aspekte des Begriffs Fisch wahrnehmen und das Zeichen leicht erinnern, wie umgekehrt das Zeichen ihm diese besondere Sehweise auf das, was ein Fisch ist, immer wieder vor Augen führen wird. Für den literaten Japaner, der sich dieses Kanji bedient oder es in seiner Tageszeitung liest, wird es ein Zeichen wie jedes andere auch sein. Aber er wird imstande sein, seinen Kindern den Sinn der Bildungsweise zu erläutern. In der Regel wird es sich dabei wohl so verhalten, daß er – so er nicht Sinologe oder Japanologe ist – allmählich erst die in seiner Schrift kodierten semantischen Zusammenhänge entdeckt. Es ist implizites Wissen, das sich ohne jede theoretische Perspektive bildet und das sich deswegen bilden kann, weil es nichts anderes ist als die mehr oder weniger fragmentarische Systematisierung des faktischen Gebrauchs, der von den Zeichen gemacht wird: des logischen. Dieser Gebrauch ist dem der Zeichen der mündlichen Sprache *formal analog*: Das Kanji-Zeichen stellt intentione prima, ohne „Umweg" über ein anderes Medium, den semantischen Wert dar, der ihm im System der Kanji zugemessen ist, so wie das korrespondierende Wort der oralen Sprache den analogen semantischen Wert ja auch „direkt" darstellt. Den Gebrauch dieses Zeichens als Namen – für den Goldfisch zuhause, für eine Klassen von Tieren oder auch für was auch immer – lernt ein Kind, indem es lernt, das Zeichen zu referentialisieren, auf betreffende Objekte oder auch Abbildungen von ihnen.[75] Durch solche Bezugnahmen wird das Zeichen allererst zum Zeichen. Vorher ist es ein Schema, dessen Bedeutung wie Zweck sich erst erschließt, indem das Kind es verwenden lernt.

Nun ermesse man den Abstand dieses Lernens zu dem in der Alphabetschrift. Die Gestalt des Han ze oder Kanji gibt Hinweise auf seine Bedeutung. So vielfältig die einzelnen Gestalten der Han ze und Kanji auch sein mögen, es sind genügend Schemata vorhanden, vor allem im Bereich der sogenannten ‚ursprünglichen' und ‚symbolischen Bilder'[76], die sich als Analogien für das Verständnis nutzen lassen. Auch materialiter sind diese Schemata analogisch gestaltet. In Alphabetschrift geschriebene Namen dagegen – so jedenfalls die übliche Erklärung des Phänomens – stellen Begriffe nur insofern dar, als sie die sie bezeichnenden Wörter einer je

[75] Von diesem Verfahren machen japanische Fibeln systematisch Gebrauch. Die japanische Schriftdidaktik ist hier zudem in dem Vorteil, daß schon mit ein oder zwei Hiragana (die als erste Zeichenkategorie eingeführt werden) sich viele Bezeichnungen für Erscheinungen der alltäglichen Lebenswelt, Tiere, Pflanzen usw., bilden lassen.

[76] Chines. xiàng xíng und zhǐ shì, vgl. Müller-Yokota 1994, S. 362 ff.

bestimmten Sprache darstellen, und zwar jeweils genau eines.[77] Und diese Wörter sind in einem Figurenrepertoire geschrieben, dem die Jahrtausende lange Evolution dieser Figuren jede Gestaltanalogie genommen hat.[78] Alle Figuren sind durch Geraden, Kreise oder Kreisfragmente darstellbar, dem Gebrauch dieser Elemente liegt aber keine noch so abstrakte Ordnung zugrunde. Er ist völlig verwillkürlicht, radikal arbiträr, und dies ist – wie wir noch genauer sehen werden, die Voraussetzung dafür, daß das Alphabet die enge, sozusagen „eindimensionale" Verbindung zwischen oraler und schriftlicher Sprache herstellen kann. Dagegen stellt das Zeichen „魚" das chinesische (orale) Wort „yú" ebenso dar wie die japanischen Wörter „gyo" bzw. „uo" und somit in genauem Sinn weder das eine noch das andere, sondern eben den von diesen Wörtern bezeichneten Begriff bzw. semantischen Wert direkt, dem dann dieses oder jenes Wort zugeordnet werden kann, je nach dem jeweiligen Sprachsystem.[79]

Die traditionelle Redeweise über diese Zusammenhänge von Schriftsprache und gesprochener Sprache, die auf der Relation „x stellt y dar" aufbaut, gerät hier an ihre Grenzen. Sie erfaßt die Differenz der Funktionsweisen der Schriftsysteme nur extensional. Der spezifische Unterschied beider Darstellungsweisen bleibt unexpliziert. Faßt man jedoch mit Goodman die Alphabetschrift (des Deutschen oder Englischen oder Spanischen usw.) und die chinesische oder japanische Schrift als Symbolsysteme auf, so klären sich die Verhältnisse.

Ein Symbolsystem ist, wie gesagt, nach Goodman ein Symbolschema, das mit einem bestimmten Bezugnahmegebiet korreliert wird.[80] Mit jedem ‚Charakter' (Zeichen, Typ) eines Schemas nimmt man Bezug auf bestimmte Objekte (Dinge, Sachverhalte, Eigenschaften, ...) des jeweiligen Bezugnahmegebietes. Und insofern diese Bezugnahme gelingt – im Rahmen welcher Gelingensbedingungen auch immer –, kann man sagen, daß die Objekte O_1, O_2, ..., O_n des Bezugnahmegebietes den Charakter C_1 oder C_2 oder ... C_m des Symbolschemas ‚erfüllen'. C_1, C_2, ..., C_m

---

[77] Vom Problem der Homonymie sei in diesem Zusammenhang abgesehen.

[78] Vgl. hierzu die Übersichten in Földes-Papp 1984.

[79] Den semantischen Wert selbst kann kein Wörterbuch darstellen, ihn nur anhand von Beispielen der syntaktischen Kombinationsmöglichkeiten des Zeichens andeuten, d. h. partiell exemplifizieren. Im System der chinesischen Schriftsprache werden die Kombinationsmöglichkeiten andere sein als im System des Japanischen. Daher ist das Han ze ein anderes Zeichen als das Kanji, selbst wenn beide dieselbe Zeichengestalt aufweisen. Immerhin überschneiden sich bei beiden Symbolen die Mengen der Erfüllungsobjekte, und dies reicht hin, daß sich ein literater Japaner den Sinn nicht aller, aber doch vieler chinesischer Texte erschließen kann.

[80] Vgl. Goodman 1997, S. 139 ff.

fungieren hier, logisch gesprochen, als ‚Etiketten' im oben beschriebenen Sinn, die je eine bestimmte Menge von Objekten denotieren.[81]

Rekonstruieren wir nun die oben in traditioneller Redeweise umschriebenen Unterschiede der Darstellungsweisen von Alphabetschrift und Kanji bzw. Han ze in dieser Begrifflichkeit, so wäre danach die Erfüllungsklasse eines jeden Alphabet-Charakters ‚definit', enthielte jeweils genau ein Objekt, genau ein Wort einer bestimmten Sprache[82], und das Bezugnahmegebiet wäre selbst je eine bestimmte Sprache. Bei einem Han ze- oder Kanji-Charakter hätten wir dagegen verschiedene Bezugnahmegebiete, nämlich Begriffe oder Sprachen, und weder in dem einen noch in dem anderen Fall wäre die Erfüllungsklasse stets eine Einermenge, also ‚nicht-definit'.[83] Doch dem Alphabet-Charakter wie dem Han ze oder Kanji kann ein bestimmtes Wort nur als Erfüllungsgegenstand zugesprochen werden, insofern er wie es einen bestimmten Begriff oder semantischen Wert, kurzum eine Bedeutung darstellen – was wir hier so verstehen können, daß – wie auch immer – der betreffende schriftliche Charakter auf bestimmte syntaktische und semantische Verwendungsmöglichkeiten im Medium der Schrift verweist. Wir haben es also, genau genommen, mit *zwei* Erfüllungsgegenständen zu tun.

Die Funktionsweise der Alphabetschrift muß jedenfalls, verglichen mit der der Kanji, komplexerer Natur sein, denn auf ihr beruht die Definitheit der Erfüllungsklassen der Alphabet-Charaktere. Die Extension der Erfüllungsklassen scheint sozusagen umgekehrt proportional zur Komplexität des Darstellungsmodus zu sein. Die Frage ist, wie der Graphismus des Alphabets dies leistet. Er muß zwei Anforderungen genügen: Erstens muß er ein eindeutig identifizierbares Symbolschema erzeugen. Das leisten die orthographischen Register Buchstabenfolge, Getrennt- und Zusammenschreibung und, gegebenenfalls, die Groß- und Kleinschreibung.[84] Zweitens muß er es ermöglichen, dem Schema bestimmte Bezugnahmegebiete zuzuordnen. Das geschieht auf zweierlei Weise: Zum einen reiht die graphematische Artikulation das Schema in eine bestimmte Ordnung von Schriftzeichen ein, die Artikulationsweise der Schemata „Ordnung" oder „zweierlei" etwa

---

[81] „denotiert" wird hier also als Synonym für „hat als Erfüllungsklasse" verwendet. Genau genommen denotiert nicht der Charakter seine Erfüllungsklasse, sondern die einzelnen ‚Inskriptionen' (Marken, Tokens) des Charakters (vgl. Goodman 1997, S. 140 ff.)

[82] Von Homonymie-Fällen wiederum abgesehen, da sie das Modell logisch nicht in Frage stellen: Die Buchstabenfolge *B+a+l+l* stellt entweder *den* Ball dar oder *den*. Niemals aber beide zugleich.

[83] Es ist ja stets der Fall denkbar, daß für ein Han ze oder Kanji – in welchem Kontext auch immer – eine neue Erfüllungsklasse von oralsprachlichen Ausdrücken ausgebildet wird, z. B. in einem Chinatown in einer englischsprachigen Umgebung.

[84] Vgl. hierzu Stetter 1997, S. 51 ff.

kategorisieren diese als Einheiten des neuhochdeutschen Schriftsystems.[85] Die spezifische Schreibweise ermöglicht es, den Wert dieser Schemata gegenüber allen anderen desselben Systems zu berechnen.[86]

Und dies macht es möglich, das Schema analog zu den anderen desselben Systems zu verwenden, insbesondere, es mit anderen Elementen syntaktisch zu verbinden und ihm dadurch eine je bestimmte Performanzbedeutung zuzuweisen. Damit ist das Schema in eine Symbolsystem eingegliedert. Es bildet für sich zusammen mit seinen syntaktischen Verwendungsmöglichkeiten selbst ein Subsystem der betreffenden Schriftkompetenz.

Zum anderen macht die spezifische Artikulationsweise ein zweites, andersartiges Bezugnahmegebiet auf: das Gebiet der oralen Sprachen. Im Plural trifft dies auch auf die Hanze oder Kanji zu, im Singular nur auf die Alphabetschrift.[87] Welche Buchstabenfolgen uns auch begegnen: entweder es handelt sich um Nicht-Wörter – abcde, xyz, ... – oder um Abkürzungen – f(x), DGB, ... – oder aber um Wörter genau einer Sprache: *als*, *une*, *three*, *ademas*, ... , und jedem dieser geschriebenen Wörter kann man genau ein orales Wort einer bestimmten Sprache zuordnen.

Wie werden nun die Funktionen, die diese beiden Anforderungen erfüllen, logisch miteinander verknüpft, sodaß extensional genau das jeweilige Resultat erzielt wird? Die oben bereits erörterte radikal arbiträre Natur der Alphabetschrift-Charaktere schließt eine kausale Verknüpfung von vornherein aus. Es bleibt die Deutung, daß diese Funktion auf einer Indem-Relation beruht: Man erreicht x, *indem* man y tut. Man will z. B. jemanden erfreuen, indem man ihm Blumen schenkt, oder man wählt jemanden, indem man einen bestimmten Kreis auf dem Wahlzettel ankreuzt. Hier sind uno actu zwei verschiedene Handlungen zu vollziehen, x: erfreuen und y: Blumen schenken, und beide müssen gelingen. Da es sich um verschiedene Handlungen handelt, sind die Mengen der jeweiligen Gelingensbedingungen Gx_1, Gx_2, , ... , Gx_m und Gy_1, Gy_2, ... , Gy_n verschieden, und die Erfüllung von Gy_1, Gy_2, ... , Gy_n ist notwendige Bedingung für die Realisierung von x.[88] In unserem Fall gibt es zwei Möglichkeiten: Das schriftliche Symbol stellt ein orales Wort dar, indem es eine Bedeutung darstellt, oder es stellt eine Bedeutung dar, indem es ein orales Wort darstellt. Grundsätzlich sind beide Interpreta-

---

[85] Eine Schreibweise wie `int` z. B. würde, u. a. durch die Courier-Type, das Schema „int" als Element einer Programmiersprache ausweisen.

[86] Dies geschieht in einem „Raum" mit n Parameter-Dimensionen. Bis heute ist nicht klar, welche und wieviele solcher Parameter den Wert (valeur) von Schriftzeichen festlegen. Dies dürfte schrifttyp- und sprachspezifisch sein.

[87] Ich klammere hier der Alphabetschrift ähnliche Schrifttypen wie das Arabische aus. Für sie gilt natürlich Entsprechendes.

[88] Man denke an die letzte amerikanische Präsidentenwahl.

tionen möglich. Die Frage ist, was man als letzten Zweck des Verfahrens ansieht. Das Mimesis-Bild betrachtet es – uneingestandenermaßen – in der ersten Perspektive, denn es sieht den Zweck der schriftlichen Artikulation des Wortes eben darin, das orale Wort darzustellen. In diesem Bild stellt sich die Frage der Darstellung einer Bedeutung gar nicht unabhängig von der ersten Funktion. Doch der Fall der Han ze und Kanji schließt diese Interpretationsmöglichkeit aus: die Repräsentation der Bedeutung oder des Wertes des Zeichens qua Element eines bestimmten Graphismus ist die genuine, die „primäre" Funktion des Graphismus.[89]

Ein Alphabetschrift-Charakter stellt somit eine bestimmte Bedeutung oder einen bestimmten semantischen Wert dar, indem er *uno actu* – mit Mitteln der betreffenden Orthographie – genau ein Wort einer bestimmten Sprache darstellt.[90] Die Realisierung der logischen Sprachfunktion hängt hier also ab von der Bewältigung von Anforderungen ganz anders*artiger* Natur. Sie ist der Realisierung der logischen Funktion im Mündlichen nicht mehr formal analog. Sie ist, so möchte ich es nennen, *formal divergent*. Das Glücken von y konvergiert ja keineswegs mit dem Glücken von x, es ist dafür notwendige, aber nicht hinreichende Bedingung: Was kann man nicht alles beim Blumen-schenken falsch machen, zu billige oder zu teure Blumen kaufen, zu früh oder zu spät kommen, das Papier vor dem Überreichen nicht abnehmen usw. usw. Doch auch wenn man alles richtig gemacht hat, die richtige Rose, die richtige Farbe, die oder das richtige ... , so ist das nicht die geringste Garantie dafür, daß man die Beschenkte damit auch erfreute. Sie hatte dich einfach satt, und die schönste Rose ist nur peinliche Erinnerung an eine Lebensepisode, die sie so schnell wie möglich vergessen möchte. Das Indem-Relat hat zwar eine interne Beziehung zum Korrelat, dem Zweck, sonst könnten seine Gelingensbedingungen nicht notwendige Bedingungen für das Gelingen des Zwecks sein. Doch sind diese eben nicht hinreichende Bedingungen.[91] Die Bezie-

---

[89] In diesem Sinne *ist* die Handlung des Schreibens des Zeichens 魚 die Darstellung (exhibitio) des Begriffs „Fisch". Hier gibt es nur eine einzige Menge von Gelingensbedingungen. Daß diejenigen des Graphismus eine Teilmenge dieser Gesamtmenge bilden, besagt eben dies, daß es die Eigenart dieses Symbolsystems ist, daß man in ihm Begriffe und nicht Wörter darstellt. Die Rückkopplung an die Sprache geschieht extern. Vgl. dazu unten, Abschnitt 4.

[90] Morphologisch müßte man hier ja nach Sprachtyp etwa zwischen Lexemen und Morphemen unterscheiden, um den verschiedenen Wortbildungsweisen Rechnung zu tragen. Das kann hier vernachlässigt werden.

[91] Wenn hier von ‚notwendiger' und ‚hinreichender' Bedingung die Rede ist, so handelt es sich um einen modallogischen Bedingungsbegriff. Das kann ich hier nicht weiter ausführen. Vgl. hierzu grundsätzlich Kambartel (1980).

hung ist willkürlicher, nicht kausaler Natur.[92] Erst jetzt läßt sich der Abstraktheitsgrad des Darstellungsmodus einigermaßen ermessen, in dem die Alphabetschrift verfährt – eine gleichsam potenzierte Arbitrarität.

Hier zeigt sich ein einigermaßen irritierendes Paradoxon im Vergleich der Darstellungsweisen von Alphabetschrift und Kanji bzw. Han ze: Der formal divergente Modus der Alphabetschrift leistet mittels einer arbiträren Korrelation von Symbolschema und Erfüllungsgebiet die – in aller Regel – eindeutige Begrenzung der Erfüllungsklassen der betreffenden Charaktere, während der formal analoge Modus der Kanji oder Han ze dies nicht leistet, sondern Korrelationsspielräume offenläßt. Das Grundproblem, das es zu verstehen gilt, scheint somit in einer Mehrdeutigkeit unseres Begriffs ‚der' Sprache zu liegen, die durch die Eindeutigkeit der Zuordnung von Alphabetschrift-Charakter und Erfüllungsgegenstand in einem erzeugt und kaschiert wird. Möglicherweise steht uns hier eben der Begriff „der" Sprache im Weg. Man muß sich somit zumindest auf theoretischem Niveau entschließen, die verschiedenen medialen Ausformungen einer Sprache als verschiedene Sprachen zu nehmen. Eines ist jedoch a priori klar: daß der Darstellungsmodus der Kanji bzw. Han ze der leichter zu verstehende sein *muß*, schon deswegen, weil er analog funktioniert.

4 Rückkopplung: Partitur und Performanz

Wird ein schriftliches Wort W_s artikuliert, so werden den bisherigen Überlegungen zufolge zwei Funktionen aufgerufen: Erstens wird durch die bestimmte Zeichengestalt von W_s die Bedeutung des Zeichens exhibitiv dargestellt, nämlich erzeugt und zur Erscheinung gebracht: ein bestimmter semantischer Wert $sW[W_s]$, den nur W_s im Unterschied zu W_s', W_s'', W_s''', ... darstellt.[93] Zweitens wird im Schreiben wie im Lesen dieser Zeichengestalt auf ein orales Wort W_o einer Sprache Bezug genommen, und die übliche Lesart dieser Bezugnahme ist die, daß W_s W_o darstellt oder repräsentiert.

---

[92] Dieser Gedanke liegt implizit auch Austins Unterscheidung von Illokution und Perlokution zugrunde: Ich überzeuge jemanden, *indem* ich ihm gute Gründe für eine bestimmte Annahme gebe, und ich verärgere jemanden, *dadurch daß* ich ihn warten lasse. Die Illokution ist dadurch definiert, daß sie durch kognitive Leistungen wie begreifen, schlußfolgern etc. zustande kommt, also symbolisch vermittelt ist.

[93] Für die Zwecke dieser Überlegungen reicht ein undifferenzierter Begriff des semantischen Wertes hin. In anderen Zusammenhängen muß man zwischen diesem (Saussures ‚valeur') und der Bedeutung (‚signification') unterscheiden, die das betreffende Wort im Gebrauch gewinnt.

Die – im Mimesis-Bild nie weiter erörterte – Frage, die hier zu beantworten ist, lautet, was „Darstellung" heißt. Für unsere Zwecke genügt es, die zwei eben genannten Weisen der Darstellung unterscheiden. Die ‚exhibitive' Darstellung ist, um die Differenz auf eine griffige Formel zu bringen, produktiv und individuell: In ihr wird das, was man meint, zur Erscheinung gebracht – etwas, das nur in dieser bestimmten Zeichengestalt existiert. Dieser Darstellungsmodus ist *per se* Performanz. Die ‚repräsentative' Darstellung ist demgegenüber reproduktiv und allgemein: Zwar wird das Repräsentierte gleichfalls in einer Zeichengestalt in gewisser Weise zur Erscheinung gebracht, aber diese Gestalt ist gegenüber dem Repräsentierten willkürlich gewählt, es könnte genau so gut eine andere sein. Das Repräsentierte existiert unabhängig von ihr, und so kann es verschiedene Repräsentationen von ihm geben. Diese können daher nur das Allgemeine des Repräsentierten darstellen. Faßt man z. B. die Alphabetdarstellung eines Wortes als in diesem Sinne repräsentativ auf, so begreift man das betreffende Wort „nur" als das logische Produkt einer Menge von orthographischen Regeln, die „für alle Fälle" gemacht sind und darum nicht jeden Fall erfassen können. Darüber vergißt man nur zu leicht, daß der Charakter, der Typ nichts ist als eine Menge hinreichend ähnlicher Kopien[94], daß, mit anderen Worten, Darstellung immer an die *effektive* Erzeugung einer bestimmten Zeichengestalt gebunden ist, in unserem Fall also einer bestimmten Wortgestalt, und dies heißt nun einer Kopie einer Kopie einer Kopie ... , *nie* aber des Originals, denn das gibt es in der Sprache nicht, weder im Schriftlichen noch im Oralen. Nun kann ein Kontext kommen, wo wir das, was wir meinen, nur verständlich machen können, wenn wir von der Regel abweichen. Da dehnen wir dann das Schema etwas.[95]

Keine ‚repräsentative' Darstellung kann die Individuierung des Zeichens durch variable Kontexte erfassen.[96] Aus diesem Grund ist nach Goodman die Erfüllung eines Schemas an die Inskription gebunden[97], und aus demselben Grund ist es ausschließlich der exhibitive Darstellungsmodus, der welcher Wortgestalt auch immer, der schriftlichen wie der oralen, als ihren wesentlichen, „eigentlichen", eben *ihren* Erfüllungsgegenstand den ihr und nur ihr zukommenden semantischen

---

[94] Vgl. Goodman 1997, S. 128 f.

[95] Dies wäre ein Beispiel für eine deformierende „Weise des Welterzeugens". Vgl. Goodman 1984, S. 30.

[96] Die neue ‚amtliche' Regelung der Orthographie des Deutschen ist in diesem Sinne als ‚repräsentativ' anzusprechen: Sie engt – vor allem in den semantisch „sensiblen" Bereichen der Getrennt- und Zusammen- und der Groß- und Kleinschreibung – die Individuierungsspielräume der Schreibenden ein. Hierin liegt natürlich der Grund, weshalb so viele Schriftsteller diese Regelung ablehnen. Die Korrosion der Neuregelung wird daher auch in diesen beiden Bereichen am ersten beginnen.

[97] Vgl. Goodman 1997, S. 139 f.

Wert zuweist und so aus der Gestalt ein Wort macht.[98] In dieser Hinsicht unterscheidet sich die Alphabetschrift nicht von Han ze oder Kanji. Hier ist der Graphismus autonom. Also kann die Differenz in der Funktionalität der beiden Schrifttypen nur darin liegen, wie sich die Bezugnahme auf das verbleibende, das sekundäre Erfüllungsgebiet organisiert, auf die jeweils korrespondierende orale Sprache. Nach unseren bisherigen Überlegungen und dem traditionellen Bild von der Funktionsweise der Alphabetschrift wird in diesem Symbolsystem die Korrespondenz mittels der oben beschriebenen Indem-Relation hergestellt: Das geschriebene Wort W_s stellt seinen ihm eigenen semantischen Wert $sW[W_s]$ exhibitiv dar, nämlich durch eine spezifische Buchstabenfolge, eine spezifische Getrennt- oder Zusammenschreibung, gegebenenfalls eine spezifische Großschreibung, indem es zugleich das korrespondierende orale Wort W_o darstellt: *das* : *daß*, *wohl bekannt* : *wohlbekannt*, ...[99] Die Frage ist, ob es sich hier um eine repräsentative Darstellung handelt oder möglicherweise auch um eine exhibitive. Wie wird, mit anderen Worten, die Rückkopplung von geschriebener und gesprochener Sprache hergestellt, die wir pragmatisch immer als gegeben unterstellen.

Hier ist nun die Mediendifferenz in Rechnung zu stellen. Die syntaktischen wie die semantischen Verwendungsweisen von Wörtern sind im Schriftlichen und Mündlichen in der Regel nicht identisch. Also kann der semantische Wert des geschriebenen Wortes $sW[W_s]$ nicht genau gleich dem semantischen Wert des oralen Wortes $sW[W_o]$ sein. Somit könnte W_s im Alphabet bestenfalls den signifiant von W_o darstellen. Doch selbst dies gilt nur bedingt: einmal wegen orthographischer Regelungen wie morphematisches Prinzip, Groß- und Zusammenschreibung, die zumindest teilweise semantisch bedingt sind, zum anderen und vor allem wegen der dialektalen, bis zum Idiolekt hingehenden Ausdifferenzierung des durch W_s dargestellten Objektbereichs W_o', . W_o'', W_o''', ...

Die logischen Verhältnisse sind in geschriebener und in gesprochener Sprache also grundverschieden: Im Chinesischen bzw. Japanischen wie im Bereich der Alphabetschrift kann man sich auf durch Schreibkonventionen kanonisierte Formen von W_s beziehen. Sie sorgen dafür, daß wir signifikante von nicht signifikanten Differenzen unterscheiden können. Mit der Digitalisierung der Schriften qua Druckschriften, die mittlerweile erreicht ist, hat jede Schrift, die aus endlich vielen Charakteren besteht, zumindest syntaktisch den Charakter eines Nota-

[98] In morphologischen Paradigmen, z. B. Konjugationstabellen, wird das Wort wieder auf die Gestalt reduziert, denn die Möglichkeiten syntaktischer Verwendung werden in einer solchen Darstellungsweise ausgeblendet.

[99] Daß hier nicht die inverse Indem-Relation gilt, hatten wir oben schon geklärt. Dies wäre die Lesart des Mimesis-Bildes.

tionssystems in dem von Goodman präzisierten Sinn gewonnen.[100] Das berechtigt, von ‚dem' Wort W_s zu sprechen. Dem Singular kann eine eindeutige Extension gegeben werden, die nur aus ‚echten' Kopien besteht. Was aber würde berechtigen, entsprechend von ‚dem' oralen Wort W_o zu sprechen? Hier haben wir eine Menge von mehr oder weniger ähnlichen Formen W_o', W_o'', W_o''', ... , und es würde hier auch nichts helfen, sich auf den Bereich eines Idiolekts zu beschränken und die Identität von W_o^* in dem internen Regelset einer kognitiven Grammatik anzusiedeln, denn es ist ein Faktum, daß sich – nimmt man nur das Zeitintervall der Regelanwendung lang genug, etwa mehrere Jahrzehnte – auch die Artikulationen eines einzelnen Sprechers nicht nur situativ verändern, sondern auch systematisch: Er paßt sich artikulatorisch wie semantisch sich ändernden sprachlichen Kontexten an. Die diachronische Fluktuanz der oralen Sprache[101] muß ihre Basis in der individuellen Sprachkompetenz haben. Zudem ist die interne Regel nicht zugänglich wie die der Schreibweise eines Wortes, die ja selbst im Medium der Schrift kodifiziert werden kann. Diese rekursive Struktur existiert im Oralen nicht.

Es sind diese logischen Divergenzen, die dazu zwingen, von zwei medialen Ausformungen derselben Sprache auszugehen.[102] Beide besitzen ihre relative Autonomie gegenüber der anderen Form. Man operiert parallel in beiden Medien. Und darüber vermittelt wirken nun beide Formen auf die jeweils andere ein. Es handelt sich somit um ein Interaktionsverhältnis zwischen beiden, der in diachronischer Perspektive zu einem Rückkopplungsprozeß wird. Literale Gebrauchsweisen wirken auf den mündlichen Sprachgebrauch ein und von dort auf den Schriftgebrauch zurück *und umgekehrt*, sodaß sich nun im Literalen ‚literate' von ‚oraten' Gebrauchsformen unterscheiden lassen[103], wie man umgekehrt sagt, daß jemand redet wie gedruckt. Für literalisierte Sprachen gilt somit – dieser Gedanke liegt schon Saussures Schriftkritik zugrunde[104] –, daß eine Darstellungsfunktion, sei sie nun exhibitiver oder repräsentativer Art, nur im Rahmen dieser Rückkopplung realisiert werden kann. Hier kann es nun durchaus sein, daß sich das Verhältnis zwischen beiden Medien gegenüber umkehrt, etwa in der Aufführung eines Dramas, aber auch in Alltagssituationen, bei hyperkorrekten Artikulations-

---

[100] Vgl. Goodman 1997, S. 128 ff.

[101] Vgl. hierzu Stetter 1997, Kap. 3, insbes. S. 126 ff.

[102] Rechnet man die Gebärdensprache mit hinzu, muß man sogar drei mediale Formen ein und derselben Sprache annehmen. Die Gebärdensprache berücksichtige ich in dieser Arbeit jedoch nicht weiter.

[103] Vgl. hierzu Maas 1985.

[104] Vgl. CLG S. 44 ff.

weisen[105], bei der Berufung auf einen Vertragstext, beim Vorlesen usw. Was ‚Darstellung' in solchen Zusammenhängen letztlich heißt, entscheidet sich somit an der Natur dieser Rückkopplung.

Darstellung von etwas ist an Performanz gebunden. W_x kann W_y dann und nur dann in welchem Sinn auch darstellen, wenn es effektiv erzeugt wird. Die Regel kann dies nicht, denn sie sagt ja nur, wie das Wort zu schreiben ist, wenn es geschrieben wird.[106] Die Performanzhandlung, in der wir orale Wörter zur Darstellung bringen können, indem wir schriftliche darstellen, ist das Schreiben. Damit ist nicht gesagt, in welchem Zeichenrepertoire diese ‚mimetische' Darstellung[107] eines gesprochenen Wortes geschieht. Keineswegs muß dies die „normale" Schrift sein. Die inversen Handlungen sind Vorlesen und – mit bestimmten Einschränkungen – Lesen. Hier wird der „normale" Text die Regel sein.

Liest jemand vor, etwa der Lehrer den in der Lateinklausur zu übersetzenden Text, so versteht er in der Regel den Text, den er vorliest. Zum „richtigen" Vorlesen gehört dazu, daß man auch die syntaktische Gliederung des Textes versteht, den man da gerade vorliest. Vorgelesen wird, genauer gesagt, die Textur, die geschrieben ist. Der Text selbst wird vorlesend erzeugt. Er ist ein Performanzereignis, die Textur dagegen ein Ding.[108] Zweifellos kann derjenige lesen, der einen Text sinngemäß vorzulesen vermag, und zweifellos kann derjenige noch nicht lesen, der Texte, die in seiner Sprache geschrieben sind, nur zu buchstabieren vermag.[109] Sagt man im Sinne dieser Unterscheidungen, daß jemand liest, so unterstellt man damit, daß der Betreffende auch versteht, was er liest, daß er also die Einheiten des Textes und ihren syntaktischen Zusammenhang versteht. Nicht impliziert ist dabei, daß der Betreffende beim Lesen auch lautlich artikuliert, d. h. jedes geschriebene Wort auch „ausspricht" und die Satzmelodie dem syntaktischen Zusammenhang des Vorgelesenen entsprechend moduliert.[110] Es kann also auch jemand einen Text in diesem Sinne lesen, der große Schwierigkeiten hätte, diesen Text auch lautlich zu artikulieren, z. B. ein japanischer Geschäftsmann, der sich im Selbststudium mithilfe eines japanisch-deutschen Wörterbuchs und einem Sprachlehrbuch Lesekenntnisse des Deutschen erworben hat, oder umgekehrt – der

---

[105] Vgl. hierzu Labov 1976.

[106] Vgl. hierzu Black 1962, S. 109 ff., dazu Stetter 1997, S. 571 ff.

[107] Vgl. hierzu Stetter 2001a.

[108] Zur Unterscheidung von Text und Textur vgl. Stetter 1997, Kap. 7, insbes. S. 293 ff.

[109] Allerdings sind die Übergänge vom Buchstabieren zum Lesen und von Lesen zum Vorlesen nicht trennscharf. Für unsere Zwecke kann man dieses Problem jedoch vernachlässigen.

[110] Es gibt bekanntlich „Schnell-Lesemethoden", mit denen man lernen kann, ohne das sogenannte „Subvokalisieren" den Sinn des Geschriebenen zu erfassen.

interessantere Fall – ein deutscher Geschäftsmann, der auf ähnlichem Wege zu Lesekenntnisse des Japanischen gekommen ist.

Wer auf diesem Wege Japanisch lernt, mithilfe eines der hierzulande handelsüblichen Sprachlehrbücher, sieht sich damit konfrontiert, daß diese anfangs japanische Texte in Alphabetschrift darbieten, um dann Hiragana[111] einzuführen und ab einer bestimmten Lektion diese als Transkriptionsschrift zu benutzen. Japanische Lehrbücher des Japanischen benutzen dagegen von vornherein Hiragana, ein Repertoire, das hinreichend ausdifferenziert ist, um die Silbenstruktur des oralen Japanischen darzustellen.

Wer demgegenüber, um Spanisch zu lernen, ein handelsübliches Sprachlehrbuch benutzt, wird sich unter Umständen mit einer tabellarischen Übersicht über die Aussprache der in der Orthographie des Spanischen verwendeten Buchstaben in bestimmten Kontexten und einigen zusätzlichen Erläuterungen der lautlichen Artikulation zufriedengeben müssen. In gewissem Sinne genügen diese Informationen auch, um dem Lernenden zumindest Hinweise zu geben, wie sich die Lautartikulation des Spanischen charakteristisch von dem des Deutschen unterscheidet. Mit diesen Hinweisen kann er den geschriebenen spanischen Text in etwa auch lautlich artikulieren. Er verwendet dann diesen Text analog zu einem in Deutsch geschriebenen Text als Darstellung der Lautgestalt der betreffenden Wörter – wobei ihm im Fall des Spanischen die im Vergleich zum Deutschen einfachere Orthographie hilft. Er liest dann die Buchstaben – der Wörter „hace“ und „jardín“ etwa – als Namen für Lautfragmente des Gesprochenen und wird, mit den Informationen versehen, daß „h“ im Spanischen nicht aspiriert wird, sondern die im Deutschen übliche Sprengung des folgenden Vokals verhindert, „c“ wie englisch „th“ ausgesprochen wird, „j“ wie das ch in deutsch „ach“ usw., anhand dieser „Buchstabenpartitur“ zu einer Artikulation dieser Wörter kommen, die ein Muttersprachler des Castillano zur Not als Wörter seiner Sprache wiedererkennen kann. Diese Lesepraxis, die jeder im Alphabet Literalisierte gelernt hat, hat der Alphabetschrift den Ruf eingetragen, sie sei eine Lautschrift.[112]

In der Tat faßt man, betrachtet man das geschriebene Wort als (repräsentative) Darstellung des gesprochenen, das geschriebene Wort als Partitur auf, als ein

---

[111] Hiragana: Eines der beiden Kana-Repertoires, die jeweils aus 46 Silbenzeichen und einigen diakritischen Zeichen bestehen. Beide Repertoires haben den gleichen Zeichenbestand, werden aber unterschiedlich genutzt. Zur Transkription von Kanji werden stets Hiragana benutzt.

[112] Das Alphabet verdankt sich zweifellos einer phonematischen Analyse eines altgriechischen Dialekts im 8. Jahrhundert v. Chr., doch darf man dieses Konstitutionsprinzip des Schrifttyps nicht mit seinem Funktionsprinzip verwechseln. Vgl. hierzu Stetter 1997, S. 56 ff.

Notationssystem in dem von N. Goodman beschriebenen Sinn.[113] Dank bestimmter syntaktischer und semantischer Eigenschaften leistet es eine Partitur, die Identität eines Werks in verschiedenen Aufführungen zu sichern. Die Alphabetnotation hat entsprechende Eigenschaften: In syntaktischer Hinsicht sind ihre atomaren Charaktere, die Buchstaben bzw. Grapheme, disjunkt und endlich differenzierbar[114], und mit den in orthographischen Wörterbüchern entwickelten Verfahren der Regelung der Schreibung der Wörter qua Regel- und Wortliste kann eine in Buchstaben geschriebene Form eines Wortes durchaus in gewisser Weise die Identität des betreffenden Wortes der Sprache gewährleisten. Jenseits einer so bestimmten Zeichengestalt kann dagegen von einer Identität ‚des' Wortes keine Rede sein kann. Da obwaltet die Fluktuanz der Oralität, die ins Unbestimmbare hingehende idiolektale und dialektale Ausdifferenzierung der Sprache in Raum und Zeit.[115] Zweifellos ist im Geltungsbereich des Alphabets das Sprachverständnis von dieser Identität verbürgenden Leistung der schriftlichen „Repräsentation" des Wortes bis auf die subsemantische Ebene hinunter bestimmt, und dieser logische Zusammenhang macht es notwendig, das Wort „Repräsentation" nunmehr in Anführungszeichen zu setzen. Hier kommen die semantischen Anforderungen an ein Notationssystem ins Spiel, die Beziehungen zwischen den Charakteren des Notationsschemas und dem Bezugnahmegebiet[116], in unserem Fall also die zwischen geschriebenem und gesprochenem Wort.

Eine Partitur P verbürgt die Identität des Werks durch verschiedene Aufführungen A', A", A"', ... dadurch, daß A', A", A"' usw. je für sich als Erfüllung, Realisation, „richtige" Aufführung von P gewertet werden kann. Hier kann es Spielräume der Interpretation geben, man wird bis zu einem gewissen Grad unterschiedliche Tempi hinnehmen, von kleineren Versehen absehen usw. Unabhängig voneinander verweisen aufgrund einer hinreichend homogenen Aufführungspraxis A', A" etc. auf dasselbe P. Ein Notationssystem ist also durch eine Referenzkette P → A' → P → A" → P → A"' ... charakterisiert.[117] A', A", A"', ... können in diesem Fall als ‚echte' Kopien voneinander angesehen werden, auch wenn sie sich nicht genau gleichen, sondern nur einander hinreichend ähnlich sind. Taucht jedoch ein Fall auf, wo wir durch eine Performanz A* nicht auf P verwiesen werden, sondern auf

[113] Vgl. Goodman 1997, Kap. IV.

[114] Für gedruckte Texte bedarf dies keines weiteren Nachweises. Diese Eigenschaften ergeben sich aus der Abzählbarkeit der Buchstabenfiguren. Sie gelten allerdings nicht für die den Logographischen angenäherte Kursivität „ausgeschriebener" Handschriften routinierter Schreiber. Vgl. hierzu auch Stetter 2001a.

[115] Zum Begriff der Fluktuanz vgl. Stetter 1997, Kap. 3. Systematisch hat Saussure dies schon in seinen Genfer Inauguralvorlesungen entwickelt (vgl. EC fasc. 4, N 1–3).

[116] Vgl. Goodman 1997, S. 139 ff.

[117] Vgl. ebd. S. 126 f. Lies: P verweist auf A', A' verweist auf P, P ... usw.

ein P', das sich in seinem Zeichenbestand von P unterscheidet, dann kann A^* nicht als Aufführung von P gewertet werden. Heifetz z. B. hat Tschaikowskis Violinkonzert nicht in der Bearbeitung von Auer aufgeführt, sondern in seiner Bearbeitung dieser Bearbeitung.

Die Identität des durch P repräsentierten Werks hängt also an Akten der Beurteilung, in der P qua komplexes Zeichen – in unserem Fall das als Buchstabenfolge geschriebene Wort – auf eine Performanz bezogen und das betreffende Performanzresultat A^x als Aufführung, Realisation, logisch gesprochen also als Erfüllung von P beurteilt wird. Damit dies möglich ist, muß P unabhängig von jedem A^i *gelesen* werden können. Daß wir also ein geschriebenes Wort W_s als Darstellung eines gesprochenen Wortes W_o auffassen können, ist nur möglich dadurch, daß wir W_s *unabhängig* von W_o lesen können. Nur dann kann man W_o als Erfüllung von W_s und nicht von W_s' interpretieren. Erst dieses Urteil, daß die Erfüllung gegeben ist, leistet die Rückkopplung von geschriebenem und gesprochenem Wort. Und diese – das folgt aus dem Begriff des Lesens – geht über die Bedeutung.

Mit dieser logischen Rekonstruktion des Begriffs der Darstellung ist nun systematisch gezeigt, was in der oben skizzierten Analyse des Konzepts der phonologischen Bewußtheit mittels des Begriffs impliziten Wissens behauptet worden war: Ein Kind wird ein geschriebenes Wort nur dann als Darstellung eines gesprochenen begreifen können, wenn es gelernt hat, das Geschriebene unabhängig von einer solchen Darstellungsfunktion zu lesen – und man beachte, daß die oben gegebene Charakterisierung des Lesens nicht Gebrauch machen mußte von einem Rekurs auf die gesprochene Sprache als notwendiger Bedingung des Verstehens.[118]

Das in Alphabetschrift geschriebene Wort kann, so können wir diese Diskussion zusammenfassen, ein orales Wort nur insofern ‚repräsentieren', als es unabhängig von dieser Funktion seine Bedeutung bzw. seinen semantischen Wert ‚exhibitiv' darstellt – mit den Mitteln des ihm eigenen Graphismus. Aber es *kann* dieses sekundäre Repräsentieren eben auch. Ein Kanji oder Han ze dagegen kann niemals als Darstellung einer Lautgestalt gelesen werden.[119] Die diese Zeichen

---

[118] Daß beim Lesen faktisch häufig, wohl in Regel, der „Umweg" übers orale Wort gemacht wird, steht auf einem anderen Blatt. Gefesselt durch das phonematische Vorurteil macht der Leseunterricht zu früh halt. Es ist bekanntlich in „Schnellesemethoden" seit Jahrzehnten empirisch bewiesen, daß Lesen ohne das sogenannte Subvokalisieren möglich ist. Die von literaten Japanern bezeugte leichte Lesbarkeit der Kanji hängt zweifellos hiermit zusammen.

[119] Allerdings können in Han ze geschriebene *Sätze* als Partituren oraler chinesischer Sätze gelesen werden, da ein Han ze jeweils höchstens ein Wort des Chinesischen darstellt. Die Kanji müssen, um für das Japanische entsprechendes leisten zu können, durch Hiragana bzw. Okurigana (als morphologische Ergänzungen zu Kanji verwendete Hiragana) ergänzt

bildenden ‚Striche', die kleinsten distinktiven Einheiten des Graphismus, können nicht als Namen für Lautfragmente gelesen werden. Sie haben keine andere Funktion als die, graphische Figuren zu bilden, und ihr Zusammenhang ausschließlich die, die graphische Gestalt des betreffenden Kanji bzw. Han ze von jeder anderen eindeutig zu unterscheiden. Man muß wissen, welchem Wort der oralen Sprache das betreffende Zeichen korrespondiert. Dieses Wissen ist nicht dadurch zu erwerben, daß man beim Erlernen des geschriebenen Wortes auch die repräsentative Indem-Funktion zu lesen lernt, die es ermöglicht, die Buchstabenfolge eines Wortes im beschriebenen Sinn als Partitur für die „Aufführung" eines oralen Wortes zu verstehen. Man kann die Han ze bzw. Kanji nur im aktuellen Gebrauch lernen. Damit kann man sie auch „nur" kontextabhängig lernen. Hierin liegt – wie gezeigt – die formale Analogie dieses Schrifttypus zur oralen Sprache. Die formale Divergenz des Darstellungsmodus, die die Alphabetschrift charakterisiert, ihr Erlernen mit größeren Komplikationen belastet, hat demgegenüber ihr Surplus genau hierin, daß sie zusätzlich zur exhibitiven Darstellung des geschriebenen Wortes, die ebenso kontextabhängig verfährt wie im formal analogen Modus der Han ze und Kanji, die repräsentative Darstellung eines medial differierenden, eben des oralen Wortes möglich macht. Und diese geschieht kontextunabhängig: In jedem beliebigen Kontext repräsentiert ja *qua Partitur* dieselbe Buchstabenfolge dasselbe Wort. Die (sekundäre) Repräsentativ-Funktion der Alphabetschrift ist also von strukturell anderer Art als ihre (primäre) Exhibitiv-Funktion. Dies werden wir abschließend genauer zu betrachten haben.

5 Graphische Zeichenkonstitution: Autonomer und heteronomer Graphismus

Zunächst ist die primäre Funktion genauer zu untersuchen, und es bietet sich an, bei dem Schrifttypus anzusetzen, dessen Darstellungsmodus dem oralen formal analog organisiert ist. Wie die Elemente des Alphabets, so sind auch die Han ze

---

werden. Für die Ebene der semantischen Artikulation ist somit das System der Han ze syntaktisch hinreichend differenziert, d. h. von gleicher syntaktischer ‚Mächtigkeit' wie das des oralen Chinesischen. Für die Kanji gilt das Entsprechende nicht. Umgekehrt ist die subsemantische Artikulation des oralen chinesischen in den Hanze nicht repräsentiert – auch nicht in den sogenannten Phonogrammen – in der japanischen Schrift partiell, nämlich in den die Kanji ergänzenden Okurigana und Hiragana. Diesem Problem der ‚mimetischen' Darstellung der Syntax kann ich hier nicht weiter nachgehen. Vgl. zum Begriff des mimetischen Schriftgebrauchs Stetter 2001a.

das Resultat einer Jahrtausende dauernden Evolution.[120] Am Ende der Entwicklung hat diese einen Bestand hervorgebracht, der auf 50 000 bis 80 000 Zeichen geschätzt wird – eine Fülle, die allein von den Memorieranforderungen her kaum zu bewältigen scheint. Nun dient aber jede Schrift zum Aufbau von sozialem Gedächtnis[121], und daher mußten, wenn die Lösung des Verschriftlichungsproblems diese bestimmte Form angenommen hatte, auch Lösungen für das Nutzungsproblem mit ausgebildet worden sein. Gegenüber dem individuellen Niveau der Evolution und dem der Gattung repräsentiert die Sprache das Niveau der Ethnie. In ihr wird das kollektive Wissen formuliert und tradiert. Sie ist das Medium des sozialen Gedächtnisses.[122] Wird nun mit der Schrift ein neues technisches Niveau erreicht, dieses Gedächtnis zu organisieren, so wird der individuellen Memorierfähigkeit die Aufgabe auferlegt, die Kompetenz zur Nutzung dieser Technik auszubilden. Denn diese Kompetenz ist, wiewohl sie nur von der Ethnie entwickelt werden kann, doch keine kollektive, sondern eine distributive Kompetenz. Jede einzelne Biographie wird mit der Bewältigung der Aufgabe konfrontiert, denn die Tradition ist für die menschliche Art biologisch unerläßlich.[123] Jede Schrift erzwingt die Entwicklung von Nutzerkompetenzen, und jede dieser Kompetenzen muß angepaßt sein an das Problem, das sie zu bewältigen hat. So stellt sich auch bei den Han ze die Frage, wie in ihrem System der Widerspruch zwischen der Quantität des Systems und der Begrenztheit des indivivuellen Gedächtnisses gelöst wurde. In der Welt der Han ze wie der der Kanji lautet die Antwort: durch Präsenz der zu memorierenden Zeichen und durch syntaktische wie analogische Strukturierung ihrer Form.

Roland Barthes hat in seinen Reflexionen auf ein „empire des signes"[124] ein Paradoxon beschrieben, das ohne Zweifel bemerkenswert ist: daß japanische Städte kein Zentrum haben – während sich in denen der europäischen Städte alle Symbole repräsentativer Macht versammeln – und daß ihre Straßen keine Namen

---

[120] Vgl. Müller-Yokota 1994.

[121] Vgl. hierzu Leroi-Gourhan 1984, S. 273 ff.

[122] Vgl. ebd. S. 284 ff.

[123] Es lohnt sich, unter dieser evolutionstheoretischen Perspektive den berühmten Theut-Mythos aus Platons *Phaidros* noch einmal zu lesen. Dann wird die anthropologische Dimension deutlich, die über den immer primär diskutierten Problemhorizont der für philosophische Praxis konstitutiven Oralität weit hinausgeht.

[124] Vgl. Barthes 1981. Es scheint nicht überflüssig, darauf aufmerksam zu machen, daß Barthes in seinem Text keine linguistische oder soziologische Beschreibung Japans unternommen hat (vgl. S 13 f.). Gerade deswegen konnte er die eminente Bedeutung des Signifikativen in diesem „fiktiven" (ebd.) Japan so klar zeichnen.

tragen, während doch bei uns jede mit einem Namensschild ausgerüstet ist.[125] Doch diese Leere wird kompensiert: durch eine unglaubliche Fülle von Zeichen, die zu Dutzenden jede Häuserfront, jeden Telegraphenmast, jeden U-Bahn-Waggon überziehen. Für chinesische Städte gilt das Entsprechende. Eine Phänomenologie dieses Phänomens, das man bis in traditionelle Restaurants hinein verfolgen kann, wo noch nicht die europäische Speisekarte Einzug gehalten hat, stünde – hier kann sie nicht geleistet werden – zweifellos unter dem Titel: *Präsenz der (Schrift-)Zeichen*. Dieses Phänomen ist nicht erst eines, das vom 20. Jahrhundert hervorgebracht worden wäre. Es ist Teil der Tradition, die auf diesem Wege kollektiv die Bedingungen für die Bewältigung der individuellen Memorieraufgabe erzeugt, indem sie das Gedächtnis exteriorisiert und an Häuserfronten und Straßenmasten aufhängt. Eine ebenso ökonomische wie effiziente Weise, in dieser allgegenwärtigen visuellen Präsenz jedem Zeichen seinen Erfüllungsgegenstand entweder per Augenschein zu verschaffen oder doch Hinweise auf ihn zugeben. Bedeutung gewinnt dieses Phänomen in Kontrast zu der ebenso evidenten Absenz der Zeichen im Geltungsbereich des Alphabets.

Die Präsenz der Zeichen ist eine notwendige Bedingung für beständiges Memorieren. Sein Medium ist ein Lesen, das nicht intentional zu nennen ist, weil es Teil der gewohnten Wahrnehmung der Umwelt ist. Und insofern ist dies auch ein Lesen, das mehr oder weniger entkoppelt sein muß vom Bezug auf die orale Sprache. Die Überfülle der Zeichen macht jede Linearisierung unmöglich. Man erkennt die Bedeutung dieses oder jenes Zeichen auf einen Blick oder man erfaßt Fragmente seiner Form, die unter günstigen Umständen aus dem Kontext zu einer lesbaren Information ergänzt werden können. Voraussetzung dafür ist eine übersichtliche interne Strukturierung der Zeichen. Damit sind wir bei der internen Technik des Graphismus.

Strukturierung ist das Verfahren, einer Gestalt Prägnanz zu verleihen. Der Begriff meint im wesentlichen die Kombination maximaler Klarheit und Einfachheit mit größtmöglichem Reichtum an Signifikanz.[126] Der Aufbau der Gestalten der Kanji bzw. Han ze folgt diesem Prinzip und konstituiert diese insofern anders als es bei den Gestalten der Alphabetschrift der Fall ist, auch wenn Han ze und Kanji auf den ersten Blick diesen vergleichbar scheinen: Sie lassen sich in schematisierte „Striche"[127] analysieren, entsprechend den Buchstaben, aus denen im Alphabet die Wörter gebildet werden. Wenn also schon, dann sind die Buch-

---

[125] Ebd. S. 47 ff.

[126] Vgl. Müller 1989.

[127] Eine Figur (Punkt, Gerade, Kurve o. ä.), die mit einem (Pinsel)strich, d. h. ohne „Absetzen" geschrieben wird.

staben in etwa diesen ‚Strichen' vergleichbar. Aber Funktion und Anordnung dieser Elemente ist von der der Buchstaben grundverschieden.

Die wenigen Kanji, die nur aus einem ‚Strich' bestehen, lassen sich an einer Hand abzählen. Alle anderen sind komplex, nämlich auf mehreren Ebenen klar strukturiert. Unter den Radikalen – ihre Funktion wird gleich zu erörtern sein – bilden diejenigen mit jeweils zwischen 25 und 40 Elementen die größten Klassen, die aus drei bis sieben Strichen gebildet sind. Die Anzahl der Radikale mit mehr als zehn Strichen ist kaum größer als die der aus einem oder zwei Strichen gebildeten. Es gibt also eine Syntax, die aber bleibt überschaubar. Dieses Verhältnis überträgt sich auf komplexe Zeichen. Die Strukturierung zeigt sich auch im Schreibverfahren: die Reihenfolge der Striche – von rechts nach links, von oben nach unten, von innen nach außen usw. – und, bei komplexen Kanji, die Reihenfolge der Schreibung der einzelnen Komponenten sind exakt geregelt.[128]

Hieran sind drei Dinge bemerkenswert: Erstens beschränkt sich die Regelung der Striche-Syntax auf die Reihenfolge der Schreibung, ist also unbelastet von jeder materialen Deutung.[129] Die Schreibreihenfolge konstituiert keine entsprechende lineare Ordnung der nacheinander geschriebenen Elemente. Vielmehr bilden sie eine synchrone Einheit, die um ein ideelles Zentrum herum organisiert ist: den „Schwerpunkt" der Gestalt.[130] Auch in Buchstabenschrift geschriebene Wörter haben zweifellos eine Gestalt, doch fehlt ihnen ein Analogon zu dieser proportionalen Ausbalancierung der Kanji, weil ihr Graphismus eine sekundäre Funktion zu realisieren hat, die einer Partitur. Zweitens wird gemäß dieser Syntax das Kanji als zweidimensionale Gestalt in einem Sinn konstituiert, für den es in der Alphabetschrift kein Analogon gibt[131]: Aus Strichen gebildete Figuren werden überwie nebeneinander gruppiert. Der Artikulationsmodus ist, so könnte man sagen, autochthon, er repräsentiert für sich nichts, ist zu nichts anderem da, als die graphische Verfertigung der Zeichengestalt so zu regeln, daß sie möglichst proportioniert und gut gegliedert den ihnen vorgegebenen Raum ausfüllt. Die Strich-

---

[128] Dies bildet die Grundlage von Wörterbüchern des Chinesischen wie Japanischen.

[129] Während die lineare Buchstabenfolge ja als Bild des linearen Aufbaus der Sprechsilbe gedeutet wird.

[130] In Kana- und Kanji-Lehrbüchern werden häufig in kleinere Quadrate aufgeteilte Kästchen vorgegeben, um den Schülern eine Orientierung in der Anlage und Ausbalancierung der zu schreibenden Gestalt zu geben. Der Schnittpunkt der horizontalen und vertikalen Mittellinie ist jeweils dieser „Schwerpunkt" des betreffenden Zeichens.

[131] Es gibt dieses allerdings in Kreuzworträtseln. Die machen von einer solchen Zweidimensionalität systematisch Gebrauch.

figuren sind in der Evolution der Han ze entsprechend geformt worden.[132] Das Repertoire ist überschaubar[133], und so gestaltet, daß gemäß den beiden Richtungen, die den zu inskribierenden Raum ausspannen – von rechts nach links, von oben nach unten – dieser gemäß dem ästhetischen Grundprinzip der proportionalen Gliederung artikuliert werden kann. Die Regel, nach der derjenige Strich, der eine Figur der Höhe nach in der Mitte teilt, zuletzt zu ziehen ist, unterstreicht dieses Prinzip: Man muß die Mitte der Figur imaginieren, während man das Zeichen schreibt, damit dessen gedachte Mitte auch in der Gestaltung der Figur realisiert wird.

Diese mediale Autochthonie der Kanji dient einem einzigen Zweck: das Zeichen in semantischer Hinsicht zu artikulieren. Hier kommt nun das nächste Stukturierungsprinzip der Han ze und Kanji ins Spiel: Alle sogenannten Radikale haben eine Art Grundbedeutung, die wir nur mühsam umschreiben können: ‚Stab-artig', ‚Bogen-haft', ‚wie sprießende Pflanzen', usw., ohne daß diese Bedeutungen jedoch immer als Wörter der chinesischen oder japanischen Sprache wiedergegeben werden könnten. Vergleichbar sind sie in vielen Fällen am ehesten unseren Vorsilben *be-*, *ge-*, *emp-* und *ent-*, denen wir für sich auch keine bestimmte Bedeutung zuordnen könnten, die aber dennoch Morpheme sind, deren Gebrauch wir systematisch beherrschen. Der Wert eines Radikals hängt von den Zeichen ab, in denen es verwendet wird. Sie bilden ganze Klassen, und so haben sie sich auch zu einem semantischen Klassifikationssystem entwickelt.

So bauen sich Han ze und Kanji aus klar voneinander geschiedenen Strukturebenen auf. Der Graphismus ist, so können wir zusammenfassen, komplex, aber prägnant. Und schon auf der zweiten Strukturierungsebene, der der Radikale, beginnt parallel zur syntaktischen die semantische Strukturierung der Zeichen. Dies setzt sich in den traditionellen Zeichenklassen der Han ze fort, die systematisch bei den „ursprünglichen Bildern" (xiàng xíng) beginnen und deren Systematik über symbolische Bilder (zhǐshì) und zusammengesetzte Bilder (huìyì) zu den Phonogrammen (xíngshēng) und Entlehnungen (jiǎjiè) reicht.[134] Der Aufbau ist durchgängig – die Systematik deutet es an – analoger Natur, damit für das Memorieren wie geschaffen. Und schließlich dient er keinem anderen Zweck als dem, den semantischen Wert des Zeichens qua Gestalt von jedem anderen so deutlich wie möglich zu unterscheiden. Er ist *autonom*.

Ganz anders das Bild auf der Seite der Alphabetschrift: Auch wenn jedes in Buchstaben geschriebene Wort einen zweidimensionalen Raum ausfüllt, so ist die Weise, in der dies geschieht, von der der Zeichensyntax der Kanji doch grundver-

---

[132] Vgl. hierzu Müller-Yokota 1994, S. 349 ff.

[133] Vgl. *New Japanese-English Character Dictionary*, Appendizes 2 und 3, S. 1734 ff.

[134] Vgl. Müller-Yokota 1994, S. 362 ff.

schieden. In der Alphabetschrift herrscht auch formal nicht die Proportionalität, sondern die Linearität. Wortgestalten im Alphabetschrift haben keine strukturelle Mitte. Die Gestalt des geschriebenen Wortes wird hier gebildet durch eine lineare Anordnung von Buchstaben, die nur bei Mehrbuchstabengraphemen wie *ch*, *sch* oder bei Doppelkonsonanten und -vokalen sozusagen geklammert wird, in der Regel aber einfach und einstufig organisiert ist.[135] Wir würden nicht sagen, daß das n aus dem unteren Teil des i und dem rechten des a besteht, das m aus dem unteren Teil des i und dem rechten des a und dem rechten des a usw. a, b, c, ... sind für uns *uniforme* Gestalten[136], d. h. solche, die keine Syntax haben, und somit auch keine schriftsprachlichen Elemente, die Grundlage einer solchen Syntax wären. Wir bezeichnen den Abstrich und den Haken, die zusammen das h bilden, auch nicht als Striche, Elemente oder ähnliches. Daher kann man eine Anordnung von Buchstaben in jeden beliebigen Raum übertragen, sofern dieser die beiden syntaktischen Erfordernisse der Disjunktheit und endlichen Differenzierbarkeit erfüllt. Die Digitalisierung ist bereits im Grundprinzip des Graphismus angelegt.

Dessen Organisation ist im Zuge der Evolution des Alphabets bestimmt worden durch einen, so muß man hier sagen, *heteronomen* Gesichtspunkt: die Anordnung von sogenannten Vokal- und Konsonantenbuchstaben in Analogie zum morpho-phonematischen Aufbau der Sprechsilbe.[137] Paradoxerweise aber drückt sich der maximale Kontrast von Vokal und Konsonant in keiner Weise in der Gestalt der sogenannten Vokal- und Konsonantenbuchstaben aus[138], wenn man die Buchstaben nach der Ähnlichkeit ihrer Gestalt in Unterklassen einteilt, etwa folgendermaßen:

(a), d, b, h, k
m, n, r, u, v, w
p, q
c, e, o, s, (a)

---

[135] Daher die Problematik der Drei-Buchstaben-Regelung in der neuen Orthographie: da schon zwei gleiche Buchstaben die strukturelle Ausnahme von der Regel sind, sind drei gleiche Buchstaben hintereinander genau einer zuviel, und jede Regelung, die solche Clusterbildungen begünstigt, muß den Leser irritieren, dessen Kompetenz ja wesentlich auf dem impliziten Erkennen und Wissen solcher Strukturen beruht.

[136] In Goodmans Terminologie: atomare Charaktere. Vgl. Goodman 1997, S. 140 ff.

[137] Vgl. hierzu Heubeck 1979.

[138] Dieser Tatbestand erklärt sich natürlich aus der Herkunft unserer Buchstaben aus einer Konsonantenschrift, in der die Opposition Vokal : Konsonant durch Repräsentation und Nichtrepräsentation ausgedrückt war.

f, t, l, i, j[139]

Wenn hier überhaupt ein Gestaltprinzip erkennbar ist, dann dies, daß Obstruenz zur Markierung von Sprechsilbengrenzen genutzt wird: wiederum also ein heteronomer Gesichtspunkt, der für sich keinerlei Rationalität besitzt, denn es ist ja erst die Parallelität zur Sprechsilbe, die der Distribution der Obstruenz Signifikanz verleiht.

Die heteronomen Gesichtspunkte, die den Gebrauchswert der Buchstaben bestimmen, kann man jedoch nicht sehen. Sie prägen nicht die Gestalt der als Buchstabenfolgen geschriebenen Wörter, man kann sie bestenfalls verstehen, indem man regelmäßige Bezüge zur Lautartikulation aufbaut. Sehen kann man Spatien oder den Unterschied von kleinen und größeren Buchstaben, doch den ersteren entspricht im Phonismus nichts, und letzterer ist für sich kein distinktives Merkmal, das auf distinktive Merkmale der Lautartikulation abgebildet werden könnte. Die Strukturen des Wortaufbaus im Alphabet sind gänzlich abstrakter Natur. Man muß sie verstehen.[140] Dieses Gestaltungsmerkmal findet sich selbst auf der Ebene der Unterscheidung verschiedener Buchstaben wieder: Daß b und d, p und q, n und u verschiedene Buchstaben sind, nicht spiegelverkehrte oder gedrehte Exemplare desselben Typs, ergibt sich erst daraus, daß man eine Regel erkennt, daß nämlich bei bestimmten Figuren die Achsenspiegelung oder Drehung einen anderen Buchstaben ergibt, bei anderen dagegen nicht. Und diese Regel muß man aus den verschiedenartigen Distributionen der gedrehten oder gespiegelten Typen erschließen, wie ja ohnehin der syntaktische Wert der Buchstaben grundsätzlich von seinen Distributionsverhältnissen abhängt.

In der Graphematik spricht man von Graphem-Phonem-Korrespondenzen und solche beschreibenden Korrespondenzregeln, z. B.

/t/ → <t> /ton/ → <Ton>
/z/ → <s> /zamt/ → <Samt>
...
/i/ → <ie> /kil/ → <Kiel>
/u/ → <u> /mut/ → <Mut>
...

---

[139] Ähnlichkeit ist keine transitive Relation: Wenn A B ähnlich ist und B C, muß A C keineswegs ähnlich sein.

[140] Eine Analogie liefern hier Zahlensysteme. Das Dualsystem kommt mit zwei Zeichen aus, wo das Dezimalsystem zehn braucht. Deswegen sind für uns aber im Dualsystem geschriebene Zahlen keineswegs leichter lesbar als solche des Dezimalsystems. Das Zeichen „9“ macht seine Bedeutung durch eine einfache Form klar, im Unterschied zu 8, 7 usw.. Das entsprechende duale „1001“ muß man sich erst erschließen, indem man die Übertragsregeln mitdenkt. (Man denke daran, wie große Schwierigkeiten Kinder anfangs oft bei den sogenannten Zehner- oder Hunderterüberschreitungen haben).

Diese Art der Darstellung, in der kontextfrei Phoneme auf Grapheme abgebildet werden[141], ist ein Fragment der oben beschriebenen Referenzfolge von Partitur und Aufführung, und zwar nicht der Beginn der Performanz, sondern der Rückbezug auf das Notationssystem, hier auf die Buchstabenfolge. Infolgedessen müßte die vollständige Darstellung folgendermaßen aussehen:

<t> → /t/ → <t> → /t/ ... <Ton> → /ton/ → <Ton> → /ton/ ...
<s> → /z/ → <s> → /z/ ... <Samt> → /zamt/ → <Samt> → /zamt/ ...
usw.

Den Anfang macht *immer* das Graphem, weil nur im Graphismus die syntaktischen Erfordernisse einer Partitur erfüllt sind, der Phonismus dagegen – wie wir gesehen hatten – wegen seiner Fluktuanz-Eigenschaften nicht. Die Rekursionsstruktur dieser Darstellung könnte man durch eine etwas modifizierte Weise der Darstellung verdeutlichen, etwa durch die folgende:

[P]:
<t> → /t/ → <t> → /t/ ...
⇔
[R]:
(1) <t> → /t/
(2) /t/ → X
(3) X ⇒ (1)[142]

Erst diese Rekursionsregel macht aus der Abbildung von Graphem auf Phonem eine Regel im strengen Sinn. Doch setzt ihre Anwendung in der Performanz klarerweise voraus, daß man bereits lesen kann, d. h. den Graphismus beherrscht. Hier haben wir es also mit jenem Moment der Rückkopplung von geschriebener und gesprochener Sprache zu tun, innerhalb dessen von einer gegebenen Literatur her ein Standarddialekt erzeugt wird, wie es etwa in Siebs' Bühnenhochlautung Ende des 19. Jahrhunderts explizit geschehen ist und heute in jeder germanistischen Sprecherziehung betrieben wird.

Doch das ist nicht die Situation des Kindes, das den Graphismus erst lernen soll. Es lebt im Stande unschuldiger Oralität, d. h. in seinem Dialekt. Hier gelten weder [P] noch gar [R], denn es geht ja um den Aufbau der Erkenntnis einer wie auch immer gearteten Regelhaftigkeit. In erster Instanz hätten wir also die Darstellung [P] zu ersetzen durch etwas wie

/t/ → <?> → /t/ ... ,

---

[141] Vgl. Eisenberg 1998, S. 290 ff.

[142] Lies: Die Partiturdarstellung [P] ist äquivalent der Regeldarstellung [R]; A → B: Bilde A auf B ab; A ⇒ B: Gehe von A über zu B.

wobei, wie man sieht, der Anfang beim Phonismus gemacht wird, und wir hätten zusätzlich alle prosodischen und dialektalen Varianten zu berücksichtigen, also z. B.

/undas/ → <und das> /d/ → <d d> ...,
/un/ → <und> /-/ → <d> ...,
/unt/ → <und> /t/ → <d ...,

oder

/ge/ → <geh> /g/ → <g> ...,
/kœniχ/ → <König> /χ/ → <g> ...,

oder, um an mittel- oder süddeutsche Dialekte mit ihren Vokalabtönungen zu denken, an Zuordnungen wie

sächsisch: *Robert* /ou/ → <o>
bayerisch: *weiß* /oa/ → <ei>
usw.

Schließlich kommen hier als in Schreib- und Lesekompetenz zu überführendes Wissen alle Besonderheiten der Orthographie hinzu wie der Unterschied von s, ss, ß, der verschiedenartige Gebrauch des h am Wortanfang – *helfen* – oder als Fugenelement – *gehen* –, d. h. die Gesamtheit der in der Literalisierung einer Sprache hervorgebrachten Regelungen wie etwa die des Gebrauchs von Doppelkonsonanten im Deutschen, denen auf der Ebene des Phonismus nicht entspricht, sondern die einzig der Verständnisstrukturierung in der exemplifizierenden Darstellung und in der Auffassung des Geschriebenen dienen.[143]

Hier ist keine Partiturlesart des Geschriebenen möglich. Neben der bereits erwähnten Schwierigkeit, daß zu Beginn des Schrifterwerbs bei *jedem* Kind phonematische Bewußtheit bestenfalls als implizites Wissen vorhanden sein kann, wird das lernende Kind damit konfrontiert, daß gerade eine Didaktik, die auf einem Konstrukt wie Phonem-Graphem-Korrespondenzen aufbaut, es vor Zuordnungen wie etwa

/d/ → <d d; -;t>

stellt, d. h. von Phonemen zu Graphemmengen und umgekehrt natürlich entsprechend von Graphemen zu Phonemmengen, ohne daß irgendwelche Selektionsregeln erkennbar wären. Es ist also eine Gleichung mit etlichen Unbekannten, die den Lernenden hier zugemutet wird, und der einzige Weg, diese Gleichung zu lösen, besteht darin, die Schreibweise von Wörtern unabhängig von einer Ab-

---

[143] Doppelkonsonanten treten bekanntlich systematisch nur an Silbengelenken dort auf, wo im korrespondierenden Wort auf eine betonte Stammsilbe mit Kurzvokal und abschließendem Einzelkonsonanten eine zweite Silbe mit anlautendem Vokal folgt. Die Schreibung mit Doppelkonsonantenbuchstaben wie im *kommen* verhindert Worttrennungen wie *ko-men*, die den Leser vom Bild des Geschriebenen her irritieren würden.

bildung auf phonematische Tatbestände vorzunehmen, Tatbestände, die für den Phonologen oder Phonetiker, der für diese Tätigkeit ebenso wie der Lehrer literalisiert sein *muß*, selbstverständlich durchaus systematischen Charakter annehmen können, weil von der Beherrschung der Schrift her Regularitäten – nicht Regeln – in der Distribution von Buchstaben erkennbar werden, die sich der Lernende aber mangels Regeln induktiv erschließen muß.

Dem Kind bleibt bei dieser Sachlage nichts anderes übrig, als sich die Schreibweise eines Wortes in Analogie zu ähnlichen anderen einzuprägen, Wort für Wort, so, wie die japanischen Kinder Kanji für Kanji lernen müssen. Und in diesem Verfahren wird es, das bislang sich nur auf der Ebene der Bedeutung bewegte, die Formen seiner gesprochenen Sprache entdecken, und dies, indem es allmählich Regularitäten des Buchstabengebrauchs, nämlich der Syntax dieser abstrakten Figuren, nach Kriterien versteht, die ihm als explizites Wissen weder verfügbar ist noch in der Regel jemals verfügbar sein wird. Es zeichnet routinierte Schreibende ja gerade aus, daß sie nicht nach orthographischen Regeln schreiben, sondern „nach Gefühl". Die allermeisten noch so routinierten Schreibenden wären außerstande, auf Anhieb auch nur näherungsweise zu sagen, welche lautlichen Tatbestände *de facto*, im dialektalen Alltagsdiskurs, nicht in der Theorie des Phonologen oder des Duden, einem bestimmten Graphem zugeordnet werden müßten. Dies würden sie – wenn überhaupt – erst in mühsamen Versuchen herausfinden, und dies für kein Graphem, für keinen Buchstaben auch nur näherungsweise vollständig, denn niemand überblickt seinen eigenen schriftlichen Wortschatz. Wir greifen beim Schreiben auf ein *implizites* Wissen zu.

Dieses Wissen wird in der Performanz des Schreibens und Lesens aufgebaut, aufrechterhalten und revidiert, und es bedarf keines Scharfsinns zu sehen, daß die Absenz der Zeichen, die die Welt des Alphabets kennzeichnet, zwar den Memorierdruck erhöht, gleichzeitig aber die Memorierpraxis einschränkt auf besondere Schreib- und Lesesituationen. Je weniger man also vom gesamten System verstanden hat, desto schwerer hat man es.

6 Schwierigkeitsverläufe

Nach diesem mühsamen Durchgang durch Logik und Technik des Erlernens einer Schrift[144] bleibt abschließend zu fragen, ob sich in der hier entwickelten „wittgensteinschen" Sicht des Problems nicht Gründe für die Resistenz des eingangs skizzierten Mimesis-Bildes finden lassen. Es muß ja etwas mit der Natur der Sache

---

[144] Darum handelt es sich ja der Sache nach, wenn man davon spricht, daß die Kinder „schreiben lernen".

zu tun haben, wenn sich eine systematisch das Problem verschleiernde Auffassung von ihr sich so hartnäckig hält, ja offenbar von einer bestimmten Anschauung her immer wieder aufs neue erzeugt wird.

Die Antwort auf diese Frage ergibt sich daraus, daß das Wissen, das beim Erlernen einer Schrift aufgebaut wird und aufgebaut werden muß, in der Praxis des Schriftgebrauchs mehr und mehr in ein reines Können, ein Knowing-how, überführt wird. Der Instrumentallehrer – um die eingangs verwendete Analogie noch einmal heranzuziehen – muß die Schwierigkeiten kennen, die der Schüler meistern muß. Der Virtuose kennt sie in einem bestimmten Sinn nicht mehr: er spielt mit ihnen. Das Schwere kann leicht werden, wenn man es nämlich lernt mit einer gewissen Selbstverständlichkeit zu beherrschen.

Genau hier nun scheint eine „Stärke" der Alphabetschrift zu liegen, die aus ihrer im Vergleich zur chinesischen Schrift komplexeren Funktionalität resultiert: Das Können, das man mit ihrer Beherrschung erwirbt, ist von anderer Art als das Können, das den im System der Han ze oder Kanji Literalisierten auszeichnet. Die Regeln, besser gesagt die Systematik, die die Ökonomie der Buchstabengebrauchs und der Orthographie bestimmt, eröffnen dem, der sie einmal verstanden hat, den eigenständigen, wenn man so will *autonomen* Zugang zum Schriftgebrauch.[145] Dies scheint auf paradoxe Weise mit der Absenz der Zeichen zusammenzuhängen, welche durch die Ausbildung strukturellen, seiner Natur nach impliziten Wissens in einem erklärt wird, welches zum anderen dieses Wissen als implizites erzeugt. Denn der Zwang, explizit diese oder jene Schreibung zu klären, begünstigt natürlich die Ausbildung von analogisch strukturierten Mustermengen.

Hier scheint nun auf Seiten der Han ze und Kanji – aus dieser Perspektive – eine Schwierigkeit ganz anderer Art sichtbar zu werden: die Absenz eines Verfahrens, das mit dem unserer Orthographie vergleichbar wäre, sich des Systems selbst zu bemeistern.[146] Ob dies nun ein alphabetzentristisches Vorurteil ist, kann nur eine komplementäre Studie des Gebrauchs der Systeme Alphabetschrift und Han ze bzw. Kanji und Kana zeigen.

---

[145] Diese These bedarf natürlich der psychologischen Validierung. Vgl. hierzu Byrne 1998.

[146] Aus diesem Grund habe ich die Orthographie metaphorisch das „Betriebssystem" des Alphabets genannt.

Literatur

Augst, Gerhard und Dehn, Mechthild (1998): *Rechtschreibung und Rechtschreibunterricht (Können- Lehren- Lernen). Eine Einführung für Studierende und Lehrende aller Schulformen*. Stuttgart; München; Düsseldorf; Leipzig: Ernst Klett Verlag.

Austin, John L. (1975): *How to Do Things with Words*. 2nd ed. Oxford: Peregrine Books. (Dt. [1979] *Zur Theorie der Sprechakte*. Deutsche Bearbeitung von Eike von Savigny. 2. Aufl. Stuttgart: Reclam.)

Barthes, Roland (1981): *Das Reich der Zeichen*. Frankfurt a. M.: Suhrkamp. (= es 1077)

Black, Max (1962): *The Analysis of Rules*. In: Max Black: *Models and Metaphors. Studies in Language and Philosophy*. Ithaca, New York: Cornell University Press. S. 95-139.

Blässer, Barbara (1994): *Die Bedeutung der phonologischen Bewußtheit für das frühe Lesen und Schreiben. Theoretische Fundierung und Förderungsmöglichkeiten*. Würzburg: Univ. Diss.

Byrne, Brian (1998): *The foundation of Literacy. The child's Acquisition of the Alphabetic Principle*. Hove, East Sussex: Psychology Press.

Dehn, Mechthild (1996): *Einleitung: Elementare Schriftkultur*. In: Dehn, Mechthild; Hüttis-Graff, Petra; Kruse, Norbert (Hrsg, 1996): *Elementare Schriftkultur. Schwierige Lernentwicklung und Unterrichtskonzept*. Basel: Beltz.

Földes-Papp, Karoly (1984 [1966]): *Vom Felsbild zum Alphabet. Die Geschichte der Schrift von ihren frühesten Vorstufen bis zur modernen lateinischen Schreibschrift*. Stuttgart: Belser.

Frege, Gottlob (1969): *Funktion, Begriff, Bedeutung. Fünf logische Studien*. Hgg. und eingel. von Günther Patzig. 3. Aufl. Göttingen: Vandenhoek & Rupr.

Eisenberg, Peter (1998): *Grundriß der deutschen Grammatik*. Band I: Das Wort. Stuttgart, Weimar: Metzler.

Enzyklopädie Philosophie und Wissenschaftstheorie. In Verbindung mit Martin Carrier und Gereon Wolters hgg. von Jürgen Mittelstraß. 1995 f. Stuttgart und Weimar: Metzler. Bde. 1 und 2 früher im Verlag Bibliographisches Institut, Mannheim, Wien, Zürich. Bd. 1 A – G 1980; Bd. 2 H – O 1984; Bd. 3 P – So 1995; Bd. 4 Sp – Z 1996.

Goodman, Nelson (1984): *Weisen der Welterzeugung*. Frankfurt a. M.: Suhrkamp (= stw 863).

Ders. (1997): *Sprachen der Kunst. Entwurf einer Symboltheorie*. Frankfurt a. M.: Suhrkamp (= stw 1304)

Grewendorf, Günther, Hamm, Fritz und Sternefeld, Wolfgang (1987): *Sprachliches Wissen. Eine Einführung in moderne Theorien der grammatischen Beschreibung*. Frankfurt a. M.: Suhrkamp.

Günther, Hartmut (1988): *Schriftliche Sprache. Strukturen geschriebener Wörter und ihre Verarbeitung beim Lesen*. Tübingen: Niemeyer.

Ders. (1995): *Die Schrift als Modell der Lautsprache*. In: Jakob Ossner, Hg. (1995): *Schriftaneignung und Schreiben. Osnabrücker Beiträge zur Sprachtheorie* 51, 1995, S. 15-32.

Günther, Hartmut, und Ludwig, Otto, Hgg. (1994/1996): *Schrift und Schriftlichkeit. Ein interdisziplinäres Handbuch internationaler Forschung*. Berlin, New York: de Gruyter. 1. Halbband 1994, 2. Halbband 1996. (= HSK 10.1 und 10.2)

Hadamitzky, Wolfgang (1980): *Kanji & Kana. Langenscheidts Handbuch und Lexikon der japanischen Schrift*. Berlin und München: Langenscheidt.

Heinisch, Annelies, und Heller, Dieter (1983): *Ein Beitrag zur Phänomenanalyse des Lesens*. In: *IRA/D-Beiträge*, 6. Jahrgang, 1983, S. 8-22.

Heubeck, Alfred (1979): *Schrift*. (= Archaeologica Homerica. Die Denkmäler und das frühgriechische Epos. Im Auftrage des Deutschen Archäologischen Instituts hg. von Friedrich Matz und Hans-Günther Buchholz. Bd. III, Kap. X.) Göttingen: Vandenh. & Rupr.

Jäger, Ludwig (2000): *Sprache als Medium. Über die Sprache als audio-visuelles Dispositiv des Medialen*. In: H. Wenzel (Hg.): *Audiovisualität vor und nach Gutenberg*, Wien [im Druck].

Jäger, Ludwig (2001): *Die Sprache als Medium des Geistes*. In: E. König, S. Krämer (Hg.): *Gibt es eine Sprache hinter dem Sprechen?*, Frankfurt: Suhrkamp [erscheint]

Jäger, Ludwig (2001a), Erika Linz (Hg.): *Medialität und Mentalität. Theoretische und empirische Studien zum Verhältnis von Sprache, Subjektivität und Kognition*, München: Fink [erscheint].

Jakobson, Roman (1969): *Kindersprache, Aphasie und allgemeine Lautgesetze*. Frankfurt a. M.: Suhrkamp. (= es 330)

Kambartel, Friedrich (1980): *Bedingung*. In: *Enzyklopädie Philosophie und Wissenschaftstheorie*. Bd. 1. S. 260-261.

Kanji Text Research Group, University of Tokyo (1994): *250 Essential Kanji. For Everyday Use*. Rutland: Tuttle.

Koch, Peter, und Oesterreicher, Wulf (1994): *Schriftlichkeit und Sprache*. In: *Schrift und Schriftlichkeit. Ein interdisziplinäres Handbuch internationaler Forschung*. Hgg. von Hartmut Günther und Otto Ludwig. 1. Halbband. S. 587-604.

Krämer, Sybille (1998): *Das Medium als Spur und als Apparat.* In: Dies., Hg. (1998): *Medien, Computer, Realität. Wirklichkeitsvorstellungen und Neue Medien.* Frankfurt a. M.: Suhrkamp. S. 73-94.

Labov, William (1976): *Sprache im sozialen Kontext. Beschreibung und Erklärung struktureller und sozialer Bedeutung von Sprachvariation.* Hg. von Norbert Dittmar und Bert-Olaf Rieck. Kronberg/Ts.: Scriptor.

Leroi-Gourhan, André (1984): *Hand und Wort. Die Evolution von Technik, Sprache und Kunst.* 2. Aufl. Frankfurt a. M.: Suhrkamp.

Lindquist, Cecilia (1990): *Eine Welt aus Zeichen. Über die Chinesen und ihre Schrift.* Aus dem Schwedischen von Lothar Schneider. München: Droemer Knaur.

Maas, Utz (1985): *Lesen - Schreiben - Schrift. Die Demotisierung eines professionellen Arkanums im Spätmittelalter und in der frühen Neuzeit.* In: *Zft. für Literaturwissenschaft und Linguistik* 15, Heft 59, S. 55-81.

Ders. (1992): *Grundzüge der deutschen Orthographie.* Tübingen: Niemeyer.

Makita, Kiyoshi (1968): *The Rarity of Reading Disability in Japanese Children.* In: *American Journal of Orthopsychiatry* 38 (1968), S. 599-614.

Mann, Virginia (1991): *Phonological Awareness and Early Reading Ability: One Perspective.* In: Sawyer, Diane, und Fox, Barbara, Hgg. (1991): *Phonological Awareness in Reading.* Heidelberg: Springer. S. 191-216.

Miles, Thomas Richard, und Miles, Elaine (2001): *Dyslexia. A Hundred Years on.* 2nd ed. Buckingham, Philadelphia: Open Univ. Press.

Mizutani, Osamu und Mizutani, Nobuko (1990): *An Introduction to Modern Japanese.* Tokyo: The Japan Times.

Müller, Kurt (1989): *Prägnanz, prägnant.* In: *Hist. Wb. d. Phil.* Bd. 7, Sp. 1249 f.

Müller-Yokota, Wolfram (1994): *Die chinesische Schrift.* In: *Schrift und Schriftlichkeit. Ein Interdisziplinäres Handbuch internationaler Forschung.* Hgg. von Hartmut Günther und Otto Ludwig. Berlin, New York: de Gruyter. 1. Halbband, S. 347-382.

Ders. (1994a): *Weiterentwicklungen der chinesischen Schrift: Japan – Korea – Vietnam.* In: *Schrift und Schriftlichkeit. Ein Interdisziplinäres Handbuch internationaler Forschung.* Hgg. von Hartmut Günther und Otto Ludwig. Berlin, New York: de Gruyter. 1. Halbband, S. 382-404.

Nerius, Dieter u. a. (1987): *Deutsche Orthographie.* Von einem Autorenkollektiv unter Leitung von Dieter Nerius. Leipzig: Bibliogr. Inst.

New Japanese-English Character Dictionary (1990). Editor in Chief: Jack Halpern. Tokyo: Kenkyusha.

Ossner, Jakob, Hg. (1995): *Schriftaneignung und Schreiben. Osnabrücker Beiträge zur Sprachtheorie* (OBST) 51, 1995.

Polanyi, Michael (1985): *Implizites Wissen.* Übersetzt von Horst Brühmann. Ffm: Suhrkamp (= stw 543).

Ryle, Gilbert (1963 [1949]): *The Concept of Mind*. London: Peregrine Books. (Dt. *Der Begriff des Geistes*. Stuttgart: Reclam 1969).

Sawyer, Diane, und Fox, Barbara, Hgg. (1991): *Phonological Awareness in Reading*. Heidelberg: Springer.

Schneider, Hans J. (1992): *Phantasie und Kalkül. Über die Polarität von Handlung und Struktur in der Sprache*. Frankfurt a. M.: Suhrkamp.

Spitzer, Manfred (1996): *Geist im Netz. Modelle für Lernen, Denken und Handeln*. Darmstadt: Wiss. Buchges.

Stetter, Christian (1983): *Peirces semiotische Schemata*. In: Achim Eschbach und Jürgen Trabant (Hg.): *History of Semiotics*. Amsterdam/Philadelphia: John Benjamins, 1983. S. 277-310.

Ders. (1991): *Was ist eine orthographische Regel*. In: *OBST (Osnabrücker Beiträge zur Sprachtheorie)*, Heft 44, 1991: *Orthographiereform*, hg. von Jakob Ossner. S. 40-67.

Ders. (1997): *Schrift und Sprache*. Frankfurt a. M.: Suhrkamp.

Ders. (2001a): *Linguistische Ästhetik. Zum logischen und mimetischen Gebrauch der Schrift*. (Typoskript, als Vorabdruck erschienen in: Hiyoshi-Studien zur Germanistik, Yokohama, Japan, Heft 32, 2001, S. 72-95).

Ders. (2001b): *Sprechen und Sprache. Überlegungen zu einem Grundlagenproblem der theoretischen Linguistik*. (Typoskript Aachen 2001. In Vorbereitung)

Trubetzkoy, Nikolai (1973 [1933]): *Die gegenwärtige Phonologie*. Aus dem Französischen übersetzt von Wolfram Schäfer. In: Hans Naumann, Hg. (1973): *Der moderne Strukturbegriff. Materialien zu seiner Entwicklung*. Darmstadt: Wiss. Buchges. S. 57-80.

Tugendhat, Ernst (1976): *Vorlesungen zur Einführung in die sprachanalytische Philosophie*. Frankfurt a. M.: Suhrkamp (= stw 45).

Valtin, Renate (1998): *Der „neue" Methodenstreit oder: (Was) können wir aus der amerikanischen Leseforschung lernen?* In: Balhorn, Heiko; Bartnitzky, Horst; Büchner, Inge; Speck-Hamdan, Angelika (Hrsg, 1998): *Schatzkiste Sprache 1. Von den Wegen der Kinder in die Schrift*. Frankfurt a. M.: Arbeitskreis Grundschule. (Beiträge zur Reform der Grundschule. 104.), S. 63-80.

Wachter, Rudolf (2001): *Die Troia-Geschichte wird schriftlich. Homers Ilias wird zum Buch*. In: *Troia. Traum und Wirklichkeit*. Hgg. Vom Archäologischen Landesmuseum Baden-Württemberg u. a. Darmstadt: Wiss. Buchges. S. 77-80.

AXEL GELLHAUS

Utopie der Beständigkeit oder: ‚Alles soll so bleiben, wie es ist!'

Vorbemerkung[1]

Der Vortrag, der diesem Text zugrunde liegt, entstand gut zwei Jahre vor dem 11. September 2001. Ich hatte damals über das Thema ‚Utopie in der Literatur' zu sprechen und begann meinen Vortrag mit einem Werbespot, der mir in besonderer Weise geeignet erschien, zu demonstrieren, worin die Motivation des Zukunftsentwurfs unserer Zivilisation besteht. Der spot – es handelte sich um eine Kaffee-Werbung – gipfelte in dem Kurzdialog zwischen einem Herrn und einer Dame jeweils ‚im besten Alter': [Er:] „Wenn du einen Wunsch frei hättest?" – [Sie:] „Alles soll so bleiben, wie es ist!"

Diesen Werbespot als Motto einer Utopie-Vorlesung voranstellen zu wollen, erschien der Presseabteilung der Kaffee-Firma nicht ziemlich, da er mit Utopie gar nichts zu tun habe. Man verlangte eine Begründung, bevor man mir die Benutzung des Werbespots in der Vorlesung gestattete. Meine Idee war aber sehr einfach zu vermitteln:

1) Menschliches Handeln, wenn es keine Reflexhandlung ist, wäre auf irgendeine Form der Antizipation angewiesen. Antizipation geht einerseits auf Erfahrung zurück (Wenn ich jetzt von diesem Schreibtisch aufstehe, wird geschehen, was gewöhnlich geschieht), andererseits kann menschliche Antizipation Ereignisse oder Konstellationen von Ereignissen vorwegnehmen, die ganz oder teilweise außerhalb der Erfahrung liegen. (Was wird geschehen, wenn wir den Menschen genetisch verändern können?) Bei dieser Form der Antizipation verbinden sich in der Reflexion Erfahrungen mit Analogieschlüssen und Phantasievorstellungen.

2) Nicht nur individuelles Handeln ist auf Antizipation angewiesen, sondern auch das gemeinschaftliche Handeln in Gruppen, Gesellschaften und Kulturen. Jede politische Entscheidung ist neben ihrer Orientierung an Grundwerten und Vertragsbedingungen (Gesetzen) abhängig von einer ‚regulativen Idee', von einem Entwurf also. („Alle Menschen werden Brüder <und Schwestern> . . . .") Wir können diese regulative Idee ‚konkrete Utopie' nennen. Politische Entscheidungen ohne Entwürfe verkommen zum Reflex.

3) Wenn die regulative Idee des gemeinschaftlichen Handelns in der Hoffnung bestehen sollte: „Alles soll so bleiben, wie es ist!", so hätte unsere Zivilisation einen Zustand erreicht, der allein durch Beständigkeit zu verbessern wäre. Umgekehrt formuliert: die größte Bedrohung des erreichten Zustands wäre seine antizi-

[1] Es handelt sich bei dem vorliegenden Text um einen überarbeiteten und erweiterten Vortrag, den ich anlaßlich einer Ringvorlesung zum Thema „Utopien" an der RWTH-Aachen gehalten habe. Der Vortragscharakter wurde bewußt beibehalten.

pierte Unbeständigkeit. Diese Unbeständigkeit kann wiederum individuelle (Krankheit und Tod) oder die Gemeinschaft als solche betreffende Ursachen (Auseinanderbrechen des Gesellschaftsvertrags oder Zerstörung durch Feinde des Systems) haben.

Tatsächlich hat es zahl- und erfolgreiche literarische und filmische Antizipationen der Unbeständigkeit unserer sogenannten postindustriellen Kultur gegeben, bevor die Ereignisse des 11. September 2001 sie realisiert haben. Die Konjunktur der Vernichtungsphantasien war die Kehrseite jener breiten Zufriedenheit mit dem status quo. Aber es kam uns kaum zu Bewußtsein, als wie zynisch unsere ‚konkrete Utopie' empfunden werden mußte, sobald man sie aus einer Perspektive von außerhalb unserer Zivilisation betrachtete.

Der 11. September ist insofern das Datum, von dem her wir uns neu entwerfen müssen, als wir aus dem Stadium der antizipierten Bedrohung in das Stadium der Verteidigung und der Restituierung getreten sind. Die Motivationslage unserer Zukunftsentwürfe hat sich verändert. Der Himmel unseres Systems hat einen Riß, der ihm nicht durch eine außerirdische Übermacht zugefügt wurde, sondern durch eine vergleichsweise kleine Macht, deren Stärke die Radikalität ihres Andersdenkens ist.

Der Wunsch, alles solle so bleiben, wie es ist, hat nach dem 11. September 2001 eine andere Bedeutung bekommen, sein utopischer und sein solipsistischer Charakter ist deutlicher zutage getreten. Vielleicht wird aber von der Leerstelle inmitten der Metropole unserer Zivilisation her nun auch klarer, dass wir andere Utopien brauchen als die der Beständigkeit unseres Wohlstands. Die Rolle der Medien (Literatur, Film, Cyberspace) bei der Gestaltung von Utopien ist ambivalent, entscheidend ist die Rezeption. Die Reflektiertheit des Rezipienten entscheidet darüber, ob und welche Utopien zu Handlungsmodellen werden, was im folgenden skizziert werden soll.

1. Frage: Mit welchen Phänomenen haben wir es eigentlich zu tun, wenn wir von Utopie sprechen?

Die Literaturgeschichte hält zahlreiche Beispiele bereit, wie Utopien wirken können, wie sie sich auf Denken und Handeln von Generationen auswirken können: ideale Staats- und Gesellschaftsformen, z.B. Platons *Politeia*, Thomas Morus' *Utopia*, Rousseaus Erziehungs- und Gesellschaftsprojekt, dann die idealen Formen der Repräsentanz des Individuums in der Gesellschaft, wie der „Künstler" oder der „Gelehrte" im 19. Jahrhundert, und schließlich die utopische Setzung und Besetzung der Person, die Idealisierung des Subjekts, seiner Fähigkeit zur Vervollkommnung oder seiner hemmungslosen Selbstverwirklichung im 20. Jahrhundert. Das offensichtliche Scheitern aller bisherigen Versuche, die vielleicht folgenreichste Utopie, den Marxismus, zu realisieren, mag dazu beigetragen haben, daß

Utopien, die nicht technischer Art sind, schnell als Ideologie disqualifiziert werden.

Aber inwiefern haben denn in der Vergangenheit literarische Utopien Einfluß genommen auf die reale Entwicklung einer Kultur?

Zunächst, wenn man die Frage inhaltlich beantwortet, kann man unter Utopie all jene Entwürfe einer besseren Gesellschaft, einer anderen Menschlichkeit, ja der Perfektibilität des Menschen überhaupt verstehen. Es ist eine der drei genuinen Formen der Literatur, die Schiller beim ‚sentimentalischen' Dichter unterschieden hat. Der sentimentalische, also moderne Dichter ist entweder elegisch, d. h., er trauert über den Verlust eines Idealzustandes, oder er ist satirisch, d.h., er klagt vor dem Hintergrund seines Ideals die gegenwärtigen Verhältnisse an, oder er ist idyllisch, wenn er das Gegenwärtige auf das Ideal hin überspringt und den utopisch-idealen Zustand antizipiert. Nun ist Friedrich Schiller, als er diese Unterscheidung vornimmt, noch ganz aufklärerisch-idealistisch, was heißen soll, daß er an Perfektibilität des Menschen und der Gesellschaft ebenso glaubt, wie an die vernunftfördernde Rolle der Kunst und namentlich der Dichtung bei diesem Prozeß. Weil das so ist, fällt bei der dritten Spezies die Utopie mit der Idylle zusammen, die Zeiten enden dort, wo die Idealität mit der Realität zusammenfällt. Hier erlischt der Unterschied von Politik und Kunst, weil die Dichtung wirklich, die Realität ästhetisch geworden ist.

Bei Schiller ist der Zweifel am idealistischen Geschichtsbegriff in der Konzeption seines Fragment gebliebenen Dramas *Demetrius* (1804/5) sichtbar. Das Ende der Vorstellungen eines in sich vernünftigen Gangs der Geschichte, die ihren Gipfelpunkt in Hegels *Phänomenologie des Geistes* hat, ist aber spätestens mit Nietzsche und seiner Rezeption im 20. Jahrhundert erreicht. Es ist auffällig, daß nun die Utopien ihren Fluchtpunkt nicht mehr in der Idylle, sondern häufiger in einer Apokalypse haben, was man am Beispiel von Alfred Kubins 1909 erschienenem Roman *Die andere Seite* oder der Philosophie Ernst Blochs zeigen könnte. 1918 erschien die erste Fassung von dessen *Geist der Utopie*, die ihre ganze Aufbruchsenergie aus einem „dennoch" bezieht, das er dem „furchtbaren Erntefest der Apokalypse"[2] entgegensetzt. Die Vernichtungsvisionen einiger Expressionisten, die in Nietzsches *Zarathustra* vorgezeichnet waren, verbinden sich mit den realen Erfahrungen des ersten Weltkriegs und bleiben den Entwürfen eingeschrieben, die es in der Literatur nun noch gibt. Dabei wird die Frage des Verhältnisses zum Fortschritt im technischen Sinne immer wichtiger. Kubins utopische tote Stadt schildert den Weg von einer kulturellen Abwendung vom Fortschritt in eine Barbarei von apokalyptischem Ausmaß. Franz Werfels Alterswerk *Der Stern der*

---

[2] Ernst Bloch, *Geist der Utopie* (1918), in: *Ernst Bloch Gesamtausgabe in 16 Bänden*, Band 16, Frankfurt a. M. 1977, S. 445

Ungeborenen geht von einer technologisch weit fortgeschrittenen Kulturstufe im Jahre 101945 aus, die alle Barbarei der „menschenfresserischen Zivilisation“ weit hinter sich gelassen hat. Die Utopie besteht in einer höchst künstlichen, „astromentalen“ Ausschaltung von Konfliktursachen. Der vergeistigte Mensch dieser Kulturstufe hat das Leiden überwunden, damit zugleich aber auch seine Glücksfähigkeit eingebüßt. Trotz der Fähigkeit der Astromentalen, Äonen zu umfassen und alles mit Bewußtsein zu durchdringen, haben Philosophie und Metaphysik nicht den geringsten Fortschritt gemacht. Schließlich bedarf auch diese neue Welt einer Erlösung durch einen Knaben, der den Schmerz des natürlichen Todes bewußt wieder auf sich nimmt. Bei Werfel ist die Apokalypse des zweiten Weltkrieges und der Shoah der unausgesprochene Hintergrund für den utopischen Weltentwurf, der mit den Mitteln des mentalen und technologischen Fortschritts versucht, Leiden zu eliminieren, um sich schließlich eingestehen zu müssen, daß der Versuch zum Scheitern verurteilt ist.

Solche Gesellschaftsutopien auf hohem literarischen Niveau wie die von Kubin und Werfel sind inzwischen sehr rar geworden. Auf der Ebene der Trivialliteratur ist das Genre allerdings so beliebt wie kaum ein zweites.

Der Begriff Utopie ist natürlich nicht hinreichend erklärt, wenn man ihn reduzieren wollte auf das Motiv eines wissenschaftlichen und technologischen Fortschritts und seiner Folgen. Wollte man dies tun, müßte man vor allem auf jene Flut von Science-Fiktion-Literaturen, die unseren Medienalltag als Buch oder Film begleiten, hinweisen. Betrachtet man jedoch die Strukturen solcher Literatur, so begegnen uns in der Regel die allzu bekannten Muster in mehr oder weniger phantasievoller Verkleidung. Solche Utopien beschränken sich darauf, technische Entwicklungen weiterzuspielen und als Konfliktmaterial Probleme anzubieten, die wiederum allein mit Technik zu lösen sind.

Um den Begriff fundamentaler zu fassen, möchte ich zunächst einen vielleicht verwirrenden Umweg einschlagen.

Schon Platon fürchtete die unphilosophischen und das Gemeinwohl schädigenden Folgen der Tragödien und Komödien, weil sie die Zuschauer zu tief in den mythischen Weltzusammenhang hineinzögen, den er überwinden wollte. Wir können den üblichen Bescheidenheitsgestus beim Sprechen über Literatur hier einmal vernachlässigen. Wir wissen, daß Medien wie Literatur und Film und selbst Computer-Animationen einen großen Einfluß nicht nur auf menschliche Phantasie, sondern auch auf das Handeln der Rezipienten haben. Wie der Zusammenhang von Fiktionalität und Realität sein kann, erleben wir bei der Umsetzung von Computerspielregeln in Realitätsspielregeln: Vom virtuellen Ausklicken, dem Eliminieren von beliebig sich reproduzierenden Spielfiguren auf dem Display des Nintendo bis zum Abschießen lebendiger Mitmenschen und etwa den beliebten Zielübungen von Autobahnbrücken auf fahrende Autos war es – verglichen mit den Utopien Schillers oder Werfels – kein sehr weiter Weg. Und wie es scheint, stehen wir mit dem Gewaltproblem bei Jugendlichen erst am Anfang. Wir haben es bei all den filmischen Killer- und Horror-Szenarien mit Fiktionen zu tun, die, und das ist das Fatale an ihnen, zu konkreten Utopien werden können, zur einzigen Entwurfsmöglichkeit, zum Handlungsmuster ganzer Gruppen, denen die Mentalität und der Lebensstandard der führenden und besitzenden Gesellschaftsgruppen zu ‚utopisch' ist, um sich auch nur daraufhin zu entwerfen. Für die Werbepsychologen und -strategen gibt es ganz offenbar eine hinreichend große Zielgruppe, für deren Individuen als oberste Entwurfsmaxime der Satz gilt: „Alles soll so bleiben, wie es ist!" Hier bestünde also der utopische Geist des Entwurfs allenfalls noch in jener Faust'schen Formel von der Dauer des schönen Augenblicks. „Wenn ich zum Augenblick könnt' sagen, verweile doch, du bist so schön ... ." Und für den Fall hätte, wie wir wissen, Mephisto die Wette gewonnen: der Kaffee als Teufelselixier für diejenigen, die der Zufriedenheit mit dem Bestehenden ihre Seele verschrieben haben? Dagegen jene anderen, die so weit davon entfernt sind, sich auf Marmorfreitreppen, Mahagoniebooten und Luxusyachten zu sehen, daß es utopisch ist, zu glauben, dorthin gelangen zu können, ohne kriminell zu werden. Die von den Werbepsychologen ermittelte Zielgruppe ist wohl tatsächlich deshalb so groß, weil es nicht die Besitzenden selbst sind, die angesprochen werden sollen. Angesprochen werden ja die Bewohner jener sich ‚nach oben' entwerfenden Mittelklasse, die sich mit der Marmor-Mahagonie-etc.-Elite identifizieren sollen und wollen.

Ich habe diese drastischen und vereinfachenden Beispiele gewählt, um zu veranschaulichen, was ich meine, wenn ich von einer utopischen Dimension der Literatur spreche. Man kann dem nun u. a. entgegenhalten, daß ich die Termini: Utopie, Fiktion und Virtualität so unsauber, unspezifisch und wenig trennscharf verwende, daß sie ununterscheidbar ineinander fließen. Das stimmt, macht aber vielleicht eines deutlich: Es kommt auf die Perspektive an, aus der ich fiktive Szenarien oder virtuelle Welten betrachte und darauf, ob ich auf der Seite des Verführers oder des Verführten stehe. Was für den einen ein Spiel mit den Möglichkeiten des Mediums ist, wird für den anderen zum Identifikationsangebot und gar zum Handlungsmuster. (Daß die Bildungsidee der 70er Jahre gescheitert ist, hängt nicht nur damit zusammen, daß zuwenig und zu schlecht ausgebildete Lehrer für zu renitente und schwererziehbare Kinder zur Verfügung standen, sondern vielleicht auch damit, daß die Lehrenden bis heute weitgehend am Medium Schrift festhalten und damit an einem Daten-Transfersystem mit vergleichsweise langsamer Transferrate, während die Lernenden sich längst in Transfersystemen mit der überlegenen Schnittstelle und dem schnelleren Transmitter befinden. Die breite Masse der Rezipienten dieses so viel effektiveren „Bildungssystems" mit bewegten Bildern befindet sich in der Lage des ausschließlich Verführten, weil sie nicht im Besitz des Wissens ist, das Medium produktiv zu nutzen. Deren „Produktivität", das Bedürfnis, in der Realität wirksam zu sein, bahnt sich dann bald andere Wege, wie oben beschrieben.)

Utopie konnte noch im 18. Jahrhundert als Antizipation des Ideals begriffen werden; im Fortgang der Geschichte verbanden sich utopische Gesellschaftsentwürfe dann eher mit der Vision vom Untergang des Menschen, zumindest des Menschlichen. Es muß noch etwas hinzukommen, damit aus Fiktionen Handlungsmuster werden, etwa daß die Fiktion ein Lösungspotential für bestimmte Probleme anbietet. Die konkrete Utopie wird dann zur Antizipation.

Man muß die Schraube der Metaphorik nicht so weit drehen, wie es einige Schriftsteller im letzten Jahrhundert getan haben, und das literarische Schreiben überhaupt als eine utopische Tätigkeit bezeichnen. Ich möchte aber darauf hinaus, daß Literatur unter schwer vorherzubestimmenden Umständen ein utopisches, d. h. ein handlungsorientierendes Potential hat.

Es gibt aber nicht nur das Utopie-*Motiv* in der Literatur. Denkbar wäre, daß der Literatur etwas Utopisches auch und gerade dort anhaftet, wo sie ohne eine konkrete Vision von Zukunft auszumalen, Zukunft als Dimension freisetzt, indem sie die Konflikte des Gegenwärtigen oder jüngst Vergangenen aus einer fremden, irgendwie entfernten Perspektive zeichnet und beim Leser einen Handlungsimpuls auslöst – und sei es den, zu verhindern, was sich im Medium der Schrift sich seinem Vorstellungsvermögen vorzeichnet. Auch dies ist nichts Neues, die Wirkungsästhetik des 18. Jahrhunderts, beim frühen Schiller etwa, arbeitet mit der Idee der heilsamen Wirkung des schlechten Beispiels.

Die Zeiten der Breitenwirkung von Literatur als *des* bewußtseinsbildenden Mediums sind nun zwar längst vorbei. Aber es ist kein billiger Trost, darauf hinzuweisen, daß immer noch hinter jedem Film ein Drehbuch steht, daß auch die bewegten Bilder auf Texten basieren. Ich halte es für gefährlich zu wünschen, auf Dauer möchten Bild und Film den Text ersetzen. Aus der fundamentalen sprachlichen Verfaßtheit unseres Denkens und Kommunizierens kommen wir nicht heraus, wie viele Sprachmuster auch immer von Bildern substituiert werden.

Die Entwurfsfähigkeit einer Gesellschaft beruht auf ihrer Reflexions- und Artikulationsfähigkeit, beide Fähigkeiten sind in hohem Maße an die Sprachkompetenz gebunden. Sprachkompetenz bedingt Reflexionsvermögen, und nur Reflexion ermöglicht Distanz zur Selbstverständlichkeit des Gegebenen, auch zur Selbstverständlichkeit des Mediums. In dem Maße, wie die Reflexionsfähigkeit abnimmt, werden Zukunftsentwürfe durch Machbarkeiten technischer Utopien ersetzt, und im gleichen Maße wird der Mensch zum ‚User'.

Das Problem ist in der Literatur mindestens seit einem halben Jahrhundert präsent. Ein (anti-?)utopischer Roman aus dem Jahre 1932, dessen deutschsprachige Übersetzung gegenwärtig in der 56. Auflage verkauft wird, steht unter folgendem Motto: „Utopien erweisen sich als weit realisierbarer, als man früher glaubte. Und wir stehen heute vor einer auf ganz andere Weise beängstigenden

Frage: Wie können wir ihre endgültige Verwirklichung verhindern? ... Utopien sind machbar. Das Leben hat sich auf die Utopien hinentwickelt. Und vielleicht beginnt ein neues Zeitalter, ein Zeitalter, in dem Intellektuelle und Gebildete Mittel und Wege erwägen werden, die Utopien zu vermeiden und zu einer nichtutopischen, einer weniger ‚vollkommenen' und freieren Gesellschaftsform zurückzukehren."[3] Dieses Motto stammt von Nikolai Berdjajew, einem russischen Philosophen, der 1876 in Moskau geboren wurde und 1948 in der Nähe von Paris gestorben ist. Der antiutopische Roman, der sich diesem Motto verschrieben hat, ist Aldous Huxleys *Brave new World*.

Dies ist das Stichwort für die zweite Frage meines Vortrags, sie lautet:

2. *Frage: Haben in der jüngeren Vergangenheit jemals literarische Utopien Einfluß genommen auf die reale Entwicklung von Kultur und Politik? Und ist es denkbar, daß aus antiutopischen Horrorszenarien Leitbilder werden?*

Ich möchte zur Beantwortung dieser Fragen zwei utopisch-antiutopische Romane ins Spiel bringen, Huxleys *Brave new World*, eines der wohl bekanntesten Bücher des letzten Jahrhunderts, und Michel Houellebecq's 1998 erschienenen Roman *Les particules élémentaires* (deutsch: *Elementarteilchen*).[4] Der Autor dieses Romans ist 1958 in La Réunion geboren, lebt in Paris und Irland; er hat für dieses Buch 1998 den Prix Novembre erhalten. Zwei weitere Titel sind von ihm erschienen: der Roman *Ausweitung der Kampfzone* und der Essayband *Die Welt als Supermarkt. Interventionen*.

Es ist keine Willkür, daß ich den 67 Jahre alten und den wenige Monate jungen Roman in einem Atemzug nenne. Houellebecq selbst bezieht sich auf Huxley, widmet ihm und seinem Bruder Julian ein eigenes, das zentrale zehnte Kapitel, das ich etwas ausführlicher zitiere; Bruno, einer der beiden Protagonisten, führt also in diesem zehnten Kapitel aus: „Ich habe mich immer darüber gewundert, ... wie unglaublich zutreffend die Voraussagen sind, die Aldous Huxley in *Schöne neue Welt* gemacht hat. Wenn man bedenkt, daß dieses Buch 1932 erschienen ist, ist das völlig irre. Seitdem hat die westliche Gesellschaft unablässig versucht, sich diesem Modell anzunähern. Immer genauere Kontrolle des Zeugungsvorgangs, die eines Tages zur völligen Trennung von Zeugung und Sex und zur künstlichen Fortpflanzung der Menschheit im Labor unter völlig sicheren, zuverlässigen genetischen Bedingungen führen wird. Es verschwinden folglich die familiären Beziehungen,

---

[3] Aldous Huxley, *Schöne neue Welt. Ein Roman der Zukunft*, Frankfurt a. M., 56. Auflage 1998, S. 7 (im folgenden zitiert als: ‚*Schöne neue Welt*').

[4] Michel Houellebecq, *Elementarteilchen*, aus dem Französischen von Uli Wittmann, Köln 1999 (im folgenden zitiert als: ‚*Elementarteilchen*').

die Begriffe Vaterschaft und Abstammung. Und dank der pharmazeutischen Fortschritte wird es keine Unterschiede zwischen den verschiedenen Lebensaltern mehr geben. In der Welt, die Huxley beschreibt, übt ein sechzigjähriger Mann die gleichen Tätigkeiten aus wie ein Zwanzigjähriger, hat die gleiche äußere Erscheinung und die gleichen sinnlichen Begierden wie er. Und wenn es dann nicht mehr möglich ist, gegen den Alterungsprozeß zu kämpfen, stirbt man freiwillig durch selbstbestimmte Euthanasie; sehr diskret, sehr schnell, völlig undramatisch. Die Gesellschaft, die Huxley in *Brave new World* beschreibt, ist eine glückliche Gesellschaft, die keine Tragödien und keine extremen Gefühle mehr kennt. Es herrscht völlige sexuelle Freiheit, die persönliche Entfaltung und die sinnliche Begierde werden durch nichts mehr eingeschränkt. Es bleiben noch vorübergehende Augenblicke der Depression, der Trauer und des Zweifels; doch sie werden durch medikamentöse Behandlung schnell behoben, die Wirkungsweise der antidepressiven und angstlösenden Medikamente wurde maßgeblich verbessert. ‚Ein Milliliter erfrischt die Gemüter.' Das ist genau die Welt, auf die wir heute zustreben, die Welt, in der wir leben möchten.

Ich weiß natürlich, fuhr Bruno mit einer Handbewegung fort, als wolle er einen Einwand vom Tisch fegen, den Michel nicht erhoben hatte, daß man Huxleys Welt im allgemeinen als einen totalitären Alptraum beschreibt und versucht, in diesem Buch eine scharfe Anklage zu sehen; doch das ist reine Heuchelei. *Brave New World* ist für uns in jeder Hinsicht – sei es, was die genetische Kontrolle, die sexuelle Freiheit, den Kampf gegen das Altern oder die Freizeitkultur betrifft – ein Paradies, in Wirklichkeit ist es haargenau die Welt, die wir anstreben, wenn auch bisher noch ohne Erfolg. Nur eine Sache verletzt heute etwas unser egalitäres, oder genauer gesagt, auf persönlichem Verdienst beruhendes Wertesystem, und das ist die Aufteilung der Gesellschaft in Kasten, die ihrer genetischen Natur entsprechend für unterschiedliche Arbeiten eingesetzt werden."

Ich zitiere hier zur Veranschaulichung, welche Stelle bei Huxley gemeint ist: „So war es in der Tat. Dreiundachtzig fast nasenlose, schwarze, rundschädelige Deltas standen an den Kaltpressen. Die sechsundfünfzig vierspindeligen Drehbänke wurden von sechsundfünfzig adlernasigen, rothaarigen Gammas bedient. Hundertsieben auf Hitze genormte Epsilon-Senegalesen arbeiteten in der Gießerei. Dreiunddreißig weibliche Deltas, langschädelig, flachsblond und enggebaut, keine mehr als zehn Millimeter größer oder kleiner als ein Meter neunundsechzig, fertigten Schrauben an. Im Montageraum wurden die Dynamos von zwei Gruppen gamma-plus Zwergen zusammengesetzt. Die beiden niedrigen Arbeitstische standen einander gegenüber; zwischen ihnen kroch das Förderband mit den einzelnen Bestandteilen; siebenundvierzig Blondhaarige standen siebenundvierzig Schwarzhaarigen gegenüber. Siebenundvierzig Stumpfnasen gegenüber siebenundvierzig Hakennasen, siebenundvierzig fliehende gegenüber siebenundvierzig vorspringenden Kinnladen. Die zusammengesetzten Anlagen wurden von achtzehn identischen gammagrünen Mädchen mit Lockenköpfen überprüft, von vierunddreißig O-beinigen delta-minus Linkshändern in Kisten verpackt und auf die wartenden Güterwagen und Lastautos von dreiundsechzig blauäugigen, blonden, sommersprossigen Epsilon-Halbidioten verladen. Schöne neue Welt." (*Schöne neue Welt*, S. 162)

„Aber das ist" – ich fahre mit Michel Houellebecq fort – „wirklich der einzige Punkt, in dem sich Huxleys Voraussagen als falsch erwiesen haben; und zugleich ist es der einzige Punkt, der durch die Weiterentwicklung der Automatisierung und der maschinellen Produktion heutzutage ziemlich irrelevant geworden ist. Aldous Huxley ist ohne jeden Zweifel ein sehr schlechter Schriftsteller, seine Sätze sind schwerfällig und ohne jede Eleganz, seine Romanfiguren sind langweilig und didaktisch. Aber er hat die grundlegende Intuition gehabt, daß die Entwicklung der menschlichen Gesellschaften seit mehreren Jahrhunderten ausschließlich durch die wissenschaftliche und technologische Entwicklung gesteuert worden ist und immer mehr gesteuert werden wird. ... Er hat als erster unter den Schriftstellern begriffen – die Science-fiction-Autoren miteinbezogen –, daß nach der Physik jetzt die Biologie die entscheidende Rolle spielen würde. [...]

Huxley stammt aus einer großen Familie englischer Biologen. Sein Großvater war ein Freund von Darwin, er hat viel zur Verteidigung der evolutionistischen Thesen geschrieben. Sein Vater und sein Bruder Julian waren ebenfalls berühmte Biologen. Es ist eine englische Tradition unter den pragmatischen, liberalen, intellektuellen Skeptikern, ganz anders als etwa in Frankreich zur Zeit der Aufklärung, denn sie basiert viel stärker auf der Beobachtung und der experimentellen Methode. Während seiner ganzen Jugend hatte Huxley Gelegenheit, mit Ökonomen, Juristen und vor allem Naturwissenschaftlern zusammenzukommen, die sein Vater zu sich einlud. Unter den Schriftstellern seiner Generation war er bestimmt als einziger dazu fähig, die Fortschritte zu erahnen, die die Biologie machen würde. Aber all das wäre ohne den Nationalsozialismus viel schneller gegangen. Die Nazi-Ideologie hat wesentlich dazu beigetragen, daß die Ideen der Eugenik und der Rassenverbesserung diskreditiert wurden; es hat mehrere Jahrzehnte gedauert, bis man wieder darauf zurückgreifen konnte. Michel stand auf und holte aus seinem Bücherschrank einen Band mit dem Titel *What dare I think.* Das hat Julian geschrieben, Aldous' ältester Bruder, das Buch ist schon 1931 erschienen, ein Jahr vor *Schöne neue Welt*. Man findet darin bereits Anregungen zur genetischen Kontrolle und zur Artenverbesserung, einschließlich der der Menschheit, also das, was sein Bruder in dem Roman in die Praxis umgesetzt hat. Und all das wird unmißverständlich als wünschenswertes Ziel hingestellt, dem man entgegenstreben soll.

[...] Nach dem Krieg, im Jahr 1946, wurde Julian Huxley zum Generaldirektor der soeben gegründeten UNESCO ernannt. Im gleiche Jahr veröffentlichte sein Bruder *Wiedersehen mit der Schönen neuen Welt*, in dem er sein erstes Buch als

Anklage und als Satire hinzustellen versucht. Einige Jahre später wurde Aldous Huxley als einer der maßgeblichen theoretischen Begründer der Hippiebewegung angesehen. Er hatte schon immer für die völlige sexuelle Freiheit gekämpft und als einer der ersten für den Konsum bewußtseinserweiternder Drogen plädiert. Alle Gründer von Esalen kannten ihn und waren von seinem Gedankengut beeinflußt worden. Später hat die New-Age-Bewegung die Thematik der Gründer von Esalen ausnahmslos übernommen. Aldous Huxley war in Wirklichkeit einer der einflußreichsten Denker unseres Jahrhunderts." (*Elementarteilchen*, S. 176-179)

Es muß an dieser Stelle nicht entschieden werden, ob Huxley in den frühen dreißiger Jahren einen antiutopischen, satirischen Roman hat schreiben wollen oder ob, wie Houllebecq unterstellt, besser, wie er es seinem Protagonisten Bruno in den Mund legt, zunächst seine Absicht nur war, das wissenschaftlich Denkbare zu verlängern, in eine Fiktion hinein fortzuschreiben, die in Wirklichkeit eine Verneigung vor dem Altar der Wissenschaft seiner unmittelbaren Gegenwart war. In den Literaturgeschichten wird darauf hingewiesen, daß Huxleys Roman dem Genre der negativen Utopie – auch als Anti-Utopie oder Dystopie bezeichnet – angehört wie H. G. Wells *The Time Machine* von 1895, Zamjatins *My* von 1924 und Orwells *1984* aus dem Jahre 1949. Der Literaturhistoriker hätte auch noch hinzuzufügen, daß Huxleys Roman *Brave new World* sehr dem Handlungsschema von Evgenij Ivanovic Zamjatins *My* verpflichtet ist, was dem Urteil über die mangelnde literarische Qualität Huxleys noch einmal Nachdruck verleiht, ohne damit sagen zu wollen, daß gute Literatur in jeder Hinsicht originell sein müsse. Aber Huxley hat vielleicht etwas zuviel übernommen, um literarisch ganz ernst genommen zu werden. Für die größere literarische Qualität Zamjatins spricht u. a., daß er über das Verhältnis von Energie und Entropie als die beiden Pole gesellschaftlicher Veränderung auch theoretisch nachgedacht hat, wodurch auch der totalitäre Einheitsstaat sich geschichtlich relativieren muß, während Huxleys Konzept geschichtlich eindimensional funktioniert, das totalitäre System hat den Status der entropischen Ruhe erreicht, seine Bewohner sind von einer unerschütterlichen bürgerlichen Ataraxia, wie Adorno es in seinem Aufsatz über Huxley ausdrückt, „alles soll so bleiben, wie es ist", und keine der beiden geschilderten Gegenkräfte ist überzeugend stark genug, die Ruhe nachhaltig zu stören.

Dies alles ist jedoch für Houellebecq nicht so entscheidend; viel wichtiger ist die Wirkungsgeschichte des Romans. Und es ist ja kaum übertrieben, wenn man sagt, daß geringe künstlerische Qualität eine Bedingung für den Massen-Erfolg zu sein scheint.

Houellebecq's Roman handelt von den Folgen der – so könnte man sagen – Huxley-Rezeption in der Generation der Hippie-Bewegung der 60er und 70er Jahre. Wir werden mit der Biographie zweier ungleicher Halbbrüder bekannt gemacht, die mit sehr unterschiedlicher und dann doch wieder der gleichen Auswirkung unter einer rabiat egozentrischen, ihr Geschlechtsleben über alles stellenden Mutter gelitten haben, die sich zwar nicht um die Erziehung ihrer Söhne gekümmert hat, die aber den beiden wie ein übermächtiges Schicksal mitgegeben bleibt. Der eine von beiden, eigentlich ein Versager, wird Schriftsteller (Bruno), der andere, eigentlich ein Autist, wird erfolgreicher Biologe. Houellebecq wiederholt in seinen Protagonisten also die Konstellation der Huxley-Brüder Aldous und Julian. Beider Schicksal ist es, zur Liebe nicht fähig zu sein, nur reagieren sie völlig unterschiedlich darauf, der eine, Bruno, mit dem absoluten Ausleben seiner egomanischen Sexualität, der andere, Michel, mit dem völligen Verzicht auf ein Geschlechtsleben. Er ist es, der im eigentlichen Brennpunkt der Romanerzählung steht, denn er ist als Biologe und Genetiker im Besitz des Wissens, die Konsequenz aus seinem Leiden zu ziehen: er schafft die biogenetischen Grundlagen dafür, daß schließlich die Sexualität als Fortpflanzungsinstrument überflüssig wird, weil es ihm gelingt, den genetischen Code vollständig zu entschlüsseln und beliebig zu variieren. Aber damit greife ich weit vor, befinde mich nämlich am Ende des Romans und damit im Jahre 2079.

Als literarische Eigenart und Leistung des Romans ist die Verflechtung von erzählenden und analytisch-theoretischen Passagen hervorzuheben; Houellebecq versucht Phänomene der Gegenwart sozio- und psychologisch zu erklären. Ein Beispiel ist der Fall David, eines jungen makellos schönen Mannes, an dem in scheinbar logischer Zwangsläufigkeit der Zusammenhang zwischen Befreiung von moralischen Zwängen in den 60er, 70er und 80er Jahren, der damit einhergehenden restlosen Ausschöpfung sexueller Befriedigung und der Zuwendung zur Befriedigung grausamer Instinkte vorgeführt wird. „In dieser Hinsicht waren die *serial killers* der 90er Jahre die Nachfahren der Hippies der 60er Jahre; man konnte ihre gemeinsamen Vorfahren in den Wiener Aktionisten der 50er Jahre sehen." (*Elementarteilchen*, S. 239.) Diese hatten unter dem Deckmantel eines Kunsthappenings öffentlich Tiermassaker vollzogen und so das Tierische und Böse im Menschen zu zeigen und freizusetzen begonnen. Es sei den Wiener Aktionisten, den Beatniks, den Hippies und den Serienkillern gemein, daß sie „zutiefst libertäre Hedonisten" waren, die ausschließlich die Rechte des Individuums allen anderen Normen und jeder vermeintlichen Moral gegenüber für sich in Anspruch nahmen.

Was der Roman am eindrucksvollsten narrativ darstellt, ist das jeweilige, umgekehrt proportionale Scheitern der Liebesbeziehungen bei Michel und Bruno. Während der eine die offensichtliche geistige und emotionale Nähe zu einer bestimmten Frau, deren Bild ihn durchs Leben begleitet hat, nicht wirklich, d. h. auch körperlich leben kann, bis es kurz vor dem Tod dieser Frau zu einer zufälligen Begegnung kommt, in der noch einmal alles Leiden auf beiden Seiten bewußt aufbricht, findet der andere in der Fixierung auf die körperlichen Übungen, mit denen er seiner sexuellen Manie huldigt, nie die Nähe eines Menschen, bis es dann doch scheinbar einmal geschieht. Die Erzählung stellt diese Nähe auf eine konsequente Probe: die Erfahrung einer Krankheit belegt, daß es keine Liebe war, die hätte tragen können. Christiane bringt sich um, sie will niemandem zur Last fallen.

Das Ungewöhnliche und Neue an den theoretischen Passagen, die in die Erzählung eingeschoben sind, wird an einer Stelle sichtbar, wo der Charakter der menschlichen Freiheit thematisiert wird. Michel, der Naturwissenschaftler, kommt zu der Erkenntnis, „daß der Glaube an eine vernunftgesteuerte freie Entscheidung in bezug auf das menschliche Handeln – eine der natürlichen Grundlagen der Demokratie – und insbesondere der Glaube an eine vernunftgesteuerte freie Entscheidung im Bereich der individuellen politischen Parteinahme vermutlich das Ergebnis einer Verwechslung zwischen Freiheit und Unvorhersehbarkeit war. Die Turbulenzen einer strömenden Flüssigkeit in der Nähe eines Brückenpfeilers sind strukturell unvorhersehbar; niemand würde aber deshalb auf den Gedanken kommen, sie als *frei* zu bezeichnen."

Der Roman blickt aus der Perspektive des Jahres 2079 auf das Lebensende des Michel Djerzinski zurück, der, nachdem er seine Forschungen beendet hat, ebenfalls den Freitod sucht, er hat dabei offensichtlich über zwei Lebensprinzipien nachgedacht, die biogenetische Reproduktion des Menschen und das Prinzip Fortpflanzung durch Liebe. Vor seinem Tod werden die Erfahrung mit Annabell und die Begegnung mit der Religion in Form des irischen *Book of Kells* zu einem letzten Wegweiser einer Gestalt, die vor ihrem Freitod lediglich die eine Formel überliefert, die andere aber mit sich begräbt, sie ist auch keine Formel, sondern eher eine etwas gewagte Spekulation.

Die Nachrede, ein historischer Bericht, blickt schon auf die Konsequenzen aus all dem zurück. Djerzinskis Studien werden entdeckt und in einem groß angelegten PR-Feldzug propagiert und durchgesetzt, deren Maximen lauten:

1) Das angstvolle Bewußtsein der New Age-Bewegung bezeuge letztlich nur „daß keine Gesellschaft ohne die kohäsive Funktion einer Religion überleben kann" (*Elementarteilchen*, S. 351).

2) Der aus all dem zu fordernde Paradigmenwechsel liegt in der Überzeugung, „daß die Lösung aller Probleme – einschließlich der psychologischen, soziologischen und gemeinhin menschlichen Probleme – nur technischer Art sein könne." Der Slogan, der der eigentliche Auslöser für einen weltweiten Meinungsumschwung war, lautete: „Die Wandlung findet nicht im Geist statt, sondern in den Genen." (*Elementarteilchen*, S. 355.)

3) „Die Menschheit müsse verschwinden; die Menschheit müsse einer neuen geschlechtslosen, unsterblichen Spezies das Leben schenken, die die Individualität, die Trennung und das Werden überwunden hat." (*Elementarteilchen*, S. 348.)

Im Nachwort zum Nachwort sagt der Erzähler zum ersten Mal „heute" und spielt mit der Gegenwart des Rezipienten. Er stellt fest, daß es entgegen den wissenschaftlichen Prognosen noch immer einige Menschen der alten Rasse gebe, deren Fortpflanzungsquote sich jedoch von Jahr zu Jahr verringere. „Es ist durchaus überraschend mitanzusehen, mit welcher Ruhe, welcher Resignation und vielleicht sogar insgeheimer Erleichterung die Menschen ihrem eigenen Verschwinden zugestimmt haben." (*Elementarteilchen*, S. 356.)

Der Schlußsatz des Buches lautet: „Zu einem Zeitpunkt, das die letzten Vertreter dieser Spezies im Aussterben begriffen sind, halten wir es für legitim, der Menschheit diese letzte Huldigung darzubringen – eine Huldigung, die ihrerseits allmählich verblassen und sich im Treibsand der Zeit verlieren wird; dennoch ist es nötig, daß diese Huldigung wenigstens einmal erfolgt. Dieses Buch ist dem Menschen gewidmet."(*Elementarteilchen*, S. 357).

Houellebecq spielt mit einer sehr versteckten Ironie. Die Positionen, die als einzige einer radikal bio-technokratischen Lösung des Menschheitsproblems gegenüberstehen, sind so altmodisch und scheinbar von vornherein disqualifiziert, daß sie schon in einem zweiten Sinne utopisch werden: Religiosität als offenbar notwendige Grundlage einer Ethik und Liebe, auch Liebe zum Leben, als offenbar notwenige Voraussetzung zur Fortpflanzung.

Theodor W. Adorno zitiert in seinem 1942 geschriebenen Essay *Aldous Huxley und die Utopie* Herbert Marcuse, der über *Brave New World* referiert hatte: „Fortschreitende Naturbeherrschung und Gesellschaftsbeherrschung [...] beseitigt alle Transzendenz, physische sowohl als psychische. Kultur, als der zusammenfassende Titel für die eine Seite des Gegensatzes, lebt von Unerfülltem, Sehnsucht, Glauben, Schmerz, Hoffnung, kurz, von dem, was nicht ist, sich aber in der Wirklichkeit anmeldet. Das bedeutet aber, Kultur lebt vom Un-glück." Und Adorno resümiert: „Der Kern der Kontroverse ist die bündige Disjunktion: daß man nicht das eine ohne das andere haben kann, nicht die Technik ohne death conditioning, nicht den Fortschritt, ohne die angedrehte infantile Regression."[5]

Huxley wisse von der über den Kopf der Menschen hinweg sich durchsetzenden historischen Tendenz. Sie sei ihm die Selbstentfremdung und vollkommene Entäußerung des Subjekts, das sich zum bloßen Mittel macht, ohne daß ein Zweck überhaupt noch wäre. Er fetischisiere den Fetischismus der Ware. Ihm werde der Warencharakter zu einem Ontischen, an sich Seienden, vor dem er kapituliere, anstatt den ganzen Hexenspuk als bloße Reflexionsform, als das falsche Bewußtsein des Menschen vor sich selber zu durchschauen, das mit seinem ökonomischen Grunde zergehen müßte. Er gestehe nicht zu, daß die phantasmagorische Unmenschlichkeit der *Brave New World* eine ihrer selbst vergessene Beziehung

[5] Theodor W. Adorno, *Prismen. Kulturkritik und Gesellschaft*, Frankfurt a. M. 1955, S. 135 f.

zwischen Menschen, gesellschaftliche Arbeit; daß der total verdinglichte der gegen sich selbst verblendete Mensch sei.[6]

Adorno argumentiert hier – dies wollte ich, bevor ich zu meiner letzten Frage komme – ganz im Sinne der kritischen Theorie, der es darum ging, Aufklärung in einem zweiten oder dritten Sinne zu sein und Bewußtsein für die Situation des Menschen in der technischen Welt zu schaffen und vom Bewußtsein her eine Veränderung der Gesellschaft. Die kritische Theorie aber sei tot, verkündet der einzige Philosoph, von dem die Öffentlichkeit, über die Medien, Notiz nimmt, und er meint damit weniger Adorno als vielmehr Jürgen Habermas.

3. Frage: Und jetzt?

Die dritte Frage bezieht sich auf die frappierende Tatsache, daß im September 1999, hauptsächlich in der *Zeit*, eine große Diskussion über Thesen von Peter Sloterdijk geführt worden ist, der seinen Schloß Elmauer Vortrag mit dem Titel *Regeln für den Menschenpark. Ein Antwortschreiben zum Brief über den Humanismus*[7] geschrieben haben könnte, nachdem er den Roman *Elementarteilchen* gelesen hat, allerdings ohne dessen ironisch-satirischer Intention zu folgen. Vielmehr erklärt er, ohne ihn zu nennen, dessen utopischste Thesen zur neuen philosophischen Strategie. In diesem Falle wäre die im folgenden sehr holzschnittartig skizzierte Kontroverse ein Beitrag zur Wirkung utopisch-antiutopischer Literatur. Noch frappierender wäre es allerdings, wenn Sloterdijk Houellebecq nicht gelesen hätte.

Ich fasse die zentralen Thesen zusammen, nicht weil ich sie für originell hielte, sondern um der Antworten willen, welche diese Thesen aus berufenen Mündern erfahren haben:

1) Sloterdijk beschreibt die Epoche des Nationalhumanismus als die Zeit zwischen 1789 und 1945. In dieser Phase habe es eine offensichtliche Macht der Philologen gegeben, die auf der Grundlage der Alphabetisierung eine Anzahl ausgewählter Schüler in den Stand ihres eigenen privilegierten Wissens gehoben hätten. Selektion also schon hier! Die Epoche der Wissensvermittlung über Bücher, die er gerne mit Jean Paul „dicke Brief an Freunde“ nennen möchte, sei mit der Etablierung der Massenkultur, der Einführung des Rundfunks vor 1918 und nach 1945 des Fernsehens, am entschiedensten aber durch die neuen Vernetzungs- und Kommunikationsmöglichkeiten der westlichen Gesellschaften als beendet anzusehen. Die Bedeutung von Büchern habe sich im Vergleich zu den restlichen Medien marginalisiert.

---

[6] Vgl. ebenda, S. 136 f.

[7] Vgl. *Die Zeit* Nr. 38, 16. September 1999.

2) Die Hoffnung des Humanismus auf eine stabile Fundierung einer Ethik in der Gesellschaft muß – so folgert Sloterdijk mit Heideggers *Humanismusbrief* – als gescheitert angesehen werden. Zwar konstatiert er mit Nietzsche eine zunehmende ‚Verhaustierung' des Menschen, als zunehmende Domestizierung und Verkleinerung, beobachtet aber, gegenwärtig vollziehe sich in der Kultur ein Titanenkampf zwischen den „zähmenden und den bestialisierenden Impulsen". Größere Zähmungserfolge wären angesichts der beispiellosen Enthemmungswelle eine Überraschung. So verweist Sloterdijk auf eine Gewaltwelle, die z. Z. in der ganzen westlichen Welt in die Schulen einbreche, insbesondere in den USA, wo die Lehrer damit begännen, Schutzsysteme gegen Schüler aufzubauen. So wie in der Antike das Buch den Kampf gegen das Theater verloren habe, so sei heute die Schule dabei, den Kampf gegen die indirekten Bildungsgewalten, Fernsehen, Gewaltkino und andere Enthemmungsmedien zu verlieren, wenn nicht eine neue gewaltdämpfende Kultivierungsstruktur entstehe.

3) Die Konsequenz, die Sloterdijk zieht, hängt mit der zunehmenden Fähigkeit des Menschen zusammen, auf die „subjektive Seite der Selektion" zu gelangen. Er kleidet seine Schlußfolgerung in die Frage: „ [...] ob es der Menschheit oder ihren kulturellen Hauptfraktionen gelingt, zumindest wirkungsvolle Verfahren der Selbstzähmung auf den Weg zu bringen. [...] Ob aber die langfristige Entwicklung auch zu einer genetischen Reform der Gattungseigenschaften führen wird – ob eine künftige Anthropotechnologie bis zu einer expliziten Merkmalsplanung vordringt; ob die Menschheit gattungsweit eine Umstellung vom Geburtenfatalismus zur optionalen Geburt und zur pränatalen Selektion wird vollziehen können – dies sind Fragen, in denen sich, wie auch immer verschwommen und nicht geheuer, der evolutionäre Horizont vor uns zu lichten beginnt."

4) Schließlich rekurriert Sloterdijk auf Platons Utopien im *Politikos* und in der *Politeia,* wo er lehre, daß die kluge ausübende Staatskunde darauf zu achten habe, daß die tapferen und die besonnenen Menschen zu einem staatstragenden Gewebe verflochten werden, ganz als hätte bereits Platon einen Sinn für „Anthropotechnologie" gehabt.

Das Gefährliche an Sloterdijks Thesen ist wohl, wie Manfred Frank belegt, nicht ihr naturwissenschaftlich-sachlicher Gehalt, sondern die Unterstellung, die Anthropotechnologie sei seinsgeschichtlich unvermeidlich angesichts des Scheiterns des Humanismus. Hatte diese ontologische Dimension und dieses eindimensionale Geschichtsbewußtsein nicht schon Adorno an Huxley kritisiert, und zwar fast sechzig Jahre vor dem durch Sloterdijk verkündeten Tod der kritischen Theorie?

Die einschlägige Antwort auf Sloterdijks Thesen soweit sie die Frage nach der Moral und ihrer Fundierung betreffen, geben u. a. Thomas Assheuer, Manfred Frank und Ernst Tugendhat, letzterer in seinem Essay: *Es gibt keine Gene für die Moral* (*Die Zeit* Nr. 23 vom 23. Sept. 99).

Er setzt gegen Sloterdijks assoziative Argumentationsweise einen rational gegliederten Fragekatalog, einen Fahrplan zu beantwortender Fragen, der nicht am äußersten Ende der Skala biogenetischer Möglichkeiten anfängt. Wir hätten demnach zwischen folgenden Möglichkeiten zu entscheiden:

1.) Verbot aller genetischen Veränderungen von Lebewesen.
2.) Verbot aller genetischen Veränderungen an Menschen.
3.) Einschränkung der zulässigen genetischen Eingriffe an Menschen auf die negative Eugenik, d. h. auf die Veränderung von Genen, die für die Erbkrankheiten verantwortlich sind.
4.) Zulassung der genetischen Veränderung beliebiger körperlicher und seelischer Eigenschaften, die man für verbesserungsfähig hält – mit den Zusätzen: Wer ist man? und: Gibt es konsensfähige Kriterien für Verbesserungswürdigkeit?

Die Fragen, soweit sie aus der Naturwissenschaft hervordrängen, lassen sich nicht mehr leugnen. Der amerikanische Rechtsphilosoph Ronald Dworkin wird in *Die Zeit* Nr. 38 vom 16. Sept. parallel zu Sloterdijk mit seinem Beitrag: *Die falsche Angst, Gott zu spielen* abgedruckt. Auch seine Argumentation ist wesentlich nüchterner als diejenige Sloterdijks; er kommt zu der folgenden Feststellung: „Wir fürchten die Aussicht, dass Menschen andere Menschen entwerfen, weil diese Möglichkeit die Grenze zwischen Zufall und Entscheidung verschiebt, die unseren Wertmaßstäben zugrunde liegt. Unser physisches Sein – das Hirn und der Körper, die jedem von uns unsere materielle Grundlage liefern – war seit langem das absolute Paradigma dessen, was sowohl von überragender Bedeutung für uns ist, aber auch jenseits unserer individuellen oder kollektiven Einflussmöglichkeiten liegt.

Sollten wir die Möglichkeiten ernst nehmen, die wir derzeit erforschen – dass Wissenschaftler wirklich die Fähigkeit gewonnen haben, einen Menschen jedes Phänotyps zu schaffen, für den sie oder künftige Eltern sich entscheiden –, dann können wir an fast jedem Punkt die Vernichtung festgefügter moralischer Überzeugungen vermerken.«

Der Paradigmenwechsel, der schon vollzogen zu sein scheint, läßt aus der neuen Perspektive nun keinen Zweifel mehr daran, daß das Utopische am Roman Houellebecq's nunmehr die Dinge sind, die einmal das Menschliche ausgemacht haben.

Der Spalt zwischen seiner physischen und seiner geistigen Hemisphäre, den Denker um 1800 als Kennzeichen des modernen Menschen ausgemacht hatten, und der von der Kunst hätte geheilt werden sollen, hat sich durch die Universalisierung der Kunst zum Medienbetrieb der Gegenwart natürlich nur mehrfach gespiegelt. Indes die Heilfunktion der Künste systematisch überschätzt wurde, gedieh die Überschätzung zum System: das Konstrukt der virtuellen Welt, welche die Kunst mit der Technik erzeugt hat, ist nichts anderes als der breiter gewordene

Spalt zwischen den Hemisphären. Aber beim Kopfsprung in den Abgrund der Ablenkungskunstwelt verlieren wir beides: physische Realität, also das Dasein in der nicht-medialen Welt und die geistige Kompetenz, uns mit diesem Dasein auseinanderzusetzen. Der Sturz in die virtuelle Welt hat zu einem heute deutlich spürbaren Mangel an Entwurfsfähigkeit geführt. Die Entwürfe, auch jene, welche die oben berührte Frage nach der genetischen Verbesserung des Menschen betreffen, entspringen letztlich nur der Utopie der Beständigkeit als dem Handlungsmodell schlechthin: Ausschaltung von Krankheiten – zur Steigerung der Genußfähigkeit und zur Verlängerung jener Illusion des flachen Konsumglücks.

Vielleicht tragen die Ereignisse des 11. September 2001 zu einer Korrektur der Perspektive bei, nicht weil die Attentäter uns moralisch überlegen wären, sondern weil uns ihre Taten beweisen, wie eingeschränkt unsere Wahrnehmungsfähigkeit war. Gleichgültig durch wen veranlaßt: ein Wink mit dem Zaunpfahl! Darf danach der Blick derjenigen, die über Fragen der Moralität reflektieren, so selektieren, daß über die Menschenwürde embryonaler Stammzellen jahrelang gestritten wird, während Krankheiten, Elend und Sterben von Millionen in der Welt nebenan billigend in Kauf genommen werden? Die Utopien, die wir im Sinne einer menschlichen Existenz benötigen, liegen nicht in der von der Kunstwelt vorgegebenen Richtung.

Der Deutschlandfunk sendete am 25. Oktober 1999 ein Hörfunk-Feature von Hans-Jürgen Heinrichs zum Thema: „Die Geschichte ist nicht zu Ende. Über die Zukunft des Menschen in Europa." Heinrichs läßt darin verschiedene Philosophen zu Wort kommen, u. a. den Franzosen Alain Finkielkraut, den ich abschließend aus dem Manuskript des Features zitieren möchte: „Ich persönlich glaube, daß wir heute vom Diskurs des Neuen vergiftet werden. Und wir können dies sehr genau bei den Politikern beobachten. Wir haben in Frankreich einen Erziehungsminister, der nur vom 21. Jahrhundert spricht. Die Zeitschrift des Erziehungsministeriums wurde in ‚21. Jahrhundert' umgetauft. Wir befinden uns also in dieser außergewöhnlichen Situation, wo man selbst in der Schule nicht von der Vergangenheit spricht, sondern von der Zukunft. Dabei ist doch die Schule auf jeden Fall immer später, da sie die Kinder mit einer Welt vertraut macht, die älter ist als sie selbst.

Das Pathos des Neuen hat heute etwas Obsessionelles an sich und ist absolut erschreckend. Zudem ist dieses Pathos sehr einengend, da sich das Neue heute als etwas Obligatorisches und auch Unwiderstehliches darstellt. So sagt man, die Ära der Informatik habe begonnen. Also vernichten wir das Unkraut und vor allem: werden wir die Bücher los, oder zumindest: machen wir den Platz für die Bildschirme frei. Der Fortschritt lädt uns dazu ein. Aber warum sollten wir keine Bücher mehr mögen?

Ich glaube, daß man die allgemeine Beziehung zur Welt neu bedenken muß. Man kann nur innovativ sein, wenn man etwas mag. Man kann nur das reformieren, was man mag. Chesterton hatte einen großartigen Ausspruch: Vor jedem Akt einer kosmischen Reform, so sagte er, braucht man eine Art Treueeid gegenüber dem Kosmos. Genau das fehlt uns. Die Treueverpflichtung der Welt gegenüber. Wir akzeptieren, daß die Welt die ungeschliffensten und gewalttätigsten Veränderungen erleidet, weil wir sie nicht lieben. Und das ist genau der Grund dafür, daß dieser Eintritt in das 21. Jahrhundert so erschreckend ist. Diese utopische Haltung gibt eine völlige Gleichgültigkeit gegenüber der vorhandenen Welt wieder und macht diese zur Wirklichkeit. Ich fürchte, daß wir morgen diesen Mangel an Fürsorge sehr teuer bezahlen werden ... .

Ich glaube eben, daß es nur eine Hoffnung in die Zukunft geben kann, wenn man nicht alles auf die Zukunft setzt. Die von dem Wort ‚Vorwärts' vergifteten Menschen sind jene, die uns eine furchtbare Zukunft bereiten. Je mehr die Zukunft Druck auf uns ausübt, desto stärker sollten wir in der Lage sein, die Vergangenheit zu verteidigen. Und ich glaube, daß uns diese Fähigkeit heute fehlt."

WERNER JUNG

‚Man kann über Lukács nicht hinausgehen'. Leo Kofler und Georg Lukács

I

So schreibt einer, der es wissen muß, und er fügt dann noch hinzu: „Lukács ist eine Säule der Orientierung in der Arbeit der Nachfolger, aber keine Grenze, die man beliebig erweitern kann."[1] Leo Kofler, der anläßlich von Lukács' 70. Geburtstag eine Eloge über den ungarischen Philosophen und Marxisten, den Literarhistoriker und scharfen Kritiker einer stalinistischen Orthodoxie anstimmt, hat sich zeitlebens tief beeinflußt gezeigt von Überlegungen, die man durchaus summarisch unter dem Rubrum vom ‚westlichen Marxismus' zusammenfassen kann. Und als zentraler Vertreter dieser Denkbemühungen, ja als Stichwortgeber muß eben Georg Lukács genannt werden, der mit seinen Studien zur marxistischen Dialektik, mit der Essaysammlung *Geschichte und Klassenbewußtsein* (1923), sozusagen den ‚foundation text' eines gegen Parteiorthodoxie wie –praxie gerichteten geschichts- und praxisphilosophischen Denkens verfaßt hat.[2]

Die Äußerlichkeiten sind rasch berichtet, der philologische Tatbestand ebenso kurz skizziert wie auch die persönlichen Begegnungen beider Philosophen: im Budapester Nachlaß befindet sich eine neun Briefe umfassende Korrespondenz aus den Jahren 1962 bis 1970, fünf Kofler- und vier Lukács-Briefe; persönlich begegnet sind sich beide 1966 in Budapest anläßlich einer von Theo Pinkus angeregten Gesprächsfolge mit Georg Lukács über Fragen zur marxistischen Philosophie und Politik, die 1967 dann auch bei Rowohlt publiziert worden ist.[3] Der knappe Briefwechsel unterstreicht erneut, wie sich beide Philosophen zueinander ‚positioniert' haben: Kofler versteht sich als Schüler Lukács', der seinerseits die Lehrerrolle für sich akzeptiert, und möchte – wiewohl kritisch – bestimmte Positionen des Ungarn in die aktuellen Debatten insbesondere unter (west-)deutschen Linken hineintragen. Mit gehöriger Distanz zu den Frankfurtern, ganz besonders zu Adorno und Horkheimer, aber auch zu Günther Anders (mit dem sich allerdings

---

[1] Leo Kofler, *Georg Lukács* [1956], in: Ders., *Zur Kritik bürgerlicher Freiheit. Ausgewählte politisch-philosophische Texte eines marxistischen Einzelgängers*, hrsg. v. Christoph Jünke, Hamburg 2000, S. 106.

[2] Zum Begriff des ‚westlichen Marxismus', der auf Maurice Merleau-Ponty zurückgeht, sowie zur Bedeutung Lukács' in diesem Zusammenhang vgl. insgesamt: Perry Anderson, *Über den westlichen Marxismus*, Frankfurt/M. 1978.

[3] *Gespräche mit Georg Lukács*, hrsg. v. Theo Pinkus, Reinbek 1967. Das zweite Gespräch unter dem Titel *Gesellschaft und Individuum* ist zwischen Lukács und Kofler geführt worden, in dem es Lukács um die Begründung einer „neuen Phase des Marxismus" samt einer „Erneuerung des Menschen" (S. 46) gegangen ist.

Georg Lukács wieder in freundschaftlichem Briefwechsel befunden hat[4]), berichtet Kofler von Plänen zu einer umfangreichen Arbeit, worin solche „Fragen wie z. B. die des religiösen Atheismus, der Entstehungsgründe des Irrationalismus in Deutschland, des Naturalismus als einer ästhetischen Haltung, die sich durch die Unfähigkeit der Überschreitung der gängigen ideologischen Grenzen kennzeichnet", behandelt werden sollen.[5] Man sieht, daß Kofler im Grunde genommen ebenfalls alle Felder der Lukácsschen Philosophie besetzt: sie reichen von grundsätzlichen ideologischen Problemen, wie sie Lukács vor allem in seinem Spätwerk, in der *Eigenart des Ästhetischen* (1963), der *Ontologie des gesellschaftlichen Seins* (postum 1984 u. 1986) und der (nur fragmentarischen) Ethik (postum 1994), thematisiert, über die Irrationalismus-Kritik im Gefolge der *Zerstörung der Vernunft* (1954) bis zum weiten Gebiet des Ästhetischen, das bekanntlich schon den jungen, vormarxistischen Denker anhaltend inspiriert hat.

Im Unterschied jedoch zur Lukácsschen Philosophie, der Kofler vorwirft, niemals wirklich systematisiert worden zu sein, versteht er sein eigenes – ich scheue mich nicht zu sagen – eklektisches Denken dahingehend, die Lukácsschen Ansätze zu profilieren, zu systematisieren wie insgesamt das Projekt eines neuen Marxismus mit didaktischer Zielsetzung in der Erwachsenen- und Arbeiterbildung zu verankern. Kofler ist ein glänzender Pädagoge, ein Mensch, der von einem pädagogischen Eros geprägt und daher bemüht ist, sein marxistisches Weltbild vor allem in Vorlesungen und Reden, bei Diskussions- und Seminarveranstaltungen der Gewerkschaften oder in Volkshochschulen zu propagieren.[6]

II

Ein besonderes Augenmerk hat Kofler für Fragen und Probleme der Ästhetik und Kultur, der Literatur und Kunst besessen. Schaut man in die (leider immer noch äußerst fragmentarische[7]) Bibliographie der Texte und Werke Koflers, dann lassen

---

[4] Vgl. Briefwechsel zwischen Günther Anders und Georg Lukács 1964-1971, in: *Lukács 1997. Jahrbuch der Internationalen Georg-Lukács-Gesellschaft*, hrsg. v. Frank Benseler und Werner Jung, Bd. 2, Bern 1998, S. 47-71.

[5] Vgl. Brief Koflers an Lukács vom 22. April 1965 [Lukács Archiv, Budapest], demnächst in: *Jahrbuch der Internationalen Georg-Lukács-Gesellschaft*, Bd. 5, Bielefeld 2001. (Herausgeber dieses Briefwechsels ist Dieter Redlich.)

[6] Über Koflers Stellung in der (west-)deutschen Linken informiert Christoph Jünke in der Einführung zu seinem Sammelband.

[7] Ich bedanke mich an dieser Stelle bei Christoph Jünke, der mir eine – ungefähre – Übersicht über Koflers verschiedene Arbeiten, Aufsätze, Essays und Artikel zu Problemen von Kunst und Literatur erstellt hat. Neben verschiedenen Büchern wie etwa *Zur Theorie der*

sich schon früh, nämlich 1931, Artikel ausmachen, die Gedanken zu einer sozialistischen Bildung und Kultur gewidmet sind: *Sozialistische Unterhaltung und Kultur.*[8] Diese Spur zieht sich über Jahrzehnte durch ein verzweigtes theoretisch-essayistisches Œuvre, das nicht zuletzt immer wieder Erscheinungen und Aspekte moderner Kunst und Literatur bedenkt. Er kommt häufig auf Kafka und Brecht zurück, diskutiert abstrakte Kunst und absurde Literatur samt ihrer Wechselbeziehungen und interpretiert auch Beckett. Lukács zeichnet die großen Linien vor, liefert die ästhetischen Kategorien und Argumentationsmuster, in die sich Kofler dann im Bemühen einklinkt, grundsätzlich, wie er glaubt, das Problem der ästhetischen Wahrheit und auch das der Widerspiegelungstheorie zu klären.

Kofler hält dafür, daß alle große Kunst – klassische Kunst – zugleich auch realistisch ist.[9] Anders formuliert: Realismus ist keine historische Erscheinung, sondern stellt einen systematischen Begriff dar, der die (historischen wie ästhetischen) Tendenzen der Zukunft immer schon vorwegnimmt bzw. im Sinne Ernst Blochs antizipiert. Große Kunstwerke, könnte man mit Lukács‘ grundsätzlichem Referat von 1956 anläßlich des IV. Schriftstellerkongresses der DDR sagen, enthalten und gestalten „Perspektiven“, sie übersetzen „einen wirklichen Schritt der Bewegung in Gestalt.“[10] Es macht dies die Größe realistischer Kunstwerke und literarischer Texte aus, daß sie – wie z. B. das geläufige, schon von Engels diskutierte Beispiel Honoré de Balzacs zeigt – einen „Vorschein“ deutlich machen, Möglichkeiten und Perspektiven in dem, was Lukács ontologisch als prozeßhaften Komplex bezeichnet, anzeigen. Lukács spricht weiterhin vom Typus, worin die Prägekraft einer besonderen Individualität für ihre Zeit, also ihre Repräsentativität, liegt, und weiter von der „Kategorie Besonderheit“ als Gebietskategorie des Ästhetischen, womit er den spezifischen Widerspiegelungsmodus dessen, was Kunst ausmacht, meint. Insgesamt – und hier schließen sich mindestens intentional die unterschiedlichsten Konzeptionen der Kritischen Theorie, Blochs und Lukács' zusammen – muß die Kunst (einschließlich der sie beobachtenden philosophischen Ästhetik) durch ihr immanentes Gerichtetsein aufs konkrete Humanum definiert werden. Sie ist, sagt Lukács und schlägt damit den Bogen weit zurück in die Geschichte geschichts- wie kunstphilosophischer Ästhetik, das

---

modernen Literatur oder *Abstrakte Kunst und absurde Literatur* gibt es in der Zeit zwischen 1931 und 1989 noch rund dreißig Artikel in Zeitungen und Zeitschriften.

[8] Dieser Artikel ist in „Bildungsarbeit“ erschienen.

[9] Leo Kofler, *Klassische und realistische Kunst sind identisch*, in: *AZ*, Nr. 17, 25. April 1957, S. II.

[10] Georg Lukács, *Das Problem der Perspektive* [1956], in: Ders., *Schriften zur Literatursoziologie*, hrsg. v. Peter Ludz, Frankfurt/M.-Berlin-Wien 1985, S. 258.

„Gedächtnis der Menschheit."[11]

Auch Kofler greift stets auf solche Reflexionen zurück, die er in historischer Verlängerung über Lukács und dessen „Lob des 19. Jahrhunderts"[12] hinaus für aktuelle Zusammenhänge fruchtbar macht. Normativ fällt auch bei ihm die Bestimmung moderner Kunst aus; zwar seien die Vertreter der Moderne von den Avantgarden um die Jahrhundertwende bis zum Absurdismus der 50er und 60er Jahre, also von Kafka bis zu Beckett oder auch Ionescu, dem Problem der Entfremdung und Verdinglichung nicht ausgewichen, sondern hätten es, wie paradigmatisch in Kafkas Romanen und Erzählungen, durchaus zum zentralen thematischen Vorwurf ihres Schaffens gemacht, aber zugleich doch wieder so, daß die historisch konkreten Erscheinungen der Entfremdung im Monopolkapitalismus anthropologisch tiefergelegt, damit aber wieder enthistorisiert würden. Daher kann denn auch Kafka für Kofler im Blick auf den Sozialismus und eine mögliche sozialistische Literatur „kein Vorbild" sein; „es gibt bei ihm keinen Ausweg und deshalb auch kein echtes Problem der Freiheit."[13] Wirkliche Vorbilder, so ruft er Hans Meyer zu, der versucht hatte, Lukácssche Überlegungen mit Tendenzen in der Moderne zu versöhnen, sind dagegen weiterhin Goethe und Balzac, Dostojewski und Tolstoi. Bei ihnen gibt es noch nicht jenen Rückzug ins komfortable (von Lukács so genannte) „Grand Hotel Abgrund", von wo aus der kritische bürgerliche Intellektuelle ohnmächtig aufs Chaos der Geschichte blickt und worin der Citoyen „die Pflege der Innerlichkeit zur leeren Ekstase" (Kofler) treibt.[14]

Man kann es drehen und wenden, wie man will, aber „die Lösung der menschlichen Probleme im Kapitalismus" sei „nicht möglich" – so das Fazit Koflers in dem Essay *Gibt es den perfekten Kapitalismus?*[15] von 1956, der für eine ganze Reihe von Arbeiten aus dieser Zeit steht, die in dem von Christoph Jünke herausgegebenen Sammelband (wieder) zum Abdruck kommen. Die Entfremdung des Menschen in seiner vom jungen Marx bereits luzide beschriebenen allseitigen Form bleibt das für die kapitalistische Gesellschaftsformation anhaltend weiter existierende Problem, dem sich Kofler – wiederum auf der Linie Lukács' und seiner Spätschriften – gestellt und dessen er in etlichen Schriften gedacht hat, darunter

---

[11] Diese Formulierung gebraucht Lukács häufiger in seiner großen Ästhetik, vgl. etwa: *Die Eigenart des Ästhetischen*, 2 Bde., Textrevision Jürgen Jahn, Berlin und Weimar 1981, Bd. I., S. 485 oder auch 584, 812; auch in: *Georg Lukács. Werke*, Bde. 11 u. 12, Neuwied 1963, Bd. 11: S. 515, 618, 851.

[12] Titel eines Aufsatzes von Georg Lukács aus dem Jahre 1967, in: *Georg Lukács Werke*, Bd. 4: *Probleme des Realismus I. Essays über Realismus*, Neuwied 1970.

[13] Vgl. Anm. 9.

[14] Vgl. Leo Kofler, *Der Verlust des Citoyen in der spätbürgerlichen Gesellschaft* [1956], in: Ders., *Zur Kritik bürgerlicher Freiheit*, a. a. O., S. 121.

[15] A. a. O., S. 115.

etwa „Der Alltag zwischen Eros und Entfremdung“ oder auch „Beherrscht uns die Technik?“ (das im übrigen dem Lehrer Lukács gewidmet ist)[16].

Seit den 50er Jahren, seit er sich mit Überlegungen zu einer grundsätzlichen marxistischen Ästhetik beschäftigt hat, kreisen Georg Lukács’ Gedanken zentral immer um das Problem der Alltäglichkeit, um das nur noch ontologisch zu begreifende Alltagsleben. Brieflich teilt er einmal Günther Anders mit, worin man den Kern seiner späten Philosophie erkennen kann: „ [...] die genaue Untersuchung dessen, was ich eine Ontologie des Alltagslebens nennen würde. Das ist ein Fragenkomplex, an dem Philosophie, Soziologie etc. unserer Tage achtlos vorbeizugehen scheinen [...].“[17] Die Ästhetik ebenso wie die nachfolgende Ontologie und auch die nicht mehr realisierte Ethik greifen im Grunde genommen nur eine Frage aus „Geschichte und Klassenbewußtsein“ wieder auf, die nämlich nach der Erkenntnis jenes „Dunkel des gelebten Augenblicks“, von dem der junge Bloch gesprochen und den der hegelianische Marxismus Lukács’ auch als „schädlichen Raum“ der gelebten Gegenwart bezeichnet hat.[18] Wie könne man, so die guten Hegelianer uni sono, was bloß bekannt ist, nun auch erkennen!? Der reife Marxist findet zu einem Lösungsvorschlag auf dem Weg einer „Ontologie des gesellschaftlichen Seins“, die den traditionellen Marxismus ‚revidiert‘ und dessen Kategorien unter Rückgriff auf ein Marxsches Aperçu aus den Grundrissen zugleich als „Daseinsformen“ und „Existenzbestimmungen“ reformuliert, d. h. die existierenden gesellschaftlichen Realitäten diesseits und jenseits des ‚eisernen Vorhangs‘ im Kategorienverbund aus Arbeit, Reproduktion, Ideologie und Entfremdung beschreibt. Diese vier Kategorien bilden ein Koordinatennetz, in dem sich – so Lukács’ Anspruch – die Wirklichkeit, nicht zuletzt: diejenige des Alltagslebens, charakterisieren läßt. Konkreter Fluchtpunkt seines ontologischen Ansatzes – der normative Kern sozusagen – ist zum einen die Revision des Marxismus mit dem Ziel, endlich die stalinistische Dogmatik zu überwinden und zum originären Hegel-Marxismus zurückzufinden, zum anderen – grundgelegt in Lukács’ politischem Testament *Sozialismus und Demokratisierung* (von 1968) – einer basisde-

---

[16] Leo Kofler, *Der Alltag zwischen Eros und Entfremdung. Perspektiven zu einer Wissenschaft vom Alltag*, Bochum 1982; ders., *Beherrscht uns die Technik?* Hamburg 1983.

[17] Vgl. Brief Lukács’ an G. Anders vom 22. 11. 1967, in: *Briefwechsel zwischen Günther Anders und Georg Lukács*, a. a. O., (Anm. 4) S. 58; vgl. dazu auch: Werner Jung, *Schauderhaft Banales. Über Literatur und Alltag*, Opladen 1994, S. 71-84.

[18] Georg Lukács, *Geschichte und Klassenbewußtsein*, Darmstadt und Neuwied 1976, S. 348; *Georg Lukács Werke*, Bd. 2: *Frühschriften II. Geschichte und Klassenbewußtsein*, Neuwied 1968, S. 392.

mokratischen Umgestaltung des real existierenden Sozialismus (mit Einführung von Räten, einer Stärkung der Gewerkschaftsbewegung usw.) das Wort zu reden.[19]

III

Diesseits nun des eisernen Vorhangs, im Eldorado des Spätkapitalismus, strampelt sich Leo Kofler mit diesen Lukácsschen Reflexionen ab. Zum Einfluß des Ungarn, dessen Kategorien er in modifizierter Form übernimmt und als Bewußtsein, Telos, Arbeit und Sprache bezeichnet[20], kommt noch die kritische Rezeption Herbert Marcuses hinzu (*Der eindimensionale Mensch*, *Triebstruktur und Gesellschaft*). Unter den Bedingungen des Kapitalismus und der Klassengesellschaft peilt auch Kofler die Überwindung der Entfremdung via Kunst an. Kunst seitens ihrer Produktion wie Rezeption vermittelt Freiheit; sie stellt das Bild einer befreiten Produktion dar – durchaus im klassischen idealistischen Sinne in der Nachfolge Schillers. Sie erinnert weiterhin an andere Möglichkeiten, bietet Alternativen an, läßt im „Vorschein" den Oszillographen zwischen der Darstellung eines unvordenklichen, vollen und mangellosen Seins und derjenigen eines „Bewußtseins von Nöten" (Adorno) pendeln. Könnte es nicht so sein, fragt Kofler am Ende seines Bändchens über den *Alltag zwischen Eros und Entfremdung*, daß Freuds grandiose Einsicht in die libidinöse Struktur unserer Natur dahingehend modifiziert werden muß, daß die Sphäre des Erotischen auf den Bereich der Kunst auszudehnen ist? Denn dort erst – „in ihrem Schaffensprozeß wie in ihren Resultaten" – kann ‚in Freiheit' „genossen werden."[21]

Ja, mehr, weiter noch und bis heute anhaltend: Müßte es nicht Aufgabe einer kritischen materialistischen Kunst- und Kulturtheorie sein, das Erbe Lukács' (wie auch Koflers, aber auch dasjenige anderer Vertreter des ‚westlichen Marxismus', einschließlich Blochs, der Kritischen Theorie und Benjamins) auf seine ‚Anschlußfähigkeit' zu überprüfen und dabei gerade die Vorschläge zum Umgang mit Literatur und Kunst, mit kulturellen Artefakten aller Art wieder ernsthaft zu diskutieren? – Wenn Vertreter der ‚cultural studies', die, wie etwa Fred Jameson, durchs Purgatorium der Postmoderne gegangen sind und davon sprechen, daß es

---

[19] Lukács' späte politische Philosophie bzw. Theorie ist in den letzten Jahren wieder häufiger diskutiert worden; vgl. dazu: Udo Tietz, *Zur Genesis und Kritik der Lukácsschen Demokratisierungsideologie*, in: *Auf der Suche nach dem Citoyen*, hrsg. v. Volker Caysa, Frankfurt/M. 1997, S. 103-129; Volker Caysa, *Trotz alledem: Demokratie braucht Citoyenidealismus! Zur Aktualität der Lukácsschen Demokratisierungskonzeption*, in: a. a. O., S. 130-149.

[20] Vgl. Leo Kofler, *Der Alltag zwischen Eros und Entfremdung*, a. a. O., S. 15.

[21] A. a. O., S. 83 f.

um die Konstruktion und Besetzung utopisch-dystopischer Orte in der Kunst geht, kontrafaktisch zum bestehenden Schlechten, zur allseitigen Entfremdung in der spätkapitalistischen Gesellschaft[22], dann liegt das exakt im Schnittpunkt Lukácsscher Reflexionen, deren gleichsam letzte Worte in dieser Angelegenheit an einer Stelle der Ästhetik folgendermaßen lauten:

> „Kein Kunstwerk ist utopisch, denn es kann mit seinen Mitteln nur das Seiende widerspiegeln, das Noch-nicht-Seiende, das Kommende, das zu Verwirklichende erscheint darin nur, soweit es im Sein selbst vorhanden ist, als kapillarische Vorarbeit des Zukünftigen, als Vorläufertum, als Wunsch und Sehnsucht, als Ablehnung des gerade Vorhandenen, als Perspektive etc. Zugleich ist jedoch jedes Kunstwerk utopisch im Vergleich zum empirischen Sosein der Wirklichkeit, die es widerspiegelt, aber als Utopie im wörtlichen Sinne, als Abbild von etwas, das immer und nie da ist."[23]

Kunst in Zeiten der Finsternis, von Pest, Cholera, BSE und des Treibhauseffektes, in Zeiten, die kein identisches Subjekt-Objekt der Geschichte mehr zu kennen scheinen, bloß noch abstrakte Sieger (Aktienkapital) und namenlose Verlierer (wieder an der Börse oder auch an der Peripherie des Kapitalismus in der III. Welt), in solchen Zeiten vermag (freilich immer noch) Kunst ein Doppeltes darzustellen und zu vermitteln: Erinnerung und Hoffnung, die, worauf der junge Lukács aus seiner *Theorie des Romans* schon 1916 hellsichtig hingewiesen hat, ebenso das Gedächtnis für gelebte Alternativen wie den Vorschein eines ungelebt Möglichen offenhalten. Am Ende des zweiten Bandes seiner Ontologie heißt es dazu ganz ähnlich noch einmal: „Das Kunstwerk, wenn es wirklich eines ist, hat [...] ein permanentes, immanentes Gerichtetsein gegen die Entfremdung."[24]

---

[22] Vgl. dazu das Gespräch von Kathrin Bergenthal mit Fred Jameson: *Immer engere Räume*, in: *Freitag*, Nr. 10, vom 2. 3. 2001.

[23] Georg Lukács, *Die Eigenart des Ästhetischen*, a. a. O., Bd. II, S. 222 f.; *Georg Lukács Werke*, a. a. O., Bd. 12., S. 238.

[24] Georg Lukács, *Zur Ontologie des gesellschaftlichen Seins*, 2 Bde., hrsg. v. Frank Benseler, *Georg Lukács Werke*, Bde. 13 und 14, Darmstadt und Neuwied 1984/86, Bd. 14, S. 535.

URSULA BOELHAUVE

Die Übung aus philosophisch-anthropologischer Sicht. Ein Beitrag zum Verständnis von Gelöstheit im Rahmen einer eudämonistischen Ethik

1 Einführung in die Problemstellung

„Eins muß er wieder können: fallen, geduldig in der Schwere ruh'n" (Rilke). Mit diesem Zitat von Rilke verdeutlicht Kamlah in seiner Schrift *Philosophische Anthropologie. Sprachkritische Grundlegung und Ethik* (Kamlah 1984) in metaphorischer Form die sogenannte „*Grunderfahrung*'" (ebd., S. 158), die im Rahmen einer eudämonistischen Ethik mit dem Begriff der philosophischen bzw. eudämonistischen Gelöstheit präzisiert wird. In Anlehnung an das antike Verständnis von Philosophie als ars vitae (vgl. ebd., S. 145) besteht das Ziel der Überlegungen zur Gelöstheit darin, auf die „Frage nach dem Leben-können" (ebd., S. 147), die terminologisch auch als „Frage nach einem ‚gelingenden Leben'" (ebd.) bezeichnet wird[1], eine philosophisch reflektierte Antwort zur Diskussion zu stellen, welche den Charakter eines „‚guten Rates'" (ebd., S. 157) hat und in einer „reflektierte<n> Lebensführung wirksam" werden kann (ebd., S. 149).

In Abgrenzung zum zeitgenössischen Wissenschaftsverständnis der philosophischen Ethik, die der eudämonistischen Problemorientierung kaum Bedeutung zumißt, geht Kamlah davon aus, daß die Ethik sich nicht allein mit der „Frage [...], ‚was wir tun sollen'" (ebd., S. 145), zu befassen hat; auch die Auseinandersetzung mit der „Frage, ‚wie wir leben können'" (ebd.), stellt aus seiner Sicht eine zentrale Aufgabe der Philosophie dar.[2] Sie bedarf deshalb im gegenwärtigen philosophisch-ethischen Diskurs einer Reaktualisierung.[3] Erneut zu thematisieren ist dabei nicht nur die Problemstellung des gelingenden Lebens als solche; auch die bereits in philosophischen oder religiösen Zusammenhängen formulierten Antwortmöglichkeiten sind in die Überlegungen einzubeziehen. Die methodische Leitlinie für die Art der gesuchten Rückbesinnung formuliert Kamlah folgendermaßen:

---

[1] Den Begriff des gelingenden Lebens führt Kamlah zunächst als umgangssprachlich verwendeten Terminus ein, um damit die philosophische Frage nach dem Leben-können des Menschen zu verdeutlichen (vgl. Kamlah 1984, S. 147). Im weiteren Verlauf seiner Argumentation verwendet er diesen Begriff jedoch auch ohne expliziten Verweis auf die Umgangssprache (vgl. ebd., S. 158 u. S. 171). Im Rahmen dieses Aufsatzes wird deshalb der sprachlichen Einfachheit halber die Frage nach dem Leben-können als Frage nach dem gelingenden Leben bezeichnet.

[2] Vgl. dazu auch Kamlah 1949, S. 9.

[3] Vgl. zu dieser Einschätzung aus neuerer Sicht z. B. Steinfath 1998.

„Es kommt darauf an, eine dereinst z. B. in mythisch-religiösen oder in metaphysisch-philosophischen Kontexten ausgedrückte Einsicht ‚lediglich' wiederzugewinnen und im Kontext rationaler Philosophie, ohne Mythos und ohne Metaphysik, neu auszudrücken, im Kontext einer Philosophie, die wiederum im Kontext mit einer wohlverstandenen Wissenschaft sich hält." (Ebd., S. 150)

Unter methodischen Gesichtspunkten liegt das Ziel einer eudämonistischen Ethik also darin, eine angemessene Form der philosophisch begründeten Rede zu finden, die die in verschiedenen Kontexten formulierte Grundeinsicht bzw. Grunderfahrung des gelingenden Lebens so zu reformulieren vermag, daß sie unter Verzicht auf metaphysische Voraussetzungen verstehbar und für andere nachvollziehbar ist. Kamlahs Präzisierungen zum Begriff der eudämonistischen Gelöstheit setzen dieses Anliegen in ersten Ansätzen um.

Aus einer neuen Blickrichtung ergänzen lassen sich Kamlahs Ausführungen zur Gelöstheit, wenn man sie in Beziehung setzt zu Bollnows philosophisch-anthropologischer Betrachtung der Übung. Diese wird in der Schrift *Vom Geist des Übens. Eine Rückbesinnung auf elementare didaktische Erfahrungen* (Bollnow 1991) als ein anthropologisches Phänomen analysiert und gedeutet, das dem Menschen zur sogenannten inneren Freiheit verhelfen kann (vgl. ebd., S. 70 ff.), die begrifflich auch als „Gelöstheit" (ebd., S. 71) bzw. als „Gelassenheit" (ebd., S. 78) bezeichnet wird. Den Zusammenhang zwischen seinen und Kamlahs Überlegungen stellt Bollnow in einer kurzen Andeutung heraus:

„Diese Auffassung <d. h. Bollnows anthropologische Betrachtung der Übung, d. Verf.> berührt sich eng mit der Weise, wie Wilhelm Kamlah, von einer ganz anderen Richtung herkommend, den Begriff der Gelöstheit als Zentralbegriff seiner philosophischen Anthropologie eingeführt hat." (Ebd., S. 72)

Detailliert entfaltet werden diese angedeuteten Berührungspunkte, abgesehen von einigen wenigen Hinweisen, allerdings nicht.

Ziel der folgenden Ausführungen ist es, zunächst in Form einer kurzen Problemskizze Kamlahs Begriff der eudämonistischen Gelöstheit herauszuarbeiten. Im Anschluß daran wird Bollnows philosophisch-anthropologische Betrachtung der Übung analysiert. Abschließend werden zentrale Berührungspunkte zwischen Kamlahs und Bollnows Überlegungen unter systematischen Gesichtspunkten zusammengestellt.

2 Der Begriff der eudämonistischen Gelöstheit bei Kamlah

Kamlahs Ansatzpunkt für eine genaue Bestimmung der eudämonistischen Gelöstheit liegt darin, diese als eine bestimmte Einstellung bzw. als eine spezifische Form der Gestimmtheit dem Leben gegenüber zu thematisieren. Hintergrund dieser Herangehensweise ist die Auffassung, daß die Kernaufgabe einer eudämonistischen Ethik darin besteht, die *zentrale Grundeinstellung*, die ein gelingendes Leben ermöglichen kann, philosophisch zu klären (vgl. Kamlah 1984, S. 149). Zur Skizzierung eines ersten Lösungsansatzes greift Kamlah in beispielhafter Form auf Antworten der Antike zurück: „Jene ‚Einstellung', derer wir in jedem Falle und unter allen uns sonst noch gegebenen oder vorenthaltenen Lebensbedingungen bedürfen, ist die dem antiken Philosophen wohlbekannte ‚Ruhe der Seele'." (Ebd., S. 151) Als weitere in der Antike verwendete Begriffe zur Umschreibung der gesuchten Einstellung nennt Kamlah mit Bezug auf Sokrates die „philosophische Gelassenheit", die „wissende Gelöstheit" sowie die „Eudämonie", verstanden als „Wohl der Seele" (vgl. ebd., S. 152).

Diese Begriffe werden in Kamlahs Argumentation nicht in ihren historischen Entstehungskontexten genauer untersucht und entfaltet; vielmehr haben sie den Status einer ersten begrifflichen Sondierung[4] für die gesuchte Grundeinstellung dem Leben gegenüber, die ihrerseits noch in „einer heute verständlich auszudrückenden Einsicht" (ebd.) neu formuliert werden muß.

Um zu einem solchen Ergebnis zu gelangen, geht Kamlah, losgelöst von dem Rückgang auf die Antike, folgendermaßen vor: Er analysiert in typisierender Form zwei für den Menschen in „der modernen Profanität" (ebd., S. 154) charakteristische Lebenseinstellungen, die begrifflich als „Gestimmtheit der Lebenssicherheit" und als „Gestimmtheit der Unzufriedenheit bzw. Sucht" (vgl. ebd., S. 154-156) bezeichnet und als Prototypen einer das gelingende Leben verstellenden Haltung gedeutet werden. Hierauf Bezug nehmend wird anschließend mit dem Begriff der philosophischen bzw. eudämonistischen Gelöstheit (vgl. ebd., S. 160, 161 u. 163) die Gestimmtheit eingeführt und beschrieben, die die „alte" Grundeinsicht zum gelingenden Leben in einer für den Menschen in der Profanität verständlichen Sprache als „neue Einsicht" zum Ausdruck bringen will (ebd., S. 150).

Im einzelnen werden folgende Aspekte angeführt: Kennzeichnend für die Gestimmtheit der Selbstsicherheit ist das „*Leitbild*" eines „mangellosen Lebens", über das souverän verfügt werden kann (ebd., S. 154). Im Mittelpunkt des Interesses steht das erfolgreiche Handeln und der bedenkenlose Genuß. Die Bedürftigkeit

---

[4] Darüber hinaus weist Kamlah anhand der genannten Begriffe auf das Problem der „Scheinvertrautheit" mit bestimmten, in der „Bildungssprache" geläufigen sprachlichen Ausdrücken hin (Kamlah 1984, S. 151).

des Menschen sowie sein Ausgeliefertsein an sogenannte „Widerfahrnisse" des Lebens[5] bleiben ausgeblendet. Das Leben des „souveränen Erfolgsmenschen" (ebd., S. 155), der diese Gestimmtheit verkörpert, erscheint als „reflexionslos gesichert" (ebd., S. 154). Im Unterschied hierzu beherrscht die Gestimmtheit der Unzufriedenheit bzw. der Sucht diejenigen, die sich selbst als die „‚zu kurz Gekommenen'" (ebd., S. 155) sehen. Das Leitbild des mangellosen Lebens bleibt zwar auch in dieser Gestimmtheit verbindlich, die Suche danach wird aber als vergeblich erfahren.[6]

Trotz der Gegensätzlichkeit beider Gestimmtheiten zeichnen sie sich in ihrem Kern durch ein zentrales gemeinsames Merkmal aus, das Kamlah begrifflich als „‚eigenmächtige Selbstbefangenheit'" (ebd., S. 156) bezeichnet. Präzisiert wird dieser Begriff, der für die weitere Argumentation Kamlahs eine Schlüsselfunktion hat, durch zwei Aspekte: der Fixierung auf die Macht des eigenen Handelns sowie der Verschlossenheit dem Mitmenschen gegenüber. Wörtlich heißt es bei Kamlah:

> „Der Selbstsichere und der Süchtige stimmen nämlich in der Illusion überein, daß sich der Mensch die Güter eines mangellosen Lebens ohne Ausnahme selbst beschaffen kann, durch die Macht seines eigenen Handelns. Und ferner: Der Selbstsichere und der Süchtige sind beide ganz und gar ‚mit sich selbst beschäftigt', d. h. mit der sicher gelingenden oder chronisch mißlingenden Befriedigung ihrer Begehrungen, ihrer Wünsche und Hoffnungen, und daher, in dieser ihrer Selbstbefangenheit, unaufgeschlossen für die Bedürftigkeit des Mitmenschen." (Ebd., S. 156 f.)

Die so bestimmte eigenmächtige Selbstbefangenheit deutet Kamlah als das zentrale Hindernis, welches dem Menschen sowohl den Zugang zum Verständnis der sogenannten praktischen Grundnorm als auch zur Gestimmtheit der eudämonistischen Gelöstheit verstellt.

Die praktische Grundnorm, die die Forderung enthält, den Anderen als bedürftigen Menschen zu beachten und dementsprechend zu handeln[7], kann in der Haltung der Selbstbefangenheit aufgrund der Verschlossenheit gegenüber dem Mitmenschen nicht realisiert werden (vgl. ebd., S. 157). Bereits von diesem Gesichtspunkt aus erweist sich die Selbstbefangenheit als eine Haltung, die ethisch nicht

---

[5] Zum Begriff des Widerfahrnisses vgl. Kamlah 1984, S. 34-40.

[6] Vgl. als Hintergrund zu den beiden genannten Gestimmtheiten auch Kamlah 1949, S. 16 f. u. S. 189-199.

[7] Wörtlich formuliert lautet die praktische Grundnorm bei Kamlah: „Beachte, daß die Anderen bedürftige Menschen sind wie du selbst, und handle demgemäß!" (Kamlah 1984, S. 95)

begründbar ist. Die „Preisgabe“ dieser Haltung stellt sich deshalb vor dem Hintergrund der praktischen Grundnorm als „*mittelbar geboten*“ dar (ebd.).

Gleichermaßen nicht haltbar ist das Beharren in der Selbstbefangenheit aus der Perspektive der eudämonistischen Gelöstheit. Diese wird nämlich bei Kamlah begrifflich über die Negation dieses Merkmals hergeleitet:

> „Die Preisgabe der eigenmächtigen Selbstbefangenheit, die sich der Selbstsichere und der Süchtige nur als asketischen Verzicht auf jedes lebenswerte Leben zu denken vermögen, ist umgekehrt geradezu der erste Schritt zu einem wahrhaft gelingenden Leben, zur Eudämonie. [...] Denn wahres Leben-können ist in der Tat zu allererst ‚fallen können‘, sich loslassen können, ‚ruhen können‘. Wer sich fallen läßt – im Sinne dieser Metapher –, eben der macht die unerwartete Erfahrung, daß er nicht ins Leere fällt, sondern im Ruhen-können das Leben-können erst eigentlich gewinnt.“ (Ebd., S. 157 f.)

Terminologisch wird die durch die Preisgabe der Selbstbefangenheit zugänglich werdende Erfahrung als „‚*Grunderfahrung*‘“ bezeichnet, die, wenn sie von demjenigen, der diese Erfahrung gemacht hat, reflektiert wird, zu der „‚*Grundeinsicht*‘“ führt, „daß er sich in seiner Eigenmächtigkeit und Selbstbefangenheit auf einem aussichtslosen Wege befand“ (ebd., S. 158).[8]

Zur weiteren Präzisierung dieser Grundeinsicht versucht Kamlah, den Vorgang der Preisgabe der Selbstbefangenheit, d. h. den Vorgang des „‚Sichloslassen<s>‘“ (ebd., S. 159), genauer zu fassen. Diesen beschreibt er in Abgrenzung zum Begriff des Handelns als eine „Weise menschlichen Sichverhaltens“, das „sich einem Widerfahrnis zu überlassen“ in der Lage ist (ebd.). Terminologisch verwendet er für diesen Vorgang den Begriff der Gelöstheit (vgl. ebd.). Nicht weiter präzisiert wird die Frage, um welche Art des Widerfahrnisses es sich hierbei handelt und woraufhin das Sichfallenlassen des Menschen gerichtet ist. Zur Kennzeichnung dieser in Abhebung von religiösen Begründungszusammenhängen vorgenommenen Begrenzung seiner Analyse[9] führt Kamlah den Begriff der philosophischen

---

[8] Zur Auseinandersetzung mit der Grunderfahrung vgl. auch bereits Kamlah 1949, S. 19-29.

[9] Vgl. hierzu auch Kamlahs Selbstverständnis von Philosophie im Kontext der modernen Profanität als „Ergebnis der neuzeitlichen Wissenschaft und Aufklärung“ (Kamlah 1984, S. 162): „Philosophie ist immer progressiv und konservativ zugleich, sie ist immer *kritische Bewahrung*. ‚Überwindet‘ sie damit nun die moderne Profanität? Ja und nein. Sie verbleibt in der Profanität, sofern ihr jegliche Restaurierung von mythischer Rede und von sakralen Dingen und Handlungen fernliegt. Doch sie kritisiert die Profanität, sofern sie sich nicht in Aufklärung erschöpft, sofern sie das alte Wahre wieder verständlich zu machen versucht, sofern sie die Illusionen der modernen Selbstsicherheit durchschaut.“ (Ebd.) – Zum Begriff

Gelöstheit ein (vgl. ebd., S. 160), den er im späteren Verlauf der Argumentation synonym mit dem Begriff der eudämonistischen Gelöstheit verwendet (vgl. ebd., S. 162 u. S. 175). Die zentrale Umschreibung hierzu lautet: Die

> „Gelöstheit als Sichfallenlassen ist nicht mehr unterscheidbar von ‚etwas', dem sie sich überläßt, auch nicht von einem angebbaren Widerfahrnis als Vorbedingung, sondern – hier gerät die Sprache an die Grenze ihrer Ausdrucksmöglichkeiten – das Ruhen selbst oder das Gelöstwerden selbst ist das Widerfahrnis, um das es sich hier nun handelt." (Ebd., S. 161)

Festzuhalten ist damit: Die Preisgabe der eigenmächtigen Selbstbefangenheit, die das zentrale Kennzeichen der Gestimmtheiten der Selbstsicherheit und der Sucht ist, bildet die Voraussetzung dafür, daß philosophische Gelöstheit als ein spezifisches Verhalten dem Leben gegenüber erfahren und als erforderliche Einstellung bzw. Gestimmtheit für ein gelingendes Leben reflektiert werden kann.

Im Unterschied zu den Gestimmtheiten der Selbstsicherheit und der Sucht ist die philosophische bzw. eudämonistische Gelöstheit keine dauerhaft anhaltende Gestimmtheit; charakteristisch für sie ist vielmehr, daß sie, z. B. durch „‚Besinnung'" (ebd., S. 165) auf die Grundeinsicht, immer wieder aktualisiert werden muß. Daneben sieht Kamlah auch andere „*Verfahren*" (ebd.), z. B. die Meditation, als hilfreich für den Zugang zur Gelöstheit an, die er im Rahmen seiner philosophischen Anthropologie allerdings nicht näher behandelt (vgl. ebd.).

Fragt man abschließend danach, welchen Beitrag die eudämonistische Ethik als philosophische Rede für den Gewinn von Gelöstheit liefert, so liegt dieser darin, daß sie dem an der Frage nach dem gelingenden Leben Interessierten die Preisgabe der eigenmächtigen Selbstbefangenheit nicht als geboten – wie dies im Zusammenhang mit der praktischen Grundnorm begründbar war –, sondern allein als angeratenes Verhalten (vgl. ebd., S., 157 u. S. 169) vor Augen führen und auf den dadurch freiwerdenden „Weg zur Eudämonie" (ebd., S. 165) als dem „höchste<s> Gut<...>" (ebd., S. 167)[10] hinweisen kann.

---

der Profanität vgl. ausführlich Kamlah 1949.

[10] Zur Frage nach weiteren Gütern, die für ein gelingendes Leben förderlich sind, vgl. Kamlah 1984, S. 166-175. Neben den Gütern der Vitalität stellt Kamlah in diesem Zusammenhang die besondere Bedeutung „einer Aufgabe, deren Erfüllung den Betroffenen über den engen Horizont seiner selbstbefangenen Selbstbesorgung hinausführt" (ebd., S. 171), sowie die „Gelegenheit zur ‚*Muße*'" (ebd., S. 172) heraus.

Wird dieser Ratschlag im Leben des einzelnen konstruktiv aufgegriffen[11], so ergibt sich dadurch auch ein möglicher Weg für den Umgang mit weiteren „Gütern" des Lebens, den Kamlah zusammenfassend so beschreibt:

> „Wer sich nicht ‚versteift' auf bestimmte Güter, indem er sie mit dem höchsten Gut verwechselt, wer sich nicht an gerade dies oder jenes ‚klammert', ohne das er nicht leben zu können vermeint, der gewinnt an Bewegungsfreiheit – traditionell gesagt: an ‚innerer Freiheit' – und entdeckt eine Fülle von Gütern, die er bisher übersah. In eine Formel gefaßt: Die Grundeinsicht ermöglicht dem, der sie gewinnt, manches, das ihm nicht zuteil oder genommen wurde, ‚ruhig zu entbehren', und anderes, das ihm zuteil wurde, aufmerkend und ‚dankbar hinzunehmen'." (Ebd., S. 167 f.)

Eudämonistische Gelöstheit als „*unabdingbare Grundbedingung* des Lebens" (ebd., S. 175), so zeigt dieses Zitat, läßt sich terminologisch auch als ein Weg bezeichnen, der den Menschen zur sogenannten inneren Freiheit hinführt. Umgangssprachlich formuliert versteht Kamlah unter diesem Begriff schlicht die „‚Flexibilität' der Lebensführung" bzw. die „Fähigkeit der Anpassung an sehr unterschiedliche Lebensbedingungen" (ebd., S. 167). Selbstverständlich handelt es sich hierbei nicht um eine beliebige Form der Anpassung, sondern um eine wohlreflektierte, die auf der „Einsicht in den Unterschied dessen, was wir als unabänderlich hinzunehmen haben, von dem, was wir durch tatkräftiges Handeln zu ändern vermögen" (ebd., S. 168), basiert.

3 Die philosophisch-anthropologische Betrachtung der Übung bei Bollnow

> „Wir hatten uns die Verfassung eines vollkommenen und im inneren Gleichgewicht befindlichen Lebens mit den Begriffen der Gelöstheit oder der Gelassenheit oder allgemein der inneren Freiheit zu vergegenwärtigen gesucht. [...] So entsteht die Frage, auf welche Weise es ihm <dem Menschen, d. Verf.> gelingt, sich von den Fesseln des Alltags-

---

[11] Voraussetzung hierfür ist das eigentätige In-Beziehung-Setzen der philosophischen Rede zur eigenen Lebenserfahrung. „Niemand kann sich die Grundeinsicht verstehend aneignen, der nicht *selbständig* die *Grunderfahrung* macht. Alles anthropologische Reden kann vom Hörer nur in den Grenzen derjenigen Lebenserfahrung verstanden werden, die dieser Hörer schon selbst erworben hat, und das gilt von der Darlegung der Grundeinsicht ganz besonders." (Kamlah 1984, S. 164). Den Zugang zur Grundeinsicht sieht Kamlah nicht auf herausgehobene krisenhafte Erfahrungen beschränkt; vielmehr geht er davon aus, daß die mit der Grundeinsicht verbundene „Lebenskunst" von „jedermann jederzeit" erlernt werden kann, „sobald ihm eine nicht alltägliche Erfahrung Gelegenheit dazu gibt" (ebd.).

> lebens zu befreien und zu jenem geahnten höheren Zustand zu gelangen. [...] An dieser Stelle setzt [...] der Weg über die Übung ein; denn die systematisch durchgeführte Übung ist das einzig angemessene Mittel, diese innere Wandlung vorsätzlich und aus eigener Anstrengung herbeizuführen. Um nicht mißverstanden zu werden, sei ausdrücklich betont: Die Übung ist nicht die einzige Weise, zu der erstrebten Erfüllung des Lebens zu gelangen, aber sie ist das einzige Mittel, diese Wandlung vorsätzlich und in bewußter Anstrengung herbeizuführen." (Bollnow 1991, S. 80 f.)

Diese Zentralaussagen Bollnows zum Verständnis der Übung zeigen in prägnanter Form, worum es ihm bei seiner anthropologischen Untersuchung zur Übung geht: Er versteht die Übung als ein *Verfahren*, das eine bestimmte, als erstrebenswert angesehene Verfassung des Menschen bewirken kann, die er „Gelöstheit", „Gelassenheit" bzw. „innere Freiheit" nennt. Genau wie bei Kamlah beziehen sich diese Begriffe auf eine innere Haltung des Menschen, welche eine besondere Form des Leben-könnens charakterisieren, die in Bollnows Terminologie als „Erfüllung des Lebens" (ebd., S. 81), als das „wahre Leben des Menschen" (ebd., S. 12) bzw. als eine Form des „Leben<s>, wie es sein soll" (ebd., S. 80), bezeichnet wird. Gleichermaßen herausgestellt wird der Zusammenhang zwischen dem Begriff der inneren Freiheit und dem der Eudämonie. Hinzuweisen sei, so Bollnow, darauf, „daß jenes Glücksgefühl, das die Griechen mit dem Begriff der εὐδαιμονία bezeichneten, aufs engste mit der inneren Freiheit zusammenhängt, ja im Grunde nur ein anderer Aspekt desselben Zusammenhangs ist" (Bollnow 1976, S. 115).

Die Übung, so läßt sich deshalb behaupten, ist, sofern sie in einem bestimmten, im folgenden noch genauer zu bestimmenden anthropologischen Sinne gedeutet wird, als ein Phänomen zu verstehen, das Gelöstheit bzw. innere Freiheit nicht über den Weg der *Besinnung* – wie dies bei Kamlah skizziert wurde –, sondern über den Weg *einer gezielten Auseinandersetzung mit einer Sache* erfahrbar macht. Daß dieses Verständnis ebenfalls als ein Beitrag zu einer eudämonistischen Ethik[12] interpretiert werden kann, ist damit begründbar, daß es auch bei der durch Übung angestrebten Haltung des Menschen um „die letzten ethischen Fragen nach der Verwirklichung des wahren menschlichen Seins" (Bollnow 1991, S. 102) geht.

Im folgenden soll Bollnows anthropologisches Verständnis der Übung im einzelnen entfaltet werden. Hierzu wird zunächst der methodische Ansatz der an-

---

[12] Der Begriff der eudämonistischen Ethik wird von Bollnow selbst nicht verwendet. Allerdings bezeichnet er die Aspekte seiner Untersuchung zur Übung, die die Beziehung zur inneren Freiheit thematisieren, als eine Problemsicht, die „in vorwiegend ethischer Fragestellung die Bedeutung der Übung für die Selbstwerdung des Menschen" (Bollnow 1991, S. 69) darlegt.

thropologischen Betrachtung Bollnows als Verstehenshintergrund für die Herangehensweise in seinen anthropologischen Untersuchungen skizziert. Anschließend wird seine anthropologische Analyse der Übung unter besonderer Berücksichtigung ihres Beitrages zum Verständnis von Gelöstheit bzw. innerer Freiheit dargelegt.

3.1 Die methodische Grundlegung der anthropologischen Betrachtung

Der methodische Ansatz der anthropologischen Betrachtung wird von Bollnow erstmals in der Schrift *Das Wesen der Stimmungen* (Bollnow 1995 [[1]1941]) als Grundlegung einer zunächst rein philosophischen Anthropologie entwickelt und ab den sechziger Jahren als Basis einer philosophischen und pädagogischen Anthropologie in verschiedenen Schriften ausdifferenziert.[13] Der Grundgedanke dieses Ansatzes besteht darin, eine spezifische Sichtweise zur Art und Weise, wie die Frage nach dem Menschen in einer anthropologisch forschenden Philosophie und später auch Pädagogik gestellt werden soll, zu begründen.[14] Ab Mitte der sechziger Jahre werden hierfür vier grundlegende Verfahrensprinzipien genannt: die „anthropologische Reduktion", das „Organon-Prinzip", das „Prinzip der anthropologischen Interpretation der Einzelphänomene des menschlichen Lebens" und das „Prinzip der offenen Frage" (vgl. Bollnow 1975a [[1]1965], S. 30-39).[15] Für die anthropologische Untersuchung der Übung sind insbesondere die beiden zuletzt genannten Prinzipien relevant. Nur diese sollen deshalb hier skizziert werden.[16]

Kennzeichnend für das Prinzip der anthropologischen Interpretation der Einzelphänomene des menschlichen Lebens ist eine spezifische Form der Frage nach dem Menschen, die folgendermaßen lautet: „Wie muß das Wesen des Menschen im ganzen beschaffen sein, damit sich diese besondre, in der Tatsache des Lebens gegebene Erscheinung darin als sinnvolles und notwendiges Glied begreifen läßt?" (Bollnow 1995, S. 16)

Unter einer „in der Tatsache des Lebens gegebenen Erscheinung" versteht Bollnow „in einer allgemeinen Weise alles, was irgendwie *am* menschlichen Leben

---

[13] Vgl. insbesondere Bollnow 1975a.

[14] Zur ausführlichen Analyse von Bollnows anthropologischem Ansatz aus philosophischer und pädagogischer Sicht siehe Boelhauve 1997, S. 219-369.

[15] Vgl. auch Bollnow 1983, S. 28-35 und Bollnow 1972, S. 26-36.

[16] Bei den folgenden Formulierungen zu den beiden genannten Prinzipien handelt es sich um eine leicht gekürzte Fassung meiner Zusammenfassung zu diesen Prinzipien in Boelhauve/Eckart-Bäcker 1998, S. 139-142. Eine detaillierte Beschreibung und Analyse aller genannten methodischen Prinzipien der anthropologischen Betrachtung Bollnows liegt vor bei Boelhauve 1997, S. 268-315. – Vgl. weiterhin Fahrenbach 1997 und Bräuer 1997.

als bedeutsam vorkommt und was aus irgend einem Grund unsre Aufmerksamkeit erregt" (Bollnow 1980b, S. 37). *Jedes* Phänomen des menschlichen Lebens kann deshalb prinzipiell Gegenstand einer anthropologischen Untersuchung werden, damit also auch die Übung. Den methodischen Zugang zu den jeweiligen Phänomenen gewinnt Bollnow mit dem Verfahren der Beschreibung, das bei ihm an phänomenologischen und sprachphilosophischen Prinzipien ausgerichtet ist.

Ausgehend von der Beschreibung soll in einem nächsten Schritt eine *Beziehung* zwischen dem in Frage stehenden Phänomen und dem „Wesen des Menschen im ganzen" hergestellt werden. Die gesuchte Art der Beziehung beruht auf einem bestimmten *Konstruktionsprinzip*, das in Form einer „Arbeitshypothese" (Bollnow 1975a, S. 36) für jede anthropologische Deutung richtungweisend ist. Der Grundgedanke dieser Hypothese besteht darin, daß jedes beobachtbare Phänomen „im Zusammenhang des menschliches Lebens nichts Zufälliges oder gar Fehlerhaftes ist" (ebd.), sondern so gedeutet werden kann, daß es im Rahmen der Gesamtorganisation des Menschen ein „sinnvolles und notwendiges Glied" bildet, d. h. eine verstehbare und zugleich unverzichtbare Funktion erfüllen kann. Vorausgesetzt wird dabei, „daß der Mensch in seiner inneren Gliederung ein sinnvoll zusammenhängendes Gebilde sei, eine Struktur, in dem alles Einzelne eine einsehbare Bedeutung für das Ganze, eine bestimmte Funktion hat" (Bollnow 1980b S. 38).

Auf der Grundlage dieser Arbeitshypothese wird in der anthropologischen Deutung zu einem gegebenen Phänomen ein inhaltlicher Verständnisrahmen in Form einer *Wesensaussage* über den Menschen *konstruiert*, der der *formalen* Annahme der Sinnhaftigkeit des jeweiligen Phänomens für das Verständnis des Menschen gerecht wird. Eine anthropologische Deutung ist damit ein „konstruktiv-hypothetisch" (Bollnow 1995, S. 17) erzeugtes *Interpretationsangebot* zum Verständnis des anthropologischen Sinns eines Phänomens auf der Basis einer Funktionsbestimmung des betreffenden Phänomens für den Menschen. Zusätzlich benötigt wird eine bestimmte *inhaltliche Leitvorstellung* zum Verständnis des Menschen, die für die anthropologische Deutung als Spezialfall eines hermeneutischen In-Beziehung-Setzens von Teil und Ganzem den Status eines *antizipierenden Vorverständnisses* hat. Die inhaltliche Ausrichtung des antizipierenden Vorverständnisses setzt Bollnow nicht in übergreifender Weise für jede anthropologische Deutung fest, sondern bestimmt sie in Abhängigkeit von den untersuchten Einzelphänomenen.[17]

---

[17] Darüber hinaus werden in der anthropologischen Deutung auch bestimmte ethische Grundbestimmungen berücksichtigt, durch die gewährleistet ist, daß die anthropologischen Deutungen zu ethisch gerechtfertigten Aussagen über den Menschen gelangen. Dies kann hier im einzelnen nicht genauer entwickelt werden.

Von besonderer Bedeutung für das Verständnis der anthropologischen Deutung ist die Frage, in welcher Hinsicht durch sie Aussagen zum „Wesen des Menschen" zu gewinnen sind. Zwei Präzisierungen sind zu diesem Begriff zu berücksichtigen. Unter dem Begriff „Wesen" versteht Bollnow kein „jenseits allen geschichtlichen Wandels" stehendes „zeitloses Wesen" (Bollnow 1980b, S. 37 f.), sondern grundlegende Aussagen zum Verständnis des „Menschen, wie wir ihn heute in unsrer Erfahrung vorfinden" (ebd., S. 38). „Wesensbestimmungen" sind deshalb als historisch und kulturell bedingte Aussagen zum Verständnis des Menschen zu verstehen, die aufgrund neuer Erfahrungen in der Lebenspraxis des Menschen gegebenenfalls auch revidierbar sind. Des weiteren ist zu beachten, daß die von einzelnen Phänomenen ausgehenden Wesensbestimmungen nicht die Gesamtheit des menschlichen Wesens erfassen können. Was die anthropologische Deutung als Ergebnis vorzulegen vermag, sind vielmehr nur einzelne Aspekte zum Verständnis des Menschen, die terminologisch genauer als „Wesenszüge" (vgl. Bollnow 1975a, S. 58) zu bezeichnen sind. In diesem Sinne faßt Bollnow zusammen:

> „Dieses *Wesen* aber, das sich so ergibt, ist ein vom einzelnen Phänomen her erschlossener Funktionszusammenhang. Es sind einzelne Aspekte, gewissermaßen einzelne Schneisen, die in das hier als *Wesen des Menschen* bezeichnete Dickicht geschlagen werden. Jeder dieser Aspekte ergibt ein andres Bild. Keiner erfaßt das Ganze. Das Ganze dieses *Wesens* bleibt merkwürdig unbestimmt im Hintergrund." (Bollnow 1980b, S. 46)

Mit dieser Aussage ist zugleich der Punkt erreicht, an dem das oben erwähnte „Prinzip der offenen Frage" relevant wird, welches das Selbstverständnis der anthropologischen Betrachtung festlegt. Anthropologische Forschung, so Bollnow, darf niemals dazu führen, die Frage nach dem Menschen mit einem „Gesamtbild des Menschen" (Bollnow 1975a, S. 38) bzw. mit „einem abschließenden ‚Bild vom Menschen'" (Bollnow 1972, S. 33) beantworten zu wollen, da dieses der sogenannten „‚Unergründlichkeit' des Menschen" (Bollnow 1975a, S. 37) widerspricht, die insbesondere die Offenheit des Menschen für unvorhersehbare in der Zukunft liegende Entwicklungsmöglichkeiten seiner selbst betont – ein Theorem, das Bollnow aus lebensphilosophischen Begründungszusammenhängen übernimmt und das aus seiner Sicht als unhintergehbar angesehen werden muß.[18] Für den Status der anthropologischen Deutungen ist die Ablehnung eines geschlossenen Menschenbildes sowohl aus erkenntnistheoretischer als auch aus ethischer Sicht relevant:

---

[18] Vgl. Boelhauve 1997, S. 255-268.

Unter *erkenntnistheoretischen* Gesichtspunkten betont Bollnow, daß anthropologische Deutungen, die prinzipiell gesehen von beliebig vielen Phänomenen ausgehen können, den Status autonomer Einzelinterpretationen haben und nicht zwangsläufig zueinander in Beziehung gesetzt werden müssen bzw. teilweise auch gar nicht widerspruchsfrei miteinander in Beziehung gebracht werden können (vgl. Bollnow 1980b, S. 47 f.). Anthropologische Deutungen sind damit prinzipiell aspekthaft und tendenziell antinomisch.

Unter *ethischen* Gesichtspunkten stellt Bollnow heraus, daß seine anthropologischen Deutungen spannungshaft bezogen bleiben müssen auf den nicht zu vergegenständlichenden „Subjekt-Charakter" (ebd., S. 51) des Menschen. Für den konkreten Umgang des Menschen mit diesen Deutungen bedeutet dies, daß Interpretationsangebote zum Verständnis des Menschen, sofern sie für das Selbstverständnis des einzelnen bedeutsam werden sollen, keine (normativ) determinierende Funktion haben, sondern an seine Zustimmung gebunden bleiben müssen.

3.2 Die anthropologische Deutung der Übung – ein Interpretationsangebot zum Verständnis von Gelöstheit bzw. innerer Freiheit

Ausgangspunkt für Bollnows anthropologische Untersuchung zur Übung ist zunächst eine Standortbestimmung dieses Phänomens im schulpädagogischen Kontext. In diesem Zusammenhang stellt er die Übung als ein Phänomen dar, das in der pädagogischen Theorie bisher nur wenig Beachtung gefunden hat und in der pädagogischen Alltagspraxis als ein zwar notwendiges, aber wenig geschätztes Verfahren für den Erwerb spezifischer Fertigkeiten, wie z. B. der Kulturtechniken, gesehen wird (vgl. Bollnow 1991, S. 13-19).[19] Eine der Ursachen für den geringen Stellenwert der Übung insbesondere im Bereich der pädagogischen Praxis sieht Bollnow darin, daß der alltägliche Umgang mit diesem Phänomen „auf einem unzureichenden Verständnis dessen beruht, was die Übung im menschlichen Leben bedeutet" (Bollnow 1980b, S. 39), d. h. ihr anthropologischer Sinn bleibt im allgemeinen undurchschaut.

Um zu einer Modifizierung bzw. Korrektur des skizzierten Alltagsverständnisses gelangen zu können, ist es aus Bollnows Sicht erforderlich, aus einer „philosophisch-anthropologische<n>" Perspektive eine „grundsätzliche Klärung der Funktion der Übung im Zusammenhang des menschlichen Lebens" vorzunehmen (Bollnow 1991, S. 12). Im Sinne des oben genannten Prinzips der anthropologischen Interpretation der Einzelphänomene des menschlichen Lebens besteht die leitende Interpretationsperspektive für diese grundsätzliche Klärung in der Frage,

[19] Vgl. zu dieser Einschätzung z. B. auch Bönsch 1995, S. 107.

„wie wir das menschliche Leben begreifen müssen, damit in ihm die Übung als eine sinnvolle und unentbehrliche Leistung erscheint, als etwas, in dem allein das menschliche Leben seine volle Erfüllung finden kann" (ebd., S. 18).[20]

Zur Beantwortung dieser Frage nimmt Bollnow eine Beschreibung und Deutung der Übung aus einer zweifachen Blickrichtung vor: aus der Perspektive des Zusammenhangs zwischen Übung und Können und aus der Sicht der inneren Verfassung des Menschen während des Übevorgangs.[21] Erst die zuletzt genannte Blickrichtung führt zur anthropologischen Deutung der Übung als einem Weg zur Gelöstheit bzw. zur inneren Freiheit. Da diese Deutung nur vor dem Hintergrund des Zusammenhangs von Übung und Können zu verstehen ist, werden die zentralen Ergebnisse zu diesem Sachverhalt kurz dargestellt.

3.2.1 Übung als Erwerb eines spezifischen Könnens

Ausgangspunkt der Überlegungen ist die terminologische Unterscheidung zwischen „Wissen" und „Können". Mit diesen beiden Begriffen bezeichnet Bollnow „die im Menschen angelegte Grundpolarität des theoretischen und des praktischen Verhaltens" (ebd., S. 27), wobei er unter dem praktischen Verhalten „Fertigkeiten" versteht, „die der Mensch in sich ausbilden soll" (ebd.). Im einzelnen gehören hierzu sowohl „manuelle Fertigkeiten" (ebd.), z. B. im Bereich des Sports, des Handwerks, des Musizierens usw. als auch „geistige<...> Fertigkeiten"

---

[20] Die Anwendung der anthropologischen Fragestellung auf das Phänomen der Übung impliziert, daß diese nicht mehr allein als „eine Angelegenheit des Unterrichts" bzw. „des heranwachsenden Menschen" gesehen wird (Bollnow 1991, S. 19). Ein anthropologisches Interpretationsangebot zur Übung geht vielmehr mit der Sichtweise einher, „daß die Übung, von den ersten Tagen der Kindheit bis hinein ins höchste Alter, wesensmäßig und lebenslang [...] zum Menschen gehört" (ebd.). Diese umfassende Sichtweise kann aber, so Bollnows Auffassung, dazu führen, daß sich „das Problem der Übung, auch für den Gebrauch der Schule, in einer völlig neuen Weise aufschließen" läßt (ebd.). Vgl. dazu Bollnow 1991, S. 102-118. Vgl. auch Hinrichs 1975 und Hinrichs 1988. – Im Rahmen dieses Aufsatzes wird diese Problemstellung nicht weiter vertieft.

[21] Vorausgestellt wird diesen Überlegungen ein Rückgang auf den sogenannten „natürlichen Sprachgebrauch" sowie auf die „Wortgeschichte" des Begriffs der Übung (Bollnow 1991, S. 20), ein Verfahren, das Bollnow häufig als Einstig zur Beschreibung anthropologisch relevanter Phänomene verwendet. Mittelpunkt der sprachlichen Betrachtung zum Begriff der Übung ist die Unterscheidung zwischen „Einüben" und „Ausüben" sowie der in der Wortgeschichte zu erkennende Zusammenhang mit kultischem Handeln (vgl. ebd., S. 20-25).

(ebd.), etwa die Beherrschung von Rechenoperationen, der Einsatz der Urteilskraft, der präzise Umgang mit Sprache usw.[22]

Vor dem Hintergrund dieser Unterscheidung ordnet Bollnow das Phänomen der Übung allein dem Bereich des Könnens zu (vgl. ebd.).[23] Ziel der Übung ist es, „eine zunächst noch unvollkommene Leistung schrittweise zu verbessern [...] bis sie geläufig ist" (ebd., S. 29).

Präzisiert werden diese Überlegungen durch die Unterscheidung zweier unterschiedlicher Formen von Übung: einer ersten Form, die sich *unbeabsichtigt* in Verbindung mit einer Tätigkeit ergibt, z. B. in der ständigen Ausübung eines Handwerks, und einer zweiten Form, die *bewußt* zur Einübung von Fertigkeiten durchgeführt wird (vgl. ebd., S. 38 f.). Nur die bewußte, absichtsvolle Übung, die immer mit der Unterbrechung eines größeren Handlungszusammenhangs verbunden ist und „sich in reflektierter Haltung der nicht gekonnten einzelnen Leistung" zuwendet, will Bollnow als „Übung im eigentlichen Sinn" verstanden wissen (ebd., S. 39).

Für diese gelten die beiden folgenden Bestimmungsmerkmale: (1) Die Übung hat „formale<n> Charakter", da das zu Übende zunächst „aus dem größeren Sinnzusammenhang herausgerissen" und erst später wieder in diesen integriert wird (ebd., S. 40). (2) Ihr zweites Merkmal besteht darin, daß sie als Entfaltung eines spezifischen Könnens mit dem Anspruch verknüpft ist, das zu Übende am Maßstab der „Vollkommenheit" zu messen (ebd., S. 41). Dieser Maßstab impliziert, daß die Übung im Unterschied zum Spiel mit einer charakteristischen Gestimmtheit verbunden ist:

> „Der Geist der Übung ist der unerbittliche Ernst, der nicht nachläßt, bis die Leistung fehlerfrei gelungen ist. Die Übung erfordert eine Härte gegen sich selbst. Sie verlangt eine strenge Disziplin. Zu ihr gehört unablösbar ein gewisser asketischer Zug, und nicht umsonst heißt ja Askese in der wörtlichen Übersetzung ganz einfach Übung." (Ebd.)

Der herausgestellte asketische Zug der Übung bedeutet keineswegs, daß sie dadurch zu einer freudlosen Tätigkeit wird. „Das Können-Wollen und Immerbesser-können-Wollen", so erläutert Bollnow in Anlehnung an Josef König, kann als ein Bestreben verstanden werden, das in unmittelbarem Zusammenhang mit der „Selbstverwirklichung des Menschen" steht (ebd., S. 33). In der Entfaltung sei-

[22] Vgl. zu den angeführten Beispielen Bollnow 1991, S. 27, S. 29 f., S. 39, S. 45 u. S. 48.

[23] Mit dieser Unterscheidung ist nicht impliziert, daß Wissen und Können unverbunden nebeneinander stehen. Beide wirken de facto immer zusammen (vgl. Bollnow 1991, S. 29). Allein die von Bollnow intendierte Verwendung des Begriffs der Übung soll durch diese Unterscheidung geklärt werden.

nes Könnens, das stets auch Grenzerfahrungen beinhaltet, erlebt der Mensch nicht nur, „was er kann" und „was er nicht kann", vielmehr zeigt sich ihm auch, „was er ist" (ebd.), insofern er die Entfaltung seines Könnens auf sein eigenes Selbstkonzept bezieht. Von diesen Voraussetzungen ausgehend gelangt Bollnow zu der Auffassung, daß die Tätigkeit der Übung die Erfahrung von Freude[24] ermöglicht:

> „Dieses auf dem Wege der Übung erreichte Können ist an ihm selber beglückend. Während bei jeder nur ungefähr erreichten Leistung, bei jeder nachlässig [...] ausgeführten Arbeit ein Gefühl des Mißbehagens, des inneren Unbefriedigt-Seins zurückbleibt, empfindet der Mensch hier das Glück des fehlerfreien Gelingens. Und vielleicht gibt es kein reineres Glück als das der vollkommen gelungenen Leistung." (Ebd., S. 44)[25]

Berücksichtigt man darüber hinaus, daß das Können des Menschen insbesondere im Bereich von sogenannten „höheren Leistungen"[26] kein verfügbarer „Besitz" ist, sondern „nur im immer wiederholten Üben" erhalten werden kann (ebd., S. 52), so läßt sich aus dem dargelegten Zusammenhang zwischen Übung und Können aus Bollnows Sicht eine erste anthropologische Deutung der Übung ableiten, die er folgendermaßen formuliert:

> „Das Können besteht nur zusammen mit dem Üben und ist von diesem gar nicht zu trennen. Der Mensch ist in dieser Weise das übende Wesen,

---

[24] Als Beispiel aus dem handwerklichen Bereich nennt Bollnow die „Freude am Gut-Machen einer Sache und der darin erreichten Meisterschaft" (Bollnow 1991, S. 45). Beispiele aus dem geistigen Bereich sind die Freude „bei der überzeugend gelungenen Übersetzung eines fremdsprachigen Textes [...] oder auch allgemein bei jedem sauber verfaßten Schriftwerk" (ebd.). – Interessant ist in diesem Zusammenhang auch Bollnows Hinweis, die „Freude am ‚gut Gekonnten'" als „ästhetisches Gefühl" ansehen zu können (ebd., S. 117). Im einzelnen heißt es hierzu: „wenn man nur auf den praktischen Nutzen, auf die Brauchbarkeit für irgendeinen praktischen Zweck achtet, würde auch eine ungefähre Erfüllung der Aufgabe genügen. Die Betonung der über das praktisch Erforderliche hinausgehenden Genauigkeit, die Freude an dem Vollkommenen als solchen ist etwas spezifisch Ästhetisches." (Ebd.)

[25] Bollnows Auffassung bezüglich des Zusammenhangs zwischen Können und Freude berührt sich eng mit der Flow-Theorie von Csikszentmihalyi, der auf der Basis von empirischen Untersuchungen den Zusammenhang zwischen dem Erleben von Freude und mit hoher Konzentration ausgeführten Tätigkeiten, wie z. B. dem Schachspiel, beschrieben hat. Vgl. dazu Csikszentmihalyi 1993 und Csikszentmihalyi 1998.

[26] Die „höheren Leistungen" werden von den sogenannten „einfachen Leistungen", wie etwa dem Autofahren oder dem Lesen eines Textes, unterschieden (Bollnow 1991, S. 52) und beziehen sich insbesondere auf Bereiche, in denen „produktives Schaffen" (ebd., S. 54) erforderlich ist, z. B. im Bereich der Kunst oder der Wissenschaft.

> d. h. ein Wesen, das sich nur in beständig wiederholtem Üben in seinem Sein erhalten kann, das erstirbt, wo es im vermeintlichen Besitz seines Könnens aufhört zu üben.“ (Ebd.)

3.2.2 Die innere Verfassung des übenden Menschen

In dem dargestellten Zusammenhang zwischen Übung und Können war bereits erkennbar, daß die Übung mit einer bestimmten inneren Verfassung verknüpft ist, die bisher mit dem Begriff der Askese bezeichnet wurde. Hinreichend bestimmt ist damit – so stellt Bollnow explizit heraus – die für erfolgreiches Üben erforderliche „seelische Verfassung“ (ebd., S. 55) des Menschen noch nicht. Auf der einen Seite ist zwar vor dem Hintergrund der bisherigen Analyse daran festzuhalten, daß die Übung „die selbstvergessene Hingabe an das zu übende Tun, den nicht nachlassenden Willen, das Tun so gut wie möglich und bei jeder Wiederholung besser als das vorige Mal zu machen“ verlangt und insofern „die Anspannung des ganzen Menschen“ erfordert; auf der anderen Seite ist aber zu beachten, daß „eine zu große, krampfhafte Anspannung den Erfolg des Übens gefährden“ würde und dieser „nur in einer gelösten Seelenverfassung“ erreicht wird (ebd.). Anspannung und Gelöstheit müssen deshalb zusammenwirken, damit Übungen zum Erfolg führen. Im einzelnen beschreibt Bollnow die angestrebte Verbindung wie folgt:

> „Es ist ein Zustand stiller und gesammelter Heiterkeit, in der keine Sorge den Menschen beunruhigt und keine übermäßige Eile ihn vorantreibt. [...] Wer richtig üben will, der muß ganz in seinem Tun aufgehen und muß sich von seinem Rhythmus tragen lassen. Er darf seine Arbeit natürlich nicht lässig betreiben, aber er darf ebensowenig über sein Tun hinaus ständig auf das Ergebnis hinzielen und dieses in möglichst kurzer Zeit zu erreichen suchen. Er muß sich im Zustand völliger Gelassenheit befinden, die im gegenwärtigen Augenblick ruht und, weil sie ihrer sicher ist, sich auch im Üben die nötige Zeit nehmen kann.“ (Ebd., S. 55 f.)

Diesen bisher noch nicht berücksichtigten „Zustand völliger Gelassenheit“ gilt es genauer zu betrachten, um zu einer umfassenden anthropologischen Deutung der Übung zu gelangen. Unter dieser Perspektive ist die Übung nicht mehr allein unverzichtbare Bedingung für den Erwerb eines spezifischen Könnens, sondern birgt *zugleich* die Möglichkeit in sich, über den Weg einer spezifischen Bewußtseinsveränderung, die mit dem Zustand der Gelassenheit verknüpft ist, den Menschen „in die Verfassung des richtigen Lebens“ (ebd., S. 58) zu versetzen.

Um dieses Interpretationsangebot zum Verständnis der Übung im einzelnen entwickeln zu können, hält Bollnow es für erforderlich, als Interpretationsleitfaden hierfür den Stellenwert der Übung in der östlichen Kultur, genauer: in der alten japanischen Kultur (vgl. ebd., S. 59) zu beachten, da die Übung in diesem Kulturkreis „im Gefüge der seelischen Leistungen sehr viel ‚höher' angesetzt wird" (ebd.) als in der europäischen Sicht. Die „in Japan, vor allem im Zen-Buddhismus, ausgebildeten Übungsformen", so behauptet Bollnow, haben

> „auch für den Europäer ein systematisch-anthropologisches Interesse; denn hier ist in langer Tradition ein Verständnis entwickelt worden, bei dem die Übungen nicht in erster Linie dem Erwerb eines jeweils besonderen Könnens dienen, sondern um einer inneren Wandlung des Menschen willen betrieben werden, der Überwindung seines zerstreuten Alltags-Ichs und des Durchbruchs zu seinem eigentlichen und wahren Leben." (Ebd., S. 12)

Beispielhaft verdeutlicht wird dies durch Rückgriff auf Eugen Herrigels Bericht über die Kunst des Bogenschießens sowie auf die am japanischen Vorbild orientierten Analysen der Übung von Graf Dürckheim.[27]

Herrigels Bericht zeigt, so Bollnow, daß die Bedeutung der Übungen zum Erwerb der Kunst des Bogenschießens nicht darin liegt, „möglichst schnell ein bestimmtes Ziel zu erreichen" (ebd., S. 60). Erlernt werden soll eine spezifische innere Verfassung, aus der „die vollkommene Leistung [...] leicht und mühelos" hervorgeht (ebd., S. 61). Hierfür ist die „Zerstreutheit des Alltags" zu überwinden und, u. a. durch körperliche und geistige Lockerungsübungen, eine „Wachheit des Geistes" zu erlangen (ebd.), die dadurch gekennzeichnet ist, daß sie „die Versteifung auf das eigne Wollen" (ebd., S. 62) hinter sich gelassen hat. Ergebnis der inneren Wandlung durch Übung ist demnach, daß es dem Übenden gelungen ist, „‚von sich selbst loszukommen'" (Herrigel), auf den „Eigenwillen" zu verzichten und ein „Einswerden mit dem Ziel", d. h. mit dem Ausüben der angestrebten Leistung, zu erreichen, das „mit einem unbeschreiblichen Glücksgefühl" verknüpft ist (ebd., S. 61 f.). Konsequenz dieses „Einswerdens" ist: „die geschilderte innere Verfassung, die Erhebung über das hastige Treiben des Alltags, ist nicht nur die Voraussetzung, um die Vollkommenheit der Leistung zu erreichen, sondern sie wird ihrerseits zu dem Ziel, das durch das Üben erreicht werden soll." (Ebd., S. 63 f.)

Ein vergleichbares Verständnis der Übung sieht Bollnow bei Graf Dürckheim gegeben, der in seinen Untersuchungen „von der verschiedenen Bewertung der Übung in unserer heutigen Welt und in der alten japanischen Tradition" (ebd.,

---

[27] Literaturgrundlage hierfür ist u. a. Eugen Herrigel, *Zen und die Kunst des Bogenschießens*, 4. Aufl. München 1954 sowie Karlfried Graf Dürckheim, *Zen und wir*, Weilheim Obb. 1961. Vgl. Bollnow 1991, S. 124 f.

S. 64) ausgeht. Als zentralen Sinn der Übung in Anlehnung an das japanische Vorbild stellt Bollnow im Rückgriff auf diesen Autor heraus:

> „,Immer geht es um das gleiche: daß der Mensch sich in unermüdlicher Übung einer Kunst so gänzlich seines ängstlichen, um den Erfolg besorgten, gegenständlicher Aufmerksamkeit bedürfenden Ichs entledigt, daß er schließlich zum Werkzeug einer tieferen Kraft wird, aus der heraus dann ohne sein Zutun und ganz absichtslos die vollendete Leistung wie eine reife Frucht abfällt.'" (Graf Dürckheim; zit. nach Bollnow 1991, S. 66).

Aus den angeführten Orientierungen zum Verständnis der Übung im Kontext der japanischen Kultur leitet Bollnow als Ertrag für eine vertiefte Einsicht zur Bedeutung der Übung im Rahmen unserer „europäischen Verhältnisse" (ebd., S. 67) die folgenden systematischen Gesichtspunkte ab:
(1) Der Erfolg des Übens ist an die innere Verfassung der Menschen geknüpft. Das zentrale Merkmal dieser Verfassung besteht in einer „inneren Sammlung", die insbesondere durch den Verzicht auf den „ehrgeizige<n> Wille<n>" und dem Einswerden mit dem Gegenstand, d. h. dem zu entfaltenden Können, gekennzeichnet ist (ebd., S. 67 f.). Prägnant zusammengefaßt handelt es sich hierbei um die „Umkehr von der narzißtischen Selbstbezogenheit zur selbstvergessenen Hingabe an die Tätigkeit" (ebd., S. 68).
(2) Die so beschriebene innere Sammlung ist neben der anzustrebenden gekonnten Leistung ein *zentrales Ziel* des Übens, da sie in Abhebung von der Zerstreutheit des Alltags einen veränderten Bewußtseinszustand ermöglicht, der als besonders erstrebenswert erlebt wird. Das zu entfaltende Können und die innere Sammlung des Menschen stehen dadurch in folgendem Verhältnis zueinander: „Auf diese Weise verbindet sich in untrennbarer Einheit das in der Zukunft zu erreichende Ziel der vollkommenen Leistung mit der schon in der Gegenwart zu erreichenden Verwandlung des Bewußtseins, die als höchste Erfüllung des menschlichen Lebens erfahren wird." (Ebd.).

Akzeptiert man die vorgestellten Gesichtspunkte als Leitfaden für eine umfassende anthropologische Deutung der Übung, so führt insbesondere der herausgestellte Zusammenhang zwischen der Übung und der durch sie ermöglichten Erfüllung des menschlichen Lebens dazu, daß sie für die „Verwirklichung" des sogenannten „wahren Menschseins" eine „Schlüsselstellung" gewinnt (ebd., S. 70).

Zur Verdeutlichung dieser Auffassung versucht Bollnow, den Zustand der inneren Sammlung zu präzisieren. Hierfür stellt er zunächst die Begriffe zusammen, die für diesen Zustand als „die durch das Üben zu erreichende höhere Daseinsform" (ebd., S. 71) in den vorausgegangenen Überlegungen bereits verwendet wurden: „Wir bezeichneten diesen Zustand bisher, je nach den verschiedenen Aspekten, unter denen wir ihn betrachteten, als den der Ruhe, der ungetrübten

Heiterkeit, als den der Gelassenheit oder als ein sicheres In-sich-selber-Ruhen." (Ebd.)

Zur weiteren inhaltlichen Klärung werden insgesamt drei Begriffe, die den zur Diskussion stehenden Zustand im Detail beschreiben sollen, explizit eingeführt: der Begriff der Gelöstheit, der inneren Freiheit und der Gelassenheit (vgl. ebd., S. 71-79). Alle drei Begriffe beziehen sich auf ein und denselben Sachverhalt und skizzieren jeweils nur eine besondere Perspektive, aus der dieser Sachverhalt gesehen werden kann.

Mit dem Begriff der Gelöstheit will Bollnow den „schwer faßbaren [...] Zustand [...] in einem seiner wesentlichen Aspekte" verdeutlichen (ebd., S. 71). Das zentrale Bestimmungsmerkmal für diesen Begriff sieht er in dem „radikalen Verzicht auf den Eigenwillen" (ebd.). Erläuternd hierzu heißt es:

> „Der Mensch lockert hier <d. h. im Vorgang der Übung, d. Verf.> nicht nur die Verkrampfungen und Verfestigungen, die ihn am unbefangenen Leben hindern, er löst sich darüber hinaus von seinem Eigenwillen überhaupt mit allen seinen Sorgen und Ängstlichkeiten und all seiner unersättlichen Gier. Er überläßt sich einfach einem ihn durchwaltenden größeren Leben, in das er sich eingelassen findet." (Ebd.)

Genau wie bei Kamlah meint „Gelöstheit" damit den Vorgang des Sich-Überlassens auf etwas hin, das Bollnow zwar mit dem Begriff des „durchwaltenden größeren Lebens" bezeichnet, ohne ihn allerdings weiter zu untersuchen. Zentral ist vielmehr der Vorgang der „Ablösung von etwas" (ebd., S. 73), nämlich dem Eigenwillen, der, wie obiges Zitat zeigt, in seiner Konzentration auf den Bereich der Sorge und der Gier Parallelen zum Begriff der Selbstbefangenheit bei Kamlah aufweist. Im Unterschied zu Kamlah geschieht dieser Prozeß des Sich-Lösens nicht über den Weg der Besinnung, sondern durch eine spezifische „Weise des Tuns", das „ganz im gegenwärtigen Tun aufgeht" (ebd., S. 71 f.).

Um das, was der Vorgang des Sich-Lösens vom Eigenwillen im positiven Sinn bewirken kann, noch genauer zu präzisieren, führt Bollnow den Begriff der inneren Freiheit ein (vgl. ebd., S. 73), den er folgendermaßen umschreibt: „Innere Freiheit [...] ist das Gefühl des Einklangs des Menschen mit den Bedingtheiten seiner Situation, wobei Situation als äußere und als innere Situation die Gesamtheit der Gegebenheiten bedeutet, zu denen sich der Mensch jeweils verhalten kann." (Ebd., S. 76)

Innere Freiheit signalisiert damit eine spezifische Haltung gegenüber den sogenannten Gegebenheiten des Lebens, unter denen Bollnow in einem umfassenden Sinne sowohl die „äußeren Lebensumstände" (ebd.) als auch die besondere körperliche, seelische und geistige Verfaßtheit des Menschen versteht.

Genauer beschrieben wird diese Haltung als das Bewußtsein der Fähigkeit, einerseits die eigene Umwelt im Sinne der eigenen Vorstellungen in dem Maße, in dem dies möglich ist, gestalten und andererseits die Veränderung des eigenen Selbst in Abhängigkeit von den vorhandenen Möglichkeiten bewirken zu können. Dieses Bewußtsein eines „wechselseitige<n> An- und Eingepaßtsein<s>" will Bollnow nicht als Ergebnis einer beliebigen Form der Anpassung verstanden wissen, sondern als eine reflektierte Haltung, die auf dem Wissen beruht, „umweltgestaltend [...] im Rahmen der gegebenen Möglichkeiten" tätig sein zu können (ebd., S. 77). Im „Bewußtsein dieses Einklangs" erlebt sich der Mensch als „innerlich frei" (ebd.).

Diese Begriffsbestimmung zur innerer Freiheit macht es erforderlich, die „notwendige Veränderung im Menschen selbst, durch die er sich in Einklang mit den Umständen zu setzen vermag" (ebd.), noch genauer zu bestimmen. Hierfür greift Bollnow auf das bereits im Zusammenhang mit dem Begriff der Gelöstheit eingeführte Merkmal des Verzichts auf den Eigenwillen zurück. Die erforderliche Veränderung im Menschen für den Gewinn innerer Freiheit, so präzisiert Bollnow jetzt, ist genau an die „Aufgabe des Eigenwillens" gebunden: „denn der Eigenwille ist es ja, der mit seiner Begehrlichkeit und seinem Geltungsstreben den Menschen in immer neue Konflikte mit seiner Umwelt verstrickt" (ebd.).

Mit dieser Aussage wird zunächst der Begriff des Eigenwillens über die bereits oben gemachten Andeutungen hinaus präzisiert: Kennzeichnend für diesen sind das Geltungsstreben auf der einen Seite und sogenannte Begehrlichkeiten auf der anderen Seite. Beide Aspekte werden unter dem Begriff der „Selbstbezogenheit" (ebd.) zusammenfaßt.

Erneut zeigen sich hier Parallelen zwischen Kamlahs Begriff der Selbstbefangenheit und Bollnows Begriff der Selbstbezogenheit, insofern man die bei Kamlah mit Selbstbefangenheit in Verbindung gebrachten Gestimmtheiten der Selbstsicherheit und der Sucht zu Bollnows Terminologie des Geltungsstrebens und der Begehrlichkeit als Merkmale der Selbstbezogenheit in Beziehung setzen kann, auch wenn Bollnow, im Unterschied zu Kamlah, diese Begriffe im Detail nicht weiter untersucht.

Gleichermaßen parallel gesehen werden kann die Betonung der Notwendigkeit, Selbstbefangenheit bzw. Selbstbezogenheit überwinden zu müssen. Der „Verzicht auf den Eigenwillen", so heißt es bei Bollnow, ist kein „Verzicht auf den Willen überhaupt", sondern „die Reinigung des Willens von seiner störenden Selbstbezogenheit", durch die der „Einklang mit einem größeren Ganzen" zugänglich wird (ebd.). Für diesen Sachverhalt führt Bollnow den Begriff der Gelassenheit ein:

> „Wir bezeichnen den hier erreichten Zustand am besten mit einem guten alten Wort [...] als Gelassenheit und nehmen es in dem tiefen Sinn, in

> dem es schon die Mystiker gebrauchten: als Bezeichnung für den Seelenzustand, in dem der Mensch seinen Eigenwillen aufgegeben, ihn ‚gelassen' hat und sich ganz dem überlassen hat, was durch sein Tun hindurch ein tiefer begründeter Anspruch, in der mystischen Welt also Gott von ihm fordert. Dann heißt also unsere Antwort, daß die Gelassenheit der Seele denjenigen Zustand der inneren Freiheit bezeichnet, nach dem wir suchen." (Ebd., S. 78)[28]

Bestimmt Kamlah, wie weiter oben gezeigt, in seinem Begriff der Gelöstheit den Vorgang des Sich-Loslassens als eine besondere Art des Sichverhaltens, nämlich als ein Verhalten, das sich einem Widerfahrnis zu überlassen in der Lage ist, so versucht auch Bollnow im Zusammenhang mit seinem Verständnis von Gelöstheit, innerer Freiheit und Gelassenheit, das Sich-Überlassen als ein spezifisches Verhalten zu kennzeichnen. Da Bollnow im Unterschied zu Kamlah mit den genannten Begriffen einen Zustand beschreibt, der im Vorgang des Übens erreicht werden kann, gelangt er bezüglich dieser Problemstellung zu einem anderen Ergebnis. Sich-Überlassen ist für ihn ein Sich-Einlassen auf die Aufgaben, die durch Übung bewältigt werden sollen. Als Ergebnis der Begriffsanalyse zur inneren Verfaßtheit des Menschen während des Übevorgangs, den Bollnow im Anschluß an die Darlegung der Begriffe „Gelöstheit", „innere Freiheit" und „Gelassenheit" der Kürze halber nur noch als „innere Freiheit" bezeichnet, ergibt sich damit: „Die wahre innere Freiheit besteht darin, sich, ohne sich vom Spiel der Umstände ablenken zu lassen, ruhig und stetig auf seine Aufgaben einzulassen, sein Werk bis zur höchsten ihm möglichen Vollkommenheit zu bringen und in gesammelter Anstrengung sein Können und seine Leistung immer weiter zu steigern." (Ebd., S. 79)

Offen bleibt bei dieser Aussage noch, um welche Art der durch Übung zu lösenden Aufgaben es hierbei konkret geht. Dieses Problem behandelt Bollnow unter der Fragestellung, „welche Fertigkeiten oder Künste es sind, die sich zur Erlangung der inneren Freiheit besonders eignen" (ebd., S. 83).[29]

War in den bisherigen Ausführungen allein davon die Rede, daß ein durch Übung zu entfaltendes spezifisches Können mit dem Zustand der inneren Freiheit einhergeht, so gilt es nun zu klären, ob es bestimmte ausgezeichnete Tätigkeiten gibt, die diesen Zusammenhang in besonderer Deutlichkeit erfahrbar machen. Bollnows Position hierzu besteht darin, auf der einen Seite mit der Möglichkeit zu rechen, „daß grundsätzlich jede Tätigkeit [...] geeignet ist", weil es „auf die Veränderung des Menschen durch den Ernst der selbstvergessenen Hingabe an-

---

[28] Vgl. zum Begriff der Gelassenheit auch Bollnow 1958, S. 115-121 und Bollnow 1975b, S. 86-88.

[29] Unter dem Begriff „Kunst" versteht Bollnow „jede Tätigkeit", die „sich in einem geregelten System von Verfahrensweisen objektiviert hat" (Bollnow 1991, S. 108).

kommt", nicht hingegen „auf die besondere Fertigkeit oder Leistung" (ebd., S. 83 f.); auf der anderen Seite zieht er aber in Erwägung, daß im Unterschied zu der Annahme der Gleichwertigkeit aller zu übenden Fertigkeiten eine *kriterienorientierte Auswahl* bestimmter Tätigkeiten eine höhere Chance in sich birgt, „die erstrebte Rückwirkung auf den Übenden zu erreichen" (ebd., S. 84).

Als relevante Kriterien nennt Bollnow die folgenden Aspekte: Die auszuwählende Tätigkeit „muß einen bestimmten Schwierigkeitsgrad haben", der gesteigert werden kann, sie soll die „Konzentration der Aufmerksamkeit" und eine „Genauigkeit der Ausführung" ermöglichen, in der Tätigkeit müssen Abweichungen vom Maßstab der Vollkommenheit für den Übenden „sofort erkennbar" sein, und sie muß die Möglichkeit bieten, daß „bei ihrem Gelingen das reine Glück des mühelos gewordenen Könnens" erfahrbar wird (ebd.).

Vor dem Hintergrund dieser Kriterien geht Bollnow davon aus, daß Übungen, „die sich auf das Hervorbringen eines äußeren Werks beziehen" (ebd., S. 88), in besonderer Weise zur Einübung innerer Freiheit geeignet sind. Diese haben nämlich den Vorzug, daß sie „die Aufmerksamkeit ganz vom Menschen weg auf das zu schaffende Werk" richten und darüber hinaus „in der nie abgeschlossenen Bemühung um ein neues, vollkommeneres Werk in eine offene Zukunft" hineinweisen (ebd.).

Ob solche Übungsformen innerhalb der zu erfüllenden Lebensaufgabe des Menschen erfolgen – Prototyp hierfür wäre der Künstler – oder neben den beruflichen Tätigkeiten durchgeführt werden, ist eine zweitrangige Frage.[30] Entscheidend ist für Bollnow allerdings, daß die durchgeführten Übungen entweder unmittelbar oder mittelbar mit dem verantwortlich zu gestaltenden Leben des Menschen verbunden bleiben. Speziell mit Blick auf Übungen, die nicht im Kontext einer Lebensaufgabe durchgeführt werden, skizziert Bollnow diesen Zusammenhang folgendermaßen:

> „Darum kommt es darauf an, daß der Mensch, nachdem er im Üben die richtige innere Verfassung, die innere Freiheit und Gelassenheit gefunden hat, ins handelnde Leben zurückkehrt, um dort in Verantwortung seine Aufgaben zu erfüllen. Es sind dieselben Aufgaben geblieben, wie sie vorher waren, ehe sich der Mensch ins Üben zurückzog, aber er kann sie jetzt in einer neuen, innerlich freien und gelassenen Weise – und eben darum besser – erfüllen, als es ihm vorher möglich war." (Ebd., S. 98)

[30] Bollnow favorisiert die Übungsformen, die innerhalb der zu erfüllenden Lebensaufgaben eines Menschen erforderlich werden, räumt aber zugleich ein, daß dies nur in ausgewählten Berufen möglich ist (vgl. Bollnow 1991, S. 91-98).

Da die durch Übung zu erreichende Verfassung der inneren Freiheit nicht als dauerhafter Besitz bewahrt werden kann, ergibt sich daraus, daß „die Übungen [...], die diese innere Verfassung vermitteln", immer wieder aufzunehmen sind (ebd.). Der Mensch bleibt deshalb „lebenslang ein Übender" (ebd., S. 11).

Setzt man die dargestellten Überlegungen zur inneren Freiheit in Beziehung zu der eingangs skizzierten Auffassung Bollnows, daß die Übung zwar nicht der einzige Weg zu dieser Freiheit ist, wohl aber ein *ausgezeichneter* Weg, diesen Zustand durch *bewußte Anstrengung*, d. h. durch die konzentrierte Hingabe an eine Sache, zu erreichen, so wird damit auch die „große anthropologische Bedeutung der Übung" (ebd., S. 58) als Interpretationsangebot für den Menschen plausibel, die Bollnow zusammenfassend so formuliert:

> „Der Mensch kann sich [...] ein bestimmtes äußeres Tun [...] vornehmen und es aus eigenem Entschluß durchführen. An einem solchen äußeren Tun setzt die Übung ein. Aber indem sie mit einem solchen äußeren Tun anfängt und sich ganz diesem Üben hingibt, vollzieht sich im Menschen selber, gewissermaßen im Rücken dieses Tuns, eine Veränderung. Hier wird er wie von selbst in die Verfassung des richtigen Lebens hineinversetzt [...]. Dann aber ist die Übung nicht mehr ein bloß pädagogisch-didaktisches Problem. Sie ist ein existentielles Problem, das den Menschen in seinem innersten Kern trifft." (Ebd.)

4 *Gelöstheit im Rahmen einer eudämonistischen Ethik – ein Vergleich zwischen Kamlah und Bollnow*

Fragt man abschließend nach dem systematischen Zusammenhang zwischen Kamlahs Überlegungen zur eudämonistischen Ethik und Bollnows philosophisch-anthropologischer Betrachtung der Übung mit Blick auf das in beiden Ansätzen dargestellte Verständnis von Gelöstheit[31], so sind hierfür vor dem Hintergrund der vorausgehenden Analyse vier Gesichtspunkte hervorzuheben.

(1) In beiden Ansätzen geht es darum, mit dem Begriff der Gelöstheit eine bestimmte innere Verfassung des Menschen zu thematisieren, die für ein „gelingendes Leben" (Kamlah) bzw. für ein „erfülltes Leben" (Bollnow) des Menschen von besonderer Bedeutung ist. Sowohl Kamlah als auch Bollnow ordnen das Ergebnis ihrer Überlegungen dem Bereich der Ethik zu, wobei es aber in beiden Fällen nicht

---

[31] Bezogen auf Bollnows Darlegungen wird für den von ihm mit den Begriffen „Gelöstheit", „innere Freiheit" und „Gelassenheit" dargelegten Zusammenhang der sprachlichen Einfachheit halber in der folgenden Argumentation allein der Begriff der Gelöstheit verwendet.

um die Unterscheidung zwischen gebotenem, verbotenem und erlaubtem Verhalten geht, sondern um Haltungen, die „angeraten" (Kamlah) bzw. als „Interpretationsangebot" zum Verständnis des Menschen (Bollnow) dargelegt werden.

Beide Beiträge haben damit nicht die sogenannte Sollensethik[32] im Blick, sondern die Art der Ethik, die die Frage thematisiert, welche Einstellungen dem Menschen begründet empfohlen werden können, sofern er sich mit dem Problem eines gelingenden Lebens auseinandersetzt. Kamlah ordnet diese Fragestellung explizit dem Begriff der eudämonistischen Ethik zu; Bollnows Beitrag läßt sich mit diesem Begriff von der Sache her in Verbindung bringen.

(2) Sowohl für Kamlah als auch für Bollnow stellt die Haltung der Gelöstheit aus der Perspektive des gelingenden bzw. erfüllten Lebens eine *zentrale* Haltung dar. Bei genauer Betrachtung ist das Verständnis dieses Begriffs in beiden Ansätzen aber nicht deckungsgleich, sondern weist sowohl Gemeinsamkeiten als auch Unterschiede auf.

Gemeinsames Kennzeichen dieses Verständnisses ist, daß der Zugang zur Gelöstheit den *Verzicht* auf Selbstbefangenheit (Kamlah) bzw. Selbstbezogenheit (Bollnow) erfordert, dabei aber nicht dauerhaft zu gewinnen ist, sondern immer wieder erneut angestrebt werden muß.

Unterschiedlich gesehen wird die Frage, wie der Mensch dazu gelangt, Selbstbefangenheit bzw. Selbstbezogenheit als eine nicht angemessene Haltung zu erkennen und Gelöstheit wiederholt realisieren zu können. Für Kamlah sind hierfür spezifische Lebenserfahrungen erforderlich, die über den Weg der Reflexion von demjenigen, der diese Erfahrungen gemacht hat, als vollzogene Preisgabe der Selbstbefangenheit gedeutet und als sogenannte Grundeinsicht verinnerlicht werden. Über den Weg der Besinnung ist diese Einsicht in späteren Lebenslagen erneut verfügbar. Bollnow beschreibt die Unangemessenheit der Selbstbezogenheit als eine Erfahrung, die sich „im Rücken eines Tuns" ereignet, d. h. in der konzentrierten Hingabe an eine zu übende, möglichst gut durchzuführende Tätigkeit. Selbstverständlich muß auch diese Erfahrung reflektiert werden, damit sie für den Menschen als Einsicht greifbar wird; aktualisiert wird sie aber nicht über den Weg der Besinnung, sondern durch das wiederholte übende Tun.

Die Art des Zugangs zur Gelöstheit beschreiben beide Ansätze also in unterschiedlicher Weise. Ob man die skizzierten Wege als einander ergänzend oder allein als verschiedenartig betrachtet, erscheint dabei als zweitrangig.

(3) Die herausgestellte Differenz zwischen Kamlah und Bollnow im Hinblick auf die Zugangsweise zur Gelöstheit ist nicht allein eine Frage des Verfahrens; auch die Reichweite des Verständnisses von Gelöstheit ist von dieser Differenz betroffen.

---

[32] Siehe zu diesem Begriff Kamlah 1984, S. 145.

Kamlahs Begriff der Gelöstheit thematisiert eine Haltung dem Leben gegenüber, die einzelnen Handlungen des Menschen vorausgeht bzw. sein gesamtes Handeln umgreift. Sie steht mit der Frage nach dem „höchsten Gut" des Menschen in Verbindung und liefert damit einen möglichen Maßstab, an dem das gesamte Leben des Menschen orientiert werden kann.

Bollnows Verständnis von Gelöstheit ist an die Handlung der Übung gebunden. Die so erfahrene Gelöstheit kann sich zwar auch auf andere Verhaltensweisen des verantwortlich zu gestaltenden Lebens auswirken, der Zusammenhang mit diesen Verhaltensweisen bleibt aber insofern ungeklärt, als Bollnow seinen Begriff der Gelöstheit nicht mit dem „höchsten Gut" in Verbindung bringt und damit keinen Maßstab zur Verfügung hat, um den angedeuteten Zusammenhang im Detail zu klären. Dies hängt damit zusammen, daß Bollnow sein Verständnis von Gelöstheit methodisch mit Hilfe des Prinzips der anthropologischen Interpretation der Einzelphänomene des menschlichen Lebens, in diesem Fall also der Übung, gewinnt. Er kann deshalb nur ein Interpretationsangebot vorlegen, das an die Funktionsbeschreibung des behandelten Phänomens für das menschliche Leben gebunden bleibt.

Für eine eudämonistische Ethik liefert Kamlahs Begriff der Gelöstheit damit im Vergleich zu Bollnows Überlegungen die umfassendere Sicht.

(4) Der herausgestellte Unterschied bezüglich der Reichweite des Begriffs der Gelöstheit bei Kamlah und Bollnow hat nicht zur Folge, daß Bollnows Überlegungen nur noch von untergeordneter Bedeutung für eine eudämonistische Ethik sind.

Neben dem Prinzip der anthropologischen Interpretation der Einzelphänomene des menschlichen Lebens als Hintergrund für Bollnows eingeschränktes Verständnis der Gelöstheit ist auch der Status seiner Aussagen aus der Perspektive des Prinzips der offenen Frage zu beachten.

Diese Perspektive ermöglicht eine Form der Selbstbegrenzung von Aussagen zum Verständnis des menschlichen Lebens überhaupt und damit auch des gelingenden Lebens, die in Kamlahs Argumentation so nicht vorhanden ist. Interpretationsangebote zum Verständnis des Menschen bzw. des menschlichen Lebens, so besagt dieses Prinzip u. a., können prinzipiell nicht die Gesamtheit des menschlichen Lebens in den Blick nehmen, da dieses als „unergründlich" betrachtet wird, d. h. „*offen ist in seine Möglichkeiten hinein*" (Bollnow 1980a, S. 141), und sich deshalb einer endgültigen Bestimmung entzieht. Als Grenze für *jede* Untersuchung zum menschlichen Leben ergibt sich damit:

> „Die Einsicht in die Unergründlichkeit bedeutet nicht [...], daß jeder Versuch einer begrifflichen Bestimmung von vorn herein sinnlos oder gar lebensfeindlich ist. Sie fordert vielmehr, die Bemühung um die gedankliche Erfassung bis an die äußerste Grenze des Möglichen vor-

> anzutreiben; denn eben in dieser Bemühung wird das Leben selber vermehrt und gesteigert, während es ohne die *Anstrengung des Begriffs* im Unbestimmten zerfließen müßte. Aber sie weiß zugleich, daß alle erzielten Aussagen an Einzelaspekte gebunden sind, von denen keiner das *ganze Leben* erfaßt, und daß hinter jedem so gewonnenen Ergebnis das Dunkel des nicht Aufgehellten bleibt." (Bollnow 1980b, S. 51)

Bringt man diesen Gedanken in Verbindung mit einer eudämonistischen Ethik, so könnte ihr Anliegen im Unterschied zu Kamlahs Auffassung nicht allein darin liegen, eine in der Vergangenheit gewonnene „alte" Einsicht zum gelingenden Leben in rational begründeter Form als „neue" Einsicht zu reformulieren; auch für ihre Problemstellung wäre dann die Offenheit für in der Zukunft liegende Entwicklungsmöglichkeiten ein konstitutives Prinzip.

Literatur

Boelhauve, Ursula (1997): *Verstehende Pädagogik. Die pädagogische Theorie Otto Friedrich Bollnows aus hermeneutischer, anthropologischer und ethischer Sicht im Kontext seiner Philosophie. Mit einer Bibliographie der deutschsprachigen Schriften O. F. Bollnows.* (Forum Beruf und Bildung. Bd. 8. Hrsg. von U. A. Michelsen.) Alsbach/Bergstrasse: Leuchtturm.

Boelhauve, Ursula/Eckart-Bäcker, Ursula (1998): *Anthropologische Sinndimensionen zum Verständnis des Musik-Lernens von Erwachsenen in Orientierung an Otto Friedrich Bollnows „unstetigen Formen der Erziehung".* In: *Systematische Musikpädagogik oder: Die Lust am musikpädagogisch geleiteten Nachdenken.* Hrsg. von M. Pfeffer/J. Vogt/U. Eckart-Bäcker/E. Nolte. Augsburg: Wißner. S. 131-180.

Bönsch, Manfred ([2]1995): *Variable Lernwege. Ein Lehrbuch der Unterrichtsmethoden* ([1]1991). Paderborn/München/ Wien/Zürich: Schöningh.

Bollnow, Otto Friedrich (1958): *Wesen und Wandel der Tugenden.* Frankfurt am Main: Ullstein.

Bollnow, Otto Friedrich (1972): *Die philosophische Anthropologie und ihre methodischen Prinzipien.* In: *Philosophische Anthropologie heute.* Hrsg. von R. Rocek/O. Schatz. München: Beck. S. 19-36.

Bollnow, Otto Friedrich ([3]1975a): *Die anthropologische Betrachtungsweise in der Pädagogik* ([1]1965). (Neue pädagogische Bemühungen 23.) Essen: Neue Deutsche Schule Verlagsgesellschaft.

Bollnow, Otto Friedrich (1975b): *Das Doppelgesicht der Wahrheit. Philosophie der Erkenntnis. Zweiter Teil.* Stuttgart/Berlin/ Köln/Mainz: Kohlhammer.

Bollnow, Otto Friedrich (1976): *Einübung der inneren Freiheit.* In: *Befreiung zur Menschlichkeit.* Hrsg. von H. Asperger/F. Haider. Wien. (Veröffentlichungen der Salzburger Internationalen Pädagogischen Werktagungen; Tagungsbericht der 24. Werktagung 1975. Bd. XXX.) S. 109-123.

Bollnow, Otto Friedrich ([4]1980a): *Dilthey. Eine Einführung in seine Philosophie.* Schaffhausen: Novalis Verlag. (1. Aufl. Leipzig/Berlin: B.G. Teubner 1936.)

Bollnow, Otto Friedrich (1980b): *Die anthropologische Betrachtungsweise in der Pädagogik.* In: *Diskussion Pädagogische Anthropologie.* Hrsg. von E. König/H. Ramsenthaler. München: Fink. S. 36-54.

Bollnow, Otto Friedrich ([3]1983): *Anthropologische Pädagogik.* Bern/Stuttgart: Haupt. (1. Aufl. unter dem Titel: *Pädagogik in anthropologischer Sicht.* Tokio: Tamagawa University Press 1971.)

Bollnow, Otto Friedrich ([3]1991): *Vom Geist des Übens. Eine Rückbesinnung auf elementare didaktische Erfahrungen.* Stäfa: Rothenhäusler Verlag. (1. Aufl. Freiburg im Breisgau: Herder 1978.)

Bollnow, Otto Friedrich ([8]1995): *Das Wesen der Stimmungen* ([1]1941). Frankfurt am Main: Klostermann.

Bräuer, Gottfried (1997): *Überlegungen zum „Prinzip der offenen Frage“.* In: *O. F. Bollnow: Hermeneutische Philosophie und Pädagogik.* Hrsg. von F. Kümmel. Freiburg/München: Alber. S. 119-142.

Csikszentmihalyi, Mihaly ([5]1993): *Das Flow-Erlebnis. Jenseits von Angst und Langeweile: im Tun aufgehen.* Stuttgart: Klett-Cotta.

Csikszentmihalyi, Mihaly ([6]1998): *Flow. Das Geheimnis des Glücks.* Stuttgart: Klett-Cotta.

Fahrenbach, Helmut (1997): *Differentielle Interpretation, Strukturanalyse und offene Wesensfrage. O. F. Bollnows Beitrag zur Methodenreflexion philosophischer Anthropologie.* In: *O. F. Bollnow: Hermeneutische Philosophie und Pädagogik.* Hrsg. von F. Kümmel. Freiburg/München: Alber. S. 80-118.

Hinrichs, Wolfgang (1975): *Anthropologischer Erkenntniswert und pädagogische Bedeutung der Übung. Zur Diskussion BOLLNOW-ODENBACH.* In: *ibw-Journal. Informationsdienst des Deutschen Instituts für Bildung und Wissen.* Heft 5. S. 74-78 u. S. 80.

Hinrichs, Wolfgang (1988): *Vom meditativen und didaktischen Geist des Übens.* In: *ibw-Journal. Informationsdienst des Deutschen Instituts für Bildung und Wissen.* Jg. 26. Heft 7. S. 11-15.

Kamlah, Wilhelm (1949): *Der Mensch in der Profanität. Versuch einer Kritik der profanen durch vernehmende Vernunft.* Stuttgart: Kohlhammer.

Kamlah, Wilhelm (1984): *Philosophische Anthropologie. Sprachkritische Grundlegung und Ethik* (¹1972). Mannheim/ Wien/Zürich: B. I.-Wissenschaftsverlag. (Unveränderter Nachdruck.)

Steinfath, Holmer (Hg.) (1998): *Was ist ein gutes Leben? Philosophische Reflexionen*. Frankfurt am Main: Suhrkamp.

KLAUS WÜSTENBERG

Glaube und Evidenz

Eine bedeutende Thematik der neuzeitlichen traditionellen theoretischen Philosophie bzw. Erkenntnistheorie ist das Bestreben nach Erkenntnis- und Urteilsgewißheit. Als ein besonders signifikantes Merkmal vor allem der von der Cartesischen Philosophie ausgehenden und auf deren Ansatz rekurrierenden Theoriebildungen gilt dabei der Rekurs auf die unmittelbaren, unleugbaren und daher in jedem Falle zweifelsfreien Vorkommnisse des je eigenen Bewußtseinslebens. Descartes hat diese bekanntlich unter dem Titel cogito cogitatum gefaßt: Gemeint sind hier einerseits die sog. cogitationes, d. h. die mit dem Ausdruck „cogito" allgemein bezeichneten subjektiven Bewußtseinsakte, die ihrerseits ausnahmslos selbstgewiß sind, und andererseits aber auch die sog. cogitata, d. h. die jeweiligen diesen subjektiven Bezugnahmen korrelierenden Objekte, die, wenn sie bloß für das genommen werden, als was sie sich den subjektiven cogitationes zeigen, sich ebenso wie die letzteren durch vollständige Zweifelsfreiheit, also durch *Evidenz*, auszeichnen. Zusammen bilden cogitationes und cogitata den Bereich des *Denkens*. Der Ausdruck „Denken" bzw. „Denken des Gedachten" wird hierbei in der Weise verwendet, daß damit ganz allgemein alle subjektiven Bewußtseinsakte und deren objektive Korrelate bezeichnet sind, wie etwa Sehen des Gesehenen, Hören des Gehörten, Lieben des Geliebten, Meinen des Gemeinten, Hoffen des Gehofften, Erwarten des Erwarteten, Erinnern des Erinnerten u. dgl. m., sofern all dies nur evident ist.

Der Rekurs auf diesen Bereich des Denkens bzw. des Evidenten ist für die entsprechenden philosophischen Konzeptionen, denen es schließlich um strenge Urteilsgewißheit ihrer Theoriebildungen geht, deshalb unverzichtbar, weil sich mit Bezug auf diesen Bereich des Evidenten Aussagen bzw. Behauptungen formulieren lassen, die ihren Anspruch, zuzutreffen und in diesem Sinne wahr zu sein, vollständig rechtfertigen können. Sie müssen nur strikt der Bedingung genügen – und damit das nicht selten so genannte Evidenzpostulat erfüllen –, ausschließlich das zur Aussage zu bringen, was eben evident ist: und in diesen Fällen gilt dann das Urteil, d. h. die betreffende Behauptung mit Zutreffensanspruch, nicht nur als wahr bzw. als zutreffend, sondern als zweifelsfrei wahr, d. h. gewiß.

Allerdings zeichnen sich nicht alle der angesprochenen neuzeitlichen traditionellen Konzeptionen der theoretischen Philosophie, die Urteilsgewißheit anstreben und hierzu auf die Evidenz der eigenen Bewußtseinsvorkommnisse rekurrieren, dadurch aus, daß sie ihre Forschungsaufgaben allein auf die Analyse der betreffenden Bewußtseinsvorkommnisse und die Bildung evidenter Urteile einschränken. Denn oft werden die theoretischen Ansprüche dahingehend erweitert, daß auch Urteile über den Bestand von bewußtseinstranszendenten Entitäten gefällt und als zutreffend zu rechtfertigen gesucht werden. Dies gilt z. B. für jene Fälle, in denen, ausgehend von der Evidenz der Bewußtseinskorrelation von

Subjekt und Objekt, unter Heranziehung und am Leitfaden bestimmter (z. B. kausaler) Verfahren, die ggf. auch ihrerseits als begründungsfähig zu erweisen sind, auf die Existenz von Bewußtseinstranszendentem zuverlässig soll geschlossen werden können. Wenn es sich auch bei diesen Entitäten eben aufgrund ihrer Bewußtseinstranszendenz prinzipiell nicht um evidente Vorkommnisse des Bewußtseins handeln kann, so müssen doch die betreffenden Existenzbehauptungen ebenfalls eines Gewißheitsnachweises – wenn auch keineswegs allein durch Rekurs auf Evidentes – fähig sein.

Ob nun aber die betreffenden philosophischen Unternehmungen die Begründung ihrer Urteile allein durch Evidenznachweis als gewährleistet ansehen und sich folglich darauf beschränken müssen, Evidentes zur Aussage zu bringen bzw. nur über die unmittelbaren eigenen Bewußtseinsvorkommnisse zu urteilen, oder ob darüber hinaus auch Urteile über Bewußtseinstranszendentes anhand anderer Methoden als zutreffend begründet werden sollen, so geht es doch stets beiden Begründungsrichtungen letztlich darum, ihre Urteile methodisch stringent als gewiß zu erweisen; und eben darin kann – auch ihrem eigenen Selbstverständnis nach – der spezifisch theoretisch-philosophische Charakter derartiger Rechtfertigungsaufgaben wie auch der jeweiligen Problemlösungskonzeptionen gesehen werden. Auf dieser theoretischen Basis – so unterschiedlich die philosophischen Positionen hinsichtlich dessen, worüber sich ihrer Ansicht nach mit Gewißheit Urteile fällen und entsprechend begründen lassen, auch sein mögen – ist es dann nur konsequent, wenn ein bloßer *Glaube* an bewußtseinstranszendentes Existierendes, der also gerade nicht den Charakter von Erkenntnis- und Urteilsgewißheit im obengenannten Sinne zeigt (und zumeist auch gar nicht beansprucht), von den betreffenden philosophischen Positionen erkenntniskritisch nicht mehr in Anspruch genommen werden kann. Das bedeutet nicht, daß von seiten der auf Urteilsgewißheit abzielenden Konzeptionen der genannten philosophischen Tradition das tatsächliche Vorkommen eines solchen Glaubens geleugnet würde; vielmehr erkennen sie ihn durchwegs als eine bestimmte anthropologische Konstante an und bezeichnen ihn etwa mit Ausdrücken wie „natural belief", „natürlicher Seinsglaube" u. ä. Weil jedoch ein derartiger Glaube an bewußtseinstranszendentes Seiendes nicht als Grundlage für Theoriebildungen, welche strenge Urteilsgewißheit beanspruchen, fungieren kann, wird von den betreffenden philosophischen Positionen im Hinblick auf den von ihnen zu erzielenden Erfolg ihrer Analysen und Begründungen zumeist nicht nur dringend empfohlen, sondern entschieden gefordert, daß der theoretisch Philosophierende eine solche, obgleich natürliche und damit dem Menschen gewöhnlich habituelle Glaubenshaltung zumindest für den Rahmen seiner spezifisch philosophischen Untersuchungen auszusetzen habe bzw. strikt von ihr absehen muß.

Diese Forderung, die betreffende Glaubenshaltung methodisch zu inhibieren, ist dabei auch durch die Ansicht motiviert, daß ein in seiner natürlichen Geltungsintention während der auf Gewißheit abzielenden philosophischen Analysen mitvollzogener bloßer Glaube an Bewußtseinstranszendentes diese Untersuchungen nicht unerheblich irritieren oder deren Erfolg gar verhindern könne: Denn aus der Sicht derjenigen philosophischen Positionen, denennach Urteilsgewißheit lediglich durch den Rekurs auf die evidenten Vorkommnisse des Bewußtseins zu erzielen und zu begründen ist, kann ein von dem betreffenden philosophisch Forschenden nicht inhibierter Glaube an Bewußtseinstranszendentes zu der methodischen Inkonsequenz führen, eben nicht nur über Evidentes zu urteilen; und auch hinsichtlich desjenigen, der Urteilsgewißheit über bewußtseinstranszendente Entitäten methodisch stringent zu begründen sucht, könnte ein dabei zugleich vollzogener nicht reflektierter bloßer Glaube an solche Entitäten dazu führen, das Zutreffen eines entsprechenden Existenzurteils bereits vorschnell als gesichert anzuerkennen bzw. die theoretische Begründung desselben nicht in der nötigen Prägnanz zu betreiben.

Wenn demnach ein bloßer Glaube an Bewußtseinstranszendentes im Rahmen der genannten Konzeptionen in begründungstheoretischer Hinsicht zu unterlassen ist bzw. wenn von ihm strikt abgesehen werden soll, die betreffenden philosophischen Konzeptionen einen solchen Glauben aber als eine anthropologische Konstante des natürlichen, vorphilosophischen Lebens anerkennen, so kann in diesem Zusammenhang doch gefragt werden, ob es sich nicht bei dem zuletzt genannten Zugeständnis selbst schon um eine theoretische Übereilung handelt. Denn sowohl die Anerkennung des vorphilosophischen faktischen Bestehens eines Glaubens an bewußtseinstranszendente Entitäten wie auch, davon ausgehend, die Forderung nach Inhibierung desselben für philosophische Zusammenhänge setzen bereits voraus, daß ein derartiger Glaube überhaupt *möglich* ist: d. h., es müßte sich bei der betreffenden Voraussetzung, indem diese ja im Rahmen der auf Urteilsgewißheit ausgerichteten Erkenntnistheorien in Anspruch genommen wird, selbst um ein entschiedenes theoretisch-philosophisches Urteil handeln. Dementsprechend zeigt dann auch die Frage, ob das Urteil über die *Möglichkeit* eines natürlichen Glaubens an Bewußtseinstranszendentes zutrifft bzw. ob ein solcher Glaube überhaupt möglich ist, ihrerseits (auch im Sinne der dahingehend bereits eine positive Antwort voraussetzenden philosophischen Theorien) einen durchaus philosophischen Charakter.

In den folgenden Ausführungen wird nun der Nachweis geführt werden, daß die Frage nach der Möglichkeit eines Glaubens an Bewußtseinstranszendentes negativ zu beantworten ist. Es wird also eine Begründung der These geliefert, dernach ein solcher Glaube *unmöglich* ist.

Zunächst ist hier mit Bezug auf die wie oben beschriebene Konzeption dieses Glaubens festzustellen, daß es sich bei dem Vollzug eines derartigen Glaubensaktes selbst – wenn man dabei einmal hypothetisch von dem absieht, an was da geglaubt werden soll, nämlich an die (vom Glaubensakt verschiedene) bewußtseinstranszendente Entität – seinerseits um ein evidentes Vorkommnis des Bewußtseinslebens, und zwar um eine cogitatio, handeln müßte. Das heißt, es müßte davon ausgegangen werden, daß derjenige, der glaubt, doch unmöglich daran zweifeln kann, daß er glaubt, wenn er denn glaubt, womit dann der Vollzug des betreffenden Glaubensaktes eben nicht selbst als etwas Bewußtseinstranszendentes, sondern als ein evidentes cogito zu bestimmen wäre. Die Berechtigung dieser Feststellung erhellt dabei schon allein daraus, daß es ja für den Fall, der Glaubensvollzug würde von den ihn anerkennenden Positionen als nicht-evident bestimmt, sinnlos wäre, dann noch zu fordern, der philosophisch Forschende habe zum Zwecke sicherer Urteilsbildung seine ansonsten habituelle natürliche Glaubenshaltung bewußt zu inhibieren bzw. dürfe sich nicht durch diese irritieren lassen, wenn sie ihm doch als etwas Bewußtseinstranszendentes gar nicht bewußt sein könnte und es ihm also grundsätzlich unbekannt wäre, daß er überhaupt glaube, wenn er glaube.

Des weiteren ist in diesem Zusammenhang festzustellen, daß der betreffende Glaubensakt dahingehend bestimmt sein müßte, daß er einen intentionalen Charakter zeigt, indem es sich nämlich bei ihm um einen Glauben *an etwas* handeln soll; und in diesem Sinne wäre er folglich als eine evidente *subjektive* cogitatio zu kennzeichnen. Damit wäre der Glaube jedenfalls nicht zu denjenigen cogitationes zu zählen, die ihrerseits keine Ausrichtung auf einen von ihnen selbst verschiedenen Gegenstand einschließen[1], sondern er müßte in dem Sinne notwendig als gegenstandsbezogen bestimmt sein, als er andernfalls eben nicht dieser Glaube wäre.

Schließlich ist in Konsequenz der bisherigen Feststellungen ebenfalls noch zu berücksichtigen, daß der Glaubensakt, wenn darunter eine evidente cogitatio verstanden werden soll, zu welcher notwendig deren intentionale Ausrichtung gehört, dann auch die Evidenz eben dieser Intentionalität miteinschließen müßte.

Was dasjenige betrifft, *an was* da soll geglaubt werden können und was in diesem Sinne auch als Gegenstand des betreffenden Glaubens bezeichnet werden kann, so sind die Definitionsbedingungen desselben folgendermaßen zu rekonstruieren:

Gemäß der für ihn zugrunde gelegten Bestimmung als etwas Bewußtseinstranszendentes ist der Gegenstand des betreffenden Glaubens zugleich als *nicht-evident* zu bestimmen, andernfalls dieser Gegenstand keine dem Bewußtsein

[1] Daß nicht alle Bewußtseinsakte intentional, d. h. gegenstandsbezogen und hierdurch also subjektiv sein müssen, macht z. B. Searle mit Recht geltend und widerspricht damit einem etwa in der phänomenologischen Tradition zumeist vertretenen Grundsatz. Vgl. John R. Searle, *Intentionalität. Eine Abhandlung zur Philosophie des Geistes*, Frankfurt am Main 1987. (Engl. Erstausgabe: *Intentionality. An essay in the philosophy of mind*, 1983), S. 15 f.

gegenüber transzendente Entität, sondern nur ein evidentes cogitatum, d. h. also selbst etwas Bewußtes, sein könnte und auch der dann hierauf bezugnehmende Bewußtseinsakt nicht der betreffende Glaube wäre, da es sich ja bei dem letzteren nach Voraussetzung gerade um einen Glauben an etwas Bewußtseinstranszendentes handeln soll. Diese Bestimmung des Glaubensgegenstandes als nicht-evident müßte dabei auch in dem Sinne prinzipielle Geltung beanspruchen, daß hiermit ebenfalls ausgeschlossen wird, daß der betreffende Gegenstand doch einmal „evident werden" könnte. Denn in einem solchen Falle des „Evident- bzw. Bewußtgewordenseins", wie ihn die zuletzt erwogene Möglichkeitsbehauptung offen zu lassen beansprucht, wäre es ja dann gerade nicht mehr die bewußtseinstranszendente Entität, und ebensowenig würde es sich dann auch bei demjenigen Bewußtseinsakt, der sich in diesem Falle auf das „evident Gewordene" und daher schließlich aktual Bewußte bezöge, um den fraglichen Glauben an etwas Bewußtseinstranszendentes handeln können.

Indem also der Gegenstand des betreffenden Glaubens als prinzipiell nicht-evident zu bestimmen ist, die Vorkommnisse des Bewußtseins selbst sich aber ausnahmslos durch Evidenz auszeichnen, so ist konsequenterweise etwas nach Definition Nicht-Evidentes bzw. Bewußtseinstranszendentes dahingehend zu kennzeichnen, daß es seinerseits unmöglich selbst als ein cogitatum bzw. als ein Objekt subjektiver Bewußtseinsakte fungieren kann, sondern sich dagegen jeder Bezugnahme auf es selbst von seiten solcher Akte entzieht und so allein seine Bestimmung als bewußtseinstranszendent erfüllt. Denn allen Objekten subjektiver Bewußtseinsakte kommt ja überhaupt nur dadurch ihre Objektfunktion zu, daß sich eben subjektive Akte auf sie beziehen, denen sie damit bewußt sind, andernfalls es keine Objekte, die ja ein subjektives cogito voraussetzen, wären; – und all diese Bestimmungen von etwas schließen damit dessen Bestimmung als etwas Bewußtseinstranszendentes aus, wie auch die letztere Bestimmung die ersteren ausschließt.

Von der Basis dieser Überlegungen ausgehend, wird schließlich verständlich, daß kein Glaube an etwas Bewußtseinstranszendentes möglich ist:

Wenn der betreffende Glaube als subjektive Bezugnahme nach Voraussetzung ein evidenter Bewußtseinsakt, also ein cogito, sein soll, so kann er sich doch unmöglich auf etwas Bewußtseinstranszendentes beziehen, da für den Fall, er bezöge sich tatsächlich auf irgend etwas, sich dann dieses letztere eben dadurch, daß sich ein Bewußtseinsakt auf es beziehen würde, seinerseits notwendig auf ein Objekt des Bewußtseinsaktes, d. h. auf ein cogitatum eines cogito, reduzieren und sich damit durch Evidenz auszeichnen würde. Da der fragliche Glaube aber auch nicht als intentionslos, d. h. als bar jeder subjektiven, intentionalen Ausrichtung auf etwas von ihm Verschiedenes, bestimmt werden darf, da er dann überhaupt kein Glaube *an etwas*, auch nicht an etwas Bewußtseinstranszendentes, sein könnte, so ergibt sich hier folgende Konsequenz: Wenn der in Frage stehende Glaube als ein evidenter subjektiver, intentionaler Bewußtseinsakt definiert ist, der eben in der ihm eigenen Intentionalität auf Bewußtseinstranszendentes bezugnimmt, andernfalls es nicht der betreffende Glaube wäre, und wenn aber andererseits etwas Bewußtseinstranszendentes kein Objekt eines subjektiven Aktes sein oder werden kann und damit grundsätzlich keiner Bezugnahme auf es selbst von seiten eines cogito fähig ist, andernfalls es nicht etwas Bewußtseinstranszendentes wäre, und wenn folglich ein wie oben definierter Glaube doch unmöglich auf etwas Bewußtseinstranszendentes bezugnehmen kann, obgleich er dies nach Definition notwendig tun müßte, wenn es sich überhaupt um den fraglichen Glauben handeln soll, so ist schließlich ein Glaube an Bewußtseinstranszendentes unmöglich.

Für den Kontext der bisher durchgeführten Untersuchung und auch zum Zwecke einer bestimmten Exemplifizierung der betreffenden Problematik können hier die von Gatzemeier durchgeführten Analysen hinsichtlich der Frage sinnvoller Aussagen über einen Glauben an einen transzendenten Gott und dabei letztlich hinsichtlich des Problems einer verständlichen Einführung des Wortes „Gott" unter Berücksichtigung theologischer Redeabsichten und unter Zugrundelegung einer „elementaren Logik" herangezogen werden. So ist etwa nach Gatzemeier mit Bezug auf die Ansicht, „Glauben können" gehöre als eine „anthropologische Grunddimension" zu den „Grundvermögen des menschlichen Lebens", „zu prüfen, ob es sich hier wirklich um eine ‚Naturanlage' des Menschen oder nur um eine ... Illusion handelt"[2], wobei nach Gatzemeier der *illusorische* Charakter eines solchen Glaubens nicht zuletzt in der (sprachlich formulierten) Annahme „transzendenter Realitäten" gründet.[3] In ihrer kritischen Bezugnahme auf die religionsphilosophische Konzeption Trillhaas'[4] (die für den Zusammenhang mit der in vorliegendem Aufsatz behandelten Problematik nicht zuletzt deshalb relevant ist, weil sie auf einem bewußtseinstheoretischen Ansatz zu beruhen beansprucht, sofern hier Trillhaas die in Frage stehende menschliche Glaubenshaltung als deskriptionsfähige religiöse Intention des Bewußtseins bestimmt und auf dieser Basis zu rechtfertigen sucht) zeigt die zu einem entsprechend negativen Ergebnis führende Argumentation Gatzemeiers[5] folgende Struktur:

Indem es sich nach Trillhaas bei dem Glauben an Gott um eine religiöse Intention des Bewußtseins, d. h. um einen intentionalen Bewußtseinsakt, handelt, als dessen gegenständliches religiöses Korrelat (d. i. das von dem entsprechenden

---

[2] Vgl. Matthias Gatzemeier, *Theologie als Wissenschaft?* Band I: *Die Sache der Theologie,* Stuttgart-Bad Cannstatt 1974, S. 43.

[3] Vgl. Matthias Gatzemeier, *Theologie als Wissenschaft?* Band II: *Wissenschafts- und Institutionenkritik,* Stuttgart-Bad Cannstatt 1975, S. 194.

[4] Vgl. Wolfgang Trillhaas, *Religionsphilosophie,* Berlin/New York 1972, S. 57-85.

[5] Vgl. Matthias Gatzemeier, *Theologie als Wissenschaft?* Band I: *Die Sache der Theologie,* a. a. O., S. 85 ff.

intentionalen Glaubensakt Intendierte) eben Gott fungiert, so erweist sich nach Trillhaas eine solche Zuwendung des religiösen Subjekts auf seinen intentionalen Gegenstand als eine unmittelbare Erfassung desselben, wobei Trillhaas zum einen die betreffende Glaubenshaltung (aufgrund ihres Bewußtseinscharakters) als eine unmittelbare religiöse Glaubensgewißheit (und eben deshalb als deskriptionsfähig) kennzeichnet, wobei er allerdings zum anderen den Gegenstand dieser Gewißheit des Glaubens von einem Gegenstand einer Gewißheit des Wissens dadurch unterscheidet, daß er jenen den bloß faktisch der Wahrnehmung und dem Wissen vorstelligen Objekten gegenüber als *transzendent* bestimmt, worunter er schließlich verstanden wissen möchte, daß „Gott" im religiösen Kontext ein Letztziel intentionaler Überschreitung meine. Doch dieser Übergang von der Kennzeichnung Gottes als eines intentionalen Gegenstandes eines unmittelbar darauf bezugnehmenden Erfassens zu der Rede von einem „transzendenten Gegenstand", den (obwohl er den intentionalen Bezug überschreiten soll) das religiöse Subjekt gleichwohl „unmittelbar erfasse", ist nach Gatzemeier[6] nicht einsehbar, bzw. ein betreffender „einsehbarer Übergang" ist hier „nicht erkennbar". Folglich erweist sich Trillhaas' Rede von „‚unmittelbarer religiöser Gewißheit' des einzelnen und seine Rede von ‚religiösen Gegenständen'" hinsichtlich ihrer „Verständlichkeit und Rechtfertigung" letztlich als „nicht hinterfragt"; und daher bleibt auch dessen Annahme einer „Gewißheit des Glaubens" neben der „Gewißheit des Wissens" (im Sinne „gleichberechtigter Erkenntnisarten") schließlich „ohne nähere Begründung".

Wenn aber, wie die bisherige Untersuchung gezeigt hat, ein Glaube, der dahingehend konzipiert ist, daß er sich auf etwas Bewußtseinstranszendentes (ganz gleich welcher Art) bezieht, unmöglich statthaben kann, so bedeutet dies, daß es eine derartige Glaubenshaltung weder jemals gegeben hat noch irgendwann einmal geben wird und daß es sich folglich hier gerade unmöglich um eine anthropologische Konstante und um etwas dem Menschen naturgemäß Habituelles handelt; mit dem betreffenden Ergebnis wird jedoch *keineswegs* die Behauptung verbunden, *jede* Verwendung von Wörtern wie „Glaube", „glauben" etc., wie sie vor allem in alltagssprachlichen Zusammenhängen häufiger vorkommt, sei sinnlos oder unzutreffend. Die durchgeführte kritische Analyse wie deren Ergebnis richten sich ausschließlich gegen den Zutreffensanspruch einer bestimmten theoretischen Konstruktion und heben ihn auf. Wenn unter Glauben irgendwelche evidenten subjektiven Bewußtseinsvorkommnisse verstanden werden sollten, die sich dadurch auszeichneten, daß sie sich auf irgendwelche evidenten Objekte beziehen, die aus ganz gleich welchen klassifikatorischen Gründen von anderen evidenten Objekten unterschieden und dann als „Glaubensobjekte" oder „Geglaubtes"

---

[6] Vgl. a. a. O., S. 86.

bezeichnet werden könnten, so bleibt all dies von der in diesem Aufsatz durchgeführten Kritik und der sich aus dieser ergebenden Konsequenz unberührt.

Dem bisher in vorliegendem Aufsatz erzielten Ergebnis bezüglich der Unmöglichkeit eines Glaubens an Bewußtseinstranszendentes könnte jedoch gegebenfalls zu widersprechen und durch bestimmte Konzeptionen komplexerer Fassungen von Glauben und Glaubensgegenstand auszuweichen gesucht werden. Doch auch solche, wie im folgenden kurz umrissene Versuche lassen sich durch entsprechende Varianten der oben durchgeführten kritischen Argumentation widerlegen, so daß schließlich auch hier das gleiche Ergebnis folgt.

Ein erster Versuch zur Vermeidung der oben gezogenen Konsequenz von der Unmöglichkeit einer intentionalen Glaubenshaltung, deren unmittelbarer Bezugsgegenstand bewußtseinstranszendent sein soll, ließe sich etwa dahingehen konzipieren, daß zwar zugestanden wird, der evidente Glaubensakt beziehe sich durchaus unmittelbar auf ein evidentes Objekt, daß darüber hinaus aber geltend gemacht wird, dieses evidente Objekt stehe dabei lediglich in einer vermittelnden Funktion und verweise über sich hinaus gleichwohl auf etwas Bewußtseinstranszendentes als auf das vom Glauben *eigentlich*, aber indirekt Vermeinte. Indem also dem betreffenden subjektiven Glaubensakt ein evidentes Objekt unmittelbar vorliegt, das also in diesem Sinne besteht, wird anläßlich dessen zugleich angenommen – worin dann das Spezifikum dieses Glaubens und der Verweisungscharakter des unmittelbaren Objekts liegen –, daß letzterem eine Entität entspricht, die allerdings in der ihr eigenen Weise des Bestehens sich im Unterschied zu ihrer als Bewußtseinsobjekt fungierenden evidenten Entsprechung eben dadurch auszeichnet, daß sie nicht evident und also bewußtseinstranszendent ist.

Diese Konzeption von Glaube und Glaubensgegenstand muß jedoch aus folgenden Gründen als unhaltbar angesehen werden:

Zunächst ist festzustellen, daß sich der betreffende Glaubensakt, der auch hier als ein in seinem intentionalen Bezug (auf etwas) evidenter subjektiver Bewußtseinsvollzug bestimmt ist, aus den bereits weiter oben angegebenen Gründen unmöglich auf die bewußtseinstranszendente Entität beziehen kann, auf welche gemäß genannter Konzeptionsbedingung das unmittelbare evident vorliegende Objekt verweisen soll. Wenn aber nicht an das betreffende Bewußtseinstranszendente geglaubt werden kann, d. h., wenn es sich also bei dem letzteren nicht um einen intentionalen Gegenstand des Glaubens handeln kann, weil diese Entität ja nach Definition bewußtseinstranszendent und damit prinzipiell nicht evident sein soll, dann kann auch nicht daran geglaubt werden, daß ein Verweisungszusammenhang zwischen einem evidenten und einem nicht evidenten Gegenstand besteht. Denn indem mit dem betreffenden Verweisungsverhältnis eine Relation behauptet ist, die hier als dasjenige intentionale Etwas zu fungieren hätte, auf das sich der fragliche subjektive Glaubensakt beziehen müßte, so könnte er dies als ein in seiner intentionalen Ausrichtung selbst evidenter Akt doch nur dann, wenn ihm *beide* für die betreffende Relation konstitutiven Relate intentional vorstellig wären, andernfalls es sich bei dieser Relation nicht um etwas Geglaubtes handeln würde. Da es sich jedoch bei dem einen der für die fragliche Relation konstitutiven Relate gerade nicht um etwas Evidentes und also nicht um etwas intentional Objektives handeln soll, so kann folglich auch kein subjektiver Bewußtseinsakt auf die betreffende Relation bezugnehmen, und das heißt schließlich, daß die letztere unmöglich das Geglaubte eines Glaubens sein kann.

Und hieraus folgt endlich auch, daß ebensowenig wie an die bewußtseinstranszendente Entität, auf die ein evidentes Objekt verweisen soll, und ebensowenig wie an eine Verweisungsrelation zwischen einem evidenten Objekt und etwas Bewußtseinstranszendentem an den betreffenden Verweisungscharakter des evidenten Objekts selbst geglaubt werden kann. Denn an einen solchen Verweisungscharakter zu glauben ist offensichtlich nur dann möglich, wenn es möglich ist, an die entsprechende Verweisungsrelation und damit ebenfalls an *beide* Relate dieser Relation zu glauben, da andernfalls die Rede von der „verweisenden" Funktion eines Objekts „über sich hinaus" auf etwas Bewußtseinstranszendentes ihrerseits völlig unverständlich bliebe.

Wenn daher bezüglich der hier behandelten Konzeption von Glaube und Glaubensgegenstand weder ein bewußtseinstranszendenter Gegenstand noch ein Verhältnis zwischen einem solchen und einem evidenten Objekt noch ein entsprechender Verweisungscharakter des letzteren über sich hinaus wegen deren definitionsbedingter Bestimmung als bewußtseinstranszendent unmöglich als intentionale Glaubensobjekte eines in seinem intentionalen Bezug und damit evidente Objekte erfordernden selbst evidenten Glaubensaktes fungieren können und wenn es sich aber andernfalls, d. h. bei Aufhebung der betreffenden Transzendenzbestimmungen, nicht mehr um den fraglichen Glauben handeln kann, so ergibt sich auch hier zwangsläufig das Resultat, daß es einen Glauben daran, ein evidentes Objekt verweise über sich selbst hinaus auf etwas Bewußtseinstranszendentes, unmöglich geben kann.

Ein weiterer Versuch, die betreffende Konsequenz von der Unmöglichkeit eines Glaubens an Bewußtseinstranszendentes zu vermeiden, könnte aber auch in einer Konzeption gesehen werden, die im Unterschied zu dem zuvor überprüften Konzept eines Glaubens an eine bloße Verweisungs- bzw. Entsprechungsrelation zwischen einem Bewußtseinsobjekt und einem nicht evidenten Gegenstand in der Behauptung bestünde, es könne daran geglaubt werden, daß es sich bei einem unmittelbar vorliegenden Objekt um die kausale Wirkung einer nicht evidenten Entität handele, so daß schließlich die letztere hier als der mittelbare Bezugsgegenstand des Glaubens fungierte, indem man an diesen Gegenstand als an die Ursache des evidenten Objekts glaube.

Zur Erklärung der für die soeben thematisierte Bestimmung des Glaubensgegenstandes konstitutiven Kausalrelation sei hier angemerkt, daß im Rahmen des folgenden Argumentationszusammenhangs von einem Verständnis von Kausalität ausgegangen wird, demnach für ein Ursache-Wirkung-Verhältnis *Notwendigkeit* beansprucht wird, da andernfalls, d. h. bei Beanspruchung bloßer Kontingenz für ein Verhältnis von Gegenständen, sich das im folgenden zu überprüfende Konzept in begründungstheoretischer Hinsicht kaum mehr von dem bereits untersuchten Konzept des Glaubens an ein Entsprechungsverhältnis zwischen einem evidenten und einem nicht evidenten Gegenstand unterschiede.

Die hier zugrunde gelegte Behauptung eines Kausalverhältnisses meint folglich die in der traditionellen Metaphysik nicht selten in Anspruch genommene Konzeption der Kausalität, dernach unmöglich eine Wirkung ohne Ursache sein kann, andernfalls es keine Wirkung wäre, und umgekehrt, was – mit Bezug auf Gegenstände – bedeutet, daß unmöglich gedacht werden kann, daß ein als Wirkung fungierender Gegenstand bestünde, ohne daß ein als Ursache fungierender Gegenstand besteht, bzw. daß, wenn ein als Wirkung fungierender Gegenstand gedacht wird, notwendig ein als Ursache fungierender Gegenstand gedacht werden muß.

Bezogen auf die Behauptung eines Kausalverhältnisses zwischen einem evidenten und einem nicht evidenten Gegenstand, wobei der erstere als Wirkung des letzteren angesehen werden soll, würde dies bedeuten, daß bei Vorliegen des betreffenden Bewußtseinsobjekts notwendig auch dessen bewußtseinstranszendente Ursache gedacht werden müßte, andernfalls es sich bei dem evidenten Objekt nicht um die fragliche Wirkung und bei der bewußtseinstranszendenten Entität nicht um die entsprechende Ursache handeln könnte und demzufolge unmöglich überhaupt eine Kausalrelation zwischen den beiden Gegenständen bestünde. Ein solches Kausalverhältnis kann jedoch aus folgendem Grunde unmöglich gedacht werden:

Es ist zwar denkbar, daß ein evidenter Gegenstand von einem Bewußtseinssubjekt aufgefaßt wird, denn in einem solchen intentionalen Aufgefaßtwerden gründet ja gerade der Charakter dieses Gegenstandes als eines Bewußtseinsobjekts, d. h. eines cogitatums, daß es ein es auffassendes cogito voraussetzt, wodurch allein es als *Gedachtes* eines *Ich denke* fungiert. Dagegen soll es sich bei etwas Bewußtseinstranszendentem gerade nicht um ein cogitatum handeln, sondern um etwas, das sich grundsätzlich einer jeden intentionalen Bezugnahme von seiten eines cogito entzieht, wodurch sich eine solche Entität dadurch auszeichnen müßte, daß sie unmöglich denkbar ist, andernfalls sie eben keine bewußtseinstranszendente Entität wäre. Wenn folglich ein evidenter Gegenstand denkmöglich ist, ein bewußtseinstranszendenter Gegenstand aber nach Definition nicht gedacht werden kann, so kann auch keine kausale Relation zwischen einem evidenten und einem nicht evidenten Gegenstand gedacht werden, da hierzu *beide* Relate dieser Relation gedacht werden müßten, andernfalls es sich nicht um diese Relation handeln könnte, die ja gerade dadurch bestimmt sein sollte, daß beim Denken des evidenten Relats unmöglich nicht auch das nicht evidente Relat gedacht würde:

und letzteres ist offensichtlich nicht möglich, da die Behauptung, dernach (anläßlich welcher Umstände auch immer) ein cogito notwendig auf ein cogitatum bezugnehmen muß, wobei sich letzteres grundsätzlich dadurch auszeichnen soll, daß es sich einer jeden solchen Bezugnahme entzieht und also kein cogitatum sein kann, selbstwidersprüchlich ist. Und hieraus folgt auch, daß ein evidenter Gegenstand *als Wirkung* einer nicht evidenten Ursache unmöglich gedacht werden kann, weil hierzu notwendig auch die nicht evidente, d. h. die nicht denkbare Ursache mitgedacht werden müßte.

Wenn demnach nicht gedacht werden kann, daß ein evidenter Gegenstand die Wirkung einer nicht evidenten Ursache ist, dann kann auch nicht daran geglaubt werden. Denn es müßte sich, wie bereits festgestellt, auch bei dem Vollzug eines intentionalen Glaubensaktes um ein evidentes subjektives cogito handeln, das seinerseits nicht bestehen kann, wenn ihm nicht etwas entsprechend Geglaubtes als sein evidentes Bewußtseinsobjekt korreliert: Und folglich kann weder an eine bewußtseinstranszendente Ursache eines evidenten Gegenstandes noch an die betreffende Kausalrelation zwischen beiden noch an den Wirkungscharakter des evidenten Gegenstandes geglaubt werden.

Als ein weiterer Versuch zur Vermeidung des die Unmöglichkeit eines Glaubens an Bewußtseinstranszendentes betreffenden Ergebnisses könnte noch eine These von der Art angeführt werden, daß sich der fragliche Glaube unmittelbar auf ein evidentes Objekt bezieht, das aber seinerseits als ein *Modus* einer ihm subsistierenden bewußtseinstranszendenten Entität, d. h. also einer nicht evidenten *Substanz*, fungiere, so daß schließlich mittelbar auch an die letztere geglaubt werde. Da dieses Konzept jedoch mit dem zuvor behandelten und als unhaltbar erwiesenen strukturgleich ist, was die in diesem Zusammenhang erkenntniskritisch relevanten begründungstheoretischen Verhältnisse desselben anbelangt, so kann auch hier nicht der Konsequenz ausgewichen werden, die Unmöglichkeit eines solchen Glaubens festzustellen:

Der evidente Modus müßte denknotwendig seine ihm subsistierende Substanz voraussetzen, andernfalls dieses Inhärenz- bzw. Subsistenzverhältnis nicht bestünde. Die somit ihrerseits als denknotwendig zu bestimmende subsistierende Entität ist jedoch durch die Behauptung ihrer Transzendenz dadurch bestimmt, daß sie eben nicht gedacht werden kann. Folglich kann auch kein Substanz-Modus-Verhältnis zwischen etwas Bewußtseinstranszendentem, d. h. prinzipiell nicht Gedachtem, und einem evidenten Gegenstand gedacht werden, weshalb schließlich auch nicht gedacht werden kann, letzterer inhäriere der bewußtseinstranszendenten Substanz bzw. zeige den betreffenden Moduscharakter: Und da auch hier wiederum geltend gemacht werden kann, ein Glaube an all dies müsse ein evidentes subjektives cogito sein, das auf ein entsprechendes evidentes cogitatum bezugnehme, so kann ein wie anfänglich konzipierter Glaube unmöglich bestehen, da dasjenige, worauf er sich als auf sein cogitatum erstrecken müßte, aufgrund der den Status eines cogitatums ausschließenden Bestimmung der Nichtevidenz gerade dadurch bestimmt ist, daß er sich nicht darauf erstrecken kann.

Mit dem Nachweis, daß auch diejenigen Versuche, die einen Glauben an bewußtseinstranszendente Entitäten mittels Argumentationen zu rechtfertigen suchen, die wesentlich auf das Konzept einer Substanz-Modus-Relation zurückgreifen, letztlich zwingend scheitern müssen, kann die vorliegende Studie abgeschlossen werden. Alle in der Tradition vorkommenden Rechtfertigungsversuche, die Möglichkeit eines Glaubens an Bewußtseinstranszendentes mit Apodiktizität zu begründen, konnten zurückgewiesen werden. Schwächere Argumentationsformen, wie z. B. das Argument aus Autorität oder der Analogieschluß, werden in einem Kontext, in dem die Notwendigkeit des Urteils ein entscheidendes Kriterium hinsichtlich der zu ziehenden Konsequenzen bildet, natürlich nicht berücksichtigt.

ANHANG

Matthias Gatzemeier
Veröffentlichungen

1 Monographien

1.) *Die Naturphilosophie des Straton von Lampsakos. Zur Geschichte des Problems der Bewegung im Bereich des frühen Peripatos* (= *Monographien zur Naturphilosophie,* Bd. X), Meisenheim am Glan 1970.
2.) *Theologie als Wissenschaft? Bd. I: Die Sache der Theologie, Bd. II: Wissenschafts- und Institutionenkritik* (= *Problemata,* 20 u. 21), Stuttgart-Bad Cannstatt 1974 u. 1975.
4.) *Einige Überlegungen zur neueren Situation der Geistes- und Ingenieurwissenschaften,* deutsch-koreanisch, Seoul 1994.
5.) *Geschichte der Philosophie. Von der Antike bis heute* (zusammen mit Chr. Delius, D. Sertcan u. K. Wünscher), Köln 2000.
6.) *Philosophie als Theorie der Rationalität. Analysen und Rekonstruktionen*, hrsg. v. Jürgen Villers, 1. Bd., Teil I: *Zur Philosophie der wissenschaftlichen Welt*, Würzburg 2003.

2 Editionen

1.) *Aachener Schriften zur Wissenschaftstheorie, Logik und Sprachphilosophie,* Aachen 1987 ff.:
   – Bd 1: *Wissenschaftstheorie, Wissenschaft und Gesellschaft* (1987).
   – Bd. 2: *Aspekte der Abstraktionstheorie* (1988).
   – Bd. 3: Sigrid Fretlöh, *Relativismus versus Universalismus. Zur Kontroverse über Verstehen und Übersetzen in der angelsächsischen Sprachphilosophie: Winch, Wittgenstein, Quine* (1989).
2.) Bernard Bolzano, *Über den Begriff des Schönen* [textkritische Edition], in: E. Winter u. a. (Hg.), *B. Bolzano-Gesamtausgabe,* Reihe 1, Bd. 18, Stuttgart-Bad Cannstadt 1989, S. 95-217.
3.) *Verantwortung in Wissenschaft und Technik,* Mannheim-Wien-Zürich 1989.
4.) Jan Patočka, *Ästhetik, Phänomenologie, Pädagogik, Geschichts- und Politiktheorie,* Aachen 1994.

3 Aufsätze

1.) *Vorüberlegungen zu einer Hermeneutik als Wissenschaft* (zusammen m. D. Gerhardus), in: *Linguistische Berichte* 13 (1971), S. 1-7.

2.) *Methodische Schritte einer Textinterpretation in philosophischer Absicht,* in: F. Kambartel/J. Mittelstraß (Hg.), *Zum normativen Fundament der Wissenschaft*, Frankfurt/M. 1973, S. 281-317.

3.) *Grundsätzliche Überlegungen zur rationalen Argumentation (mit Bezug auf den schulischen Unterricht)*, in: *Schweizer Schule* 5 (1974), S. 217-221.

4.) *Wissenschaftstheoretische Grundprobleme der Lernzieltheorie. Rechtfertigung — Deduktion — Kompatibilität*, in: R. Künzli (Hg.), *Curriculumentwicklung — Begründung und Legitimation*, München 1975, S. 41-56.

5.) *Grundsätzliche Überlegungen zur rationalen Argumentation (mit Bezug auf den schulischen Unterricht)*, in: R. Künzli (Hg.), *Curriculumentwicklung — Begründung und Legitimation*, München 1975, S. 147-158.

6.) *Argumentationslehre im schulischen Unterricht*, in: *Diskussion Deutsch* H. 30 (1976), S. 384-398.

7.) *Deutung und Wertung des Mythos*, Einführung zur Übersetzung von V. Ions, *Mythen der Welt*, Freiburg 1976, S. 5-9.

8.) *Terrorismus — Ursprung und Wurzeln*, in: *Unitas* 117 (1977), S. 131-140.

9.) *Systematische und kritische Bemerkungen zur Theorie der Wissenschaftsgeschichtsschreibung*, in: K. Lorenz (Hg.), *Konstruktionen versus Positionen. Beiträge zur Diskussion um die Konstruktive Wissenschaftstheorie*, Bd. 2, Berlin 1979, S. 278-314.

10.) *Über den Sinn der Philosophieausbildung an Hochschulen*, in: Chr. Thiel/G. Wolandt (Hg.), *Zugänge zur Philosophie. Aachener Vorträge*, Kastellaun 1979, S. 115-127.

11.) *Die Abhängigkeit der Methoden von den Zielen der Wissenschaft. Überlegungen zum Problem der ‚Letztbegründung'*, in: *Perspektiven der Philosophie* 6 (1980), S. 91-118.

12.) *Sollen (Philosophie-)Lehrer Werthaltungen vermitteln?*, in: *Zeitschrift für Didaktik der Philosophie* 3 (1981), S. 123-132.

13.) *Anthropologie der Frau — ein nicht nur genuines, sondern auch notwendiges Thema der Philosophie*, in: *Zeitschrift für Didaktik der Philosophie* 1 (1982), S. 4-13.

14.) *Zweck und Zweckmäßigkeit in der Wissenschaft*, in: *Berichte zur Wissenschaftsgeschichte* 5 (1982), S. 17-23.

15.) *Werterziehung, Ethikunterricht und praktisch-philosophischer Normen-Dialog*, in: *Zeitschrift für Didaktik der Philosophie* 3 (1984), Teil I: S. 172-181; 4 (1984), Teil II: S. 238-246.

16.) *Wahrheit und Allegorie. Zur Frühgeschichte der Hermeneutik von Theagenes bis Proklos*, in: V. Gerhardt/N. Herold (Hg.), *Wahrheit und Begründung*, Würzburg 1985, S. 27-44.

17.) *Das Apriori in den analytischen und synthetischen Urteilen Kants. Versuch einer methodischen Rekonstruktion*, in: G. Pasternack (Hg.), *Philosophie und*

Wissenschaften: Das Problem des Apriorismus (Materialien des Symposiums Philosophie und Wissenschaften: Das Problem des Apriorismus vom 12. bis 14.2.1986 an der Universität Bremen), Frankfurt/M. 1987, S. 65-73.

18.) *Betroffenheit und rationaler Diskurs. Möglichkeiten und Grenzen philosophischer Argumentation über Krieg und Frieden*, in: *Dialektik* 14 (1987), S. 288-309.

19.) *Die Platonische Liebe*, in: H. K. Spinner/F.-R. Hausmann (Hg.), *Eros – Liebe – Leidenschaft. Meisterwerke der Weltliteratur*, Bd. II, Ringvorlesung der Philosophischen Fakultät der RWTH Aachen im SS 1987 (= *Abhandlungen zur Sprache und Literatur* 10), Bonn 1988, S. 70-92.

20.) Einleitung zu: Bernard Bolzano, *Über den Begriff des Schönen*, in: *B. Bolzano – Gesamtausgabe*, Bd. 1/18, Stuttgart-Bad Cannstadt 1989, S. 89-94.

21.) *Arbeitsverweigerung aus Gewissensgründen. Philosophische Überlegungen zum ‚Neusser Ärztefall'*, in: *Informationsdienst Wissenschaft & Frieden*, 7. Jg., Nr. 3, August 1989, S. 15-20.

22.) *Brauchen wir eine ‚neue Ethik'?*, in: M. Gatzemeier (Hg.), *Verantwortung in Wissenschaft und Technik*, Mannheim 1989, S. 1-9.

23.) *Gewissen vor Gericht. Ethische und argumentationstheoretische Überlegungen zur Rechtsprechung im ‚Ärztefall'*, in: *WSI Arbeitsmaterialien* Nr. 21: *Das „Prinzip Verantwortung" im Arbeitsleben*, hrsg. v. U. Wendeling-Schröder, Düsseldorf 1989, S. 26-34.

24.) *Aristophanes: Pazifismus, Politik- und Philosophiekritik im Gewand der Komödie*, in: H. K. Spinner/F.-R. Hausmann (Hg.), *Gespielte Welt von Aristophanes bis Pirandello*, Ringvorlesung der Philosophischen Fakultät der RWTH Aachen im SS 1988 (= *Meisterwerke der Weltliteratur* 4), Bonn 1989, S. 9-36.

25.) *Methodisch-ethische Vorbemerkungen zu den Fragen der Humangenetik und Embryonenforschung*, in: *aksb-inform [Arbeitsgemeinschaft katholisch-sozialer Bildungswerke in der Bundesrepublik Deutschland]*, Sondernummer 2/90, Bonn 1990, S. 8-10 u. 11-13.

26.) *Was bedeutet Verantwortung für ein Industrieunternehmen und seine Mitarbeiter/Innen?*, in: K. Henning/A. Bitzer (Hg.), *Ethische Aspekte von Wirtschaft und Arbeit*, Mannheim 1990, S. 63-83.

27.) *Verantwortungsethik und methodischer Diskurs über Normen*, in: H. Steinmann (Hg.), *Diskussionsbeiträge des Lehrstuhls für Allgemeine Betriebswirtschaftslehre und Unternehmensführung der Universität Erlangen-Nürnberg*, H. 63, Nürnberg 1991.

28.) *Die Philosophie und die Wirklichkeit*, in: *Wechselwirkung* 58, Dezember 1992, S. 37-40.

29.) *Sprachphilosophische Anfänge*, in: M. Dascal u.a. (Hg.), *Sprachphilosophie. Ein internationales Handbuch zeitgenössischer Forschung*, Berlin 1992, 1. Halbband, S. 1-17.

30.) *Unternehmensführung in Wendezeiten. Neue Einsichten gefragt*, in: R. Eschenbach (Hg.), *Werden, Bewahren, Abschaffen. Management zwischen Wachstum und Reife*, Österreichischer Controllertag 1992, Wien 1993, S. 51-70.

31.) *„Der gesellschaftliche Kontext der Rüstungsforschung ist heutzutage völlig anders gelagert als in der Steinzeit." Ein Interview mit Prof. Gatzemeier, Philosophische Fakultät der RWTH Aachen*, in: AK „Frieden" der KHG Aachen (Hg.), *Bild der Wissenschaft* – Teil 2: *Rüstungsforschung an deutschen Hochschulen*, Aachen 1993, S. 17-22.

32.) *Die Verantwortung des Wissenschaftlers. Möglichkeiten und Grenzen der Wissenschaftsfreiheit*, in: H. J. Sandkühler (Hg.), *Freiheit, Verantwortung und Folgen in der Wissenschaft*, Frankfurt 1994, S. 9-35.

33.) *Berufs- und Tätigkeitsfelder (für Ethiker)*, in: H. Hastedt/E. Martens (Hg.), *Ethik. Ein Grundkurs*, Reinbek bei Hamburg 1994, S. 289-300.

34.) *Das zweifache Apriori in den analytischen und synthetischen Urteilen Kants*, in: Chr. Demmerling/G. Gabriel/Th. Rentsch (Hg.), *Vernunft und Lebenspraxis. Philosophische Studien zu den Bedingungen einer rationalen Kultur* (für Friedrich Kambartel), Frankfurt/M. 1995, S. 79-102.

35.) *Die Wissenschaftskonzeption des Aristoteles und die Entstehung der Einzelwissenschaften*, in: K.-S. Rehberg/F.-R. Hausmann (Hg.), *Klassiker der Wissenschaften*, Aachen 1995, S. 63-78.

36.) *Aspekte einer systematischen Theorie der Wissenschaftsethik*, in: W. A. P. Luck (Hg.), *Verantwortung in Wissenschaft und Kultur*, Berlin 1996, S. 67-87.

37.) *Die Rolle der Geisteswissenschaften in der modernen Industriegesellschaft*, in: M. Gatzemeier, *Einige Überlegungen zur neueren Situation der Geistes- und Ingenieurwissenschaften*, Seoul 1994, S. 1-16

38.) *Studium und Bildung in Natur- und Technikwissenschaften (unter besonderer Berücksichtigung neuerer Tendenzen in Deutschland)*, in: M. Gatzemeier, *Einige Überlegungen zur neueren Situation der Geistes- und Ingenieurwissenschaften*, Seoul 1994, S. 45-64

39.) *Bernard Bolzano*, in: J. Nida-Rümelin/M. Betzler (Hg.), *Ästhetik und Kunstphilosophie. Von der Antike bis zur Gegenwart in Einzeldarstellungen*, Stuttgart 1998, S. 133-139.

40.) *Die antike Philosophie*, in: Chr. Delius, M. Gatzemeier, D. Sertcan, K. Wünscher, *Geschichte der Philosophie. Von der Antike bis heute*, Köln 2000, S. 6-19.

4 Lexikonartikel

1.) *Historisches Wörterbuch der Philosophie,* hrsg. v. J. Ritter u. K. Gründer, Basel-Stuttgart , Bd. 1 ff., 1971 ff. (bisher 11 Bde.).
2.) *Enzyklopädie Philosophie und Wissenschaftstheorie,* hrsg. v. J. Mittelstraß, 4 Bde., Mannheim-Wien-Zürich u. Stuttgart-Weimar 1988-96 (über 250 Artikel).

5 Rezensionen/Berichte

1.) [Rezension zu] F. Kaulbach, *Philosophie der Beschreibung,* in: *Philosophischer Literaturanzeiger* 23 (1970), S. 21-33.
2.) Kurzreferate der ZS *Phronesis* für den Referateteil des *Studium Generale:* (1) Vol. 21 (1968), S. 115 f.: Nr. 14-17; (2) ebd., S. 380: Nr. 42; (3) Vol. 22 (1969), S. 362 ff.: Nr. 295-300; (4) ebd., S. 730 ff.: Nr. 337-344.
3.) [Kurzbericht:] *Die Naturphilosophie des Straton von Lampsakos,* in: *Archiv für Begriffsgeschichte* 16 (1972), S. 107 f.
4.) Diskussionsberichte zum Kepler-Symposion:
(1) zu A. Nitschke: „Keplers Staats- und Rechtslehre“,
(2) zu Fr. Seck: „Johannes Kepler als Dichter“,
(3) zu J. Mittelstraß/R. S. Westmannn/F. Kraft/G. Buchdahl: „Wissenschaftstheorie und Wissenschaftsgeschichte“,
alle in: F. Kraft u.a. (Hg.), *Internationales Kepler-Symposion Weil der Stadt 1971. Referate und Diskussion* (= *arbor scientarum. Beiträge zur Wissenschaftsgeschichte,* Reihe A, Bd. 1), Hildesheim 1973, S. 169-184, 425 f. u. 451.
5.) [Rezension zu:] H. Flashar (Hg.), *Grundriß der Geschichte der Philosophie. Die Philosophie der Antike,* Bd. 3, Basel-Stuttgart 1983; in: *Zeitschrift für Didaktik der Philosophie* 8 (1986), 3/86, S. 181 f.

6 Übersetzungen

1.) Übersetzung aus dem Englischen: V. Ions, *The World's Mythology,* [Orig.: London 1974], dt.: *Welt der Mythen,* Freiburg 1976.

Matthias Gatzemeier
Vorträge (1971 – 2001)

1.) *Platons Theorie der politischen Entscheidung*
(Philosophisches Seminar der Universität Erlangen-Nürnberg, 19.1.1971)

2.) *Analytische Philosophie und christliche Rede von Gott*
(Katholische Universitäts-Gemeinde Münster, 19.6.1971)

3.) *Zukunftsbewältigung und Gegenwartsbezug in Philosophie, Theologie und Religion*
(Albertus-Magnus-Akademie Walberberg, 27.9.1971)

4.) *Ist Theologie als Wissenschaft möglich?*
(Katholische Universitäts-Gemeinde Konstanz, am 29.10.1971)

5.) *Wer ist das eigentlich – Gott?*
(Rothenfelser Studientagung, 4.01.1972)

6.) *Wie ist christliche Religion sinnvoll möglich?*
(Rothenfelser Studientagung, 4.1.1972)

7.) *Über die Unmöglichkeit einer adäquaten Rede von Gott*
(Albertus-Magnus-Akademie Walberberg, 29.9.1972)

8.) *Methodische Schritte einer philosophischen Textinterpretation*
(Philosophisches Seminar der Universität Hamburg, 18.12.1972)

9.) *Kritische Bemerkungen zum Wissenschaftsverständnis der neueren Wissenschaftsgeschichte*
(Habilitations-Vortrag Konstanz, 26.3.1973)

10.) *Die gesellschaftliche Verantwortung der Technik*
(Albertus Magnus-Haus Konstanz, 6.6.1973)

11.) *Normative Rechtfertigung oder Erziehungstechnologie? Philosophische Methoden zur Behandlung des Wertproblems und ihre Brauchbarkeit für den Pädagogen*
(Bezirksseminar für das Lehramt am Gymnasium Siegen, 15.11.1973)

12.) *Argumentationstheorie in der Erziehungswissenschaft und in der Erziehungspraxis*
(Thurgauische Lehrerfortbildung 191973, Kurs: Erziehungswissenschaft; Kreuzlingen, 6.-11.8.1973)

13.) *Aufgaben, Ziele und Methoden der Wissenschaftstheorie*
(Fachbereich Philosophie der Universität Münster am 5.7.1974)

14.) *Das Praxisdefizit der Verfahrensethik. Über die Bedeutung wissenschaftstheoretischer Kontroversen für die Praktische Philosophie und die Theorie der Geisteswissenschaften (am Beispiel der Erziehungswissenschaft)*
(Philosophisches Institut der RWTH Aachen, 28.11.1974)

15.) *Lernziel ‚richtig denken'. Philosophische Probleme der Lernzieltheorie im Blick auf die Schulpraxis*
(Pädagogische Hochschule Ludwigsburg, 10.12.1974)

16.) *Probleme einer Theorie der Erziehung aus wissenschaftstheoretischer und pädagogischer Sicht*
(Hamburg, 9.4.1975)
17.) *Rationale Argumentation über Zwecke*
(22. Philosophisch-theologische Arbeitsgemeinschaft Walberberg am 29.9.1976)
18.) *Praktisch-philosophische und wissenschaftstheoretische Probleme der Begründung und Rechtfertigung von Lernzielen*
(Pädagogische Hochschule Freiburg, 11.12.1976)
19.) *Die Funktion der Philosophie an Schule und Hochschule*
(Pädagogische Hochschule Braunschweig, 28.1.1977)
20.) *Konsequenzen aus der Krise. Was zu tun ist: Anregungen zu einem neuen Lebensstil*
(in der Vortragsreihe „Wie wohl steht es mit unserem Wohlstand?“ der Katholischen Hochschulgemeinde Aachen, 3.2.1977)
21.) *Über den Sinn der Philosophieausbildung an Hochschulen*
(Ringvorlesung des Philosophischen Instituts der RWTH Aachen, 13.5.1977)
22.) *Sicherheit versus Demokratie. Rechtfertigt die Angst vor dem Verlust der Demokratie die Einschränkung demokratischer Freiheiten?*
(WKStV Unitas Assindia Aachen, 7.6.1977)
23.) *Terrorismus – Ursprung und Wurzeln*
(Königstein/Ts, 12.11.1977)
24.) *Zur neueren Diskussion um den Wissenschaftsbegriff*
(Institut für Arbeitswissenschaft an der RWTH Aachen, 19.6.1978)
25.) *‚Gerechtigkeit‘ als gesellschaftlich-politisches Problem. Platons Theorie der politischen Entscheidung und ihre konkreten Konsequenzen für die Lösung gesellschaftlicher Konflikte der Gegenwart*
(Ringvorlesung des Philosophischen Instituts der RWTH Aachen, 20.4.1979)
26.) *Sollen (Philosopohie-) Lehrer Werthaltungen vermitteln?*
(Bezirksseminar für das Lehramt am Gymnasium Kleve, 18.5.1979)
27.) *Möglichkeiten und Grenzen der ‚traditionellen‘ Ethik und der ‚Metaethik‘*
(Staatliches Bezirksseminar für das Lehramt am Gymnasium [Kontaktstudium], Aachen, 20.10.1979)
28.) *Praktische Philosophie als Versuch, die Aporien der ‚traditionellen‘ Ethik und der ‚Metaethik‘ zu überwinden*
(Aachen, 3.11.1979)
29.) *Geistige und politische Hintergründe des Terrorismus*
(Tagung „Polizei und Terrorismus“ der „Internationalen Polizei-Assoziation“, Schloss Grimborn, 31.5.1980)

30.) *Anthropologie oder Ethik. Zum Problem der Vermittlung von Wert- und Grundhaltungen in der Philosophie*
(Universität Osnabrück, Abt. Vechta, Vechta, 14.7.1980)

31.) *Methodische und praktisch-philosophische Probleme der Verwendung des Wortes ‚wahr'*
(Staatliches Bezirksseminar für das Lehramt am Gymnasium Aachen [Kontaktstudium], Aachen, 8.11.1980)

32.) *Das Wahrheitsverständnis der Wissenschaftstheorie*
(Staatliches Bezirksseminar für das Lehramt am Gymnasium Aachen [Kontaktstudium], Aachen, 6.2.1981)

33.) *Das Bild der Frau in der philosophischen Anthropologie I: Die neuzeitliche Philosophie*
(VHS-Vortrag: Volkshochschule Krefeld, 10.3.1981)

34.) *Das Bild der Frau in der philosophischen Anthropologie II: Die antike Philosophie*
(VHS-Vortrag: Volkshochschule Krefeld, 24.3.1981)

35.) *Zweck und Zweckmäßigkeit in der Wissenschaft*
(XIX. Symposion der Gesellschaft für Wissenschaftsgeschichte, Bamberg, 29.5.1981)

36.) *Zur Anthropologie der Frau in der neueren Philosophie. Das philosophische Menschenbild als Begründungsinstanz für Erziehung und Ausbildung*
(Vortrag an der Universität Hamburg, 20.10.1981)

37.) *Die Frau ist auch ein Mensch – sozusagen. Theorien zur ‚natürlichen Bestimmung' der Frau*
(Aachen, 19.1.1982)

38.) *Sinn und Nutzen Philosophischer Fakultäten*
(Öffentlicher Vortrag, Aachen, 25.5.1982)

39.) *Wahrheit und Allegorie. Zur Frühgeschichte der Hermeneutik von Theagenes bis Proklos*
(Rothenberge, 12.10.1982)

40.) *Philosophie-Verständnis und philosophie-didaktische Unterrichtspraxis. Probleme einer Didaktik der Philosophie*
(Vortrag am Fachbereich Philosophie der Universität Essen, 16.1.1984)

41.) *Betroffenheit und rationaler Diskurs. Möglichkeiten und Grenzen philosophischer Argumentation über Krieg und Frieden*
(Institut für Politische Wissenschaft der RWTH Aachen, 8.2.1984)

42.) *Welche Schulform ist die beste?*
(Katholische Arbeiter Bewegung Gelsenkirchen, Gelsenkirchen, 26.8.1984)

43.) *Argumentation und Interpretation. Einige theoretische und pragmatische Probleme*

(Linguistisches Kolloquium Aachen, 4.5.1984)

44.) *Militarisierung und Wissenschaftsfreiheit*
(Institut für Politische Wissenschaft der RWTH Aachen, 22.5.1985)

45.) *Physik und Philosophie. Überlegungen zum Wirklichkeitsbegriff der Physik*
(Couven-Gymnasium Aachen, 19.12.1985)

46.) *Probleme einer Ethik der Medizin*
(Aachen, 5.6.1986)

47.) *Das zweifache Apriori in den analytischen und synthetischen Urteilen Kants*
(Institut für Philosophie und Pädagogik an der Universität Stuttgart, 12.11.1986)

48.) *Wissenschaftsethik. Kein Frieden der Wissenschaft mit dem Krieg*
(Augsburg, 28.1.1987)

49.) *Die Platonische Liebe*
(Ringvorlesung der Philosophischen Fakultät der RWTH Aachen, 24.6.1987)

50.) *Sprachphilosophische Aspekte bei den frühen Vorsokratikern*
(Philosophisches Institut der RWTH Aachen, 10.7.1987)

51.) *Das Problem der Einführung individueller und allgemeiner Terme bei Aristoteles, Porphyrios und Boëthius*
(Linguistisches Kolloquium Aachen, 17.7.1987, sowie Philosophisches Institut der Universität Erlangen-Nürnberg, Erlangen, 30.11.1988)

52.) *Aristophanes: Pazifismus, Politik- und Philosophiekritik im Gewand der Komödie*
(Ringvorlesung der Philosophischen Fakultät der RWTH Aachen, 13.4.1988)

53.) *Ethik der Wissenschaften. Versuch einer systematischen Theorie*
(Kongress des Istituto Italiano di Cultura Köln, 22.4.1988)

54.) *Historische und methodische Bemerkungen zur Trennung von Geistes- und Naturwissenschaften*
(Ringvorlesung Aachen, 25.4.1988)

55.) *Nazi-Kunst: Ideologie – Propaganda – Kunst?*
(Aachen, 12.6.1988)

56.) *Verantwortung des Ingenieurs: Ethische Theorie und konkrete Praxis*
(Institut für Arbeitswissenschaft der RWTH Aachen, 27.6.1988)

57.) *Ethik der (in den) Wissenschaften. Versuch einer systematischen Analyse möglicher Kriterien und Positionen*
(3. Aachener Arbeitsgespräch, 10.10.1988)

58.) *Brauchen wir eine ‚neue Ethik'?*
(Symposion „Ethik der Wissenschaften/Technikphilosophie", Aachen, 13.10.1988)

59.) *Kriterien und Positionen philosophischer Ethik mit Bezug auf eine Wissenschaftsethik*
(Seminar „Informatik und Gesellschaft", Aachen, 24.10.1988)

60.) *Was bedeutet Verantwortung für ein Industrieunternehmen und seine Mitarbeiter?*
(Ringvorlesung des Hochschuldidaktischen Zentrums und des Lehrstuhls für Evangelische Theologie der RWTH Aachen, 24.10.1988)

61.) *Die Wissenschaftskonzeption des Aristoteles und die Entstehung der Einzelwissenschaften*
(Ringvorlesung der Philosophischen Fakultät der RWTH Aachen, 26.10.1988, sowie Philosophisches Institut der Universität Wroclaw, Polen, 24.11.1988)

62.) *Funktion und Inhalt von Ethik-Kodizes für Ingenieure*
(Seminar „Informatik und Gesellschaft", Aachen, am 31.10.1988)

63.) *Tierschutz: Ethische Grundprobleme und die Praxis der „Ethik-Kommissionen"*
(Ringvorlesung „Tierschutz und Tierversuche in medizinischer, naturwissenschaftlicher und ethischer Sicht/Freiheit der Forschung und Ehrfurcht vor dem Leben", Daecke/Küppers, Aachen, 30.5.1989)

64.) *Missbrauch der Technik – ein ethisches Problem*
(Friedrich-Naumann-Stiftung, Saarbrücken am 9.6.1989, sowie Rurberg am 20.10.1989)

65.) *Methodische Vorbemerkungen zu Fragen der Humangenetik und Embryonenforschung*
(Expertengespräch „Schwierigkeiten des naturwissenschaftlich-interdisziplinären Dialogs in Fragen der Humangenetik und Embryonenforschung", Rabanus Maurus Akademie Wiesbaden, 16.6.1989)

66.) *Computer und Gesellschaft*
(REFA-Umschulungsseminar Betriebsinformatik, Neuss, 13.7.1989)

67.) *Probleme der Technikphilosophie*
(REFA-Umschulungsseminar Betriebsinformatik, Neuss, 13.7.1989)

68.) *Abfall und Konsumgesellschaft*
(Zusatzstudiengang „Umweltschutz und Sicherheitstechnik", Studienbaustein: „Abfall & Recycling", Aachen, 27.10.1989)

69.) *Die ethische Verantwortung des Ingenieurs in der beruflichen Praxis*
(Aachen, 15.11.1989)

70.) *Grundsätzliches zur Wirtschaftsethik*
(Symposion: „Verhaltenskodizes: Angewandte Wirtschaftsethik im Unternehmen", Passau, 9.12.1989)

71.) *Brauchen wir eine neue Wirtschaftsethik? Theoretische und praktische Überlegungen*

(Symposion: „Japan, eine wirtschaftliche und soziale Herausforderung?“, Aachen, 20.1.1990)

72.) *Probleme einer Technikethik*
(Euregio-Kolleg Würselen am 1.3.90; Gymnasium Somplar am 8.6.1990, sowie Ahaus am 19.9.1990)

73.) *Nachsorge zur Verbesserung der Lebensqualität. Ethische Aspekte einer humanen Begleitung*
(„Neues Denken in der Tumornachsorge. Ein Anliegen der Betroffenen – eine multidisziplinäre Aufgabe“, Vortrags- und Diskussionsveranstaltung der Krebsberatungsstelle und der Kontaktstelle für Selbsthilfegruppen in der Krebsnachsorge, Aachen, 28.5.1990)

74.) *Gibt es eine allgemein verbindliche Weltethik?*
(Internationale Vereinigung der Studenten der Wirtschaftswissenschaften, Ringvorlesung: „Vision Wirtschaftsethik“, Berlin, 20.12.1990)

75.) *Verantwortungsethik und methodischer Diskurs über Normen*
(Vortragsreihe „Unternehmensethik“ in Nürnberg am 14.2.1991)

76.) *Ethische Ansprüche der Demokratie – Demokratie und Krieg*
(DGB/Volkshochschule Eschweiler 19.2.1991)

77.) *Umweltschutz und Ethik*
(im Rahmen des Studienbausteins „Umwelt und Gesellschaft“, Aachen, 10.1.1992)

78.) *Traditionelle Ethik und Anwendungsethik mit Blick auf den Philosophieunterricht*
(Lehrerfortbildungsseminar, Aachen, 6.3.1992)

79.) *Theorie der Technik- und Wissenschaftsethik. Versuch einer Systematik*
(Universität Duisburg, 27.10.1992)

80.) *Unternehmensführung in Wendezeiten. Neue Einsichten gefragt*
(13. Österreichischer Controllertag an der Wirtschaftsuniversität Wien, 7.11.1992)

81.) *Die Rhetorik im Wissenschaftssystem des Aristoteles*
(Abschiedskolloquium für Josef Klein am Germanistischen Institut der RWTH Aachen, 28.11.1992)

82.) *Die Verantwortung des Wissenschaftlers, Möglichkeiten und Grenzen der Wissenschaftsfreiheit*
(im Rahmen der Ringvorlesung des „Zentrums Philosophische Grundlagen der Wissenschaften“: „Freiheit der Wissenschaft, Verantwortung in der Wissenschaft, Folgen von Wissenschaft und Technik“, Universität Bremen, 5.4.1993)

83.) *Gibt es eine Letztbegründung in der Ethik?*
(Universität Leipzig, 20.10.1993)

84.) *Verantwortung in Wissenschaft und Technik*

(Fachhochschule Aachen, 26.4.1994)

85.) *Die Rolle der Geisteswissenschaften in der modernen Industrie- und Informationsgesellschaft*
(Seoul National University, Korea, 25.5.1994)

86.) *Studium und Bildung in den Natur- und Technikwissenschaften (unter besonderer Berücksichtigung der neueren Tendenzen in Deutschland)*
(Seoul National University, Korea, 27.5.1994)

87.) *Systematische Analyse der Themen und Aspekte einer Technik- und Wissenschaftsethik*
(Universität Kwangju, Korea, 30.5.1994)

88.) *Technikethik. Ethische Theorie und konkrete Praxis*
(Witten, 21.6.1994)

89.) *Psychotherapie und Verantwortung*
(Bischöfliche Akademie Aachen, 6.12.1995)

90.) *Aspekte einer systematischen Theorie der Wissenschaftsethik*
(Evangelische Akademie Hofgeismar, 10.2.1996)

91.) *Die Rolle der Abduktion bei der Konstitution des „ästhetischen Gegenstandes"*
(Leipzig, 2.4.1996)

92.) *Die Europa-Idee – philosophisch und politisch betrachtet*
(Vortrag im Rahmenprogramm der Karlspreisverleihung der Stadt Aachen an die niederländische Königin Beatriz , 13.5.1996)

93.) *Probleme nach der deutschen „Vereinigung"*
(Universität Onjang, Korea, 1.10.1996)

94.) *Das Aufklärungsrecht des Betroffenen aus ethischer Sicht*
(Tumorzentrum Aachen, 5.3.1997)

95.) *Die Rolle der Abduktion bei der Konstitution des „ästhetischen Gegenstandes"*
(Kolloquium anlässlich der Emeritierung von Hans Holländer „In Bildern denken. Bilder in Kunst, Wissenschaft, Literatur und Technik", Institut für Kunstgeschichte der RWTH Aachen, 11.4.1997)

96.) *Interkulturelle Ethik oder Kampf der Kulturen*
(Vortrag im Rahmen der Ringvorlesung „In gemeinsamer Verantwortung: Nord-Süd-/Süd-Nord-Beziehungen", Außen-Institut der RWTH Aachen, 19.1.2000)

97.) *Philosophische Probleme im Umgang mit dem Unendlichkeitsbegriff*
(Städtisches Ritzefeld-Gymnasium in Stolberg am 25.10.2000)

98.) *Die Konstitution ästhetischer „Gegenstände"*
(Colloquium Logico-Philosophicum der Universität Erlangen-Nürnberg, 15.11.2001)

Biographische Hinweise zu den Autoren

Ulrike Bardt (geb. 1967): Dr. phil., Gymnasiallehrerin und Lehrbeauftragte an den Universitäten Koblenz-Landau sowie an der Heinrich-Heine-Universität Düsseldorf. Veröffentlichungen (Auswahl): Christian Fürchtegott Gellert: *Fabeln und Erzählungen. Gesammelte Werke*, Bd. 1, Berlin 1999; *Literarische Wahlverwandtschaften und poetische Metamorphosen – Eine Interpretation der Fabel- und Erzähldichtung Friedrich von Hagedorns*, Stuttgart-Weimar 1999.

Ursula Boelhauve (geb. 1959): Dr. phil., Geschäftsführerin des Lehrerbildungszentrums der RWTH Aachen. Veröffentlichungen: *Verstehende Pädagogik. Die pädagogische Theorie Otto Friedrich Bollnows aus hermeneutischer, anthropologischer und ethischer Sicht im Kontext seiner Philosophie. Mit einer Bibliographie der deutschsprachigen Schriften O. F. Bollnows* (= Forum Beruf und Bildung, Bd. 8., hrsg. v. U. A. Michelsen), Alsbach/Bergstrasse 1997; *Anthropologische Sinndimensionen zum Verständnis des Musik-Lernens von Erwachsenen in Orientierung an Otto Friedrich Bollnows „unstetigen Formen der Erziehung"*, in: *Systematische Musikpädagogik oder: Die Lust am musikpädagogisch geleiteten Nachdenken*, hrsg. v. M. Pfeffer/J. Vogt/U. Eckart-Bäcker/E. Nolte, Augsburg 1998, S. 131-180.

Axel Gellhaus (geb. 1950): Prof. Dr., Professur für Neuere deutsche Literaturgeschichte am Germanistischen Institut der RWTH Aachen. Mitherausgeber der historisch-kritischen „Bonner Celan-Ausgabe". Veröffentlichungen (Auswahl): *Geschichte und Intrige. Schillers „Demetrius"-Projekt*, Marbach am Neckar 1991; *Enthusiasmos und Kalkül. Reflexionen über den Ursprung der Dichtung*, München 1995.

Raban von Haehling (geb. 1943): Prof. Dr., Professur für Alte Geschichte am Historischen Institut der RWTH Aachen. Veröffentlichungen zur Spätantike sowie zur griechischen und römischen Historiographie; zuletzt erschien der von ihm herausgegebene Sammelband *Rom und das himmlische Jerusalem. Die frühen Christen zwischen Anpassung und Ablehnung*, Darmstadt 2000.

Werner Jung (geb. 1955): Prof. Dr., unterrichtet Neuere deutsche Literaturgeschichte an der Gerhard-Mercator-Universität Duisburg. Arbeiten zur Ästhetik, Poetik und Literaturtheorie, zur Literatur des 18. bis 20. Jahrhunderts; im Vorstand der Internationalen Georg Lukács-Gesellschaft. Letzte Publikationen: *Im Dunkel des gelebten Augenblicks. Dieter Wellershoff – Erzähler, Medienautor, Essayist*, Berlin 2000; *G. E. Lessing – zur Enführung*, Hamburg 2001; *Von der Utopie zur Ontologie. Zehn Studien zu Georg Lukács*, Bielefeld 2001.

Astrid Mania (geb. 1965): Dr. phil., arbeitet als Kunsthistorikerin in der Galerie Barbara Thumm (Berlin) und ist freiberuflich als Kuratorin und Autorin auf dem Gebiet der zeitgenössischen Kunst tätig. Ausstellungsprojekte in Europa und Neuseeland sowie zahlreiche Aufsätze zur zeitgenössischen Kunst (demnächst erscheint: *Komar & Melamid: „Nostalgic Socialist Realism Series" – Vom Umgang mit historischem Material*).

Maria Nühlen (geb. 1954): Prof. Dr., Professur für Sozial- und Kulturphilosophie an der Fachhochschule Merseburg. Veröffentlichungen (Auswahl): *Philosophische Grundlagen der Gerontologie*, Heidelberg-Wiesbaden 1990; Mitarbeit am *Philosophinnen-Lexikon*, hrsg. v. U. I. Meyer/H. Bennent-Vahle, Aachen [2]1996 (Neuauflage: Leipzig 1997); Herausgeberin der Merseburger Ringvorlesung, Bd. 1: *Geschichte und Geschichten I: Ein historischer Streifzug durch verschiedene Wissenschaftszweige*, Merseburg 2001.

Sylvia Knops (geb. 1966): Dr. phil., Assessorin des höheren Bibliotheksdienstes, arbeitet als Lehrkraft am Berufskolleg in Düsseldorf. Monographie: *Bestimmung und Ursprung literarisch-ästhetischer Erkenntnis im frühen und mittleren 18. Jahrhundert (Gottsched, Breitinger und Baumgarten)*, Aachen 1999.

Jan Georg Schneider (geb. 1967): Dr. phil., Wissenschaftlicher Angestellter am Lehrstuhl für deutsche Philologie der RWTH Aachen. Demnächst erscheint: *Wittgenstein und Platon. Sokratisch-platonische Dialektik im Lichte der wittgensteinschen Sprachspielkonzeption*, Freiburg-München 2002.

Christian Stetter (geb. 1943): Prof. Dr., Professur für germanistische Linguistik an der RWTH Aachen. Leiter des Grammatischen Telefons der RWTH; Vorstandsmitglied beim „Forschungszentrum für Kommunikation und Schriftkultur" (FoKS) und beim „Zentrum für Philosophie und Praxis" (ZPP). Veröffentlichungen (Auswahl): *Sprachkritik und Transformationsgrammatik. Zur Bedeutung der Philosophie Wittgensteins für die sprachwissenschaftliche Theoriebildung*, Düsseldorf 1974; *Zu einer Theorie der Orthographie. Interdisziplinäre Aspekte gegenwärtiger Schrift- und Orthographieforschung* [Hrsg.], Tübingen 1990; *Schrift und Sprache*, Frankfurt/M. 1997.

Jürgen Villers (geb. 1960): Dr. phil., Wissenschaftlicher Angestellter am Philosophischen Institut der RWTH Aachen. Aufsätze, Rezensionen und Lexikonartikel zur Sprachphilosophie sowie zur Geschichte von Philosophie und Wissenschaft; 1997 erschien die Monographie: *Kant und das Problem der Sprache. Die historischen und systematischen Gründe für die Sprachlosigkeit der Transzendentalphilosophie* (Konstanz).

Klaus Wüstenberg (geb. 1954): Dr. phil., Lehrbeauftragter am Philosophischen Institut der RWTH Aachen. Veröffentlichungen (Auswahl): *Zum Problem notwendig zutreffender Urteile*, in: *prima philosophia* 5 (1992), S. 393-404; *Der „Nihilismus" des Gorgias von Leontinoi als Empirismus gedeutet*, in: *prima philosophia* 6 (1993), S. 221-245; *Kants Lehre von der synthetischen Struktur der Erfahrung phänomenologisch-kritisch betrachtet*, in: *prima philosophia* 7 (1994), S. 1-45; *Naturprinzip – Bewußtseinsinhalt – Technische Fiktion. Eine Untersuchung zum Kausalitätsproblem bei Hume und Ayer*, Würzburg 1996.

Personenregister